Nord-Skandinavien

Michael Möbius
Annette Ster

DUMONT RICHTIG REISEN

Inhalt

Land über dem Polarkreis

Routen durch Nord-Skandinavien

Vom Bottnischen Meerbusen an die Nordmeerküste

Entlang der ›Eismeerküste‹

Durch das Kaledonische Gebirge und die Waldweiten Schwedens

Serviceteil

Die Schreibweisen geografischer Begriffe wurden im vorliegenden Buch in der jeweiligen Landessprache beibehalten, um eine leichtere Orientierung vor Ort zu ermöglichen (d. h. im Finnischen *-järvi* für »See«, *-joki* für »Fluss«, *-tunturi* für »Berg« etc.; im Norwegischen *-vatn* für »See«, *-elv* für »Fluss«, *-jokul* für »Gletscher« etc.; im Schwedischen *-jaure* für »See«, *-älv* für »Fluss« etc.)

Auf den Karten für den norwegischen Landesteil finden sich darüber hinaus die Ortsbezeichnungen in der im Norwegischen üblichen Form, d. h. mit angehängtem bestimmten Artikel, der im Text in der Regel weggelassen wurde (Vestforden, Lakselv-a, Øksfjordøkel-en etc.).

Land über dem Polarkreis

Das Dach Europas – Geografie und Namengebung

Nord-Skandinavien, Lappland, Nordkalotte, Samiid Ædnam, Dach Europas – diese noch nicht einmal vollständige Namenskollektion für das im oberen Teil der skandinavischen Halbinsel gelegene Land kann schon verwirren. Geschuldet ist sie regional unterschiedlichen Blickwinkeln sowie geografischen Definitionsschwierigkeiten, und suchen wir einen der oben genannten Namen auf einer Landkarte, so entdecken wir lediglich, dass es keinen entsprechenden Eintrag gibt.

Ja, sogar das Volk der Samen (auch: *Sameh, Samer* oder *Sami)*, das dort seit Menschengedenken lebt und wirtschaftet, kann die Grenzen des von ihm *Sameätnam* (auch: *Sameoednäm* oder *Sàpmi)* geheißenen Landes nicht verbindlich benennen und gebraucht den Namen für all diejenigen Bereiche, in denen Samen wohnen. Die Ausdehnung des so bezeichneten Gebietes richtet sich jeweils nach der Vorstellung, die der einzelne Same vom Siedlungsraum seines Volkes hat. Das aber kann ein immens großes Gebiet sein, das sich vom Weißen Meer im Norden Russlands bis zum Femundsee im Süden Norwegens erstreckt. Auch in Mittel-Schweden leben Samen, nur wenige hundert Kilometer nördlich von Stockholm, und so müsste man nach dieser Lesart fast ganz Skandinavien sowie Russisch-Karelien (allein schon fast so groß wie Schweden) zu Lappland erklären.

Das wäre nun aber sicher maßlos übertrieben. So wenden wir uns der Etymologie zu und finden heraus, dass es sich bei dem Wort *lappi* nach Karl Bernhard Wicklund um die finnische Bezeichnung für das »öde Land im Norden, wo sich lediglich rohe und unzivilisierte Menschen aufhalten«, handelt. Im finnischen Nationalepos *Kalevala* wird es mit »Grenzland« gleichgesetzt, und in der samischen Sprache bedeutet *loap'pa* soviel wie »Ende« oder »Schluss«. Schließlich stoßen wir auf eine Schrift aus dem 13. Jh., in der das Wort *lappia* erstmals nachzuweisen ist – und zwar als *utraque Lappia* (»beide Lappland«), womit der Verfasser, der dänische Chronist Saxo Grammaticus, das Land nördlich des Bottnischen Meerbusens umschreibt.

Die Südgrenze des so definierten Raumes, den die Skandinavier mit dem bei uns eher unbekannten Namen Nordkalotte belegen, deckt sich weitgehend mit jener Schwelle, die zu überschreiten vielen Nordland-Fahrern unserer Tage das höchste der Gefühle ist – nach Erreichen des Nordkaps natürlich. Gemeint ist die imaginäre Linie des Polarkreises, die bei 66°33'51" nördlicher Breite verläuft und im mathematischen Sinn die Polarzone von den gemäßigten Zonen trennt. In den meisten Reisepublikationen mit Thema Lappland nun wird dieser geografische Raum zum Gegenstand der Beschreibung erklärt, und für einen reinen Landschaftsführer ist das auch hinreichend. Da sich aber wesentliche Zentren der immer noch als Halbnomaden lebenden Samen bis ins Gebiet des schwedischen Storuman sowie des norwegischen Mosjøen finden, erscheint eine Abgrenzung nach Süden in Anlehnung an die ethnografische Literatur sinnvoller. Lappland erstreckt sich demnach in Norwegen und Schweden in etwa nördlich des 65. Breitengrades, in

Richtig Reisen *Tipp*

Die schönsten Sehenswürdigkeiten in Nord-Skandinavien

- Inarijärvi – Weitverzweigter, größter See Lapplands (s. S. 81ff.)
- Kautokeino – ›Hauptstadt‹ der Bergsamen (s. S. 92f.)
- Alta-Canyon – Tiefster Canyon Europas (s. S. 94)
- Nordkap – Nördlichster Punkt des europäischen Kontinents (s. S. 122ff.)
- Hammerfest – Nördlichste Stadt der Welt (s. S. 126ff.)
- Tromsø – Südländische Metropole des Hohen Nordens (s. S. 148ff.)
- Andøya – Hauptinsel der Vesterålen und Ausgangspunkt spektakulärer Walsafaris (s. S. 159)
- Reine – Malerisch gelegener Ort mit echtem ›Lofoten‹-Milieu (s. S. 172)
- Abisko-Nationalpark – Erster Nationalpark des Hohen Nordens (s. S. 215)
- Laponia World Heritage Area – Größtes zusammenhängendes Wildnisgebiet Europas (s. S. 232ff.)

Finnland hingegen nördlich des Polarkreises. Die großartige Szenerie des zum Atlantik gehörigen Nordmeeres bildet die Westgrenze des Gebietes, das im Norden am Nordkap, der äußersten Spitze des europäischen Festlandes, endet. Nur im Osten kann sich dieser Reiseführer nicht an den Völkerkundlern orientieren, denn diese (wie auch die Geologen) zählen die Halbinsel Kola, zu Russisch-Karelien gehörend, mit zu Lappland – und dorthin kann man als Individualtourist zur Zeit noch nicht reisen.

Das so verstandene Gebiet umfasst die norwegischen Provinzen Nordland, Troms und Finnmark, die schwedische Landschaft Lappland (die Teil der Regierungsbezirke Norr- und Västerbotten ist) sowie das finnische Lapin Lääni. Damit hat es eine Fläche von über 350 000 km^2, ist mithin größer als Norwegen oder Italien und wäre, wenn Nationalstaat, das sechstgrößte Land Europas. Das am dünnsten besiedelte obendrein, denn kaum mehr als 1 Mio. Einwohner – weniger als es in München gibt – sind zu zählen; unter ihnen knapp 50 000 Samen. Macht eine durchschnittliche Bevölkerungsdichte von weniger als 3 Einw./ km^2 bzw. lässt man die Städter außer Acht – weniger als 1 Einw./km^2.

Sind es Einsamkeit und ursprüngliche Landschaften, die man sucht, so können einem diese Zahlen wahrhaftig zu angenehmen Schlussfolgerungen kommen lassen. Ebenso auch die Tatsache, dass es über 200 000 Seen gibt, mehr als 1 Mio. Rentiere, ca. 800 Gletscher, rund 80 000 Inseln und über 10 000 km Küstenlinie (ohne die der Inseln) … – Oder, anders gesagt: Nord-Skandinavien ist die raueste Wildnis und zugleich die größte zusammenhängende Fläche Natur unseres Kontinents.

Dem Meer entstiegen, aus Eis geboren – Geologie und Morphologie

Am Anfang ist der Mythos

Am Anfang, so ist es in den Mythen des heidnisch-germanischen Glaubens überliefert, gab es nicht etwa das Nichts oder das Chaos, sondern vielmehr die beiden seit jeher bestehenden Reiche der Hitze (Muspelheim) und der ewigen Kälte (Nifelheim), deren Wechselspiel auch das Nord-Skandinavien unserer Tage prägt. Als eines schönen Jahres, frei nach der Sage, der Fimbulwinter die Sommer übersprang, kam Ragnarøk, der Weltuntergang. Nifelheim und Muspelheim aber waren zu dieser Zeit durch den Riesenschlund Ginungagapet voneinander getrennt, in den ununterbrochen Etter einströmte, ein Gift, aus dem der Riese Ymir entstand. Dieser Titan, der sich von der eisgeborenen Kuh Audumbla nährte, wurde schließlich von seinen Urenkeln – Odin und dessen Brüdern – getötet. Weil die Macht seines ausströmenden Blutes so gewaltig war, kam es zu einer verheerenden Sintflut, an deren Ende die göttlichen Mörder aus dem Leichnam ihres Urgroßvaters die neue Erde schufen.

Nach den Geologen, denen zu glauben der moderne Mensch eher geneigt ist, verlief der Schöpfungsvorgang zwar sehr viel unpersönlicher, aber interessanterweise decken sich ihre Ergebnisse im Kern mit den Aussagen der Legenden. In der Tat zählt man in der erdgeschichtlichen Genese des Nordens drei Eiszeiten und zwei interglaziale Perioden, während derer das Klima warm und angenehm war. Die Wissenschaftler meinen, dass der Eisrand der letzten Glazialzeit, die vor ca. 70 000 Jahren begann, vor rund 13 000 Jahren den Rückzug antrat. Aber der vollzog sich nicht kontinuierlich, sondern das Eis fasste immer wieder Mut, die gigantische Walze blieb stehen, machte sogar Vorstöße, und insgesamt währte es weitere 6000 Jahre bis zu ihrem völligen Abschmelzen.

Auch die Geschichte von der Sintflut ist keineswegs inhaltsleer, gilt es doch als erwiesen, dass Teile Lapplands unter dem Wasser geboren sind, dessen Oberfläche einst 250 m höher lag als heute. Hierfür war ebenfalls der glaziale Eispanzer verantwortlich, dessen gigantisches Gewicht die Erdkruste zusammenstauchte, schließlich in die Tiefe presste. Als dann die Gletscher abschmolzen, nahm der enorme Druck ab, und das Land begann sich zu heben.

Strukturen der Eiszeit

Warum die Eiszeiten entstanden, ist eine Frage, die sehr kontrovers diskutiert wird. Die Wissenschaft hält verschiedene Hypothesen bereit: die einer kurzzeitigen Abnahme der Strahlungsintensität der Sonne, einer geringen Änderung des Standes der Erdachse oder der Bewegung der Erde um die Sonne, eines gewaltigen Vulkanausbruchs, der die Sonne verdunkelte, und vieles andere mehr. Noch keine aber vermochte es bislang, die Ursachen insgesamt befriedigend zu deuten.

Der Einbruch der Kaltzeit führte dazu, dass die Sommer immer kürzer, die Winter immer länger wurden, der Schnee in immer größeren Mengen fiel und immer länger liegen blieb, bis es zuletzt das ganze Jahr über schneite. Die

Gletscherzunge des Svartisen, der noch bis vor wenigen Jahren ins Meer kalbte

weiße Pracht häufte sich an – insbesondere natürlich in den Gipfelzonen der Berge – und wandelte sich nach Überschreiten eines Grenzwertes durch den entstandenen Druck in Firnschnee (dichter, körniger und luftärmer als herkömmlicher Schnee), sodann in Firneis (plastische, gekörnte Masse mit Luftzwischenräumen), schließlich in dichtes (da luftloses) Gletschereis, dessen Eiskörnchen lamellar aufgebaut sind, weshalb es sich unter Druck verschiebt. Das Eis kam, der Schwerkraft folgend, in Bewegung, floss von den Bergen herab und vereinigte sich mit den aus Richtung Pol kommenden Gletscherströmen zu einer Eiskappe, die sich mit einer Geschwindigkeit von bis zu 30 km pro Jahr nach Süden ausdehnte, in der Mitte bis zu 3 km stark war und sich zu guter Letzt bis zu den Britischen Inseln und nach Norddeutschland erstreckte.

Unvorstellbar viel Wasser war es, das dieser Glazialpanzer gebunden hatte, und so schrumpften die Ozeane derart stark, dass der Meeresspiegel nahezu 90 m unter den heutigen sank. Dennoch nahm die Landmasse nicht etwa zu, sondern sogar ab, da unter der gigantischen Eislast große Teile Skandinaviens bis zu 900 m tief in die Erdrinde hinabgedrückt wurden. Als sich das Eis schließlich aufgrund eines Klimawechsels zurückzog, hob sich das Land wieder, und zwar an manchen Stellen bis zu 300 m – ein Vorgang, der noch immer nicht abgeschlossen ist, auch wenn er heute mit maximal 9 mm pro Jahr relativ langsam abläuft. Sichtbare Linien dieses Prozesses sind **Strandlinien,** die in Form von Geröllständen oder Strandwällen weit über dem heutigen Meeresspiegel liegen.

Die Eiswalze stauchte das Land nicht nur zusammen, sondern veränderte es grundlegend, weil sie praktisch wie eine Kombination aus Planierraupe, Bulldozer, Fräse und Dampfwalze arbeitete.

Alles erlag ihrer Gewalt, nichts konnte widerstehen, am wenigsten der präglaziale Schutt, den sie forttrug und an den Rändern ihres späteren Abschmelzens (z. B. in Süd-Schweden und Nord-Deutschland) als Endmoränen wieder preisgab. Aber auch die feste Gesteinsoberfläche wurde von der zusammenhängenden Inlandeisdecke in ganz charakteristischer Weise modelliert, wodurch der beherrschende Relieftypus des **Fjell** (schwed.: *fjäll)* entstand, unter dem die hügeligen Regionen oberhalb der Baumgrenze verstanden werden. Drei Arten sind zu unterscheiden:

Das allgemeine Fjell umfasst die für das ganze nord-skandinavische Binnenland typische Buckelberg- oder Rundhöcker-Landschaft, deren namengebende Hügel sich über die geschliffene und felsige ehemalige Gletschersohle in Richtung der Eisbewegung ergeben. Auf der Stoßseite sind sie flach ansteigend, auf der Leeseite steiler abfallend. Zwischen ihnen erstrecken sich, als Resultate selektiver Erosion im Bereich weicherer Schichten, langgedehnte Furchen oder flache, ausgeschliffene Wannen. Meist sind sie von Seen oder Mooren bedeckt und durch Flüsse verbunden.

Solche Landschaftsformen sind auch für die zweite Variante des Fjell charakteristisch: das mäßig reliefierte, sanft gewellte Plateaufjell. Oberhalb von diesem erstreckt sich schließlich im Bereich des Kaledonischen Gebirges das alpine Fjell, das eigentliche Hochgebirge. Hier hinterließ die Vergletscherung eine Reihe von Formationen, die in eisfrei gebliebenen Gebieten vollkommen fehlen. Unter den Firsten der Gebirgskämme trifft man steilwandig in die Hänge eingelassene Felskessel, die einen flachen, oft von einem See bedeckten Boden haben sowie eine Schwelle aus ausgelagertem Schutt. Diese Ursprungsstellen der alpinen Gletscher werden als **Kare** bezeichnet. Oft, insbesondere entlang der norwegischen Nordlandküste zwischen Fauske und Alta sowie auf den Lofoten sind die Berggestalten allseitig derart von Karen angefressen, dass die trennenden Kämme zu schmalen Graten reduziert sind und die Berge, die früher eine Hauben- oder Kegelform hatten, nunmehr als scharfkantige Pyramiden, Trapeze oder langgestreckte Felsmauern erscheinen. Solche Berge werden als **Karlinge** bezeichnet, und sie bilden die wohl bizarrsten Gesteinsformationen, die man sich vorstellen kann.

An die Kare schließen sich die Talstücke an, durch die sich das Gletschereis abwärts bewegte. Man nennt diese Landschaftsform **Trogtal** oder Taltrog, weil sie steilfelsige Talhänge und einen im Querschnitt gerundeten Talboden aufweist, was dem Ganzen die Form

Karling auf der Insel Hamarøy

eines Troges gibt. Besonders steil sind die Hänge an der Außenseite von Biegungen. Überall fallen die Schleifwirkungen des Eises ins Auge, die dem Fels oft den Anschein eines monumentalen Kunstwerkes geben. Die Böden der in das Trogtal mündenden Seitentäler enden oft Hunderte von Metern über dem Haupttal, und aus diesen glazialen **Hängetälern** ergießen sich nicht selten machtvolle Wasserfälle.

Allenthalben in Norwegisch-Lappland findet man Trogtäler, die nach dem Abschmelzen der Gletscher vom Meer überflutet wurden. Der Grund dieser oft weit ins Land (im Falle des Porsangen 128 km) reichenden **Fjorde** liegt oft wesentlich tiefer als der des Meeres. Dieses fjordtypische Phänomen resultiert daraus, dass die Gletscher an ihrer Mündung ins Meer an Dicke abnahmen (weshalb die Mündungsschwellen auch meist nicht sehr tief sind), daher im eigentlichen Trog de facto auf der Stelle schürften. 1000 m Tiefe und mehr wurden schon ausgelotet, und auch bis über 1000 m hoch recken sich die umwandenden Steilflanken aus grün oder silbrig, türkis oder tiefblau leuchtenden Wassern in die Höhe. So hat jeder Fjord seinen individuellen Charakter, ist damit Bild und Ereignis zugleich.

Alles spannt sich zwischen Gegensätzen – Das Klima

»Wenn hier der Sommer gleich kürzer ist als in anderen Ländern, so muss ich doch gestehen, dass er hier angenehmer als sonstwo ist. Niemals habe ich meine Tage gesünder zugebracht als hier.«
(Carl von Linné, »Lappländische Reise«)

»Das Wetter spielt verrückt« ist eine Redensart, die nicht nur den Bewohnern unserer mitteleuropäischen Breiten ständig über die Lippen kommt und auch nicht erst in diesen Tagen erfunden wurde. Als im Jahr 1998 in großen Teilen Nord-Skandinaviens ein Sommer herrschte, der fast drei Monate lang mit blauem Himmel und Temperaturen von bis über 25 °C einherging, während zur gleichen Zeit Süd-Skandinavien und auch Mitteleuropa unter Dauerregen und ›Eiseskälte‹ zu leiden hatten, sahen manche Bewohner Lapplands darin die Auswirkungen der globalen Klimaverschiebung während der letzten Jahrzehnte.

Unbestritten ist es wärmer geworden auf Erden, und zwar um durchschnittlich 0,7 °C seit 1860. Auch die höchsten Durchschnittstemperaturen der letzten hundert Jahre lassen sich global innerhalb des Zeitraums zwischen 1980 und heute finden. Ein jeder Sommer ein ›Jahrhundertsommer‹ – auch im hohen Norden? 0,7 °C globale Temperaturerhöhung jedenfalls sind definitiv kein ›Pappenstiel‹, führt doch z. B. schon ein Mehr von 0,1–0,2 °C in der Sahelzone dazu, dass die Wüste jährlich 100 km weiter vordringt. Auf dem Höhepunkt der letzten Eiszeit betrug die Durchschnittstemperatur auf Erden nur 4–5 °C weniger als heute, und während des ›klimatischen Optimums‹ im Norden, der vor ca. 5000 Jahren seine wärmste Periode erlebte, lagen die Mittelwerte etwa

Mittlere Lufttemperaturen und Niederschlagsmengen in Nord-Skandinavien

	Temperatur (°C)				Niederschlag (mm)		
	Narvik	Karasjok	Abisko		Narvik	Karasjok	Abisko
Januar	–4,0	–17,5	–13,0		50	18	25
Februar	–4,0	–14,0	–11,0		55	18	18
März	–3,1	–8,0	–7,9		50	13	21
April	0,3	- 3,8	–3,2		45	20	16
Mai	6,0	2,6	2,5		50	22	21
Juni	10,1	8,4	7,7		60	40	32
Juli	14,5	13,0	12,3		60	72	47
August	12,5	9,5	10,3		83	60	46
September	8,9	5,9	5,7		98	48	36
Oktober	4,0	–0,2	–3,8		86	37	42
November	0,1	–12,1	–8,4		58	26	32
Dezember	–3,8	–15,8	–11,9		58	20	26
Jahresmittel	3,5	–2,6	–1,7	jährl. Niederschlag	753	394	362

In dieser Übersicht steht Narvik für das maritime Küstenklima, Karasjok für das Kontinentalklima und Abisko für das Klima im Kaledonischen Gebirge

3–5 °C über den heutigen und damit in den küstennahen Landesteilen um bis zu 2 °C über denen, die derzeit z. B. in Bremen gemessen werden. Entsprechend anders präsentierte sich damals das Land, die Wachstumsperiode war viel länger und die Vegetation selbst eine gänzlich andere.

Doch ob nun die heute spürbaren Temperaturerhöhungen weiter zunehmen werden oder nicht – vorerst gilt immer noch, dass es in Nord-Skandinavien bei durchaus möglichen Temperaturschwankungen zwischen –30 °C und +30 °C fast so ist, als lebte man gleichzeitig am Nordpol und am Äquator. Dies trifft zumindest für das Binnenland zu, wohingegen sich die jahreszeitlichen Temperaturschwankungen im Küstenbereich auf etwa 14 °C beschränken. Im Geografieunterricht in der Schule hat man gelernt, dieses Phänomen dem **Golfstrom** zuzuschreiben. Aber diese Antwort gilt heute nur noch als teilweise korrekt, denn der Golfstrom ist, wie jede andere Meeresströmung, primär eine Folge der vorherrschenden Winde, also des atmosphärischen Zirkulationssystems. Der Transport von warmem Wasser aus dem Golf von Mexiko (daher der Name »Golfstrom«) in nördliche Breiten und die Erwärmung der Luft darüber ist ein sekundärer Faktor, aber nichtsdestoweniger ein äußerst folgenreicher. Besonders für das Winterklima der **Küstenregionen,** das mit Temperaturen aufwartet, die im Januar/Februar bis zu 24 °C über dem Durchschnitt dieser Breiten liegen – das ist die höchste Temperaturanomalie auf der Welt.

Während im Binnenland, von den ›warmen‹ Nordmeergestaden nur durch die Klimascheide des Kaledonischen Gebirges getrennt, die Temperaturextreme jegliches Leben bedrohen, sind an der Küste die Schwankungen im Jahres-, aber auch Tagesverlauf derart gering, dass man von einem maritimen Klima spricht. Der Jahresdurchschnitt beträgt in Narvik +3,5 °C, auf Røst gar nahezu +6 °C, was immerhin den Werten von Oslo entspricht und nur 2,8 °C unter denen von Bremen liegt! Das Wasser ist im Februar am kältesten (ca. 1–4 °C), im August am wärmsten (ca. 12 °C); in tief im Land liegenden Fjordabschnitten kann es sich aber so aufheizen, dass Temperaturen von 16–20 °C durchaus zum Baden einladen. Auch die Luftwerte sollte man nicht unterschätzen, denn 15 °C im Schatten entsprechen nicht selten bis zu 30 °C in der Sonne – auch in T-Shirt und Shorts kann es einem also im Sommer warm werden im hohen Norden.

Dass es nicht zu warm wird, man womöglich ins Schwitzen gerät, dafür sorgt der Wind, der an der Küste zwischen Juni und August an rund 75 %, im Winterhalbjahr gar an über 90 % aller Tage weht. Aus welcher Richtung er vorzugsweise kommt und welche Stärke er hat, hängt insbesondere von den Jahreszeiten ab. Im Winter dominieren Winde aus westlicher Richtung mit einer durchschnittlichen Stärke von 3 auf der Beaufort-Skala bei Nordwest-, 5 bei West- und sogar 7 bei Südwestwind, der entsprechend auch den Übernamen *husvarver* (»Wind, dass die Häuser beben«) trägt. Im Sommer dann halten sich nordöstliche und westliche Winde in etwa die Waage, mit durchschnittlichen Stärken von 2–4. Der Jahresniederschlag liegt im Mittel bei 1000–1500 mm (in Süd- und Mittel-Norwegen sind es bis zu 5000 mm), aber es gibt auch Regionen (u. a. die Lofoten und Vesterålen) mit einer jährlichen Regenmenge von weniger als 700 mm (die z. B. auf Bremen fallen).

Auch das lappländische **Binnenland** ist wesentlich durchwärmter als alle anderen Gebiete desselben Breitengrades. Die durchschnittliche Januartemperatur bei Karasjok in der Finnmark, eine der kältesten Regionen Lapplands, liegt etwa bei –17 °C, während es in Kanada auf dieser Breite durchschnittlich –30 °C kalt wird, in Sibirien sogar –40 °C. Hierfür zeichnen ebenfalls der Golfstrom bzw. die West- und Südwestwinde verantwortlich, die auch im Winter (von Oktober bis April/Mai) immer wieder die Gebirgsbarriere überwinden und das Sibirienhoch vertreiben, dem das Zentralland seine Kälte verdankt. Ende April übersteigt die Durchschnittstemperatur erst die 0 °C-Marke, und der eigentliche Sommer setzt oft erst nach Mittsommer ein. Dann aber sind es nicht mehr die Westwinde, die Temperaturen bis 30 °C bescheren, sondern das Sibirienhoch. Auch andere Wetterlagen können vorkommen, aber alles in allem ist sommers der Einfluss des Kontinentalklimas auf Zentrallappland dominierend. Gleiches gilt für den Herbst, der aber ab September oft neblig-trüb sein kann und gegen Anfang Oktober mit Durchschnittstemperaturen unter dem Gefrierpunkt schon in den Winter überleitet. Niederschlag fällt hier äußerst wenig – 400 mm und weniger pro Jahr –, denn gegen die feuchtigkeitsbringenden Winde schützt der Gebirgszug zwischen Norwegen und Schweden bzw. Finnland.

Schnee im Frühsommer an der »Lappenpforte«

Das **Kaledonische Gebirge,** die dritte Klimazone Nord-Skandinaviens, bildet die Grenze zwischen dem maritimen Küsten- und dem kontinentalen Binnenlandklima. Entsprechend ist eine ausgeprägte Veränderlichkeit des Wetters kennzeichnend, und die lokalen Unterschiede sind gravierend: So kann es durchaus sein, dass auf der Westseite eines Passes tagelang eine ›dicke Suppe‹ und Sturm den Urlaub vermiesen, während auf der Ostseite eitel Sonnenschein bei Windstille herrscht. Im Sommer schwankt die Durchschnittstemperatur der Bergkette in den Tallagen zwischen 10 und 12 °C, während das Jahresmittel bei –3 °C liegt. Eine wichtige Rolle spielt die Höhe eines Punktes über dem Meeresspiegel, denn die Sommertemperatur sinkt um die Tagesmitte um 1 °C je 100 m Höhe.

Wo die Sonne ihr Nachtlager hat – Zwischen Mitternachtssonne und Polarnacht

Ab Ende September, wenn oft schon der erste Schnee niedergeht, werden die Tage rapide kürzer, und im November bestehen sie nur noch aus Morgen- und Abendröte. Der Mond auf seiner kreisrunden Bahn ist schon Tag und Nacht unentwegt am Himmel, und der Kampf zwischen seinem und dem schwach werdenden Licht der Sonne trägt verwirrende Kontraste in die Landschaft, die nun langsam und unaufhörlich in die Schatten sinkt. Mitte Dezember ist vom Tageslicht nichts mehr zu sehen, rings um den Horizont herrscht sternentiefe Nacht. Eine ungeheure Melancholie liegt über dem erstarrten Land, und wenn dann noch das Nordlicht lautlos über den Himmel weht, dann sieht man Bilder, die nicht für Menschenaugen geschaffen scheinen. Erst liegt ein melodisch hauchzartes Schwingen über der vereisten Erde. Dann plötzlich schießen helle Strahlenbündel herab, leuchtende Stangen aus Glas, die heller und greller werden, rosa, lila und grün, sich drehen und winden, quer über den ganzen Himmel hinweg, schließlich wie wallende Schleier wehen, blass werden und vergehen. Es ist, als zerflössen wir im Licht, das aufzehrt, süchtig macht.

Mitte Januar lichtet sich die Nacht. Erst ist es nur ein Hauch von Rosa, der sich am Himmelsrand ins ›Astrallicht‹ mischt. Dann erscheint ein pastellener Lichtstreifen, der täglich breiter wird, kräftiger in den Farben. Bis plötzlich und zum ersten Mal seit allumfassender Nacht die Sonne auftaucht, um glutrot und seltsam geformt wie eine riesige Banane das Land zu verzaubern – erst nur für Sekunden, dann für Minuten, bald für Stunden. Mit jedem Tag wird das verheißungsvolle Gestirn größer, heller und das Glühen der Polarnacht schwächer. Im März kennt das Licht schon wieder alle Rot- und Braun-, Gelb- und Blautöne, im April währt der Tag bereits mehr als 16 Stunden, und ab Anfang Mai bezieht er die Nacht mit ein. Für zwei Monate lassen nun die sanften Strahlen der Mitternachtssonne die Welt in Goldlicht ertrinken, und man lebt zeitlos, wie in einem Traum. Doch schon im Juli schleicht sich der Palettenzauber des Herbstes wieder an die ersten Birken und Espen heran. Von Tag zu Tag steigert sich die Laubfärbung der Bäume und Sträucher, und bereits gegen Ende September dämmert das Land in den Winter hinüber.

Worin wurzeln all diese Phänomene – die ›nackte Intensität‹ des Lichtes ebenso wie Polartag und -nacht sowie das Polarlicht? Grob verallgemeinernd kann man sagen, dass es einmal mehr die geografische Breite ist, die für all die Superlative verantwortlich zeichnet. Weil die Achse der Erde nicht rechtwinklig zur Umdrehungsebene steht, sondern eine Neigung von 23,5° hat, liegen die Gebiete nördlich des Polarkreises (auf der Südhalbkugel entsprechend südlich dieser Linie) zeitweise durchgehend im Strahlungsbereich der Sonne – desto länger, je weiter man nach Norden kommt (am Nordpol fast sechs Monate). Das bedeutet, dass die Sonne nicht untergeht, sondern als Flammenball im Abendrot zum Horizont sinkt und kurz vor dem Untergang im Morgenrot wieder aufsteigt. Die Kehrseite dieses in unserem Sprachgebrauch nicht ganz korrekt als **Mitternachtssonne** bekannten und eigentlich Polartag geheißenen Phänomens ist die **Polarnacht,** während der die Gebiete über dem Polarkreis teilweise ganz aus dem Strahlungsbereich der Sonne geraten (am Nordpol wiederum fast sechs Monate).

Doch dunkel ist es während der Nacht, die den Tag mit einbezieht, keineswegs, denn nun kommt ein Phänomen zum Tragen, das den Völkern des Nordens stets ein Mirakel, denen des Südens hingegen ein Menetekel und den Wissenschaftlern ein faszinierendes und geheimnisvolles Objekt der Forschung ist – das **Polar-**

Blick über den Vesterålsfjord im Licht der Mitternachtssonne ▷

licht, auch Nordlicht genannt bzw. *Aurora borealis* (»Morgenröte des Nordens«), wie der Franzose Pierre Gassend das Schauspiel im 17. Jh. taufte. Schon im folgenden Jahrhundert stellte der schwedische Astronom Anders Celsius fest, dass es zwischen der *Aurora* und der Magnetnadel einen Zusammenhang gibt: Bei Auftreten des Nordlichts wird die Magnetnadel um mehrere Grade abgelenkt. Infolgedessen diente der Kompass als Wegweiser für die Erforschung dieses Phänomens, das, wie man heute weiß, exakt nach den magnetischen Feldlinien der Erde ausgerichtet ist und sich in Höhen zwischen 80 und 1000 km in Form roter, grüner, violetter oder blauer Draperien, Strahlen, Bögen oder Bänder in Szene setzt.

Wie stark das Polarlicht leuchtet und wie weit über die Polkappen hinaus es zu sehen ist, korrelliert mit den magnetischen Störungen, die uns die Sonne beschert. Bei starken Magnetstürmen, wie sie vereinzelt vorkommen, kann das Nordlicht in Mitteleuropa, sogar im Mittelmeerraum beobachtet werden. Als südlichste je auf der Nordhalbkugel gesichtete *Aurora* gilt diejenige, die am 25. September 1909 über Singapur nahe dem Äquator strahlte. Heinrich Schwabe war es, Apotheker und Astronom aus Dessau, der 1826 den Sonnenfleckenzyklus entdeckte sowie die Tatsache, dass mit der Zahl der Flecken auch das Magnetfeld der Erde und die Aktivität des Polarlichtes schwanken. Heute gilt als erwiesen, dass die Sonnenflecken und andere ›magnetisch wirksame‹ Regionen auf dem Gestirn etwas abstrahlen, was aus Elektronen, Protonen und schweren Kernen besteht und Materie mit sich führt (das sogenannte Plasma), die zu gleichen Teilen aus positiver und negativer Ladung besteht, also elektrisch neutral ist. Diese Strahlung wird Sonnenwind genannt. Ihre Temperatur beträgt ca. 100 000 °C und mit einer Geschwindigkeit von 300–900 km/s stürzt sie sich mitsamt eigenem Magnetfeld auf dasjenige der Erde. Dieser Magnetosphäre genannte Raum speichert das Plasma, bis seine Aufnahmekapazität erschöpft ist und er die jetzt Polarlichtteilchen genannte Materie explosionsartig freigibt, die nun mit einer Geschwindigkeit von 10 000 km/s den magnetischen Feldlinien der Erde folgt, die in die Atmosphäre der Polkappen münden. Dort wird sie abgebremst und ihre Energie geht auf die Atome und Moleküle der Luft über, die sie als Licht innerhalb der Ionosphäre (meist in 120–130 km Höhe) wieder abstrahlen. Die Farbe des Lichtes hängt von seiner Höhe ab, seine Helligkeit ist geringer als die des Vollmonds, aber übertrifft die des totalen Sternenlichts.

So ist also die Sonne der Sender, die Magnetosphäre der Empfänger und die Atmosphäre der Bildschirm, den wir staunend betrachten, wenn er uns Bilder von ›Götterfackeln‹ übermittelt, wofür viele Naturvölker die Lichterscheinungen hielten (s. S. 150f.). Oft sind sie Tausende von Kilometern lang, doch nur einige hundert Meter bis wenige Kilometer dick – dabei aber maßlos energiegeladen, denn ein zwei Stunden währendes Nordlicht verbraucht rund 200 Mrd. kWh Energie (was etwa 10 000 Atombomben vom Hiroshima-Typ entspricht).

Im Wildgarten der Natur – Die Flora

Die Geschichte einer Wiedergeburt

In Nord-Skandinavien kann man teilweise die Welt noch so erleben, wie sie in ihrer ›Jugend‹ ausgesehen hat. Ein großer Teil des Landes ist nicht nur unberührt, es gibt sogar Regionen, in denen man regelrecht die Vorgänge beobachten kann, durch die die Erde geformt wurde und das Leben Fuß fasste. So etwa rings um den Svartisen, den zweitgrößten, gleichzeitig aber auch wohl am schnellsten abschmelzenden Gletscher des Nordens. 1905 umfasste seine Eishaube noch ein Areal von rund 500 km², in den 70er Jahren betrug die Fläche noch 370 km², und seit 1974 hat sich seine Zunge schon um 2 km zurückgezogen. Diesem durch die Erwärmung des Weltklimas verursachten Rückzug, so bedauerlich er auch ist, verdanken wir einen Blick zurück um ca. 13 000 Jahre, als sich die Inlandgletscher der Eiszeit zum Nordpol hin zurückzogen und die von ihnen geschliffene Erde aus dem Zigtausende Jahre währenden Schlaf unter dem Eis erwachte.

In den unteren Regionen zur rechten Seite des Gletschers, die noch vor wenigen Jahren ganz vom Eis bedeckt waren, stoßen wir auf nackten Fels, vom Eis geformt, geglättet und zerkratzt, und nur hier und da mit Gesteinsschutt und Schlick bedeckt. Es ist eine neu geborene Welt, die wir erblicken, und wir haben hier das vollkommene Modell einer Landschaft vor Augen, wie sie sich im Pleistozän-Frühling vor ca. 13 000 Jahren überall in Lappland präsentiert haben muss. Gigantische Felsen, sogenannte erratische Blöcke, liegen verstreut, nur das Wasser bewegt sich, gräbt Abflüsse für kleine Tümpel und Teiche sowie Betten für Bäche. Keine Pflanze bedeckt den Boden oder verdunkelt das kristallklare Nass der Wasserstellen, auf deren Grund Granitsteine und Quarzsand glitzern. Was wir hier erblicken, ist quasi der Prolog im Drama der postglazialen Pflanzensukzession, wie die Ökologen den Prozess der Wiedergeburt nach der Eiszeit nennen.

Um nun die einzelnen Stadien anzusehen, in denen die Pflanzen in eisfrei gewordene Gebiete vordringen und sich ausbreiten, bis ein Wald entstehen kann, folgen wir dem rechts der Gletscherzunge ansteigenden Hang aufwärts. Nicht lange, so erkennen wir überall auf dem gewachsenen Fels wie auch auf herumliegenden Steinen feine Maserungen in Gelb und Braun, Grün und Grau, Rot und Orange, deren komplizierte Netzwerke mitunter an Mikrochip-Strukturen erinnern. Es sind Flechten, die anspruchslosesten Lebewesen der Welt. Noch in den Regionen des Permafrosts können sie gedeihen, selbst bei Temperaturen um –25 °C wird in ihnen der Prozess der Fotosynthese aufrechterhalten, und dabei wachsen sie so langsam, dass der Zuwachs ihres Thallus nur 1–2 mm pro Jahr beträgt. Ihr mögliches Alter wird mit Jahrhunderten, wenn nicht Jahrtausenden beziffert, und diese Langlebigkeit machen sich Geologen zunutze, indem sie aus dem Alter der am längsten in einer Moränenlandschaft siedelnden Flechten den Zeitpunkt errechnen, wann das Gebiet eisfrei wurde. Diese Lebewesen allein sind in der Lage, nackten Fels in fruchtbaren Boden zu verwandeln. Das schafft der

Als erste Lebewesen lassen sich nach dem Rückzug des Eises Flechten auf dem nackten Stein nieder.

Pilz, der in der wundersamen Pflanze in Symbiose mit einer Alge lebt, indem er konstant Polycarbonsäure absondert, die den Fels, auf dem die Flechte sitzt, in einem unermesslich langsamen Erosionsprozess zersetzt. Die Alge nährt sich von den so dem Stein entzogenen Nährstoffmengen und wandelt sie mit Sonnenenergie in Zucker um, den der Pilz zum Leben benötigt.

Einige verwitterte Partikel fallen auch in die Wasseransammlungen in den Felsvertiefungen und bereichern das Material am Grunde der Tümpel, sodass sich im Laufe der Zeit Wasserpflanzen festzusetzen vermögen (deren Samen der Wind herbeiträgt). Diesen Prozess können wir am Svartisen ca. 100 m oberhalb der reinen Flechtenzonen erkennen, woraus auch zu schließen ist, dass diese Region schon wesentlich länger als die untere eisfrei sein muss. Aber noch etwas anderes ist hier auszumachen, nämlich Moose, die auf den von den Flechten zersetzten Felsen gedeihen. Wieder ein Stück weiter hinauf sind schon große Teile des Bodens mit einer dünnen Humusschicht bedeckt (zu deren Entstehen die absterbenden Moose beitragen), und erste Gräser keimen. Je höher wir nun kommen, desto vielfältiger wird das Leben: Auf der folgenden Stufe gedeiht neben Flechten, Moosen und Gräsern bereits Schachtelhalm, hier und da versteckt sich ein Stengel des Zwergweidenröschens, auch der Steinbrech tritt vermehrt auf. Ebenso die Silberwurz, deren Polster beim Absterben große Mengen an Stickstoff und Kohlenstoff im Boden hinterlassen, ihn so für die Erle vorbereiten. Dieser Pionierbaum aus der Familie der Birken wächst und vermehrt sich extrem rasch und bildet über seine im Herbst fallenden Blätter in kürzester Zeit eine dicke Humusschicht. Je mehr Humus sich aber ansammelt, desto mehr andere Pflanzen dringen in das Gebiet der Erlen ein, darunter auch die, die sie dann letzten Endes verdrängen: Birken, Weiden, Kiefern und Fichten.

Was man am Svartisen im Kleinen sieht, geschah nach der Eiszeit in ganz Nord-Skandinavien, wie Pollenanalysen aus verschiedenen Bodenschichten bewiesen haben. Den Erlen folgten Birken und Weiden, die bald wegen ihres raschen Wachstums und ihrer großen Fortpflanzungsfähigkeit alle Lebensräume, aus denen sie von der Eiszeit vertrieben worden waren, zurückerobert hatten. Nach weiteren 2000 Jahren aber drang die Kiefer aus Süden nach, die die Birken-Dominanz in den unteren Lagen brach bzw. eine Gemeinschaft mit ihr einging, die als Klimaxvegetation bezeichnet wird. Diese ist in den meisten Waldteilen Lapplands heute noch vorherrschend, obwohl innerhalb der letzten 3000 Jahre die Fichte aus der Taigaweite Sibiriens eingewandert ist und überall da bestandbildend ist, wo der Boden genügend Nährstoffe bietet.

Durch den Wald und in die Berge

Je weiter man von Westen nach Osten, von Süden nach Norden oder aus tieferen in höhere Lagen vorstößt, desto unterschiedlicher präsentiert sich die Vegetation. Jeder klimatischen Zone kann eine Vegetationsstufe zugeordnet werden, wobei die Übergänge fließend sind.

Die boreale Nadelwaldzone

Noch im 18. Jh., als sich Carl von Linné aufmachte, die lappländische Flora zu erforschen, erstreckten sich riesige Wälder über einen Großteil Skandinaviens. Der Waldboden darunter war mit einem dicken Teppich aus Nadeln bedeckt, kein Unterholz versperrte die Sicht. Diese Wildnis ist heute viel kleiner geworden, wurde von der Zivilisation durchlöchert, doch ökologisch gesehen bildet sie weiterhin eine Einheit. Erkennungszeichen dieses nördlichsten und auch größten Waldgürtels der Erde sind Kiefer *(Pinus silvestris)* und Fichte *(Picea abies)*, wenn man von der Birke *(Betula pubescens)* absieht, die besonders als sekundäre Vegetation auf Kahlschlägen und Lichtungen gedeiht. Fachleute bezeichnen diesen Gürtel von Nadelbäumen zu Ehren des griechischen Nordwind-Gottes Boreas als borealen Nadelwald oder nach dem russischen Wort für die subarktische Nadelwaldzone in Sibirien und Nordeuropa als Taiga. Ob nun die Fichte dominiert (auf nährstoffreichen Böden) oder die Kiefer (auf ariden, aber auch auf nassen sowie nährstoffreichen Böden) – der Unterbewuchs ist jeweils ziemlich gleichförmig und besteht insbesondere aus Zwergsträuchern wie Heidel-, Preisel- und Rauschbeere. Nicht zu vergessen Moose und Flechten, unter denen die Rentierflechte *(Cladonia rangiferina)* dominiert.

Eine große Rolle im borealen Nadelwald spielen Moore, die rund 30 % der Fläche Nord-Finnlands und -Schwedens bedecken. Sie bilden sich dort, wo das Oberflächenwasser nicht ablaufen und wegen der langen Frostperiode auch nicht einsickern kann. Man unterscheidet Sphagnum-Moore (die hauptsächlich auf Torfmoosen aufgebaut sind) und Flachmoore, wobei erstere nur eine spärliche Pflanzenwelt, letztere hingegen – aufgrund eines höheren Grundwasserspiegels besser mit Wasser versorgt – eine außerordentlich vielfältige Fenn-Vegetation hervorbringen (diverse Seggen- und Moosarten, Wollgräser).

Die subarktische/ subalpine Birkenwaldregion

Zwischen der Taiga und der Tundra bzw. dem Oreal erstreckt sich in Nord-Skandinavien ein Birkenwaldgürtel, der inso-

Flammendes Feuermeer
Der ›Indian Summer‹

Die intensive Laubfärbung des Spätherbstes hat in Nord-Skandinavien ausnahmsweise einmal nichts (bzw. nicht ausschließlich) mit der geografischen Lage zu tun, sondern viel mehr mit Biochemie und natürlich den vorkommenden Bäumen und Sträuchern. Im Sommer, wenn es Tag und Nacht hell ist, produzieren die Blätter mit Sonnenenergie Zucker, den die Pflanze zum Leben benötigt. Konkret findet in diesen ›Zuckerfabriken‹ eine Umwandlung von Kohlendioxid und Wasser statt, die Fotosynthese, wofür neben Licht auch Chlorophyll vorhanden sein muss, ein grünes Pigment, das in den Blättern ebenso enthalten ist wie gelbe, goldene und rote Farbstoffe.

Letztere kommen sommers, wenn Chlorophyll dominiert, nicht zum Zug, sehr wohl aber im Herbst, wenn die Blätter die Produktion drosseln und ihre Lager an Zucker ›räumen‹, der nun als Wintervorrat in die Zweige sowie den Stamm abtransportiert wird. Jetzt zerfällt das Blattgrün, und hervor kommen andere den Blättern inhärente Pigmente: das gelbe Xantophyll, das goldene Carotin und schließlich (z. B. in der Espe, aber nicht in allen Bäumen und Sträuchern enthalten) das Anthocyan. Dieser Farbstoff kann sich nur bilden, wenn kalte Tage vorausgingen, auf die noch einmal sommerliche Wärme folgt. Dann nämlich nehmen die Blätter die eingestellte Zuckerproduktion erneut auf, doch durch die Kälte zur Nachtzeit ist der Abtransport blockiert, wodurch der Zucker festsitzt.

Dies ist die Voraussetzung des »Indian Summer« und auch Erklärung dafür, dass er nicht alljährlich flammt. Warum er sich nicht immer in der gleichen Farbe präsentiert, ja, warum Bäume der gleichen Art oft unterschiedlich gefärbt sind, hat eine andere Ursache. Nämlich die, dass das Anthocyan wie Lackmuspapier reagiert und jede Farbe zwischen Blutrot und Bläulich annehmen kann, je nachdem, ob die übrigen Substanzen im Blatt sauer oder alkalisch sind.

fern einzigartig ist, als ansonsten weltweit die Nadelbäume in großen Höhen und den nördlichsten Breiten vorherrschen, während die Birke ins Tiefland gehört. Begründet ist das Phänomen in der langen pleistozänen Vereisung Skandinaviens, die hier wesentlich länger andauerte als etwa in Sibirien oder Alaska.

Von den rund 40 Birkenarten aber gedeiht hier lediglich die kleinwüchsige *Betula tortuosa* (eine enge Verwandte der Moorbirke). In Abhängigkeit vom Grad der Feuchtigkeit wird die Birkenwaldregion noch einmal unterteilt. Ist der Boden trocken und mager, wird von einem Heide-Birkenwald gesprochen, in dem die großen Räume zwischen den Bäumen insbesondere von Heidekrautgewächsen sowie Rentierflechten besetzt werden. Besonders auffällig sind hier auch Schwedischer Hartriegel *(Cornus suecica),* Wiesen-Wachtelweizen *(Melampyrum pratense),* Lappland-Läusekraut *(Pedicularis lapponica),* Moosglöckchen *(Linnaea borealis)* und Hellrote Pestwurz *(Petasites frigidus).*

Der andere Typus, der Wiesengrund-Birkenwald, findet sich an weiten Südhängen mit nährstoffreichem Boden sowie schwach erodiertem Gestein und überascht mit einer Üppigkeit, für die es im übrigen Lappland keinen Vergleich gibt. Hier wachsen zwischen fast geradstämmigen und kräftigen Birken Ebereschen *(Sorbus aucuparia),* Grau-Erlen *(Alnus incana),* Espen *(Populus tremula),* Johannisbeersträucher *(Ribes)* und vieles mehr. In Feuchtzonen bilden verschiedene Arten von Weiden *(Salix)* nahezu undurchdringliche Dickichte – man spricht gar von einem Weidendschungel. Auf den Wiesen bilden Trollblume *(Trollius europaeus),* Sumpfdotterblume *(Caltha palustris)* sowie Zweiblütiges Veilchen *(Viola biflora)* große Farbflecken, und fast überall stößt man auf den Alpen-Milchlattich *(Cicerbita alpina)* und die Engelwurz *(Angelica archangelica),* die immerhin bis über 2 m Höhe erreichen kann.

Oreal und Tundral

Je höher es hinaufgeht, desto seltener und kleinwüchsiger präsentieren sich die Bäume, und bald erinnert das Land an einen Flickenteppich von verkrüppelten Birken und Zwergsträuchern auf einem Boden aus Rentierflechten und Moosen. Wir befinden uns hier in der Vegetationsstufe des **Oreal** (griech.: *oros* = »Berg«, »Gebirge«), das in Norwegen als *fjell,* in Schweden als *fjäll* bezeichnet und vom Botaniker in drei Höhenstufen unterteilt wird:

In der unteren alpinen Höhenstufe (ab 400–700 m) ist der Heidetyp dominierend. So eintönig diese Landschaft aus der Ferne wirkt, so vielfältig präsentiert sie sich aus der Nähe und so unvergleichlich farbenprächtig im Herbst, wenn sich hier alle Pflanzenkleider rot einfärben. Was gedeiht, hängt primär vom Kalkgehalt des Bodens ab. Wo er gering ist, wachsen neben zahlreichen Heidekrautgewächsen *(Ericaceae)* u. a. der Alpen-Bärlapp *(Lycopodium alpinum)* und die schwarze Alpenbärentraube *(Arctostaphylos alpina),* das Stengellose Leimkraut *(Silene acaulis),* die Waldschmiele *(Deschampsia flexuosa)* sowie verschiedene Seggenarten. Wo der Kalkgehalt hoch ist, dominiert die Silberwurz *(Dryas octopetala)* so deutlich, dass man mit ihrem Namen eine ganze Pflanzengesellschaft bezeichnet: die Dryas-Heide. Neben unterschiedlichen Seggen- und Weidenarten kommen hier insbesondere Roter Steinbrech *(Saxifraga oppositifolia),* Karlszepter *(Pedicularis sceptrum-carolinum),* Schneefingerkraut *(Potentilla nivea)* und Alpen-Ehrenpreis *(Veronica alpina)* vor.

Medicamenta Lapponum Carl von Linné und die lappländische Flora

Können Botaniker heute präzise bezeichnen, welches Pflänzchen sie meinen, so verdanken sie das dem großen schwedischen Naturforscher Carl von Linné (1707–1778), der Hunderte von Pflanzen nach einem neuen System klassifizierte (dargelegt in seinem berühmt gewordenen Buch »Systema naturae«, erschienen 1735), wobei er von den Unterschieden der Fortpflanzungsorgane ausging: Er hat die heute in der Wissenschaft gebräuchlichen Doppelnamen geprägt, und seit ihm muss niemand mehr aufsagen »Grossularia, multiplici acino: seu non spinosa hortensis rubra, sei Ribes officinarium«, wenn er die Rote Johannesbeere meint. *Ribes rubrum* genügt, denn einem Hauptwort, das die Gattung bezeichnet, folgt ein Eigenschaftswort für die Art.

Seine erste Forschungsreise, während der er Pflanzen bis ins Detail kennenlernte, führte Linné im Jahre 1732 nach Lappland, wo er als erster Wissenschaftler überhaupt die Pflanzen- und Tierwelt studierte, die damals noch »so unbekannt war wie die des unberührtesten Landstrichs der ganzen Welt«. Seine Beobachtungen fixierte er in einem Tagebuch, später unter dem Titel »Iter Lapponicum« (dt.: Lappländische Reise) aufgelegt, aus dem hier zitiert sei:

»Moxa wird aus einem dünnen Schwamm, der auf Birken wächst, gewonnen. Man löst diesen stets von der Südseite des Baumes. Von diesem Schwamm legt man ein erbsgroßes Stück auf locum dolentem, entzündet es mit einem brennenden Birkenzweig und lässt es sensim verglosen. Dieser Vorgang wird bisweilen zwei- oder dreimal wiederholt. Man legt moxa immer dort auf, wo der Schmerz am heftigsten scheint. Dadurch entsteht eine Wunde, die oft an die sechs Monate nicht abheilt und auch nicht geheilt werden darf, sondern sich von selbst schließen muss. Dieses Mittel wird gegen all Arten Schmerz gebraucht: Kopfweh, Zahnweh, Stechen, Magenweh, Rheuma etc. Medicina universalis Lapponum, hinc ipsis kleiner medicus.

Kattie ist eine Art Zugpflaster und wird auf folgende Weise hergestellt: feine, lockere Birkenrinde verbrennt man, legt sie darauf in Wasser, kaut sie hernach und mischt diese Masse mit frischem Tannenharz. Diese Mischung wird so lange durchgeknetet, bis ein elastisches schwarzes Pflaster entsteht. Das ist ein recht ordentliches Mittel gegen unreife Geschwüre etc., denn es öffnet sie unter kurzem und macht sie ohne Schmerz weich.«

Aber noch viele andere Mittel kannten die Bewohner des hohen europäischen Nordens – besondes die Samen – zur Zeit Linnés, und zahlreiche Pflanzen, die uns ›aufgeklärten‹ Menschen heute nur noch als Augenweide dienen (wenn sie nicht als Unkraut verschrieen sind), galten früher, bevor noch synthetische Drogen bekannt waren, als äußerst nützlich:

Das Gefleckte Knabenkraut *(Orchis maculata)*, das an feuchten Straßenrändern oder auf kalkarmen Mooren gedeiht, wandte man an, wollte man die Liebe von jemandem gewinnen. Dann legte man dem oder der Erwählten ein Stück der Wurzel ins Getränk oder unter das Kopfkissen.

Der Scharfe Hahnenfuß *(Ranunculus acer)* machte gemäß altem Glauben die Butter besonders gelb, gab man vor dem Melken ein paar Blüten des bis 60 cm hohen Gewächses in den Eimer.

Schon die alten Wikinger verwendeten das Echte Mädesüß *(Filipendula ulmaria)* dazu, ihrem Leibgetränk, dem Bier, seinen Geschmack zu verleihen, weshalb die Pflanze auf Norwegisch *mjørdurt* genannt wird. Bei Kräuterkundigen erfreut sie sich großer Beliebtheit, weil die Blüten Salizylsäure enthalten, und ein Mädesüß-Tee kann bei Fieber und Grippe helfen, Bauchschmerzen lindern und auch Schlafstörungen beheben.

Die auf niedrigen Hügeln gedeihende Blutwurz *(Potentilla erecta)* ist sehr geeignet, um Durchfall zu bekämpfen, dient aber auch zur Wundheilung und zum Blutstillen.

Im Juli erblühen die rosaroten, langstieligen Schirme des Holunderblättrigen Baldrians *(Valeriana sambucifolia)*, der mit seinem starken Duft bekanntlich Katzen anlockt. Aber er sollte auch Mensch und Tier gegen das Böse feien und galt obendrein als Universalmittel gegen Wehwehchen jeder Art.

Auf sumpfigen Wiesen und in Mooren, von den Ebenen bis ins Gebirge, wächst der Fieberklee *(Menyanthes trifoliata)*. Seine Blätter werden innerlich als Pulver, Auszug oder Tee zur Regulierung der Leber- und Gallentätigkeit sowie bei Appetitlosigkeit angewandt.

Nicht nur sind die Wuschelköpfe des Löwenzahns *(Taraxacum officinale* u. a.) von großer Schönheit, sondern seine Blätter und Wurzeln enthalten auch zahlreiche Vitamine und Mineralstoffe. Sie lassen sich daher zu köstlichen Salaten verarbeiten, während die getrockneten Wurzeln einen akzeptablen Kaffee-Ersatz darstellen.

Die Gemeine Goldrute *(Solidago virgaurea)* galt als ein treffliches Mittel zur Heilung von Wunden, wozu ein Breiumschlag aus den zerstoßenen Blättern aufgetragen wurde.

Wer früher seinen Haaren etwas Gutes tun oder lieblichen Rosenduft verbreiten wollte, der kochte Rosenwurz *(Sedum rosea)* ab und verwendete den Sud als Haarspülung. Andere Menschen pflanzten das Berggewächs auf ihren Torfdächern an, weil sie glaubten, es sei als Blitzableiter geeignet.

Die dicken Stengel der Engelwurz *(Angelica archangelica)* waren früher als Vitamin-C-Lieferanten sehr beliebt – ja, es gab sogar Gesetze, die Strafen für unbefugtes Eindringen in Engelwurzgärten vorsahen. Die Wurzel der Pflanze wurde in Pestzeiten gekaut, sollte aber auch gegen andere ansteckende Krankheiten feien. Heute findet sie nur noch zum Würzen von Likören (z. B. dem Chartreuse) Verwendung.

Vielfältige Dienste leistete früher auch der Atlant *(Inula helenium)*. Seine Blätter, auf Wunden, auch Brandwunden, gelegt, bringen Heilung, die Samenwolle kann Daunen in Kopfkissen ersetzen, und in schlechten Zeiten wurden die getrockneten Blätter als Tabakersatz geraucht.

Diverse Arten von Zwergstrauch- und Gras-Heiden beherrschen das Bild der mittleren Höhenstufe, wo über zwei Dutzend Vegetationstypen unterschieden werden. Jeder von ihnen wird durch bestimmte bestandbildende Arten charakterisiert, von denen Zwergweide *(Salix herbacea)* und Schuppenheide *(Cassiope hypnoides)* die dominantesten sind. Wo der Boden mit Wasser vollgesogen ist, beherrschen Berghahnenfuß *(Ranunculus montanus)* und Zwerghahnenfuß *(Ranunculus pygmaeus)* nebst der Rosenwurz *(Sedum rosea)* das Bild, in mäßig feuchten Regionen hingegen trifft man insbesondere auf das Arktische Schaumkraut *(Cardamine bellidifolia)* sowie den Gletscherhahnenfuß *(Ranunculus glacialis)*. Letzterer ist auch neben Moosen und Flechten die einzige bestandbildende Pflanze der hochalpinen Stufe und kann noch auf über 1900 m Höhe angetroffen werden.

Überall dort in den höheren Breiten von Nord-Skandinavien, wo das Oreal aufgrund des Fehlens alpiner Höhenstufen nicht auftritt, haben wir es mit einer Landschaft zu tun, die die Finnen als *tunturi* (»waldloser Hügel«) bezeichnen. Daraus leitet sich etymologisch der Begriff Tundra ab bzw. – in pflanzengeografischer Hinsicht – der Begriff **Tundral.** Er bezeichnet jene arktische Zone, die sich zirkumpolar nördlich der Taiga bzw. der 60–80 km breiten subpolaren Birkenwaldregion erstreckt. Die sie bewohnenden Pflanzengesellschaften decken sich weitgehend mit denen des Oreal, weil die Lebensbedingungen ebenso extrem sind wie dort. Aufgrund der besonderen klimatischen Bedingungen hat Lappland aber nur mit einigen Inseln und Halbinseln vor dem nördlichen Norwegen Anteil an dieser Zone. Die häufig tief gelegene und feuchte eigentliche Tundra, die für die nordamerikanischen und sibirischen Küstengebiete so prägend ist, wird auf dem nordeuropäischen Festland hingegen nur durch die teils durch den Menschen verursachte große Pseudotundra in der inneren Finnmark (Norwegen) sowie im nördlichsten Finnland vertreten.

Reichtum des Nordens

Man fährt mit dem Wohnmobil daher, lässt die Landschaft wie Paramount Pictures an sich vorbeiziehen, denn das ersehnte Nordkap ist noch fern. Ein kurzes Vertreten der Beine, ein Fotostopp vielleicht – mehr ist hier nicht drin, und dann gibt's oftmals Pichelsteiner Eintopf aus der mitgebrachten Dose. »Sie wissen nicht, was Sie verpassen«, möchte man behaupten. Oder sagen Ihnen Steinpilze in Weinteig, geschmorte Rotkappen, ein Birkenpilzgulasch, wenn nicht gar ein Pfifferlingomelett wirklich so wenig? Und wie ist es mit Blaubeerpfannkuchen, Rauschbeerenmüsli, Moltebeeren mit Sahne und Krähenbeerensaft?

In Nord-Skandinavien gibt es mehr Pilze als Bäume und noch viel mehr Beeren als Pilze, und wer noch nie mit blaurot verschmierten Lippen in den Blaubeeren saß und noch nie einen Steinpilz im Waldesdunkel fand – bis über 2 kg schwer –, der weiß nicht, was er versäumt. Kaum ein Gang abseits der Straße, von dem man nicht etwas Schmackhaftes und Sättigendes aus dem großen Wildgarten der lappländischen Natur mitbringen könnte, denn tonnenweise wächst hier, was man in heimischen Wäldern nur nach mühseliger Sucherei finden kann. In Finnland z. B. werden pro Jahr rund 5000 t Waldbeeren gepflückt und mehr als 1500 t Waldpilze geerntet. In Schweden gibt es solche gigantischen Mengen an Beeren,

Wald-Storchenschnabel

Geflecktes Knabenkraut

Gemeiner Hornklee

Karlszepter

Schmalblättriges Weidenröschen

Vogelwicke

Wollgras

Fieberklee

Holunderblättriger Baldrian

dass – wie Statistiker errechnet haben – ein jeder Schwede alleine auf den Moorflächen 9 kg Moltebeeren ernten könnte, und wie wissenschaftliche Untersuchungen gezeigt haben, liegt der potenzielle Marktwert der Beeren wie auch der Pilze in Lapplands Wäldern höher als der der Holzproduktion.

Die **Blau- oder Heidelbeere** *(Vaccinium myrtillus),* diese kleine blaue Frucht mit dem milden Geschmack, ist *die* skandinavische Beere schlechthin. Sie wächst zwar in Lappland in den meisten Vegetationszonen, aber insbesondere in der Kieferntaiga reift sie in den Wochen zwischen Mitte Juli und Ende August stellenweise in unglaublicher Menge zu einer Größe heran, die der bei uns beheimateten Beere spottet.

Auch ab Juli ist **Rauschbeeren**-Zeit, aber erst im August verliert *Vaccinium uliginosum* ihren etwas faden Geschmack, und das weiße Fruchtfleisch nimmt eine delikate Süße an, die die Zugabe von Zucker vollkommen erübrigt. Der verwirrende Name geht auf Carl von Linné zurück, der die Beere fälschlich für berauschend hielt. Diese Fehleinschätzung geistert seither durch die Literatur, und auch in renommierten Pflanzen-Bestimmungsbüchern ist noch immer von »Giftwirkung bei Mensch und Tier« zu lesen – was nicht stimmt.

Auch der schwarz gefärbten **Krähenbeere** *(Empetrum nigrum),* an niedrigen und mit kleinen Nadeln bedeckten immergrünen Sträuchern in Drubbeln wachsend, sagte die Literatur früher zu Unrecht eine Giftwirkung nach. Doch gibt es Völker – u. a. die Inuit auf Grönland –, für die die ungemein saftreiche Frucht die einzige Vitamin-C-Quelle überhaupt darstellt. In einer Stunde kann man spielend mehrere Kilo ernten, doch ist die Frucht reich an Kernen, auch ziemlich geschmacklos und wird daher selten gegessen, aber desto mehr zu Saft verarbeitet (der durch die Zugabe von Blaubeer- oder Zitronensaft etwas gesäuert wird).

Die einzige in Nord-Skandinavien vorkommende Beere, von der man keine Unmengen genießen sollte, ist die **Alpen-Bärentraube** *(Arctostaphylos alpina),* die im Gegensatz zur Gemeinen Bärentraube schwarz ist und an niederliegenden Sträuchern von 10–15 cm Höhe wächst, welche verkehrt-eiförmige Blätter haben. In ihr sind extrem hohe Mengen an Gerbstoffen enthalten.

Die kleine rote **Preiselbeere** *(Vaccinium vitisidae)* bevorzugt wie ihre Verwandten Blau- und Rauschbeere den Kiefernwald, hat aber roh (ungekocht und nicht gezuckert) einen ziemlich herben Geschmack. Die Sammelzeit beginnt im Juli, doch erst ab August und bis etwa Mitte September geht es gefäßfüllend zur Sache.

Die beliebteste aller Beeren ist den Nordländern mit Abstand die in Mitteleuropa unbekannte **Moltebeere** *(Rubus chamaemorus),* die nicht nur einen extrem hohen Vitamin-C-Gehalt besitzt, sondern auch reich an Benzolsäure ist, die Schimmel und Gärung verhindert und dadurch lange Haltbarkeit garantiert. Aus diesem Grund stellte die etwa kirschgroße Frucht, die an krautigen, 10–15 cm hohen Pflanzen gedeiht, bis in unsere Tage hinein eine wichtige zusätzliche Nahrungsquelle für den langen Winter dar, weshalb sie geschützt war, also nicht unter das Jedermannsrecht fiel (s. S. 301ff.). Erntezeit des bevorzugt in mooriger (aber nicht sumpfiger) Landschaft vorkommenden Rosengewächses ist zwischen Mitte Juli und Anfang September. Der Geschmack der Frucht, die reif eine orange bis hellgelbe Färbung hat, kann an eine Mischung aus Aprikose, Erdbeere und Mango erinnern.

Harter Lebenskampf – Die Fauna

Jäger und Gejagte

In Nord-Skandinavien ist kein einziger Fall bezeugt, in dem ein **Wolf** *(Canis lupus)* einen Menschen angegriffen hätte. Auch gehen Wissenschaftler heute davon aus, dass Menschen nicht diejenigen Reizmuster auslösen, die ihn zum Angreifen verleiten. Umgekehrt ist das schon eher der Fall, ja, der Wolf scheint für den Menschen ein Archetyp des Schreckens zu sein, und wo immer er seiner habhaft werden kann, setzt er ihm mit einem Hass nach, der zeigt, wie weit der *Homo sapiens* noch immer von Instinkten geleitet wird, die man nicht einmal als tierisch bezeichnen möchte. Infolgedessen war der ›Schrecken der Tundra‹ in Lappland schon um die Jahrhundertwende vom Aussterben bedroht, also noch bevor es in Mode kam, ihn mit Schnellfeuergewehren von Helikoptern und Motorschlitten aus niederzumetzeln. Heute ist der Wolf gesetzlich geschützt, aber insbesondere die renzüchtenden Samen, die ihre Herden schützen wollen, kümmern sich keinen Deut um diesen Paragraphen und dringen mordend sogar in die Nationalparks ein. Daher fordern Tierschützer heute in allen drei skandinavischen Staaten einen Wolfs-Wachschutz, der in Aktion treten soll, sobald das Auftauchen eines Wolfes bekannt wird. Aber so oder so: Der ›Erbfeind der Menschheit‹ ist zum Aussterben verurteilt, es ist für ihn kein Platz mehr vorhanden auf unserem Kontinent, und kämen nicht hin und wieder ein paar Exemplare von Russisch-Karelien herüber (wo er noch nicht gänzlich ausgerottet ist), so hätte man längst einen Nachruf auf ihn verfassen müssen.

Wesentlich besser ist es auch um den **Braunbären** *(Ursus arctos)* nicht bestellt, das größte noch in Europa vorkommende Raubtier. Obwohl er sich überwiegend von Pflanzen ernährt, wurde ihm von nach Trophäen süchtigen Jägern so unerbittlich nachgestellt, dass seine Population nach dem Zweiten Weltkrieg skandinavienweit auf unter 200 Exemplare geschätzt wurde. Gäbe es nicht Russisch-Karelien, wo der Bestand zum gleichen Zeitpunkt mehrere Tausend Tiere umfasste, so wäre das in Nord-Skandinavien beheimatete Bärenvolk vom Aussterben durch genetische Verarmung (Inzucht) verurteilt gewesen. Heute soll die Zahl der Allesfresser durch gesetzlichen Schutz, aber insbesondere durch Einwanderung von Osten her wieder auf 400–1000 Exemplare angestiegen sein. Doch bleibt, langfristig betrachtet, dem Bären auch in der so oft beschworenen ›letzten Wildnis Europas‹ kein Lebensraum mehr, denn das Revier, das er zum Leben benötigt, ist einfach zu groß für das durch die Ansprüche der Menschen ständig ›kleiner‹ werdende Lappland.

Als das schlaueste Tier des Nordens gilt der **Vielfraß** *(Gulo gulo)*, der hier entsprechend in Fabeln den Fuchs ersetzt. In der Tat ist kaum eine Falle denkbar, die er nicht ›entschärfen‹ kann, kein Stall, kein Gehege, in das er nicht Einlass findet. Gleichzeitig ist er schnell genug, um Hasen zu erwischen, mutig und aggressiv genug, um Bären und Wölfe einzuschüchtern (obwohl er selbst nur 20 kg wiegt), ausdauernd genug, um Rentiere über Hunderte von Kilometern zu jagen. Obendrein kann er perfekt klettern und schwimmen, fängt Bisamratten

Methusalem des Nordens

Nicht das Rentier ist es, das als der älteste Bewohner Lapplands (und aller arktischen Zonen) gilt, auch nicht Elch oder Wolf oder sonst ein Großsäuger. Vielmehr ist es ein possierlicher kleiner Nager von nur 10–15 cm Länge und 50 g Gewicht, der nach Meinung vieler Zoologen das einzige Säugetier (neben dem Eisfuchs) darstellt, das in Skandinavien die Eiszeiten überlebt hat. Wie auch immer: das legendärste Tier des Nordens ist es mit Gewissheit, denn um keines sonst wurden so seltsame Geschichten gesponnen. Etwa die, die Conrad Gesner 1669 wiedergab und die besagt, dass der Nager aus faulenden Stoffen in den Wolken entsteht und nach einem Platzregen zu Tausenden vom Himmel fällt. Alfred Brehm zitierte im 19. Jh. die Vermutung der Nordländer, dass diese Wühlmaus, wenn sie stirbt, die Luft verpeste, wodurch der Mensch von Schwindel und Gelbsucht befallen werde, und anderen Berichten zufolge sollen sich die Nager in einer Prozession von den höchsten Felsen aus ins Meer stürzen, um sich umzubringen.

Man ahnt es schon, von wem die Rede ist: von den Lemmingen *(Lemmus lemmus)* nämlich, denen wahrscheinlich deshalb so seltsame Geschichten angedichtet wurden, weil sie etwa alle drei, vier Jahre in ungeheuren Mengen aus ihren Schlupfwinkeln unter der Erde auftauchen, um sich auf ihre berühmten Wanderungen zu begeben (wobei in der Tat viele von ihnen umkommen). Warum das so ist, gilt als noch nicht gänzlich geklärt, aber gemäß der z. Zt. gängigsten Theorie nimmt man an, dass ein Boom der ungeheuer fruchtbaren Tiere (ein einziges Paar kann innerhalb eines Jahres Hunderte von Nachkommen zeugen) zum Versiegen der Nahrungsgrundlage führt. Da den Lemmingen ein Hormon zur Stressbewältigung fehlt, treibt sie die Raumnot schließlich zur Raserei und führt zu den erwähnten periodischen Wanderungen.

mit der ›Hand‹, zermalmt Elchen mit seinen Zähnen die Beinknochen, sinkt dank seiner bis zu 200 cm² großen Fußsohlen selbst im weichsten Schnee nicht ein. Es gibt so gut wie nichts, was ein Nordländer diesem größten Vertreter der Marderfamilie nicht zutrauen würde. Man sagt ihm übernatürliche Fähigkeiten nach, und da er obendrein widerlich aussieht und riecht, wird er gehasst wie die Pest und wurde in der Vergangenheit entsprechend unerbittlich gejagt. Anfang der 60er Jahre galt er bereits als ausgestorben. Dann unter Schutz gestellt, hat sich der Bestand dank seiner hohen Reproduktionsrate zumindest in den Nationalparks wieder erholt.

Überall zu finden ist in Lappland der **Rotfuchs** *(Vulpes vulpes)*, der hier aber wesentlich größer ist als der weiter südlich beheimatete Reineke, dabei einen gedrungeneren Körperbau aufweist wie auch einen weniger langgestreckten Schädel, da bei hervorstehenden Körperteilen größere Wärmeverluste auftreten. Während der letzten Jahrzehnte hat er sein Verbreitungsgebiet im Norden sogar ausgedehnt und ist jetzt im Gebirge bis hinauf in die alpine Zone zu finden, wo er meist die Baue des Eisfuchses *(Alopex lagopus)* bewohnt. Auch sonst ist der Rotfuchs erfolgreich in Wettbewerb mit seinem wesentlich kleineren Verwandten getreten, dessen Population sich skandinavienweit nur noch auf wenige Hundert Tiere belaufen soll. Zwar ist er dort schon seit 1930 gesetzlich geschützt, aber seit die Zahl der Wölfe immer mehr abnimmt, fehlt ihm im Winter der Hauptnahrungslieferant (die Füchse profitierten von den Beuteresten). Natürlich ist es auch (trotz gesetzlichen Schutzes) sein Fell, das dazu beigetragen hat, ihn nahezu auszurotten. Wenn die winterlichen Schneefälle bevorstehen, verändert sich ein im Körper des Tieres stattfindender chemischer Prozess, bis kein Melanin (Pigment, das sein Fell im Sommer dunkel färbt) mehr gebildet wird. In dem Maße wie es verschwindet, nimmt der Eisfuchs (wie auch Schneehase, Hermelin und andere Tiere) eine zunehmend hellere Farbe an, bis er ein blassbeiges (dann ›blau‹ genanntes) bis schneeweißes Winterkleid trägt, das ihn unsichtbar für seine Feinde macht. Zudem bilden sich beim Abbau des Melanins winzige Luftbläschen in den Haaren des Fuchses, durch die zusätzlich Körperwärme gespeichert wird.

Das Beispiel des Eisfuchses hat gezeigt, wie anfällig ein arktisches Ökosystem auf Eingriffe des Menschen reagiert, denn indem der Wolf ausgerottet wurde, war auch für den Fuchs die Endzeit angebrochen. Das störte freilich nicht viele, denn was bedeutet es dem Menschen schon, wenn er eine Tiergattung mehr oder weniger ausgerottet hat. Eine andere selbstverschuldete Entwicklung aber stört ihn sehr wohl, weil sie ihn an seiner empfindlichsten Stelle trifft: am Geldbeutel. In dem Maße nämlich, wie die Zahl aller großen Raubtiere schwand und gleichzeitig dic cxpandierende Holzwirtschaft von der selektiven Baumentnahme zum Kahlschlag überging, vermehrte sich der **Elch** *(Alces alces)* in bislang beispielloser Art. War er früher eigentlich nur im borealen Nadelwald zu finden und schon im 19. Jh. nahezu ausgerottet (weil die Pirsch lohnende Ausbeute an Fleisch und Trophäe versprach), so kommt er heute auch in der Birkenzone vor, sogar in der Tundra, und gilt mit einer Population von z. Zt. wahrscheinlich über einer halben Million Exemplaren als Landplage in Skandinavien, vom tiefsten Süden bis in den höchsten Norden. Denn was die Jäger erfreut (die jährlich bis zu 100 000 der bis 500 kg schweren, größten freileben-

den Wildtiere Europas erlegen), das schädigt die Holzwirtschaft ganz ungemein, eben weil sich der Elch an Eschen und Weiden, Birken und insbesondere an jungen (größtenteils auf Kahlschlägen angepflanzten) Kiefern so gütlich tut, dass in einigen Regionen ganze Wälder schwer in Mitleidenschaft gezogen wurden und als wertlos gelten. Der finnische Staat etwa zahlt Unsummen als Entschädigung für Elchschäden an die Waldbesitzer, und in Schweden werden jährlich über 6000 Verkehrsunfälle registriert, in die Elche maßgeblich verwickelt sind. Da sich der durchschnittliche Schaden pro Unfall auf etwa 10 000 DM beläuft, kostet das bis zu 2,80 m lange und 2,20 m hohe Huftier die Volkswirtschaft um 60 Mio. DM per anno. Um diesen enormen Verlusten entgegenzuwirken, hat man die Straßen vielerorts mit Wildzäunen versehen; mehrere tausend Kilometer sind schon fertig, doch kostet ein einziger über 30 000 DM. Weil sich aber innerhalb des letzten Jahrzehnts die Elche schon wieder um 40–70 % vermehrt haben (je nach Region), ist die Zahl der Unfälle mit Elchen trotz allem in etwa konstant geblieben.

Die **Rentiere** *(Rangifer tarandus)*, von denen es lapplandweit rund 750 000–1 Mio. Stück gibt, konnten ihre Population innerhalb unseres Jahrhunderts hingegen nicht erhöhen, obwohl auch sie heute keine Fressfeinde mehr haben. Das liegt daran, dass diese 60–320 kg schweren Herdentiere aus der großen Familie der Hirsche nicht sich selbst gehören, also keine eigentlichen Wildtiere sind, sondern vielmehr Eigentum der Samen, die sie schon in grauer Vorzeit domestiziert haben. Zwar wird das Ren nicht als Haustier gehalten, sondern streift relativ frei in riesigen Arealen von Taiga, Tundra und Oreal herum, aber diese Gebiete, so groß sie auch sind, stellen doch nichts als genau festgelegte Weidegründe dar. Von dort, wo das Ren täglich 5–8 kg Flechten und Moose (Trockengewicht) frisst, wird es im Herbst zu Sammelplätzen getrieben und schließlich geschlachtet, bevor es per Kühltransporter seinen Weg in die Fleisch- und Wurstfabriken des Landes findet bzw. – in Form von Fell, Schädel und Geweih – in die Souvenirläden, wo es die Touristen erfreut.

Rentierherde im Winter

Ordnung im Chaos – Die Vogelberge

Die Nordmeerküste bietet mit einer Fülle geschützter Nistplätze auf Klippen und Felstürmen gewaltigen Kolonien von Seevögeln eine Heimat; die See ist maßlos reich an Plankton und ernährt riesige Fischschwärme – vielleicht die größten der Welt –, die wiederum den Vögeln als Nahrung dienen. Kaum eine andere Gegend kann sich so vieler Seevogelarten in solcher Zahl rühmen, und die Vogelfelsen Vedøya auf Røst und Mostadfjell auf Værøy (s. S. 173) gelten gar als die reichsten der Welt.

Das heisere Gekreische der zankenden Vögel hallt von den steilen Klippen wider und übertönt sogar das Donnern und Rauschen des Nordmeers, das gegen die Felsen brandet. Doch trotz des unaufhörlichen Lärms halten die Bewohner dieser Vogel-›Hochhäuser‹ im Zusammenleben und insbesondere beim Brüten in überraschendem Maße Ordnung, was sie weitgehend dadurch erreichen, dass sie sich nach Arten absondern. Manche nehmen gleich ganze Klippen in Beschlag, andere suchen zumindest getrennte Teile einer Klippe auf, und über allem herrscht eine Art Verhaltenskodex, der verhindert, dass der Zank um die Nistplätze zwischen Artgenossen in Blutvergießen gipfelt.

Die größte Kolonie im Fels bilden die **Papageitaucher** *(Fratercula arctica)*, welche die Grashänge im oberen Bereich der Klippen bevölkern und dort in selbst gegrabenen Erdhöhlen von bis zu 3 m Länge brüten; allein auf Værøy schätzt man ihre Zahl auf über 1 Mio. Mit ihren namengebenden Schnäbeln hacken sie die Erde auf, die sie mit den roten

Schwimmfüßen hinausschaufeln. Eng an eng liegen die von den Männchen mit weithin hörbarem Zusammenschlagen der Schnäbel verteidigten Nistkammern, in denen das Weibchen ein einziges Ei ausbrütet, aus dem nach rund fünf Wochen das Junge schlüpft. Nach weiteren fünf Wochen endet die Nestlingszeit, und das kleine, possierliche Tierchen beginnt mit dem Flügeltraining, indem es springend, laufend und fliegend dem Meer zustrebt, seinem eigentlichen Lebensraum, den es von Ende August, jetzt flügge geworden, bis in den Frühling bewohnen wird. Die an traurige Clowns erinnernden Vögel gehören nämlich zur großen Familie der Alken *(Alcidae)*, die in der nördlichen Hemisphäre die Pinguine vertreten und ganz ähnlich wie diese leben. Daher ist ihr Flugapparat wesentlich besser zum Tauchen als zum Fliegen geeignet.

Im nächsttieferen ›Stockwerk‹ brüten **Trottellummen** *(Uria aalge)* und **Tordalke** *(Alca torda)* unter Felsvorsprüngen. Beide tragen ein schwarzes Ober- und ein weißes Unterkleid, sehen den Pinguinen ähnlich und können anhand ihrer Schnabel- und Halsformen voneinander unterschieden werden. Während der Schnabel der Trottellumme lang, gerade und ungezeichnet ist, ihr Hals dünn, ist der Schnabel des dickhalsigen Tordalk seitlich komprimiert und mit einer weißen Querlinie versehen (die allerdings im Winter fehlt). Beide gehören ebenfalls zur Familie der Alken, sind also schlechte Flieger, aber gute Taucher und verbringen, mit Ausnahme der Brutzeit, das ganze Jahr auf hoher See. Trottellummen gelten als die am besten angepassten Felsbrüter überhaupt: Sie bauen keine Nester, sondern legen ihre Eier (nur eines je Paar, Brutzeit 35 Tage) auf einwärts geneigte Felsbänder ab; über 30 Lummen finden auf diese Weise Platz auf nur 1 m^2. Rund drei Wochen nach dem Schlüpfen kündigen die Küken das sogenannte Lummenspringen durch den lauten Ruf »Tschiwi« an. Den Eltern verbleiben jetzt noch genau drei Tage, sich dieses akustische Signal genau einzuprägen, denn nach dem Absprung des Jungvogels können sie ihn im Meer nur anhand dieses Rufes von den anderen Lummen unterscheiden. Dann folgt der Sprung, und heftig mit den Flügeln schlagend purzeln Flugschüler mehr fallend als gleitend zum Meer hinunter, das oft über 100 m tiefer gelegen ist. Wer auf den Fels aufschlägt, hat verspielt, weshalb die Eltern stets solche Brutplätze aussuchen, die möglichst an einem überhängenden Steilhang gelegen sind.

Der **Basstölpel** *(Sula bassana)*, mit einer Flügelspannweite von fast 2 m der größte Seevogel der Nordhalbkugel,

Basstölpel mit Nistmaterial im Schnabel

legt seine Nester direkt unterhalb derer der Alken so dicht beieinander an, dass keine Handbreit Fels freibleibt. Nichts ist aufregender, als einem Basstölpel bei der Jagd zuzuschauen, denn der über 3 kg schwere Vogel gleitet wie ein Adler Hunderte von Metern über dem Meer dahin, durchdringt mit Argusaugen die Fluten und schießt – hat er einen Fisch entdeckt – mit angelegten Flügeln wie eine Rakete auf die Wasseroberfläche zu, in die er senkrecht eintaucht, um schon Sekunden später mit der Beute im Schnabel wieder aufzusteigen.

Die nächste Etage der Vogelfelsen wird von den **Dreizehenmöwen** *(Larus tridactylus)* kolonisiert, von denen allein auf Vedøya rund 5 Mio. nisten. Dieser langflügelige, perlgraue Seevogel brütet in winzigen Felsnischen und auf Vorsprüngen, wo die Weibchen jeweils drei Eier in kleine Nester legen. Nach 22 Tagen schlüpfen die Küken aus, und die folgenden fünf Wochen, bis sie flügge sind, markieren den gefährlichsten Zeitraum ihres Lebens: Ständig liegen die großen Verwandten, die Raubmöwen, mit unverhohlener Gefräßigkeit auf Lauer, um bei der geringsten Unachtsamkeit der Eltern (die die Jungvögel mit ihren Körpern schützen) wie Sturzbomber herabzustoßen. Gefährlich ist auch der ›Herrscher der Lüfte‹, der gewaltige **Seeadler** *(Haliaetus albicilla),* der in Sachen Flügelspannweite in Europa nur noch vom Steinadler überboten wird und von seinen hochgelegenen Horsten herabgleitet, um für sich und seine Jungen die reichgedeckte ›Vogelbergtafel‹ zu plündern.

Von Fischen und dem Fischen

Im nördlichen Eismeer bei Spitzbergen sowie der Barentssee liegt die ›Heimat‹ vieler Fische. Hier wachsen junge Heringe und Dorsche, aber auch viele andere Gattungen zu geschlechtsreifen Tieren heran, um dann in gigantischen Hochzeitszügen nach Süden zu wandern. Sie streben dem zwischen den Lofoten und dem norwegischen Festland gelegenen Vestfjord zu, wo sich dank des Golfstroms wärmere Wasserschichten befinden. Billionen befruchteter Eier werden hier von den Fischen abgelaicht, und der frei herumschwimmende Rogen wiederum lockt die großen und kleinen Fressfeinde aus dem Ozean herbei.

Dem Seedorsch oder **Kabeljau** *(Gaddus morrhua)* – wie der geschlechtsreife Dorsch genannt wird – müssten die Norweger eigentlich ein Denkmal setzten. Denn dieser auf Norwegisch *skrei* oder *torsk* genannte Fisch bildet seit mehr als 1000 Jahren das wirtschaftliche Rückgrat Norwegisch-Lapplands (und bis vor kurzem ganz Norwegens). *Torsk* leitet sich von *tørrfisk* (Trockenfisch = Stockfisch) ab, weil der Kabeljau – nach dem Fang geköpft und ausgenommen – traditionell zum Trocknen an der Luft paarweise über Holzgestelle gehängt wird. Dort verbleibt er 8–10 Wochen, und innerhalb dieser Zeit verringert sich sein Wassergehalt um bis zu 80 %. Der Nährwert von 1 kg Stockfisch (der nahezu unbegrenzt haltbar ist) entspricht dem von 4 kg Frischfisch oder dem von rund 2 kg Klippfisch (Kabeljau, der vor dem Trocknen gesalzen wird). Die Fangzeit für den bis zu 1,50 m langen Kabeljau währt von Januar bis April, wobei er insbesondere mit Grund- und Schwimmschleppnetzen gefangen wird, z. T. auch mit Reusen, die in Fjordarme oder zwischen Schären gesetzt werden.

»Wer Hering hat, hat alles zum Leben« – sagt ein norwegisches Sprichwort, und die Norweger sind wahrlich eine Nation der Heringsesser. Zum Frühstück, Mittagessen, Abendessen oder als Betthupferl: der **Hering** *(Clupea harengus)* ist für jede Mahlzeit gut. Man unterscheidet Frühjahr- und Sommer-, Herbst- und Winter-, Fett-, Island- und

Stockfisch auf dem Trockengestell

Fjordhering, aber Fisch werden sie alle nicht genannt, denn Hering ist Hering und nichts sonst. Er kann bis zu 32 cm lang werden, wird auf dem offenen Meer mit Schleppnetzen und Ringwaden gefangen, ansonsten mit sogenannten Landwaden – langen Netzen, die in großem Bogen von Land weg und dann wieder hin gerundet werden.

»Der arme Junge, der es nicht schafft, den Weihnachts-**Heilbutt** zu bekommen, denn der muss am Heiligen Abend auf dem Dach des Bootshauses sitzen.« – So sagt hier der Volksmund, und Tatsache ist, dass *Hippoglossus vulgaris,* der Gigant unter den Flachfischen (der bis zu 300 kg schwer und 3 m lang werden kann), sehr beliebt ist in Küsten-Lappland – nicht nur als Weihnachtsessen. Besonders wegen seines Fettreichtums schätzte man ihn früher, weshalb ihm die Nordländer den Beinamen *sjøgrisen* verpasst haben: »Seeschwein«. Im vergangenen Jahrhundert wurde er vorzugsweise im Herbst gejagt, wenn er an die Wasseroberfläche kommt und man ihm mit einer Heilbutt-Harpune zu Leibe rücken konnte. Am gebräuchlichsten aber war die Gangwade, eine Langleine mit nach oben gebogenem Angelhaken. Biss der Butt, begann ein Kampf auf ›Biegen und Brechen‹, in dessen Verlauf nicht selten das Boot kenterte. Seit 1936 sind Bodennetze im Einsatz, und heute macht er sich ziemlich rar, der dicke Flachfisch.

Zur gleichen Familie wie der Heilbutt gehört die **Scholle** *(Pleuronectes platessa),* die aber nur 40 cm lang wird. Traditionell ging man sommers mit der *flyndrepik* (»Flunderspitze«; benannt nach dem irreführenden norwegischen Namen der Scholle – *flyndra)* auf Jagd, einer langen Bambusstange, an deren unterem Ende zwei gerade Angelhaken befestigt sind. Sonst kam die *makkline* (Wurmfangleine) zum Einsatz, die mit einem Federwurm versehen war.

In Nord-Norwegen unterscheidet man den hier so genannten **Seelachs** oder **Köhler** *(Pollachius virens)* in *småsei* (kleiner Köhler), *klubbsei* und *storsei* (ausgewachsener Köhler). Die beiden ersten Arten kommen in aller Regel gegen Mai an die Wasseroberfläche und können dann von den Steilküsten aus auch beim Brandungsangeln gut gefangen werden – natürlich nur, wenn das Gerät entsprechend stabil ist, denn der bis zu 1,30 m lange Fisch kann bis zu 20 kg auf die Waage bringen. Im großen Stil werden alle Seelachs-Arten mit Ringwaden und Bodenschleppnetzen gefangen.

Der **Lachs** *(Salmo salar)* ist ein Wanderfisch, der sich während des größten Teils seiner Lebenszeit im Meer aufhält und nur seine ersten beiden Jahre im Süßwasser verbringt, wohin er auch zum Laichen zurückkehrt. Nord-Norwegen, -Schweden und -Finnland bieten mit die besten Lachsflüsse der Welt, aber da der Fisch desto weniger Nahrung aufnimmt, je länger er sich im Süßwasser aufhält, hat man die besten Fangchancen vor der Küste (an der er im April oder Mai auftaucht) und insbesondere im Mündungsgebiet der Flüsse (in die er ab August einschwimmt), wo sich die Spinnangel (vom Boot aus eingesetzt) bewährt hat. Da die Schonzeiten von Jahr zu Jahr und Region zu Region unterschiedlich sind, sollte man sich eingehend informieren, bevor man auf Lachsfang geht. Die professionellen Fischer lauern dem bis zu 35 kg schweren und maximal 1,5 m langen Meeresbewohner vorzugsweise mit einem keilförmigen Stellnetz (Keilwade) auf, das im Schärengürtel aufgestellt wird, während außerhalb der Festlandlinie zumeist Treibnetzketten zum Einsatz kommen.

Italienisches Intermezzo
Die ›Entdeckung‹ des Stockfischs

Man schrieb das Jahr 1432. Schneegestöber verfinsterte den Februarmorgen, und Sturmböen peitschten die Möwen von den Dächern. Aber das Meer kochte, der Kabeljau trieb in Schwärmen in den Vestfjord, und so stürzten sich die Fischer von Røst (der südlichsten bewohnten Insel der Lofoten) in ihre Boote und vertrauten sich den tobenden Elementen an. – Eine gespenstische Regatta in der Morgendämmerung, die erst am späten Nachmittag ihr Ende fand, als sich die Boote durch schwere Sturzseen wieder dem schützenden Hafenbecken näherten. Die Jugend fieberte schon dem ›großen Hau‹ entgegen und stand mit geschärften Messern bereit, denn ihr gehörten die Zungen des Kabeljau. Auch die Frauen und die Alten standen am Ufer, getrieben von Angst um ihre Männer und Söhne, die nicht immer vollzählig zurückkamen von dem gefährlichen Vorhaben, ›den lieben Gott zu einem armen Mann zu machen‹.

Aber an diesem Tag war es anders: Niemand war für immer auf See geblieben, sondern es kamen mehr zurück, als morgens abgefahren waren. 19 zusätzliche Männer – verwildert, krank und halb wahnsinnig – wurden an Land geschleppt. Die meisten von ihnen hatten die Sprache verloren, und die wenigen, die ihrer noch mächtig waren, konnte niemand verstehen. »Lasst uns den Pfarrer holen«, schlug jemand vor, denn der Pfarrer von Røst war ein deutscher Mönch und hochgelehrt. Und wirklich: Er verstand die Sprache der dunkelhäutigen Männer, und bald wussten alle 120 Bewohner von Røst, was geschehen war:

Die Fremden kamen aus einem weit entfernten Land: Italien. Von Belgien aus hatte sich das Schiff unter dem Kommando Pietro Querinis mit einer Besatzung von 68 Männern kurz vor Weihnachten 1431 Richtung Norden aufgemacht. Am Heiligen Abend geriet es in ein fürchterliches Unwetter, wurde unter einer Sturzsee begraben, und nur 19 Seeleute konnten sich in ein Boot retten. Sie trieben 16 Tage umher, dann strandete das Boot auf einem unbewohnten Felseiland, wobei es zerschellte. Über einen Monat lang saßen die Überlebenden dort und nährten sich von Salzwasser, bevor sie von den Røst-Fischern gefunden wurden.

Bis in den Mai hinein blieben die Fremden auf den Lofoten, und als Pietro Querini wieder in Italien war, bekam er eine Audienz beim Papst, dem er begeistert von dem wundersamen Stockfisch erzählte und wohl auch zu kosten gab. Der Heilige Vater war zutiefst angetan von dieser neuen (Fasten-)Speise, »die der Himmel geschickt hatte«, und so kam es, dass Italien zum größten Stockfischimporteur der Welt wurde und bis vor wenigen Jahrzehnten nahezu 85 % der jährlich gehandelten Menge abnahm.

Die Grenzen des Wachstums – Wirtschaft und Umwelt

Die Gemeinschaften von Pflanzen und Tieren im hohen Norden Europas unterscheiden sich von den Ökosystemen südlicherer Breiten durch eine größere Biomasse bei geringerer Produktivität. Statt vieler Arten mit relativ wenigen Exemplaren (wie in südlicheren Breiten) findet man in Nord-Skandinavien relativ wenige Arten mit vielen Exemplaren. Solche Systeme reagieren auf Eingriffe des Menschen wesentlich anfälliger als die gemäßigter oder tropischer Zonen, wo milde Temperaturen, lange oder gar durchgehende Wachstumsperioden und die Vielfalt der Lebewesen manche Misshandlung ausgleichen können.

Je größer das Ausmaß der weltweiten Zerstörung wird, desto lauter wird der Erhalt von Naturenklaven gefordert, worunter die vielzitierte ›letzte Wildnis‹ in Europas Norden fällt. Aber auch dort leben Menschen, die bestimmte ökonomische Bedürfnisse haben, auch dort sind reiche Bodenschätze verborgen. Die Zukunft Lapplands wird von einem Arbeiter in den Erzminen Kirunas eben ganz anders gesehen als von einem deutschen Greenpeace-Mitglied; einem Rentiere züchtenden Samen bedeutet das Land etwas anderes als einem Touristen, und abermals etwas völlig anderes empfinden beispielsweise Forstwirtschaftler, Wasserbauingenieure oder Geologen. Außerdem ist die Erde klein geworden, schlagen die Verfehlungen der einen auf die anderen zurück, wie uns z. B. die radioaktive Wolke aus der Ukraine gelehrt hat.

So scheint Umweltschutz im Kleinen (worunter auch der in Lappland-Größe zu verstehen ist) heute von vornherein zum Scheitern verurteilt, weshalb die Evolutionsbiologen die Auffassung vertreten, dass wir unser auf Ausbeutung der Natur beruhendes Wirtschaftssystem mit allen Konsequenzen in ein ökologisches umbauen müssen. Denn wie in der Demokratie die Freiheit des Einzelnen dort endet, wo sie die Freiheit der anderen angreift, müssen wir begreifen, dass in der Biosphäre die Freiheit des Menschen dort aufhört, wo sie die Existenz anderer Arten bedroht.

›Weiße Kohle‹

Ob es hell ist oder dunkel, Polartag oder Polarnacht herrscht, stets brennen in den meisten Haushalten des hohen Nordens die Lampen in allen Zimmern, wird die Straßenbeleuchtung, die zur Zeit der Allnacht ständig eingeschaltet und dabei so stark ist, dass jedes Dorf wie ein Stadion unter Flutlicht erstrahlt, vielerorts auch sommers erst gar nicht abgestellt. Im Winter dann wird geheizt auf ›Teufel komm raus‹, und 26–30 °C in allen Zimmern eines Hauses sind eher die Regel denn die Ausnahme. Entsprechend halten die Norweger mit einem Stromverbrauch von über 25 000 kWh pro Person (auch Säuglinge mitgerechnet) und Jahr den absoluten Weltrekord – die Schweden und Finnen folgen ihnen auf dem Fuß (in Deutschland liegt der Stromverbrauch bei rund 7000 kWh pro Person.

Dieser auch heute noch ständig wachsende Verbrauch hat nichts mehr mit realen Bedürfnissen zu tun, sondern vielmehr damit, dass die Energiewirtschaft der drei Nationen Strom im Überfluss

Geschützt für und vor dem Menschen
Die Nationalparks

Man schrieb das Jahr 1870, als in den USA zum ersten Mal auf Erden ein besonders schönes Naturgebiet für und vor dem Menschen geschützt wurde: der Yellowstone-Nationalpark. Die Vereinigten Staaten waren Vorreiter für Kanada, Australien und Neuseeland, die bald schon ebensolche Parks einrichteten. Im Jahre 1909 wurden in Schweden nicht nur die ersten Nationalparks Lapplands gegründet – Abisko, Stora Sjöfallet, Sarek und Peljekaise –, sondern die ersten in Europa überhaupt. 28 Jahre später folgte Finnland dem Beispiel. In Norwegen konnte man sich hingegen erst Anfang der 60er Jahre dazu aufraffen, besondere Landschaften des Nordens unter Schutz zu stellen. Heute gibt es in der Region 20 Nationalparks (im Routenteil näher vorgestellt; vgl. Umschlaginnenklappe hinten) mit einer Gesamtfläche von zusammen rund 22 500 km^2. Hinzu kommen noch mehrere Tausend Quadratkilometer Naturreservate, für die ein eingeschränkter Schutzstatus besteht.

Das hört sich zwar nach viel an, doch die 22 500 km^2 (die, zusammengefasst, gerade ein Quadrat von 150 km Kantenlänge ergäben), machen nur etwa 6,4 % der gesamten Fläche von Nord-Skandinavien aus. Sosehr die Einrichtung der Parks auch zu befürworten ist – in Bezug auf wirklichen Naturschutz ist sie nichts als ein Tropfen auf den heißen Stein. Ist es daher sinnvoll, dass die Naturschutzorganisationen die Empfehlung aussprechen, die Parks ganz für die Öffentlichkeit zu schließen, und die öffentlichen Stellen in Norwegen nur rudimentäre Informationen über die Schutzgebiete herausrücken, sich auch das Fremdenverkehrsamt bewusst aus-

Wanderhütte im Pallas-Ounastunturi-Nationalpark

schweigt, wird es um detaillierte Angaben gebeten?

Sicher: Der Besuch der Nationalparks hat überhand genommen, und Touristen verderben nach landläufiger Meinung nicht nur die Preise, sondern auch die Natur. Aber die verträumten Moore und Wälder hören erst dann auf zu träumen, wenn ein Busunternehmer eine bequeme Zufahrt entdeckt und seine Frau eine Konzession für eine Imbiss- und Andenkenbude erhalten hat. Oder – ganz konkret – wenn mitten in Schutzgebieten Staudämme errichtet werden (wie im Stora-Sjöfallet-Nationalpark), wenn Tornados im Tiefflug über Urwälder dahindonnern dürfen (wie selber im Lemmenjoki-Nationalpark erlebt) oder während der allherbstlichen NATO-Manöver Hunderttausende von Jungvögeln sterben müssen, weil Phantom-Piloten ein ums andere Jahr exakt über den Vogelinseln von Røst einen ›feindlichen Fliegerangriff‹ abwehren.

Wer wirklich in die Wildnis des Nordens einsteigen will – was zumeist nur wandernd und mit relativ großem Aufwand möglich ist –, der ist in der Regel auch naturverbunden genug, dass er ihr keinen Schaden zufügt. Der kommt oft auch verändert zurück, denn nur inmitten der Natur kann der Mensch begreifen, was Natur ist, und sich selbst als Bestandteil derselben erfahren. Davon muss man ausgehen, denn wird diese Annahme negiert und setzen sich diejenigen durch, die nur Wissenschaftlern einen Zugang zu den Refugien gestatten wollen, dann haben die Nationalparks ihre Existenzberechtigung endgültig verloren.

zur Verfügung stellt. Fast niemand glaubt hier, ein schlechtes Gewissen wegen dieser Vergeudung haben zu müssen, weil der Mammutanteil der Energie aus Wasserkraft gewonnen wird. Da sind keine Schornsteine zu sehen, keine giftig-gelben Schwefelwolken, und auch Kühltürme oder drohende Reaktorbauten sucht man vergebens. Und doch bedeuten die erforderlichen Staudämme und Flussregulierungen Eingriffe in die Natur, die derart eklatant sind, dass – auch wenn man es als Tourist nicht mitbekommt – das lappländische Ökosystem bereits völlig aus dem Gleichgewicht geraten ist. Im schwedischen Landesteil befinden sich an fünf der acht größten Ströme insgesamt 29 Kraftwerke, in Norwegisch-Lappland wird bereits ein großer Teil der nutzbaren Wasserkraft ausgebeutet, und man baut, obwohl längst kein Bedarf mehr vorhanden ist, immer weiter, um den letzten Fluss, den letzten Wasserfall zu bändigen. Auch Gebiete, die unter Schutz stehen, werden rigoros vereinnahmt. So ertranken allein beim Eingriff in den Stora-Sjöfallet-Nationalpark im Jahre 1972 ca. 215 km^2 Taiga, und rund 150 Seen und Vogelbrutstätten gingen verloren.

Aber das ist ja nicht alles, denn Straßen müssen für solche Projekte durchs Herz der Wildnis getrieben werden, Helikopter sind ständig unterwegs, Hochspannungsleitungen sind zu ziehen, an den Straßen entstehen Beherbergungsbetriebe, die Touristen kommen …

Man sieht den Wald vor (Fabrik-)Bäumen nicht

Höchst bedrohlich präsentiert sich auch die Holzwirtschaft im hohen Norden, eine der ›Mütter der Wohlfahrtsstaaten‹. In Helsinki, Oslo und Stockholm diskutieren die Politiker lieber den Schutz der tropischen Regenwälder, als sich um den Raubbau vor der eigenen Haustür zu kümmern, der erforderlich ist, um der Haus- und Möbel- sowie insbesondere der Papierindustrie den erforderlichen Rohstoff zur Verfügung zu stellen. Sicher: In Finnland und Schweden sind noch immer weit mehr als 50 % des Bodens mit Wald bedeckt, und in Norwegen, bedingt durch die Topografie nie allzu waldreich, beläuft sich der Anteil immerhin auf über 25 % – aber was ist das für ein Wald, den die Statistiker so stolz vorzeigen? Es ist größtenteils ein Fabrikwald mit Baum an Baum in Reih und Glied auf einem Boden aus Felsen anstatt aus dicken und blumenbesetzten Moos- und Heidelbeerteppichen. Wo er steht, wurde vorher kahlgeschlagen, um die riesigen Maschinen wirtschaftlich einsetzen zu können, die ab etwa 1975 die Holzfäller ablösten und heute das Fällen, Entasten und Entrinden direkt vor Ort besorgen, sogar die Wiederaufforstung übernommen haben.

Enorme Zuwachsraten waren und sind der Lohn, und seit die nordamerikanische Drehkiefer eingeführt wurde, die wesentlich schneller wächst als die heimischen Arten, darf man endlich auch daran denken, die so unproduktiven fjellnahen Urwälder Nord-Skandinaviens zu fällen. Dieser Baum nämlich, das ist verbürgt, wird auch dort, wo sonst nach einem Kahlschlag nie mehr ein Wald entstehen könnte, prächtig gedeihen. Umso prächtiger freilich, je mehr man düngt, und entsprechend werden heute Unmengen von Stickstoff- und Kaliumverbindungen wie auch anderen Chemikalien von Hubschraubern und Flugzeugen übers Land gesprüht. Dass dadurch zahlreiche Pflanzengemeinschaften vom Aussterben bedroht sind, ist eine von vielen Nebenerscheinungen. Auch das Trinkwasser leidet beachtlich unter diesem Vorgehen. In den 70er Jahren hatten überproportional viele Waldarbeiter Krebs, und die Waldsiedlung Jutis beim schwedischen Arjeplog wird seitdem im Volksmund »Dorf der Witwen« genannt ...

Es ist zum Sauerwerden

Wer das eigene Fahrzeug benutzt, um in den hohen Norden zu gelangen, sieht schon lange, bevor er den Polarkreis erreicht, hölzerne Gestelle am Straßenrand, auf denen große Bögen Lackmuspapier befestigt sind. Dieses Papier dient als Indikator des pH-Wertes, der die Konzentration der Wasserstoffionen angibt. Er ist umso niedriger, je höher der Säuregehalt eines Stoffes ist. Mit der beschriebenen Methode wird schon seit Jahren skandinavienweit gemessen, wie die Versauerung des Niederschlags unaufhaltsam Richtung Norden voranschreitet, die aus der Emission schwefelhaltiger Abgase resultiert. Derzeit verläuft die Grenze des stark kontaminierten Gebietes etwa in Höhe des Polarkreises, und der in manchen Bereichen niedergehende Regen weist in Extremfällen bereits pH-Werte unter 3 auf (normal wäre um 7). Infolgedessen stirbt der Wald, versauern die Binnengewässer, sterben die Fische (bei pH-Werten unter 6 beispielsweise zeigen sich bei Lachsen bereits krankhafte Veränderungen) und gehen auch die meisten der 19 000 bekannten Flechtenarten ein. Kommt es aber so weit, dann wird nicht nur der Prozess der postglazialen Sukzession (s. S. 21) unmöglich, sondern es ist auch schlecht bestellt um die Rentiere (und damit um die 2500 rentierzüchtenden Samen), die sich ja ausschließlich von Flechten und Moosen ernähren.

Von den rund 100 000 Seen Schwedens gelten bereits ca. 18 000 als sauer und weitere 4000 als derart vergiftet, dass Tier- und Pflanzenwelt schwerste Schäden aufweisen. In Finnland sieht es nicht anders aus, und in Norwegen, zumindest im Südteil, sind etwa zwei Drittel aller Seen vom Untergang bedroht bzw. bereits ›umgekippt‹, also bar jeden Lebens- mit Ausnahme von *Tabellaria binalis,* einer Kieselalge, die saures Wasser über alles liebt.

Aber diese Entwicklung kann man nicht den skandinavischen Staaten anlasten, die sich schon seit den 70er Jahren intensiv mit der Gewässerversauerung auseinandersetzen und ihre hausgemachten Emissionen seitdem drastisch reduziert haben. Der saure Regen wird dank der vorherrschenden Winde ›importiert‹, und zwar von Norwegen insbesondere aus Westeuropa (einschließlich Großbritannien, dem größten Luftverpester der EU), von Schweden und Finnland hingegen größtenteils aus Polen und Russland, das alleine in dem Schmelzwerk der Stadt Nikel nahe Kirkenes soviel Schwefeldioxid in die Luft entlässt wie Norwegen landesweit.

Auf verlorenem Posten? – Die Samen

»Wir sind Samen und wollen Samen sein, ohne dafür mehr oder weniger als andere Völker auf der Welt zu gelten. Wir sind ein Volk mit eigenem Wohngebiet, mit einer eigenen Sprache, eigener Kultur und Gesellschaftsstruktur. Wir haben im Laufe der Geschichte unsere Heimat gefunden und in Sameätnam gelebt, und wir besitzen eine Kultur, die wir entfalten und weiterleben wollen.«
(7. nordische Samenkonferenz in Gällivare/Schweden, 1971)

Lappland ist in Mode gekommen, aber was die Touristen an Vorstellungen über seine Einwohner mitbringen, ist oft geprägt von alten Reiseberichten, in denen die Lappen – besser: die Samen – als exotische Nomaden hingestellt werden, die bunte Trachten tragen und mit Rentierherden als ›edle Wilde‹ durch die Weiten des Landes ziehen. Dann fährt man über die Polarstraße, sieht dort viel kostümiertes Volk mit besagten Tieren vor ›Indianerzelten‹, gibt cash für ein Foto und glaubt nun zu wissen, dass es die Samen gar nicht mehr gibt. Doch weit gefehlt, denn in der Imbissbude an der Ecke kann es sein, dass einem ein Same den Hamburger brät; auch der Tankwart gehört vielleicht zu diesem Volk, der ›Postkarten-Same‹ eventuell aber nicht. Es sind eben andere Dinge als reine Äußerlichkeiten, die die Zugehörigkeit zu einem Volk und die Identität desselben ausmachen – etwa seine Vergangenheit, Sprache, Kultur und Gesinnung.

Am Morgen der Zeiten

Es gibt noch viele Geheimnisse, gerade in Nord-Skandinavien, und als eines der größten Rätsel gilt, welcher Herkunft die Samen sind. Die Wissenschaft hält zahlreiche Erklärungsversuche bereit, die aber allesamt nichts als Hypothesen sind und keinerlei gesicherte Aussage zulassen. Schon gar nicht, weil alle Anthropologen, die sich bislang mit den

Bergsame aus Kautokeino in traditioneller Tracht

Samen befasst haben, Nicht-Samen sind und Missbrauch stets da getrieben wird, wo man aus Abneigung eine Volksgruppe mit anderem Aussehen und fremder Kultur diskriminieren will.

Den frühesten Versuch, die ethnische Zugehörigkeit der Samen wissenschaftlich zu bestimmen, unternahm kein geringerer als Carl von Linné, der im 18. Jh. das erste überzeugende biologische Klassifizierungssystem entwickelte und, wie Pflanzen und Tiere, auch die Menschen nach Merkmalen zu ordnen suchte. Die Samen erschienen ihm gelbhäutig und melancholisch, schwarzhaarig und braunäugig, damit gleich den »asiatischen Menschen«. Johann Friedrich Blumenbach, Begründer der Anthropologie, kam zu den gleichen Ergebnissen, woraus Wissenschaftler späterer Jahre schlossen, dass die Samen zu den Mongolen zu zählen seien – weshalb im Dritten Reich an einer ›Endlösung‹ auch für diese Volksgruppe gearbeitet wurde. Andere Anthropologen fanden Gemeinsamkeiten zwischen Samen und Korjaken, Irkuten sowie sonstigen Völkern des nordöstlichen Sibiriens (weshalb sie sie der Gruppe der Paläoarktiker zuordneten), aber auch europide Merkmale wurden entdeckt (wodurch die Samen zu Protoalpinen wurden).

Serologische und genetische Untersuchungen wiesen mal in diese, mal in jene Richtung, konnten aber auch eine auffallende Eigenständigkeit der Samen ›nachweisen‹, was schließlich dazu führte, dass so mancher Forscher in ihnen die Ausläufer der gemeinsamen Wurzel von Mongoliden und Europiden sah. Dann kamen die Linguisten daher und trugen dazu bei, die Verwirrung perfekt zu machen: wie sie nämlich wissen, gehört das Samische zur finnisch-ugrischen Sprachgruppe, die mit dem Samojedischen die uralische Gruppe bildet, welche wiederum mit drei altaischen Sprachen zum Ural-Altaischen zusammengefasst wird. Da aber die Physiognomie der Samen deutlich von der der Finnen und auch Samojeden abweicht, versuchte man, aus der Not eine Tugend zu machen, und erklärte, dass die Samen einst eine andere Sprache gesprochen hätten, nämlich das Protosamische, dass also ein Sprachwandel stattgefunden habe.

Dieser Erklärungsversuch scheint durch prähistorische Funde untermauert zu werden. Am Altafjord in Nord-Norwe-

Bergsamin aus Kautokeino in traditioneller Tracht

gen nämlich stießen Archäologen auf ca. 10 000 Jahre alte Spuren einer Besiedlung durch halbnomadische Jäger und Fischer (die Komsa-Kultur, nach dem Fundort Komsafjell), und auch an anderen Stellen entlang der Nordmeerküste wurden bis zu 5000 Jahre alte Funde gemacht, die zu beweisen scheinen, dass Nord-Norwegen zu den ältesten Siedlungsräumen Nordeuropas zählt. Zahlreiche Forscher, insbesondere die skandinavischen, präferieren zur Zeit die auf den schwedischen Ethnologen Karl Bernhard Wicklund zurückgehende so genannte Überwinterungstheorie, die auf der Prämisse beruht, dass dort oben ein eisfreies Refugium existierte, das möglicherweise während der gesamten letzten Glazialzeit bestand. Wicklund geht davon aus, dass es sich bei dem Komsa-Volk um die Ursamen handelte, die nach Ende der letzten Kaltzeit von ihrem eisfreien Refugium aus ins Innere von Lappland einwanderten und später auch weiter südlich liegende Teile Skandinaviens besiedelten (und noch später dann ihre Sprache, das Protosamische, gegen das ›Frühurfinnisch-Ugrische‹ vertauschten).

Andere Theorien sehen es genau umgekehrt und versuchen zu beweisen, dass die Samen im Gefolge des als Nahrungsquelle dienenden Rens nach der Eiszeit über Süd-Schweden und die karelische Landzunge einwanderten, also nicht vom Ur-Volk abstammen. Tatsache ist, dass um 2500 v. Chr. die Küste des Bottnischen Meerbusens besiedelt wurde und während des 2. Jt. v. Chr. die ersten ursamischen Gruppen in das Innere Lapplands einwanderten.

Aus dieser Vielfalt an Meinungen und Gegebenheiten schuf die schwedische Forscherin Phebe Fjellström die zzt. aktuelle und in mancherlei Hinsicht bestechende Theorie, die davon ausgeht, dass die Samen aus zwei verschiedenen Volksgruppen hervorgegangen sind. Die eine Gruppe soll ursprünglich (und womöglich schon vor der Eiszeit) an der nord-norwegischen Küste beheimatet gewesen und von dort nach der Kaltzeit auch nach Zentral-Lappland eingewandert sein, während die andere Gruppe etwa um 2500 v. Chr. von Süden her über die karelische Landzunge dorthin vorstieß, wo sich schließlich beide vermischten. Die Komsa-Leute sollen nach dieser Lesart das Protosamische gesprochen haben, die zugewanderten hingegen das bereits genannte ›Frühurfinnisch-Ugrische‹.

Wie auch immer: Der Morgen der Zeit muss im Norden ein samischer gewesen sein – egal ob die Samen nun aus Norden, aus Süden oder aus beiden Richtungen einwanderten. Nichts anderes ist es auch, was die Samen selber glauben, die sich als ›Erstgeborene‹ in Skandinavien verstehen und deren Meinung Johan Turi in seinem 1910 erschienenen Werk »Muittalus samid birra« (»Erzählungen von dem Leben der Samen«) wiedergibt: »Man hat nicht gehört, dass die Samen von irgendwoher gekommen sein sollen. Der Same ist überall im Samenland Einwohner gewesen … Und damals waren da nirgendwo Ansässige; die Samen wussten nicht, dass es andere Menschen gab als sie.«

Die Geschichte eines langen Rückzugs

Spätestens kurz nach der Zeitenwende müssen die Samen erstmals auf andere Menschen gestoßen sein, denn in einer schriftlichen Quelle aus dem Jahre 98 n. Chr., der »Germania« des römischen Geschichtsschreibers Tacitus, ist zu lesen, dass es hoch oben im Norden ein Volk gebe, dass »ungemein roh in abstoßender Dürftigkeit lebt. Sie kennen keine Waffen, kein Pferd, kein Heim, Kräuter dienen zur Nahrung, Felle zur Kleidung, der Boden als Lagerstätte«.

Die nächste nachweisliche Erwähnung der Samen findet sich im Werk des byzantinischen Geschichtsschreibers Procopius aus dem 6. Jh. Er behauptet, unter den barbarischen Bewohnern Thules (bei Procopius der Norden Skandinaviens) gebe es nur *ein* Volk, das ein Leben »wie die wilden Tiere« führe. Diese Aussage impliziert, dass es zu jener Zeit mindestens ein anderes Volk in Lappland gegeben haben muss, und in der Tat fanden Archäologen Spuren von Siedlungen entlang der Nordmeerküste, die auf 200 bis 400 n. Chr. datiert werden konnten. Deren Anlage und Aufbau lassen den Schluss zu, dass sich die Bewohner (aus dem Süden Norwegens eingewanderte Skandinavier) neben dem Fischfang bereits dem Ackerbau und der Viehzucht widmeten. Damit standen sie kulturell auf einer höheren Stufe als die Samen (mit denen sie Handel trieben), woraus sich zahlreiche Konflikte ergaben. Es kam aber nicht zu einer Assimilierung, auch nicht zu einer gewaltsamen Auseinandersetzung, sondern die Samen – die seinerzeit angeblich noch kein Wort für Krieg oder Feind kannten – wanderten ab in weiter landeinwärts gelegene Bereiche und kamen so bis hinunter in die damals noch menschenleere Fjellwelt Mittel-Norwegens und die ebenfalls unbewohnten Waldweiten Mittel-Schwedens. Dort wurden sie zwar lange Zeit in Ruhe gelassen, mussten aber Steuern in Form von Naturalien (insbesondere Pelze) entrichten, wie wir aus einer Schrift des nord-norwegischen Stammesfürsten Ottar an König Alfred von England aus dem Jahre 892 wissen.

Ganz ähnlich verlief die Entwicklung auch im Bereich von Finnland, wo Samen um die Zeitenwende über die ganze heutige Staatsfläche verbreitet waren, wie archäologische Ausgrabungen beweisen. Im 2. Jh. n. Chr. dann traten hier die Finnen ins Licht der Geschichte und nahmen – zahlenmäßig und kulturell überlegen – zunächst den südwestlichen Teil des Landes in Besitz. Diesen verloren sie aber ab dem 11. Jh. wieder an die Schweden, die den nun bis über Mittel-Finnland hinaus zurückgewichenen Samen bald ebenfalls Steuern abverlangten. Im Frieden von Nowgorod einigten sich Norwegen, Schweden und Russland 1326 darauf, die Halbinsel Kola sowie den Bereich des heutigen Nord-Skandinavien zu einem gemeinsamen Steuerland zu erklären, was zur Folge hatte, dass die hier lebenden Samen nun an drei Herren Abgaben zu zahlen hatten. In der Folge kam es zu regelrechten Plünderungen seitens der (privaten) Steuereintreiber und dadurch zu einem wirtschaftlichen Niedergang der Samen, die teilweise wie Sklaven behandelt wurden und sich nach und nach immer weiter in unzugängliche Regionen zurückzogen.

Die Schweden und die von ihnen beherrschten Finnen wie auch die Russen drangen von Süden her nach, die Norweger stießen insbesondere von Norden und Westen ins Binnenland vor, und nicht lange, so fühlten sich die Samen derart bedrängt, dass sie beim russischen Zaren sowie den schwedischen und norwegischen Königen Schutz suchten. 1584 bestimmte der schwedische Regent Johan III., den Samen müsse ein größeres Areal vorbehalten bleiben, und 100 Jahre später nahm Peter der Große das Volk in seine Obhut, indem er den Klöstern die Rechte über die von ihnen beanspruchten Gebiete in Lappland entzog. Um die gleiche Zeit erschienen in Finnland Verfügungen, die eine südliche Grenze für die von Samen besiedelten Gebiete garantieren sollten.

Dennoch bemächtigten sich Finnen und Norweger, Schweden und Russen weiterhin alter samischer Weideplätze, und die Kolonisation wurde immer mehr vorangetrieben. Mitte des 17. Jh. erfolgte der schwerste Eingriff in das Leben der Samen, als in den Distrikten Pite, Lule und Torne an zahlreichen Stellen Erzvorkommen entdeckt wurden. Die bald entstehenden Grubenfelder nahmen den Samen weitere große Teile der ihnen zugesicherten Flächen. Die Weiden und Jagdgebiete wurden von Verkehrswegen zerrissen, schließlich wurde den Samen von der schwedischen Krone ein Pflichtdienst in den Gruben auferlegt. Nicht lange, da besannen sie sich auf ihr uraltes Rezept und flohen in die Wildnis. Durch diese Entvölkerung aber konnte der Betrieb der Bergwerke kaum noch aufrechterhalten werden; so schickte Stockholm mehr und mehr Siedler in den hohen Norden und gab ihnen nun das Recht, den Samen zugesprochenes Land unter den Pflug zu nehmen.

Im Jahre 1751 konnten sich Schweden und Norwegen über den (noch heute bestehenden) Grenzverlauf im Norden einigen. In einem Vertragsanhang wurde festgeschrieben, dass die Samen weiterhin ungehindert mit ihren Rentierherden übers Land ziehen durften. Doch als zwischen 1809 und 1852 die anderen Grenzen im Norden fixiert wurden, war es mit der Freiheit endgültig vorbei. Auf ›ausländische‹ Rentiere wurde gnadenlos Jagd gemacht, jeder Same musste sich zu einer bestimmten Nationalität bekennen, und auch zwischen Schweden und Norwegen wurde schließlich 1919 der Grenzübertritt mit Rentieren verboten. Ein Ausweichen der Nomaden war nicht mehr möglich, denn innerhalb der letzten Jahrzehnte hatte sich die Zahl der aus dem Süden eingewanderten Bauern und Bergarbeiter verzigfacht, und so blieb vielen Samen nur, sich nach alternativen Erwerbsquellen umzusehen. Andere Teile der Urbevölkerung wurden in Schweden ab 1925 per Gesetz zwangsweise nach Süden umgesiedelt (weshalb es heute noch Samen z. B. im Bezirk Härjedalen gibt). So lebte zu Beginn des Zweiten Weltkriegs lediglich noch rund ein Drittel der Samen von der Rentierwirtschaft. In Norwegen war der Anteil noch geringer, in Finnland wurde die Zahl der Samen 1940 insgesamt auf nicht mehr als 2400 beziffert.

Dann kam der Zweite Weltkrieg, der auch im hohen Norden ohne Gnade geführt wurde. Über viele Gebiete ging die Front hinweg, und als die Deutschen ab 1944 die Taktik der »Verbrannten Erde« anwandten (s. S. 128f.), verwüsteten sie das Land derartig, dass der größte Teil der nord-finnischen wie auch nord-norwegischen Bevölkerung (unter ihnen auch die Samen) fliehen musste bzw. evakuiert wurde (u. a. nach Mittel-Schweden und Süd-Finnland). Die großen Rentierherden waren im Maschinengewehrfeuer der Nazis gefallen, ihre ehemaligen Besitzer hatten dadurch die Lebensgrundlage verloren und bei alledem noch Glück im Unglück gehabt, denn Plan der Faschisten war es gewesen, alle männlichen Samen – »mongolische Untermenschen«, wie sie sagten – zu kastrieren.

Heute repräsentieren die Samen für die meisten der rund 18,5 Mio. Finnen, Norweger und Schweden nur eine exotische Minorität am Rande der Ökumene, die man allenfalls noch aus den Medien kennt. Verübeln kann man es ihnen nicht, denn im ganzen nordeuro-

Heutige Verbreitung der Samen

päischen Raum leben insgesamt kaum mehr als etwa 52 000 Samen: rund 25 000 im norwegischen Lappland, 17 000 im schwedischen Landesteil und 8000 in Nord-Finnland (wohin die meisten der einst in Russland lebenden Samen umgesiedelt wurden); die verbleibenden 2000 sollen auf der Halbinsel Kola in Russisch-Karelien beheimatet sein. Aber lediglich 10 % der Samen leben heute in Lappland noch von der Rentierhaltung, die in zunehmendem Maße mit den Interessen der expandierenden Wirtschaft kollidiert, weil sie von der Bewahrung einer intakten, großräumigen Landschaft abhängig ist.

Der Jahrtausende lange friedliche Rückzug hat ein friedliches, aber endgültiges Ende gefunden, und auch wenn sich die Samen heute zu einer organisierten Minderheit konsolidiert haben (s. S. 62ff.), so haben sie doch ihr Land verloren. Als ›Erstgeborenen‹ gesteht man ihnen heute zwar weitgehend ein Nutzungsrecht zu, doch Eigentümer des Bodens sind sie nicht, wie ein über fast zwei Jahrzehnte geführter Musterprozess in Schweden ergab. Aber das ist auch gar nicht ihr erklärtes Ziel, wie es Nils-Aslak Valkeapää, der aus Karesuando kommende Kultursekretär des Weltrats der Urbevölkerungen (WCIP), verdeutlichte: »Wir halten uns für einen Teil der Natur. Deshalb können wir die Erde auch nicht besitzen. Wie könnte das möglich sein. Es hat uns ernährt, es hat uns beschützt, das Samenland, aus dessen Brust wir unser Leben einsogen.«

Kultur im Wandel

Mag es nach den bisherigen Ausführungen auch scheinen, als gebe es ein relativ homogenes Wirtschaftssystem der Samen, so trifft das für die neuere Zeit nicht mehr zu, da die Lebensweise des Volkes starken Veränderungen unterworfen worden ist. Die wirtschaftliche Intensivierung, verursacht durch die hohe Besteuerung und auch die Belebung des Handels mit anderen Völkern, führte zu einer Spezialisierung im Rahmen der naturgeografischen Gegebenheiten. Infolgedessen unterscheidet man heute vier Hauptgruppen der Samen nach ihren Wirtschaftsformen und Siedlungsräumen: See-, Berg-, Wald- und Skoltsamen.

Sie alle gehen jedoch auf eine gemeinsame Urkultur zurück. Wie die archäologischen Funde am Komsafjell (s. S. 132) beweisen, ernährten sich die ›Alten‹ (ob nun Ur-Samen oder nicht) von Fischfang, Jagd, Fallenstellen sowie Sammeln, und auch die nächstjüngeren Funde am Varangerfjord (um 1000 v. Chr.; s. S. 108f.), die mit Sicherheit den Samen zuzuschreiben sind, unterscheiden sich kaum von den der Komsa-Kultur zuzurechnenden. Es fanden sich insbesondere bearbeitete Muschelschalen sowie Knochen von Rentieren, Bären, Bibern, Walen und Seehunden nebst

Historische Darstellung eines Samen mit domestizierten Rentieren ▷

Felszeichnungen auf dem Komsafjell

zahlreichen Fischgräten. Von ganz ähnlicher Beschaffenheit sind die etwa 1500 Jahre alten Spuren, die die samischen Bewohner von Kjelmsøya, einer Insel vor Kirkenes, hinterließen. Von Rentierhaltung, womit die Samen heutzutage identifiziert werden, kann in älterer Zeit also noch keine Rede sein, ganz im Gegenteil hatten die Altvorderen ihr Wirtschaftsleben auf möglichst breiter Basis angelegt. Jagd und Tierfang hatten den höchsten Stellenwert, der Fischerei kam allenfalls eine sekundäre Bedeutung zu. Alles in allem bestand somit seit ältester Zeit eine samische Jäger- und Fangkultur, die aufgrund der klimatischen Verhältnisse noch weitgehend an die Küstenstriche gebunden war.

Die archäologischen Funde von Kjelmsøya bringen uns in eine Zeit, aus der historische Quellen erhalten sind. Der früheste Bericht ist der bereits erwähnte von Tacitus aus dem 1. Jh. n. Chr. Auch Procopius, der im Gegensatz zu Tacitus den hohen Norden wahrscheinlich wirklich bereist hat, spricht 500 Jahre später von den Samen als einem reinen Jägervolk. Der erste Bericht, der sich etwas ausführlicher mit den wirtschaftlichen Verhältnissen der Samen auseinandersetzt, stammt aus dem Jahre 892 und wurde von dem Stammeshäuptling Ottar aus der Gegend des heutigen Tromsø verfasst, der bis ans Weiße Meer gereist war. Das Land sei von Samen besiedelt, schreibt er, die im Winter der Jagd und im Sommer dem Fischfang nachgingen und zwischen verschiedenen Siedlungsplätzen wechselten. Weiterhin erwähnt er – und das ist bedeutsam –, er besitze eine Herde von 600 zahmen Rentieren, die er von den Samen erhalten habe und die von denselben auch für ihn gehütet werde. Damit ist diese Quelle die erste, die das domestizierte Ren im Zusammenhang mit den Samen nennt.

Von einem ausgeprägten Rentierhirtentum kann zu dieser Zeit aber noch keine Rede sein, denn noch etwa 1006 schildert der deutsche Geschichtsschreiber Adam von Bremen die Samen als ein Jägervolk, ebenso der dänische Chronist Saxo Grammaticus um 1200. Erst der Schwede Olaus Magnus betonte im 16. Jh. in seiner »Historia de Gentibus Septentrionalibus«, dass sich die Rentierhaltung bei den Samen inzwischen zu einer Weidewirtschaft mit längeren Wanderungen entwickelt habe. Außerdem gibt er ausführliche Hinweise auf die vielseitige Nutzung des

Rens und auch darauf, dass sich die Samen von der Natur alleine nicht mehr ernähren konnten: »Aber da sie selbst nicht im Besitz ihres Lebensbedarfs sind, sondern den Beistand anderer und materielle Hilfe bedürfen, um sich ein Auskommen zu verschaffen, betreiben sie Handel.«

Dieser Wechsel der Wirtschafts- und Lebensweise resultierte aus der Erschöpfung der natürlichen Ressourcen aufgrund von Überjagung und der Notwendigkeit von Tributzahlungen an mehrere Herren (s. S. 49). So wurde jetzt die Rentierhaltung als spezieller Erwerbszweig voll ausgebildet, und die bis dato weitgehend homogene Samenkultur teilte sich in verschiedene Zweige, denen die neuen Erwerbsmethoden ihr jeweils spezifisches Gepräge gaben.

Die Seesamen

Die See- oder Küstensamen, deren Kultur heute als die älteste und am meisten der Urkultur entsprechende angesehen wird, siedelten ursprünglich im Inneren der großen Fjorde am Nordmeer und standen entsprechend schon viel eher als die übrigen Samen unter starkem Einfluss der skandinavischen Bevölkerung. Von festen Wohnsitzen im Bereich des heutigen Nordland und Troms aus zogen sie ins Gebirge und die Wälder, jagten dort das Wild und ernährten sich ansonsten vom Fischfang auf dem Meer und auf den Seen. Sie waren also mehr oder weniger sesshaft, und lediglich die in der Finnmark beheimateten Seesamen lebten im Winter in den Buchten am Meer, im Sommer hingegen im Binnenland und können entsprechend als Halbnomaden charakterisiert werden.

Bis ins 17. Jh. hinein prägte aber trotz der Meernähe das Fallenstellen ihre Wirtschaft, und insbesondere in der Kunst des Wildrenfangs gelangten sie zur Meisterschaft. Die Tiere wurden aber nicht alle sofort verzehrt, sondern auch als Nahrungsreserve gehalten. Durch das rapide Anwachsen der Herden seit dem 17. Jh. wurden die Weidegründe knapp, und weil gleichzeitig auch die Bestände an Wildtieren zurückgingen, blieb vielen Seesamen nichts übrig, als sich an die Fischerei zu halten (die im 19. Jh. bereits ihren Haupterwerbszweig darstellte) und auch Ackerbau zu betreiben. Sie wurden vom Handel abhängig, gerieten aber bald ins Hintertreffen, weil sie gegen die norwegischen Bauern und Fischer als Konkurrenten nicht bestehen konnten und vielfach benachteiligt wurden. Da sie aufgrund ihres Siedlungsraumes gleichzeitig von allen Samen dem Einfluss anderer Völker am stärksten ausgesetzt waren, währte es nur wenige Jahrzehnte, bis ihre Kultur schließlich Anfang des 20. Jh. vollkommen von den Lebensformen unseres technisch bestimmten Zeitalters überdeckt war.

Heute finden sich zwar noch zahlreiche Seesamen-Siedlungen entlang der Küste in Troms und Finnmark, aber sie unterscheiden sich in nichts mehr von denen der Norweger. Ihre ursprünglichen Behausungen, die Torfgammen (ein igluförmiger Haustyp mit einem Gerüst aus Sparrenbögen unter daran angelehnten Stangen, die mit Birkenrinde und darüber mit Torf oder Grassoden bedeckt waren), findet man nur noch in alten Schriften abgebildet, und die farbenprächtigen Trachten aus Pelzen und Lederhosen, mit gewebten Bändern verziert, sind längst der gängigen Allerweltskleidung gewichen.

Die Waldsamen

Ähnlich wie bei den Seesamen verlief die Entwicklung der Waldsamen: Auch ihre spezielle Kultur wurde nahezu vollkommen von den Formen unseres Zeitalters überdeckt, denn aufgrund der Ausbreitung von Land- und Forstwirtschaft in ihrer Heimat, den großen Taigagebieten von Nord-Schweden und -Finnland, in denen sie als Halbnomaden lebten, waren ihre Haupterwerbszweige – Jagd und Tierfang – ab dem 17. Jh. nicht mehr ausreichend für die Ernährung. So gingen sie dazu über, die Zahl der von ihnen traditionell als Transporttiere gehaltenen Waldrene durch Zucht zu erhöhen, um dadurch Milchprodukte und Fleisch zu gewinnen. In der Wissenschaft ist umstritten, ob sich bei den Waldsamen als Jägervolk diese Domestizierung eigenständig vollzogen hat (Evolutionstheorie) oder ob die Rentierhaltung durch sie über andere Völker von den im Bereich des Baikalsees in Ostsibirien lebenden Samojeden importiert worden ist (Diffusionstheorie).

Mögen nun die einen oder die anderen Recht haben – auf alle Fälle wurde die Renhaltung bei den Waldsamen bald schon zur Gewinnung von Fleisch für den Markt intensiviert und trat in Schwedisch-Lappland ab dem 18. Jh. in Konkurrenz zu dem extensiven Rentier-Nomadismus der Bergsamen. Da sich letztere Wirtschaftsform schnell als die profitablere herausstellte, wurde das Waldvolk, längst von der Geldwirtschaft abhängig geworden, vor die Wahl gestellt, seine Rentierhaltung umzustrukturieren oder sie als Lebensgrundlage aufzugeben. Da die meisten Waldsamen zusätzlich auch Landwirtschaft betrieben, war ihnen ein nomadisches Leben unmöglich. So gaben sie eine marktorientierte Rentierhaltung auf, wurden also ganz und gar zu Bauern, die nur nebenbei noch ein paar Rentiere zur Deckung ihres eigenen Fleisch- und Milchbedarfs halten.

Ganz ähnlich verlief der Prozess auch in Nord-Finnland, wo die Waldbestände durch Brandrodung großflächig vernichtet wurden, sodass den meisten Waldsamen nur blieb, sich der finnischen Wirtschaftsweise anzupassen. Lediglich im Bereich des Inarijärvi sind sie ihrer traditionellen Rentierhaltung treu geblieben, sind dort aber zusammen mit den Rentier haltenden Finnen in der Paliskunta-Gesellschaft, einer Art Berufsgenossenschaft, organisiert, der beizutreten seit 1898 für jeden Rentierhalter Pflicht ist. Mehr und mehr aber gehen auch hier die Samen zu Landwirtschaft und Fischerei über.

Wie sich die Waldsamen der Wirtschaftsweise der Finnen und Schweden angepasst haben, so haben sie auch deren Kleidung und Unterkünfte übernommen. Trachten werden in der Regel nur noch zu bestimmten festlichen Anlässen getragen, die kegelartigen, aus Wollstoffbahnen gefertigten Zelte (in denen man in den Winterlagern zu wohnen pflegte) dienen heute lediglich noch dem Touristenfang, und die allen Waldsamen gemeinsamen Kotas (pyramidenförmige Blockhütten aus Balken und Birkenrinde) sowie Speicher (auf Pfosten gestellte Vorratshäuser zur Sicherung des Fleisches vor Tieren, insbesondere Vielfraßen) sind ausschließlich noch in Freilichtmuseen zu finden.

Die Skoltsamen
In der Literatur werden die Skoltsamen meist den Waldsamen zugeordnet, da sie eine ähnliche Wirtschaftsweise haben. *Nuortalazzak,* »Leute aus dem Osten«, nennt sich das Volk selber, das den Samen der russischen Halbinsel Kola kulturell sehr nahe steht und seit Menschengedenken im äußersten Osten Lapplands siedelt, dem Gebiet um Petsamo (Pečenga), das heute zu Russisch-Karelien gehört. Dort verlief eine ›Kulturscheide‹, und die Skoltsamen (wie auch die Kola-Samen) erhielten ihre Impulse aus dem Osten. So wurden sie schon 1556 von dem griechisch-orthodoxen Petsamo-Kloster missioniert, das die Macht des zaristischen Russland hier bis zur Russischen Revolution festigte. Noch heute sind die meisten Skoltsamen griechisch-orthodox, und ihre Kirchen sind mit Ikonen geschmückt. Auf der materiellen Seite schlagen sich die russischen Elemente insbesondere in der Kleidung nieder, die eine starke Anpassung an russische Bauerntrachten aufweist und nur wenige Gemeinsamkeiten mit der der übrigen Samen hat.

Ursprünglich waren die Skoltsamen Halbnomaden, die zwischen mehreren festen Wohnsitzen hin- und herwanderten. Im Frühling zogen sie an die Küste, um dort Tierfang und Fischerei zu betreiben, den Sommer verbrachten sie an einem der großen Flüsse weiter landeinwärts, wo sie sich dem Lachsfang widmeten, und im Herbst wanderten sie flussaufwärts, meist an einen Binnensee, wo das Winterlager errichtet wurde und man sich von Jagd und Fischfang ernährte. Die Rentierhaltung bedeutete lediglich eine Ergänzung, die Herden waren eher klein, kaum mehr als 10–20 Tiere je Familie. So ging es etwa bis gegen Ende des letzten Jahrhunderts, als sich die Großindustrie im Raum um Petsamo niederließ. Bei Kirkenes gingen die Norweger daran, die größten Erzvorkommen ihres Landes auszubeuten, und östlich der Grenze, damals noch zu Finnland gehörig, stieß man auf enorme Nickelvorkommen. Der Ausbau der Gruben zerstörte bald schon die traditionelle Wirtschaftsweise der Skoltsamen, der Tierbestand in den Wäldern und der Lachsbestand in den Flüssen nahmen drastisch ab, und so gingen die Samen dazu über, die Zahl ihrer Rentiere zu vergrößern. Weil aber schon bald von Osten her Syrjänen und Samojeden mit großen Rentierherden vorrückten und den Samen ihre Weidegründe nahmen, zogen sich diese zurück und versuchten sich in der Rinderhaltung.

Dann kam der Zweite Weltkrieg, die Skoltsamen standen direkt zwischen den Fronten und wanderten nach Finnland aus, wo sie nach Süden evakuiert wurden. 1945 wollten sie zurück in ihre angestammten Gebiete, aber dort herrschten jetzt die Sowjets, die Grenze war geschlossen, und so wurden die Skoltsamen von den Finnen nördlich des Inarijärvi angesiedelt. Die dazu erforderlichen Mittel waren zu einem Großteil von dem in St. Petersburg geborenen Schweizer Robert Crottet durch einen Spendenaufruf in der BBC zusammengebracht worden. Von diesen Geldern konnte sich jede Familie am Sevettijärvi (s. S. 98) ein Haus bauen und meherere Rentiere anschaffen, auch eine Schule, ein Krankenhaus sowie eine orthodoxe Kirche wurden errichtet. Seitdem leben die Skoltsamen dort von Tierfang und Fischerei sowie auch von der Rentierwirtschaft, aber weil dadurch die Lebenshaltungskosten nicht mehr zu decken sind, müssen die Skoltsamen mehr und mehr Zuflucht in der Land- und insbesondere der Holzwirtschaft nehmen.

Die Bergsamen

Heutzutage kommt also, anders als allgemein angenommen, die Rentierwirtschaft weder überall in Nord-Skandinavien noch bei allen Hauptgruppen der Samen vor. Die einzigen, die sie je im großen Stil betrieben haben und noch immer betreiben, sind die Bergsamen. Ihr Name leitet sich davon ab, dass sie den großen Herden der Bergrentiere hinterherziehen, deren Verbreitungsgebiet insbesondere auf das baumlose Hochland beschränkt ist, über das sie im Herbst und Frühjahr auf festen Routen wandern, um die Weidegründe zu wechseln. Wollten sich also die Samen die Rentiere nutzbar machen, anstatt sie nur zu jagen, mussten sie den Herden folgen. Die damit verbundenen stetigen Wande-

Rentierscheidung der Bergsamen bei Kuorpak

Ein Staat im Staate – Die Sii'dâ

Zahlreiche Traditionen des Ren-Nomadentums sind bei den Bergsamen lebendig geblieben (was letztlich der Stärkung des ethnischen Selbstbewusstseins aller Samen dient), doch gehen mit der zunehmenden Modernisierung der heute fast ausschließlich auf Fleischproduktion für den Markt ausgerichteten Rentierhaltung mehr und mehr Kulturgüter unter. Mit ihnen zerbricht auch die gesellschaftliche Ordnung der *sii'dâ,* die ihre Wurzeln in der uralten Jägerkultur der Samen hat und ursprünglich ein Versuch war, die Jagdrechte zu regeln.

Sie bestand normalerweise aus dem Zusammenschluss mehrerer Familien, die gemeinsam lebten und auf die Jagd gingen bzw. mit ihren Rentieren wanderten. Gleichzeitig war sie so etwas wie ein ›Exekutivrat‹, dem die Ordnung aller wichtigen Angelegenheiten nach einem äußerst differenzierten Gewohnheitsrecht oblag, das man, regional wie auch lokal modifiziert, bei jeder Samengruppe Lapplands antraf. Als Kontinuum über Jahrtausende hinweg steuerte es das tägliche Leben und trug dafür Sorge, dass sich alle Mitglieder der Gesellschaft konform verhielten.

So war jede *sii'dâ* ein kleiner Staat im Staat, geleitet vom Gewohnheitsrecht, beherrscht vom *sii'dâ-ised* (einem ernannten Führer) oder einem obersten Rat (der sich aus den Häuptern der einzelnen Familien zusammensetzte) und getragen vom Kollektiv der Männer und Frauen, in dem der soziale Status des Einzelnen nicht von seinem Besitz abhängig war, sondern vielmehr von seinem Einsatz zum Wohle aller. Dass solche Gemeinschaften den Nationalstaaten sehr suspekt waren, liegt auf der Hand, und so versuchten diese schon sehr früh, den Samen das ›Geschenk‹ ihrer eigenen Verwaltung zu machen. In Norwegen etwa forderte eine 1751 erlassene Bestimmung, dass in jedem Weidedistrikt von den dort siedelnden Samen ein Vogt und zwei Beisitzer aufgestellt werden sollten. Lediglich die Russen zeigten große Toleranz, indem sie vom 18. Jh. an das Rechtssystem der Samen anerkannten und ihnen zugestanden, ihre inneren Angelegenheiten nach ihren eigenen Rechtsgrundsätzen zu ordnen.

Bergsamen bei Duoddar Sion

rungen (s. S. 234f.) haben zwangsläufig sowohl die materiellen Verhältnisse der Samen entscheidend geprägt als auch ihre geistige Welt. Ebenso orientieren sich die weit verbreiteten Vorstellungen, die Touristen im allgemeinen vom Volk der Samen haben, daran, denn die vollnomadische Kultur der Bergsamen, als letzte entstanden, hat sich nicht nur am längsten (teilweise bis in die Gegenwart) erhalten, sondern auch viele Relikte der Urkultur, aus der alle anderen samischen Kulturen hervorgegangen sind, in unsere Zeit herübergerettet.

Vom Schamanismus zum Christentum

Was wir gemeinhin als Religion bezeichnen, ist das Ergebnis Jahrzigtausende währender Prozesse, die nach Ansicht des schwedischen Theologen Nathan Söderblom nicht in Vorstellungen wurzeln, sondern in Gefühlen und Affekten des primitiven Menschen gegenüber einer ihm konkret begegnenden Macht. Im Falle der subarktischen Sammler-, Jäger- und Fischerkulturen sind es Schnee und Eis, grimmigste Kälte, Unwetter, wilde Tiere, Krankheiten – kurz: übermächtige und gefährliche Naturgegebenheiten –, die jene Söderblomsche Macht repräsentieren.

Alle Naturkräfte wurden bei den Samen als Gottheiten verstanden, über alle Stätten der Natur wachten Geister oder ›Herren‹, jedes Tier, jede Pflanze, jedes Ding galt als beseelt, wie entsprechend auch der Mensch als aus den beiden Komponenten Körper und Seele bestehend verstanden wurde. Die Seele selbst galt als geteilt in eine an den Körper gebundene ›Lebensseele‹ sowie eine ›freie Seele‹, die ihren Träger unter Umständen wie Krankheit oder Schlaf verlassen konnte, allwissend und unsterblich war und somit jenem ›Überselbst‹ denkbar nahe steht, mit dem sich die Esoteriker unserer Tage wieder eingehend befassen und das sich ähnlich auch in anderen Religionen finden lässt.

Dieses ›Überselbst‹ manifestierte sich gewissermaßen in der ›göttlichen Familie‹ bestehend aus Radien-attje (dem höchsten Gott, dem ›Urvater‹), Radien-akka (seiner Frau, ›Urmutter‹) und deren Sohn Radien-partne – uralte Dreiheit, im Hinduismus bekannt *(trimurti)* und auch im Christentum (Dreifaltigkeit). In der Rangfolge als nächstes kam Peive, die Sonne, verstanden als kosmisches Urwesen, das seine Strahlen zur Erde schickt und auf ihnen alle Götter dorthin trägt. Diese Naturgottheiten, unter ihnen der ›Weltenmann‹ Vaeraldenolmai und die ›Weltenfrau‹ Rananeida (Fruchtbarkeitsgott und -göttin), Bieggolmai (wettermachender Windmann), Tiermes (Donnergott), Leib-olmai (Jagdgott) und Tjats-olmai (Beherrscher aller Wasserflächen), wurden an speziellen Opferplätzen verehrt.

Bislang konnten über 1000 solcher Stätten in Lappland nachgewiesen werden, von denen manche bis in unsere Tage von ›altgläubigen‹ Samen aufgesucht worden sein sollen. Alle solchen Kultorte zeichnen sich durch eine Umgebung aus, die auch für uns ›aufgeklärte‹ Menschen eine nahezu magische Ausstrahlung hat. Hier und da steht inmitten solcher Stellen auch noch ein von der Natur geformtes ›Götterbild‹ aus Stein, der sogenannte *seite* (der Wohnort des verehrten Gottes), aber die allermeisten *seiten,* denen man sich barhäuptig und auf Knien näherte, wurden von Missionaren und getauften Samen in christlichem Eifer zerschlagen.

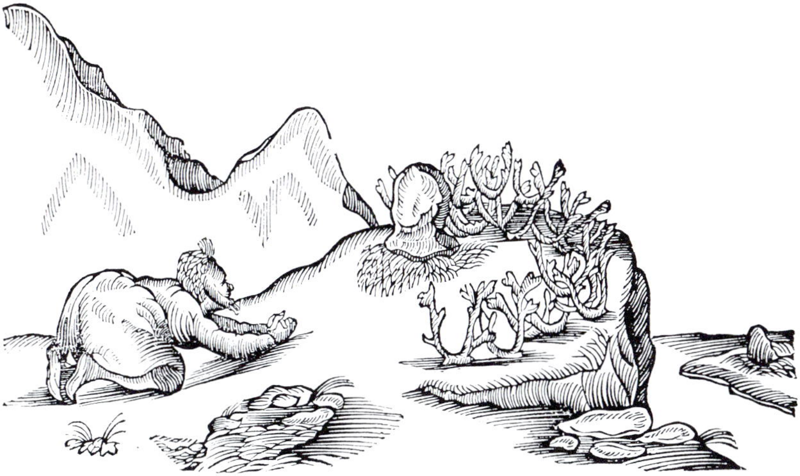

Historische Darstellung eines Samen bei der Verehrung eines Seite-Steins

Wie bereits angedeutet, wurden die Samen gar nicht bzw. erst sehr spät zwangsweise missioniert. Und das, obwohl bereits um die Mitte des 13. Jh. unter dem norwegischen König Håkon Håkonsson eine Kirche in Tromsø errichtet worden war. (»Der Heiligen Maria Kirche in Troms nächst den Heiden«), die zweifellos in erster Linie als Missionsstation diente. Håkon V. war es, der in einem Erlass aus dem Jahre 1313 jedem Samen 20 Jahre lang Steuererleichterungen zusagte, der sich taufen ließ. Die Resonanz war gleich Null, wie auch der Aufruf der Schwedenkönigin Margareta aus dem Jahre 1389 wirkungslos verhallte, in dem sie die Samen aufforderte, ihren heidnischen Glauben aufzugeben und sich der christlichen Gemeinschaft einzufügen. Dreißig Jahre später dann schickte Erich von Pommern den ersten Missionar in den hohen Norden, aber noch mehr als 150 Jahre mussten vergehen, bis die Missionstätigkeiten intensiviert und regelrechte Missionskirchen errichtet wurden.

Die Ursache für diese ›Nachlässigkeit‹ seitens der Königreiche war in übergeordneten Interessen begründet, die man nicht durch voreiliges Handeln, gerade an der nördlichen, noch ungesicherten Peripherie der Reiche, gefährden wollte. Als nämlich 1575 in Vardø an der norwegischen Küste die erste wirkliche Missionskirche eingeweiht wurde, zog der russische Zar sofort mit Gründung des Petsamo-Klosters nach (1589). Die Schweden errichteten bis 1603 gleich sechs Kirchen in ihrem damaligen Hoheitsgebiet (so in Arvidsjaur, Lycksele, Jokkmokk, Jukkasjärvi, Groträsk und Enontekiö).

Ausschlaggebend für diesen plötzlichen Eifer war aber kaum der kirchliche Auftrag der Christianisierung, sondern vielmehr der Beginn des langen Tauziehens der Mächte um die Samen als Handelspartner, wie man einer Anweisung König Karls IX. entnehmen kann, in der es hieß, ab sofort sollten sämtliche Handelstätigkeiten in den Bereich der Kirchen und Pfarrhöfe verlegt werden. So wurde die Missionstätigkeit lange Zeit unter handelspolitischen Aspekten betrieben, und vor diesem Hintergrund wird auch ersichtlich, warum man nicht mit starker Hand daran ging, den nichtchristlichen Glauben auszurotten. Selbst gegen Mitte des 17. Jh., als gemäß der damaligen christlichen Vorstellungen die Existenz von ›Ungläubigen‹ in den Nationalstaaten als eine Bedrohung für die gottgewollte Gemeinschaft aufgefasst und die Missionierung mit entsprechend starkem Druck vorangetrieben wurde, stand die wirtschaftspolitische Seite der Bekehrung noch im Vordergrund. So heißt es in einer schwedischen Schrift aus dem Jahre 1673, dass im Grenzgebiet zu Norwegen unbedingt eine Kirche zu errichten sei, weil die dort lebenden Samen sich andernfalls nach Norwegen wendeten und dort ihren Gottesdienst hätten, »wohin sie (infolgedessen) ihre besten Waren bringen und sie somit der Königlichen Majestät entziehen« würden.

Trotz aller wirtschaftlichen Interessen konnte der kirchliche Auftrag auf Dauer nicht unberücksichtigt bleiben, zumal dann nicht mehr, als sich gegen Ende des 17. Jh. die außenpolitische Lage im hohen Norden entspannte. So verhängte der dänische König (Norwegen war seinerzeit de facto dänische Kolonie) die Todesstrafe für all diejenigen Samen, die sich nicht taufen lassen wollten, und Karl XI. forderte entrüstet einen Rechenschaftsbericht darüber, wie es sein könne, dass das schwedische Königreich auch von Gottlosen bewohnt sei, was ihn »wie ein Blitz aus heiterem Himmel« getroffen habe. Nun war der Wandel vollzogen, Kirche und Staat zeigten ihr autoritäres Gesicht. Zwischen 1668 und 1720 fanden im schwedischen Teil Lapplands zahlreiche Visitationen hoher Geistlicher und Beamter statt, bei denen sich die Samen zwangsweise einzufinden hatten, um sich taufen zu lassen und besonders ihre gefürchteten Schamanentrommeln (s. S. 90f.) abzugeben. Wer sich weigerte, wurde geprügelt oder gar der Zauberei und Hexerei *(trolldom)* angeklagt und in einzelnen Fällen auf dem Scheiterhaufen verbrannt.

Mit dem Aufkommen des Pietismus gewann eine neue geistige Strömung in Skandinavien an Einfluss. Der Grundsatz hieß jetzt ›gewaltfreie Bekehrung‹, und langsam fingen die Samen an, das Christentum freiwillig zu übernahmen. Bis weit ins 19. Jh. hinein blieb es aber noch so, wie uns von dem elsässischen Gelehrten Johannes Schefferus aus dem 17. Jh. überliefert ist: »(Die Samen) stellen neben den wahren Gott und Christus erfundene Götter und beten sie an und verehren sie auch, gleichsam als ob Gott und Teufel miteinander übereingekommen wären, und sie jeder für sich zur Hälfte angebetet werden könnten und wollten.« Der endgültige Durchbruch des Christentums bei den Samen erfolgte erst im Laufe des 19. Jh. durch die Ausbreitung des Læstadianismus (s. S. 190).

Auf der Suche nach einer Identität

»Alle Menschen sind von Natur aus frei und unabhängig und haben gewisse angeborene Rechte, die nicht von ihnen getrennt oder ihren Nachkommen weggenommen werden können.«
(Artikel 17, Erklärung der Menschenrechte der Vereinten Nationen)

Wie sich die Identitätskriterien einer Minorität ändern, neue hinzukommen, an-

Samenkotas auf der Insel Magerøya

dere verschwinden können, so ist auch die ethnische Identität als solche keineswegs etwas Statisches, sondern vielmehr dynamisch. Galten die Samen noch bis Ende des 18. Jh. durchweg als tüchtig und lebensfroh, inspirierten mit ihren Liedtexten z. B. Herder, Goethe und Longfellow, so wurden sie plötzlich als faul, dreckig und dumm hingestellt: »In Lappland sind schmutzige Leute, plattköpfig, breitmäulig und klein; sie kauern ums Feuer und backen sich Fische und quäken und schrein«, wie es Heinrich Heine zu wissen meinte. Aber auch in vielen anderen Schriften jener Zeit werden die Samen ähnlich dargestellt, und es ist zu vermuten, dass es seinerzeit wirklich schlecht um die Samen bestellt war, waren doch Identitätskriterien wie eigene Wohngebiete, eigene Lebensweise, eigenes Gesellschafts- und Wirtschaftssystem, eigene Kultur und eigene Sprache so gut wie nicht mehr vorhanden.

Bis Ende des 19. Jh. war den Samen der angestammte Lebensraum genommen, die tradierte Lebensweise und mit ihr Gesellschafts- und Wirtschaftssystem waren zerstört und auch in Bezug auf die planmäßige Vernichtung von Kultur und Sprache scheuten die Nationalstaaten, allen voran Norwegen, nun keinerlei Anstrengungen mehr, denn – um mit Albert Einstein zu sprechen – »um ein tadelloses Mitglied einer Schafherde zu sein, muss man vor allem ein Schaf sein«. Wichtigstes Instrument, um die Samen in beliebig manipulierbare ›Schafe‹ zu wandeln, wurden die Schulen, in denen »die Kinder der Samen durch mehr Umgang mit Bauern mit der Zeit eine stärkere Neigung und Lust an deren Ernährungs- und Wohnweise bekommen dürften«, wie es die norwegische Kirchenverwaltung Mitte des 19. Jh. ausdrückte. In der Tat breitete sich bald schon eine Unlust am Nomadenleben aus, wollten die Kinder nicht mehr wie ihre Eltern leben und verdingten sich stattdessen als Knechte und Mägde bei ihren ›Unterdrückern‹.

Auch wurde das Joiken (s. S. 228) unter Strafe gestellt, was es an samischer Literatur gab, wurde verbrannt, die Ausübung der alten Religion verboten, und zu guter Letzt zu Beginn unseres Jahrhunderts in Norwegen ein Erlass herausgegeben, der den Erwerb von staatlichem Boden (in Nord-Norwegen waren seinerzeit 90 % Staatsgrund) nur solchen Bürgern gestattete, die Norwegisch sprechen, lesen und schreiben konnten. Dieser Erlass galt übrigens bis 1965, wie auch der, durch den es den Samenkindern in den Schulen verboten war, Samisch (was natürlich nicht gelehrt wurde) zu sprechen. Ein ähnliches Gesetz bestand auch in Schweden, wo es – wie in den Nachbarländern auch – bis in die 60er Jahre hinein erklärtes Ziel blieb, die Samen zwar zu assimilieren, aber sie dabei möglichst dumm zu halten: »Mach sie zu sittlichen, nüchternen und notdürftig gebildeten Menschen«, forderte z. B. ein Pfarrer in Karesuando Anfang des 20. Jh.

Eingedenk einer solch überaus negativen Minoritätenpolitik nimmt es nicht Wunder, dass die Identität der Samen zum Großteil verloren ging. Wie weit fortgeschritten der Assimilierungsprozess schon war, zeigen auch die Statistiken: Bezeichneten sich bei der norwegischen Volkszählung von 1930 noch knapp 19 000 Menschen als Samen, so waren es 1970 nur noch 9200, obwohl rund 10 500 angaben, Samisch als Muttersprache zu haben und 17 000 gar, die Erstsprache mindestens eines Elternteils sei Samisch. So sind also »viele Samen auf eine Assimilation eingestellt, eine passive Anpassung an die Majoritätsbevölkerung; eine Selbstaufgabe. Es lohnt sich nicht, Same zu sein. Man ist dabei, ein Idealbild des Menschen zu entwerfen, der seinen eigenen Ursprung verneint«, wie es der samische Wissenschaftler Aslak Nils Sara in einer Schrift über sein Volk formulierte.

So war der Stand der Dinge noch vor wenigen Jahren, als sich – zumindest nach außen hin – die offizielle Sicht in Oslo, Helsinki und Stockholm bereits zum Positiven gewandelt und man zumindest ansatzweise begonnen hatte, die Fehler der Vergangenheit wieder wettzumachen, z. B. durch das Einsetzen staatlicher Ausschüsse und Verbände für samische Fragen. Aber solche Organisationen waren weniger von den Samen selbst als von ihren ›Herren‹ initiiert worden und konnten entsprechend keine neue Identität aufbauen. Doch sie halfen zumindest, einigen wenigen wieder Hoffnung zu geben, und diese wenigen haben seither viel vermocht, nämlich die Skepsis der meisten Samen gegenüber einem eigenständigen Samentum zu beseitigen. So wurden beispielsweise der Samische Schriftstellerverband, der Samische Künstlerverband, der Samische Musikverband und eigene samische Rentierhalterverbände gegründet. Norwegische und schwedische Samen bildeten eigene Reichsverbände, schließlich auch den landesübergreifenden Nordischen Samenrat, der 1971 in Gällivare eine politische Plattform verabschiedete (s. S. 46).

Das wichtigste Datum für die Samen auf dem Weg zu einer neuen Identität war aber vielleicht der 20. März 1982, als zwei Samen versuchten, durch die Sprengung einer Brücke den Bau des

Die samische Flagge – 1988 entworfenes Symbol einer neuen Identität

Alta-Kraftwerks zu verhindern. Der Anschlag schlug zwar fehl, tötete den einen und verstümmelte den anderen Attentäter (der später ins Gefängnis wanderte), aber diese Episode hatte dennoch weitreichende Folgen, ist sie doch die erste bezeugte Aktion, mit der sich Samen gewaltsam gegen Unterdrückung und Ausbeutung zur Wehr setzten. In der Folge kam es zu großen Demonstrationen, getragen von Menschen aus ganz Europa. Der Staudamm wurde zwar dennoch erbaut, aber seither scheinen die Samen geeint, zumindest traten sie nie in ihrer Geschichte so selbstbewusst auf wie von diesem Jahr an. In Finnland erkämpften sie sich ein Samen-Parlament (das allerdings nur beratende Funktion hat und keine Machtmittel besitzt), auch im Weltrat der Urbevölkerungen (World Council of Indigenous Peoples, WCIP) sind sie vertreten, und 1988 kreierten sie die samische Flagge. Mittlerweile gibt es mehrere Schulen, in denen samischer Unterricht auf gymnasialem Niveau erteilt wird, wurden Lehrstühle für Samologie eingerichtet und – 1989 – auch in Norwegen ein Samen-Parlament *(Sameting)* ins Leben gerufen. Dieses hat zwar bisher nur beratende Funktion, soll aber in Zukunft mit einem Vetorecht in allen Fragen ausgestattet werden, die die samische Bevölkerung betreffen.

Die Samen haben sich mithin endlich zu einer organisierten Minderheit konsolidiert, und es besteht Hoffnung, dass auch ihre noch offenen Forderungen eines Tages erfüllt werden – als da insbesondere sind: die Einrichtung von mit wirklichen Machtbefugnissen ausgestatteten Samen-Parlamenten, die Anerkennung als nationale Minorität durch Verfassungsänderungen sowie ein Vetorecht bei allen Projekten, die ihre Interessen unmittelbar berühren. Um kein Missverständnis aufkommen zu lassen: Die Samen sind keine Gegner von Straßen, Kraftwerken oder Industrieansiedlungen. Sie wollen nur an deren Planung und Kontrolle beteiligt werden. Auch streben sie keineswegs die Rückkehr zu den Lebensweisen ihrer Ahnen an. Für Lappenromantik mit Schlitten und Zelt ist nur noch in Prospekten Platz. Die Rentierzüchter bedienen sich längst modernster technischer Hilfsmittel, moderne Outdoor-Bekleidung ersetzt den winterlichen Anzug aus Rentierfell, und all die kunstvollen, ursprünglich als Gebrauchsartikel gedachten Web-, Silber- und Schnitzarbeiten werden heute primär als Souvenirs für die Touristen produziert, wie auch die ›richtigen‹ Samen – also die, die ihre farbenfrohe Tracht mitsamt der dazugehörigen Kopfbedekkung und dem am Gürtel baumelnden Messer tragen – heute in der Hauptsache vor den Andenkenläden in den Zentren des Tourismus zu finden sind.

Daten zur nord-skandinavischen Geschichte

9.–8. Jt. v. Chr. Am Altafjord in Norwegen finden sich erste Spuren menschlicher Besiedlung (Komsa-Kultur).

5.–3. Jt. v. Chr. Eine Besiedlung in größerem Umfang setzt entlang der Nordmeerküste sowie im Inland ein, wo sich Menschen an allen größeren Seen und Flusssystemen niederlassen.

Samenfamilie um 1909

2. Jt. v. Chr. Spätestens ab jetzt wandern ursamische Gruppen ins Innere von Lappland ein.

ab 1. Jh. n. Chr. Süd-Norwegen wird von den Nordgermanen besiedelt (die von dort aus ebenfalls nach Schweden vorstoßen), Süd-Finnland von den Finnen.

98 n. Chr. Der Römer Tacitus erwähnt in seiner »Germania« erstmals die Samen.

3.–4. Jh. n. Chr. Die Nordgermanen wandern aus dem Süden Norwegens und Schwedens nach Nord-Skandinavien, wo sie sich dem Fischfang, aber auch dem Ackerbau und der Viehzucht widmen.

700–1050 Zur Wikingerzeit entwickelt sich entlang der Küste ein lukrativer Handel. Pelze, die die Samen als Steuern entrichten müssen, sind in ganz Europa begehrt und werden gegen Getreide, Salz und Werkzeug getauscht.

ab 1000 Die Christianisierung der Wikinger beginnt; im Küstenbereich werden erste Wehrkirchen errichtet.

um 1250 Deutsche Kaufleute etablieren sich in Bergen; die Hanse versorgt den Norden Norwegens mit Getreide.

1284 Finnland wird schwedisches Großherzogtum.

14. Jh. Erste Missionstätigkeit bei den Samen.

1326 Im Frieden von Nowgorod einigen sich Norwegen, Schweden und Russland darauf, Nord-Skandinavien (sowie die Halbinsel Kola) zu einem gemeinsamen Steuerland zu erklären. Bis 1613 müssen nun die Samen an drei Herren Steuern zahlen.

1397 Mit der Kalmarer Union wird Skandinavien (inklusive Dänemark und Finnland) zu einem gemeinsamen Reich erklärt, das aber schon zu Beginn des 16. Jh. wieder zerfällt. Norwegen bleibt jedoch bis 1814 faktisch dänische Kolonie.

16. Jh. Im Rahmen der Reformation erfolgt eine Säkularisierung des Kirchengutes.

ab 16. Jh. Schweden, Norweger, Finnen und Russen intensivieren die Besiedlung des Nordens; die Samen werden langsam zurückgedrängt.

1613 Schweden gibt alle Ansprüche auf die Eismeerküste auf.

um 1650 In Binnen-Lappland werden große Erzvorkommen entdeckt.

1751 Schweden und Norwegen einigen sich über den (noch heute bestehenden) Grenzverlauf im Norden.

1809 Russland erobert Finnland von Schweden (Frieden von Frederikshamn) und erklärt es zum Großfürstentum.

1814 Nach den Napoleonischen Kriegen erhält Schweden im Vertrag von Kiel Norwegen; bis 1905 werden beide Länder in Personalunion regiert.

1826 Die Grenze zwischen Norwegen und Russland wird festgelegt.

1852 Die Grenze zwischen Norwegen und Finnland wird festgelegt. Die Samen müssen sich zu einer Nationalität bekennen und in der Folge teilweise ihre angestammten Weidegebiete verlassen.

1905 Norwegen wird selbstständiges Königreich (konstitutionelle Monarchie).

1914–1918 Norwegen und Schweden bleiben im Ersten Weltkrieg neutral.

1917 Finnland erklärt seine Unabhängigkeit von Russland, 1919 erhält das Land eine demokratische Verfassung.

1919 Norwegen und Schweden schließen einen Rentierweide-Vertrag; ab 1925 erfolgen Zwangsumsiedlungen der Samen.

1940 Im Zweiten Weltkrieg erfolgt die Invasion und Besetzung Norwegens durch Deutschland. Schweden bleibt neutral, während Finnland die Anlehnung an Deutschland sucht. Dadurch kann Hitler eine ganze Armee in Lappland stationieren.

1944–1945 Finnland verpflichtet sich in einem Vertrag mit der Sowjetunion, die deutschen Truppen aus seinem nördlichen Landesteil herauszudrängen. Im Rahmen der Kampfhandlungen wird ganz Finnisch-Lappland evakuiert. Der deutsche Rückzug aus dem Norden Norwegens und Finnlands wird durch die Taktik der »Verbrannten Erde« charakterisiert. Erst die deutsche Kapitulation am 8. Mai 1945 bringt die endgültige Befreiung Skandinaviens.

ab 1945 Zum Schutz ihrer Kultur bilden die norwegischen, schwedischen und finnischen Samen eigene Reichsverbände, schließlich auch den ländergreifenden Nordischen Samenrat, durch den sie heute im World Council of Indigenous Peoples (Weltrat der Urbevölkerungen) vertreten sind.

1988 Eine eigene samische Flagge wird kreiert; in Oslo und Helsinki werden die Samen durch ein eigenes Samen-Parlament vertreten.

1993 Norwegen nimmt den kommerziellen Fang von Zwergwalen wieder auf, was zu verschiedenen wirtschaftlichen Sanktionen führt.

1994 Die Norweger entscheiden sich in einer Volksabstimmung gegen einen Beitritt ihres Landes zur Europäischen Union, die Schweden und Finnen hingegen stimmen mit einem Ja und treten am 1.1.1995 der EU bei.

1996 In Nord-Schweden werden die Nationalparks Sarek, Stora Sjöfallet, Padjelanta und Muddus sowie die angrenzenden Gebiete unter dem Namen Laponia als ›Naturerbe der Menschheit‹ auf die World Heritage List der UNESCO gesetzt und genießen so allerhöchsten Schutzstatus.

1997 Norwegen steigt dank enormer Ölgewinne zum reichsten Land der Welt auf.

1999 Finnland, nicht aber Schweden, tritt der Europäischen Währungsunion bei.

2000 Der Brückenschlag zwischen Kopenhagen und Malmö macht eine Fahrt nach Nord-Skandinavien auch ohne die Benutzung von Fähren möglich.

Routen durch Nord-Skandinavien

Vom Bottnischen Meerbusen an die Nordmeerküste

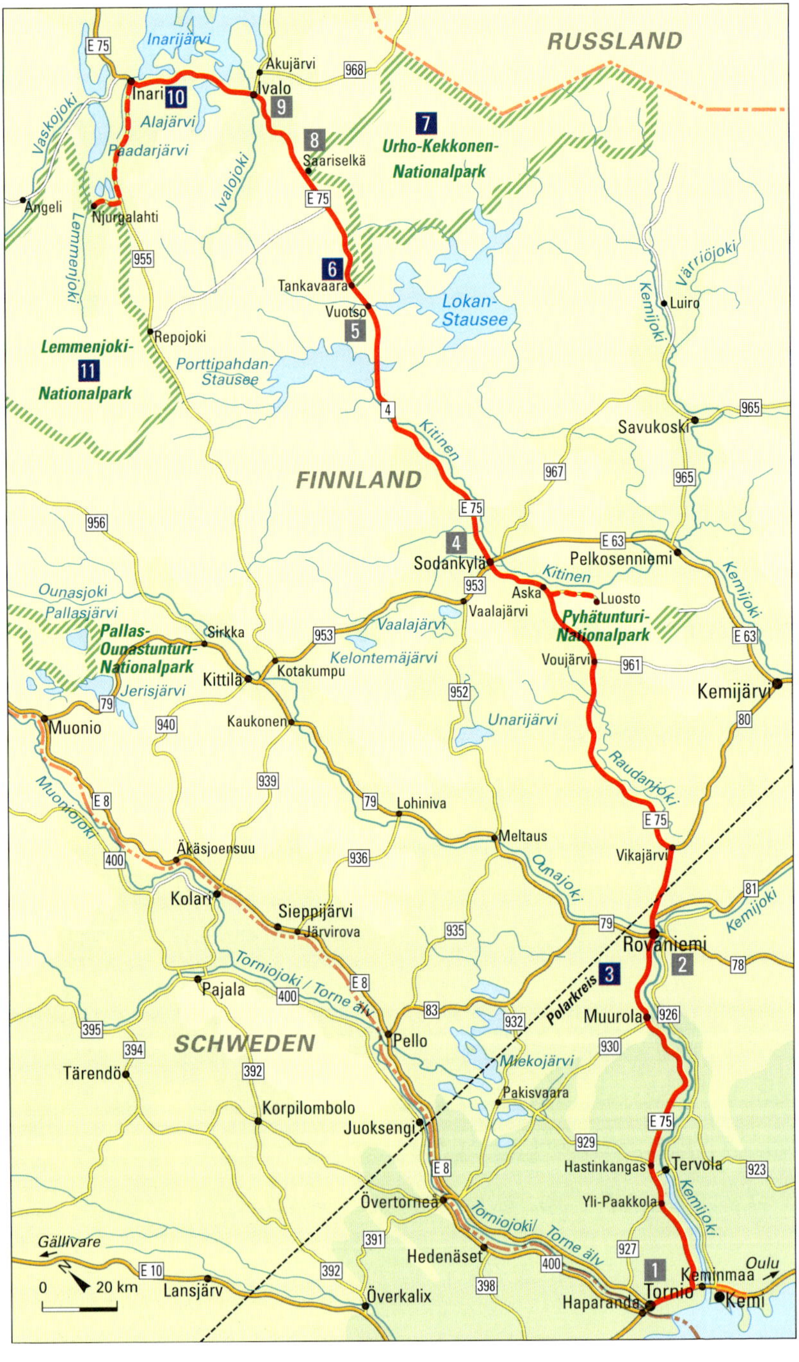
RUSSLAND
FINNLAND
SCHWEDEN
Inarijärvi
Inari
10
Ivalo
9
Akujärvi
968
E 75
Vaskojoki
Alajärvi
Paadarjärvi
Ivalojoki
8
Saariselkä
7
Urho-Kekkonen-Nationalpark
Angeli
Njurgalahti
Lemmenjoki
955
6
Tankavaara
Vuotso
5
Lokan-Stausee
Värriöjoki
Kemijoki
Luiro
Repojoki
Lemmenjoki-Nationalpark
11
Porttipahdan-Stausee
4
Kitinen
965
Savukoski
967
956
Sodankylä
E 63
Pelkosenniemi
953
Aska
Luosto
Vaalajärvi
Pyhätunturi-Nationalpark
Ounasjoki
Pallasjärvi
Pallas-Ounastunturi-Nationalpark
Sirkka
Vaalajärvi
Kelontemäjärvi
Kotakumpu
Kittilä
Voujärvi
961
Jerisjärvi
79
952
Kemijärvi
Muonio
940
Kaukonen
Unarijärvi
80
Muoniojoki
E 8
939
Lohiniva
Raudanjoki
Meltaus
Vikajärvi
Äkäsjoensuu
400
936
Ounasjoki
81
Kolari
Sieppijärvi
Järvirova
935
Rovaniemi
2
78
Polarkreis
3
Torniojoki / Torne älv
Pajala
83
932
Muurola
926
395
394
Pello
930
Miekojärvi
Tärendö
392
Pakisvaara
Korpilombolo
Juoksengi
929
Hastinkangas
Tervola
923
Övertorneå
Yli-Paakkola
Torniojoki/ Torne älv
391
927
Hedenäset
Gällivare
E 10
0
20 km
Lansjärv
392
398
Keminmaa
Oulu
1
Tornio
Kemi
Överkalix
Haparanda

Von der Ostsee ins Herz des Lapin Lääni – Von Tornio nach Inari

Wald, Wald und nochmals Wald, das ist, was die ersten zwei Drittel dieser Taiga-Route prägt. Sie führt ab Tornio, einer auch kulturell interessanten Stadt, entlang dem gewaltigen Kemijoki nach Rovaniemi, der vom berühmten Architekten Alvar Aalto geplanten ›Hauptstadt‹ Nord-Finnlands. Dann wird der Polarkreis passiert (nicht nur Kinder erfreuen sich hier am ›Dorf des Weihnachtsmannes‹), und durch von Leere und Einsamkeit geprägtes Land geht es weiter nach Sodankylä, dessen ›sternchenverdächtige‹ Holzkirche unbedingt einen Besuch wert ist. Riesige Seen liegen bald am Weg, und das letzte Streckendrittel, das etwa bei dem ›Outdoor‹-Ort Saariselkä beginnt, beeindruckt mit urwüchsiger Wald-, Schluchten- und Seenlandschaft, bietet Panoramen zur Genüge, zu guter Letzt auch auf den Inarijärvi, den größten See des Nordens.

Streckenlänge und -verlauf: 451 km; von Tornio auf der E 75 über Rovaniemi (122 km), Sodankylä (130 km), Vuotso (88 km), Tankavaara (10 km), Saariselkä (32 km) und Ivalo (30 km) nach Inari (39 km).

Öffentliche Verkehrsmittel: Ab Tornio mehrmals täglich Direktbusse nach Rovaniemi mit Anschluss nach Sodankylä (sechsmal täglich), Saariselkä (dreimal täglich), Ivalo (zweimal täglich) und Inari (zweimal täglich). Finnair fliegt ab Tornio/Kemi mindestens zweimal täglich nach Rovaniemi, ab dort zwei- bis dreimal täglich nach Ivalo.

Tornio: *1 Tornio Kirche 2 Orthodoxe Kirche 3 Alatornio-Kreuzkirche 4 Wasserturm 5 Heimatmuseum 6 Kunstmuseum 7 Bootsanleger 8 Jugendherberge 9 Bahnhof*

Tornio

1 (S. 282f.) Ausgangspunkt dieser ›Marathon‹-Route quer durch Finnisch-Lappland ist Tornio (ca. 24 000 Einw.), direkt am ›Scheitel‹ des Bottnischen Meerbusens an der Mündung des Torniojoki

(schwed.: Torne älven) gelegen. Die Kleinstadt ist über E 4 und E75 zu erreichen, die Helsingborg in Süd-Schweden (1560 km) mit Helsinki in Süd-Finnland (744 km) verbinden. Auf der Westseite des großen Stromes liegt die schwedische Schwesterstadt Haparanda (s. S. 194), die mit Tornio die kühl-sterile Atmosphäre einer modernen Industrie- und Handelsstadt gemeinsam hat, aber keinerlei Sehenswürdigkeiten bietet.

Hauptanziehungspunkt für Touristen ist die 1684 errichtete **Tornio-Kirche (1;** Tornion Kirkko), eine der schönsten und wertvollsten Holzkirchen des Landes. Das Satteldach der Langhauskirche ist schindelgedeckt, das Innere mit Deckenmalereien und Holzschnitzereien an Türrahmen, Chorschranke und Kanzel reich verziert.

Die den Aposteln Peter und Paul geweihte **Orthodoxe Kirche (2;** Ortodoxinen Kirkko) wurde 1884 als russische Soldatenkirche erbaut, aber seit 1917 nicht mehr genutzt und erst 1987 wieder geweiht.

Die **Alatornio-Kreuzkirche (3)** im 3 km südlich des Zentrums gelegenen Vorort Nedertorneå ist mit über 1500 Plätzen das größte hölzerne Gotteshaus in Nord-Finnland. Im Jahre 1794 wurde die klassizistische Kirche im gustavianischen Stil auf den Resten einer mittelalterlichen Feldsteinkirche erbaut.

Vom **Wasserturm (4;** oben ein Café) aus genießt man einen herrlichen Ausblick über die Schwesterstädte Tornio und Haparanda sowie den Fluss, über den das **Heimatmuseum (5;** Tornionjokilaakson maakuntamuseo) ausführlich informiert. Nahe dem Flusshafen, von wo aus täglich mehrmals Bootsausflüge in die Schärenwelt des Bottnischen Meerbusens starten, befindet sich in einem funktionalistischen, postmodernen Gebäude das **Kunstmuseum (6;** Aine), das finnische Kunst des 19. und 20. Jh. zeigt.

Holzflöße auf dem Kemijoki

Von Tornio nach Rovaniemi

Jetzt wollen wir ›ins Land eintauchen‹ und verlassen Tornio auf der Richtung Kemi ausgeschilderten E 4, die uns zur Kreuzung mit der E 75 führt (12 km). Ehe wir dieser Straße nach Rovaniemi folgen, bietet sich ein Abstecher zum direkt am mächtigen Kemijoki gelegenen Ort **Keminmaa** an, den die E 75 Richtung Süden bald erreicht. Hier ist die noch aus katholischer Zeit stammende Vanha Kirkko zu besichtigen, eine Steinkirche mit schlichtem Gewölbe aus dem Jahre 1521. In einer Gruft wird der mumifizierte Leichnam eines 1629 verstorbenen Pfarrers aufbewahrt.

Eine Alternative zur E 75 für die Weiterfahrt nach Rovaniemi stellt die schmale Landstraße V 926 dar, die hier in Keminmaa beginnt und bis Tervola hinauf direkt dem östlichen Ufer des Kemijoki folgt, auf dem auch heute noch in großem Umfang Holzflößerei betrieben wird. Oft sieht man den Fluss vor lauter Stämmen nicht mehr, die nördlich von Keminmaa ins größte Holzsortierwerk Europas geleitet werden. Wer es besichtigen will, wende sich an das Touristenbüro in Keminmaa, von wo aus auch Bootsausflüge auf dem Kemijoki und zu den Flößern organisiert werden.

Die E 75, nördlich von Keminmaa zunächst noch relativ stark befahren, führt durch Mischwaldgebiet mit vereinzelten Heuwiesen nach **Tervola.** Wenige Kilometer vor dem Ort, der hauptsächlich von den Erträgen aus einem großen Marmorbruch lebt, lohnt der Abstecher

Landschaft bei Tervola

(ausgeschildert) zu einem der größten Freilichtmuseen Finnlands. Hier sind mehrere historische Gebäude aus dem 18. Jh. originalgetreu wiederaufgebaut worden. Das Inventar umfasst volkskundliche Sammlungen aus dem Umland.

Auf den folgenden gut 70 km von Tervola nach Rovaniemi, durch leicht gewelltes Waldland, beeindrucken in erster Linie die Ausblicke auf den teilweise seeartig verbreiterten Kemijoki sowie die riesigen Holzflöße, die er trägt.

Rovaniemi

2 (S. 276f.) Knapp südlich des Polarkreises liegt am Zusammenfluss des von Norden kommenden Ounasjoki mit dem von Osten heranströmenden Kemijoki die Stadt Rovaniemi. Mehrgeschossige, hellgraue Betonhäuserblocks säumen autofahrerfreundliche Einkaufsstraßen; vereinzelte Bauwerke im postmodernen Stil wollen Akzente setzen – der Kontrast zwischen der ländlichen Umgebung und der schaurig kühlen Architektur der Nachkriegszeit könnte größer nicht sein.

Deutsche Truppen hatten im Zweiten Weltkrieg beim Rückzug aus Finnisch-Lappland nach Nord-Norwegen Rovaniemi nahezu vollständig zerstört – wenig mehr als ein Dutzend Häuser waren stehen geblieben. Dem Wiederaufbau lag teilweise ein Plan von Alvar Aalto, dem berühmten finnischen Architekten, zugrunde, der der Stadt ein Straßennetz verpasste, das einem Rengeweih nachempfunden sein soll. Erkennen kann man das aber kaum, und weil – wie es scheint – alle 34 000 Einwohner dieser Verwaltungshauptstadt von Finnisch-Lappland ein eigenes Auto haben und damit auch ständig unterwegs sind, ist der Besucher zumeist heilfroh, wenn er wieder auf einer ampelfreien, schön schnurgeradeaus durch den Wald verlaufenden Straße unterwegs ist.

Sehenswert ist in Rovaniemi das **Lappland-Haus** (Lappia-Talo), dessen harmonisch geschwungene Form Elemente der finnischen Landschaft symbolisiert. Nach Plänen von Alvar Aalto wurde der futuristisch anmutende Stein- und Glasbau 1975 errichtet. Große Grünanlagen, mit modernen Kunstobjekten geschmückt, umgeben das Gebäude, dessen Inneres, mit lappländischem Dolomit ausgelegt, weniger beeindruckend ist.

Architektonisch noch wesentlich interessanter ist das vornehmlich aus Glas bestehende **Arktikum** an der Richtung Kittilä gelegenen Pohjoisranta 4. In diesem außerordentlich futuristisch wirkenden Bau befindet sich das interaktive Arktische Zentrum, das die arktische Natur, ihre Besonderheiten und Naturschätze präsentiert. Der Besucher wird mit dem Leben der Völker Sibiriens ebenso vertraut gemacht wie mit den Sitten und der Kultur der Inuit in Alaska, Grönland und Kanada. Auch das Museum der Provinz Lappland ist hier untergebracht, und Hauptthemen der Ausstellung sind Rovaniemi selbst sowie die Kultur der Samen, die u. a. anhand von Trachten dokumentiert wird; auch diese Ausstellung ist interaktiv organisiert.

Gourmets sollten im Restaurant des Pohjanhovi-Hotel einkehren. Es gilt als wahre Schlemmeradresse und bietet so leckere Gerichte wie Schneehuhn in Beerensauce oder Rentiergeschnetzeltes mit Wildpilzen. Reizvoll sind auch die vom Touristenbüro organisierten, täglich (im Sommer auch nächtens) stattfindenden Wasserbuskreuzfahrten auf den beiden Flüssen Kemijoki und Ounasjoki.

Von Rovaniemi nach Tankavaara

Genau 8 km trennen Rovaniemi auf der E 75 vom auf Finnisch Napapiiri genannten **Polarkreis** **3** (S. 275), doch das mehrsprachige Hinweisschild sieht man meist vor lauter Touristen nicht, die hier fürs Erinnerungsfoto Aufstellung genommen haben. Ringsum herrscht ein bisschen Jahrmarktstimmung, ›Postkartensamen‹ bieten sich sowie ihre buntgeschmückten Rentiere zum Ablichten an, die Souvenirläden quellen vor Kitsch über.

Und weil Korvatunturi, der an der Grenze zu Russland gelegene Wohnort des Weihnachtsmanns, nur schwer zu erreichen ist, wie man in finnischen Fabeln nachlesen kann, hat sich der Kinderfreund entschlossen, am Polarkreis eine durchaus gewinnträchtige Zweigstelle mitsamt Werkstatt und Postamt einzurichten. Kerzen flackern, Sondermarken und Besuchszertifikate gehen weg wie warme Semmeln, und stets kann man mit dem Weihnachtsmann plaudern, ihm natürlich auch Briefe schreiben, was über 700 000 Kinder aus mehr als 80 Ländern jährlich machen. Hinzu kommen rund 500 000 telefonische Anfragen, und vor Weihnachten laufen alle Leitungen heiß. Doch wie auch immer: Die Kinder sind begeistert von der Einrichtung und nutzen sie fleißig – wer Antwort erhalten will, sollte einen frankierten Rückumschlag beilegen.

Weiter geht es auf der E 75, vorbei an Vikajärvi und dem gleichnamigen See (Campingplatz), durch die Einsamkeit der lappländischen Taiga nach **Lehtovaara.** Hier gibt es zwar keine ›großen‹ touristischen Attraktionen zu bestaunen, dafür bekommt man aber im Restaurant Poromiehen Majatalo ein ausgezeichnetes (und dabei relativ günstiges) Rentieressen serviert, das keinerlei Vergleich zu scheuen braucht. Kurz hinter dem Ort zweigt rechts von der E 75 eine Nebenstraße ab, die nach **Luosto** ausgeschildert ist. Wer Wildmarkferien ohne Verzicht auf Komfort verbringen will, findet dort sommers wie winters ideale Bedingungen vor, über die das Touristenbüro in Sodankylä näher informiert.

Sodankylä 4 (S. 280) selbst, das rund 2000 Einwohner zählende Zentrum einer 12 500 km^2 großen Gemeinde, präsentiert ein kühles und steriles Stadtbild, das allen anderen größeren Ortschaften in Finnisch-Lappland ähnelt. Ein paar Straßen im Schachbrettmuster zwischen mehrgeschossigen Betonbauten und wenigen Holzhäusern inmitten unendlicher Waldwildnis – damit hat es sich. Nur die alte Kirche fällt aus dem Rahmen. Diese zweitälteste noch erhaltene Holzkirche des Nordens wurde 1689 auf Veranlassung des Missionspfarrers Gabriel Tuderus erbaut, dem es 1670 gelungen war, die Samen seiner Gemeinde zu dem neuen Glauben zu bekehren. Der massive, mit Holzschindeln verkleidete Blockbau trägt deutliche Merkmale der mittelalterlichen finnischen Kirchenbauweise. Der dämmrige Innenraum ist schlicht, doch stimmungsvoll und wird vollends vom aus massiven Stämmen gefügten Altar beherrscht, vor dem, unter den dicken Bohlen des Fußbodens, die Mumie des Gabriel Tuderus liegen soll.

Hinter der Ortsausfahrt wird die E75 wieder vom großen Flachlandwald ›verschluckt‹, und nur dem Kitinen-Fluss, der parallel zur Straße verläuft und viele Badebuchten geschaffen hat, ist zu verdanken, dass die Langeweile nicht übermächtig wird. Wo der Fluss seinen Anfang nimmt, erstreckt sich der **Porttipahdan-Stausee,** 214 km^2 groß und – mit zahlreichen Waldinseln gespickt – wunderschön anzusehen. Den schönsten Blick hat man von der Brücke aus (davor ein Rastplatz), die seinen Südostzipfel quert und eine Fernsicht über das mehr als 30 km lange Wassergeflecht bietet, das durch einen Kanal mit dem sich 15 km weiter östlich erstreckenden **Lokan-Stausee** verbunden ist. Letzterer hat eine Fläche von 417 km^2 und ist damit der größte Stausee Europas. Beide Seen sind voll von eingesetzten Edelfischen, der Fischertrag übertrifft denjenigen der natürlichen finnischen Binnenseen bei weitem, und von **Vuotso** 5 (S. 287f.) aus, einer direkt am Kanal gelegenen Feriensiedlung (Campingplatz, Hüttenvermietung), kann man auf Entdeckungsfahrt gehen. Ruderboote stehen zum Verleih, und täglich kreuzt der Wasserbus »Akmeeli« über die von lang gezogenen Fjellrücken gesäumten Flächen, die bis Ende Mai noch unter einer dicken Eisschicht liegen. Unterwegs wird in mehreren Samendörfern Halt gemacht, wie sich Vuotso überhaupt als Ausgangspunkt für einen Besuch von Samensiedlungen und Rentierfarmen anbietet.

Ein paar Kilometer weiter nördlich erreichen wir **Tankavaara** 6 (S. 288), das Tor zum Urho Kekkonen, und man sollte nicht versäumen, das an der Straße ausgeschilderte Informationszentrum des Nationalparks zu besuchen. In dessen großer Halle – ein architektonisches Meisterwerk aus Glas und Kiefernholz – werden Flora und Fauna des Gebietes ausführlich und teils mittels anschaulicher Dioramen vorgestellt; unbedingt hörenswert ist der Balzruf des Auerhahns, den man über Kopfhörer vernehmen kann. Direkt neben dem Zentrum wurden drei Naturlehrpfade angelegt, die verschiedenfarbig markiert und zwischen 1 und 6 km lang sind.

Taigalandschaft nördlich von Sodankylä

Aber noch einen anderen Grund gibt es, in Tankavaara einen Zwischenstopp einzulegen, denn keine 500 m nördlich des Infozentrums befindet sich neben einem Mineralienmuseum das Lappländische Goldmuseum (Kultamuseo), in dem die Geschichte der lappländischen Goldgräberei dargestellt wird. Eine Freilichtabteilung vermittelt Einblicke in das Leben und Arbeiten der ›Digger‹, die in Finnland schon 1836, also 62 Jahre vor dem männermordenden Treck zum Yukon in Kanada, dem begehrtesten aller Metalle nachjagten.

Der Goldrausch begann am Kemijoki, wo der Landgendarm Heikki Boucht zwei gelb glänzende Adern entdeckt hatte, setzte sich in Kultala am Ivalojoki fort, wo 1871 – im besten Jahr – rund 57 kg Gold geschürft wurden, wechselte dann zum Luttojoki, wo 1935 mit 395 g der größte Nugget Lapplands ausgegraben wurde, und endete schließlich am Lemmenjoki, wo bis 1952 Hunderte von Glücksrittern in den mückenverseuchten Wäldern meist vergeblich nach dem Edelmetall schürften.

In Tankavaara ist es zwar nie zu ergiebigen Goldfunden gekommen, aber da die Lage an der Europastraße günstig ist und das vorbeiplätschernde Flüsschen immer wieder mal Goldkörnchen heranträgt, versetzten clevere Tourismusplaner das Museum hierher, bauten ein Feriendorf darum herum und erklärten ihre Schöpfung zum Golddorf, in dem sich die Besucher selber dem Goldwaschen hingeben dürfen. Die erforderliche Ausrüstung kann ausgeliehen werden, und dann hinein in den Bach, die Pfanne in der Hand, um in dem schon tausendfach durchsiebten Erdreich vielleicht doch noch ein blinkendes Körnchen zu finden.

Richtig Reisen *Thema*

Erst Waffenbrüder, dann Feinde Finnen und Deutsche im Zweiten Weltkrieg

Im Finnland der Vorkriegszeit herrschte ein scharf antisowjetisches Klima und blühten – ganz ähnlich wie im damaligen Deutschland, mit dessen Staatsideologie herrschende Kreise in Helsinki sympathisierten – Träume von einem Großreich. Daher sah Stalin den Schutz des lebenswichtigen Industriezentrums Leningrad nicht mehr gewährleistet, musste er doch aufgrund der geopolitischen Gegebenheiten einen deutschen Angriff, vorgetragen über finnisches Territorium, befürchten. Um dem zuvorzukommen, begann er am 30. November 1939 den »Winterkrieg« gegen Finnland mit einer erdrückenden zahlenmäßigen Überlegenheit: Eine Million Sowjetsoldaten traten gegen 200 000 Verteidiger an, 3500 Flugzeuge gegen 290 und über 3000 Panzer gegen eine verschwindend geringe Zahl auf Seiten der Finnen, die von Marschall Carl Gustaf Emil Freiherr von Mannerheim, einem ehemaligen zaristischen Offizier, geführt wurden. Die Finnen waren von Anfang an chancenlos, konnten dem Ansturm aus dem Osten dennoch 105 Tage lang standhalten, ja, dem Angreifer in großen Kesselschlachten mehrere vernichtende Niederlagen beibringen, sodass dieser schließlich, anstatt zu versuchen, Finnland zu okkupieren, einen Friedensvertrag vorschlug, der am 12. März 1940 in Moskau unterzeichnet wurde.

Die Finnen gingen mehrerer Ostgebiete verlustig, mussten rund 11 % ihrer Bevölkerung evakuieren und weiter im Westen ansiedeln, erwarteten aber, dass die Sowjetunion sie früher oder

Während der ersten Augustwoche ist dieses Glück vielen beschieden, denn bei den dann stattfindenden Goldwäscher-Weltmeisterschaften (zu denen ›Desperados‹ aus aller Welt einfliegen) erhält jeder Teilnehmer eine bestimmte Menge Sand, die eine vorher abgezählte Anzahl an Goldkörnern enthält. Aufgabe ist es, diese herauszuwaschen, und wer am schnellsten alle findet, wird Weltmeister. Teilnahmeberechtigt ist jeder. In Tankavaara lohnt auch ein Einkehren im dem Goldmuseum angeschlossenen Restaurant, urgemütlich eingerichtet und vollgestopft mit alten Fotos und Requisiten, wo lapplandtypische Gerichte (Rentierbraten etc.) zu relativ günstigen Preisen angeboten werden.

Urho-Kekkonen-Nationalpark

7 (S. 284f.) Südlich des Inarijärvi wurde an der Grenze zu Russisch-Kare-

später unterjochen würde, wie sie es im gleichen Jahr mit den Baltischen Staaten machte. So suchten sie Anlehnung an Deutschland, und nachdem das neutrale Schweden den Transport einer Wehrmachts-Division über sein Territorium nach Finnland genehmigt hatte, begann 1941 die direkte militärische Kooperation, in deren Verlauf die Finnen binnen weniger Wochen ihre zuvor verlorenen Gebiete zurückeroberten. Weiter auf Leningrad und Murmansk wollten sie aber nicht marschieren, denn diese Städte gehörten nicht zum Terrain ihrer Träume. Die Deutschen aber marschierten bekanntlich, bekanntlich auch vergebens, denn schon im Laufe des Jahres 1941 ging der Angriff in einen Stellungskrieg über, der bis zum Sommer 1944 andauerte.

Dann landeten die Alliierten in der Normandie, und die Sowjetunion leitete gleichzeitig eine Großoffensive an der Karelischen Landenge ein. Unter dem Trommelfeuer von bis zu 300 Geschützen auf einer Frontstrecke von 1 km brachen die finnischen Linien schnell zusammen, und Marschall von Mannerheim, seit August 1944 auch Präsident des Landes, sah sich gezwungen, um Frieden zu bitten. Die Sowjets diktierten von Mannerheim die im September des gleichen Jahres angenommenen Bedingungen, die u. a. den Verlust des finnischen Zugangs zum Eismeer festschrieben und besagten, dass alle im Lande stehenden deutschen Truppen innerhalb von 14 Tagen das Territorium Finnlands zu verlassen hätten.

Damit war Hitler freilich nicht einverstanden, und da man in Helsinki davon ausging, dass die Deutschen nicht freiwillig abziehen würden, wurde beschlossen, Lappland – wo sich mit rund 220 000 Soldaten die größte deutsche Truppenkonzentration befand – zu evakuieren. So verließen im September 1944 binnen 20 Tagen rund drei Viertel aller Bewohner des Nordens ihre Heimat. Diese Eile war in der Tat vonnöten, denn mit kalter Berechnung wandte jetzt die deutsche Generalität das (später noch drastischer in Norwegen angewandte) Prinzip der »Verbrannten Erde« an. Alles, was beim Rückzug nach Nord-Norwegen auf dem Weg der Truppen lag, wurde gnadenlos zerstört, und als den Evakuierten im Frühling 1945 die Rückkehr genehmigt wurde, fanden sie nichts als Ruinen vor.

lien 1983 der Urho-Kekkonen-Nationalpark eingerichtet, mit einer Größe von über 2500 km² der zweitgrößte Finnlands und damit auch Skandinaviens. Obendrein gilt er als eines der wildesten und ursprünglichsten Schutzgebiete des Nordens. Sein südlicher Teil wird von ausgedehnten Kiefern- und Fichten-Urwäldern geprägt, sein nördlicher hingegen von praktisch unpassierbaren Mooren sowie wilden, von Seen, Flussläufen und Schluchten zergliederten Fjellregionen. Flora und Fauna weisen eine außerordentliche Artenvielfalt auf, zzt. leben etwa 20 Braunbären und 5 Vielfraße im Schutzgebiet, das häufig von Wölfen ›heimgesucht‹ wird, auch Steinadlern, Eulen sowie Fischottern eine ständige Heimat bietet.

Am Rande der zahlreichen Wege, die dieses Refugium durchschneiden, aber auch mitten in der Wildnis, wurden Übernachtungshütten eingerichtet. Von den fünf Informationszentren des Parks ist das bei Tankavaara das am besten ausgestattete.

Von Tankavaara nach Inari

Bei der Weiterfahrt auf der E 75 nach Norden wird die zunächst noch flache und keinerlei Ausblicke gewährende Landschaft mit weiten, lichten Nadelwäldern von Minute zu Minute fjellähnlicher, und bei **Saariselkä** 8 (S. 277f.), einem 32 km hinter Tankavaara erreichten Wintersport- und Wanderzentrum (zahlreiche Hotels, Hüttenvermietungen, Campingplatz) am Westrand des Urho-Kekkonen-Nationalparks, genießt man zum ersten Mal seit langem ein Panorama auf das jetzt stark hügelige, mit Mooren durchsetzte und von Flusstälern zergliederte Waldland. Am schönsten präsentiert es sich aber nicht von der E 75 aus, sondern von der kahlen, mit einem Restaurant gekrönten Kuppe des 438 m hohen **Kaunispää,** der nördlich von Saariselkä ausgeschildert und mit dem Auto erreichbar ist. Bei schönem Wetter kann man von dort aus bis zum Inarijärvi (Inari-See) sehen, dem größten See Lapplands und doch nur einem von Tausenden, die zur Inari-Gemeinde gehören, auf deren Gebiet man sich hier bereits befindet. Sie ist 17 321 km^2 groß, damit die größte Finnlands, doch nur von rund 7500 Menschen bewohnt, von denen alleine 4000 in Ivalo und Inari leben. Da 2149 km^2 ihrer Fläche von Seen bedeckt sind, beträgt die Bevölkerungsdichte auf dem Land nur rund 0,2 Einw./km^2 (die Rentierdichte ist 15-mal so groß) – dies ist die geringste in Lappland. Wenn es unberührte Waldwildnis ist, die man sucht, dann gibt es kein geeigneteres Ziel im hohen Norden als die Inari-Gemeinde, durch deren südlichen Gebirgsgürtel es nun hindurchgeht.

Von zahlreichen Erhebungen bieten sich immer wieder schöne Aussichten. Bald geht es am waldgesäumten Alajoki vorbei, sodann am lieblichen Alajärvi, von wo es nur noch 7 km bis **Ivalo** 9 (S. 254f.) sind, dem rund 3000 Einwohner zählenden Verwaltungszentrum der Gemeinde, das baulich der Schönheit der Landschaft in keiner Weise gerecht zu werden vermag. Besuchenswert sind hier nur die Supermärkte (bessere Auswahl als in Inari, auch teilweise wesentlich günstiger) sowie das Touristenbüro, in dem man auch Reservierungen für Blockhausdörfer am Ufer des Inarijärvi vornehmen kann. Das Angebot ist groß, die Hütten könnten romantischer und uriger nicht sein, auch eine Sauna ist stets angeschlossen, man kann Angelausrüstungen, Boote, Kanus etc. ausleihen – kurz: einen gelungenen Wildnis-Urlaub in komfortabler Umgebung verbringen.

Der Campingplatz von Ivalo (mit Hüttenvermietung) ist zwar schön am Wiesenufer des lieblichen Ivalojoki gelegen, kann aber dennoch nicht mit denjenigen von Inari konkurrieren. 39 km sind es von Ivalo aus noch bis zu diesem Ziel, doch man darf die Strecke nicht an ihrer Länge messen, sondern nur an der Zahl der ständig wechselnden Eindrücke, die sich hinter nahezu jeder Kurve öffnen. Da blickt man von einer Anhöhe über das inselreiche Wassergeflecht des Inarijärvi, dort klafft eine Schlucht, durch die ein Wildbach rauscht, hier geht es an schilf-, sand- oder felsgesäumten Ufern entlang, dann wieder vorbei an mächtigen ›Methusalem‹-Kiefern. Die landschaftliche Abwechslung, auf der bisherigen Fahrt ja oft vermisst, tritt hier geballt auf, und zahlreiche vorbildlich angelegte Rastplätze laden zum Verweilen ein. Auch eine Feriensiedlung mit Campingplatz liegt am Weg, die unbedingt zu empfehlen ist. Die meisten Blockhütten haben Seeblick, das Angebot an Aktivitäten ist umfassend, und mehrere Wasserflugzeug-Piloten bieten

Blick vom Sovintovaara auf den Inarijärvi

für gar nicht einmal allzu viel Geld ihre Dienste an.

Zu finden ist das Urlaubszentrum namens Ukonjärvi rund 9 km nördlich von Ivalo an der E 75. Von der Zufahrtsstraße aus zweigt auch eine Schotterpiste zum **Sovintovaara** ab, einem 200 m über dem See gelegenen Aussichtspunkt, den man sich nicht entgehen lassen darf. Von nirgendwo sonst ist ein derartiges Inari-Panorama zu genießen, und so zahlt man notgedrungen den etwas überzogenen Eintrittspreis für die Anlage, der auch ein kleines Forstmuseum sowie ein Café angeschlossen sind. Ein Stückchen weiter weisen große Schilder auf eine »Bärenhöhle« (Karhun Pesäkivi) hin, doch was da angepriesen wird, ist nichts als ein meterlanger Findling, in den das Eis der Glazialzeit eine Höhlung geschürft hat. 150 Stufen führen hin, und wo der Treppenweg beginnt, werden Souvenirs verkauft, insbesondere Rentierfelle und -geweihe.

Inari

10 (S. 254f.) Knapp 40 km hinter Ivalo erreicht man schließlich Inari, am Südwestzipfel des mit 1085 km² größten Sees von Nord-Skandinavien gelegene Ansiedlung, die 500, meist samische, Einwohner zählt. Zu denen gesellen sich in der Saison gut und gerne 5000 Touristen, weshalb die Infrastruktur auch entsprechend gut ist. Allein an der Ortseinfahrt aus Richtung Ivalo breiten sich am Wiesen- und Sandufer des Inarijärvi fünf

Campingplätze und Hüttenzentren aus. Weitere finden sich in der Umgebung, und im Dorf selber gibt es auch ein Hotel sowie, aber außerhalb, eine Jugendherberge.

Wer sich einen Überblick verschaffen und einen kleinen Eindruck von der Größe des Sees und der umgebenden Taiga bekommen will, dem sei ein Rundflug empfohlen. Am Anleger im Ortszentrum liegen stets mehrere Wasserflugzeuge. Die übliche Schleife, während der rund 20 km zurückgelegt werden, dauert 10 Min.; auch längere Flüge sind natürlich möglich.

Unvergesslich ist wohl ebenfalls eine Rundfahrt zur Insel **Ukonselkä.** Dieser etwa 100 m lange und 30 m hohe Felsbuckel mit einer Höhle am westlichen Ende war den Samen früherer Zeiten heilig, da sie als Wohnsitz von Ukko (auch Tiermes bzw. Äijih genannt) galt, dem Donner- und gleichzeitig Himmelsgott, der den Menschen das Leben gibt und ihre Gesundheit schützt. Von den Samen in Inari wurde er vor allen anderen Göttern verehrt, und noch Anfang dieses Jahrhunderts huldigte man ihm durch Gaben in Form von Geweihen und Knochen von Wildrentierbullen. Selbst heute noch pflegen viele Samen, halbwegs im Scherz, eine kleine Münze für den Donnergott Ukko in den Inarijärvi zu werfen, um Glück beim Angeln zu haben.

Auch Kanus werden in Inari ausgeliehen, aber ohne topografisches Kartenmaterial (in einem der Supermärkte erhältlich oder in der Buchhandlung von Ivalo) ist es unmöglich, sich auf dem See zurechtzufinden, wie man auch für die Wanderungen in das Umland eine Karte benötigt. Lediglich die zur **Einödkirche Pielpajärvi** (hin und zurück ca. 3.30 Std.) kann man auch so machen (im Touristenbüro den Anfang des Weges erklären lassen): Auf bequemen Wegen geht es durch eine romantische Wald- und Seenlandschaft zum 1760 auf einer Wiesenlichtung nahe dem See errichteten Kreuzbau, der früher von einem Kirchdorf umgeben war. Das Innere des in Blockbauweise erbauten Gotteshauses ist völlig schmucklos. Das weiß getünchte Tonnengewölbe verstärkt das Hellblau der Stützpfeiler und das Graublau der Bänke, auf denen sich heute nur noch am Johannistag (Sommersonnenwende) die Gläubigen niederlassen, um die Messe zu hören.

Die Hauptsehenswürdigkeit von Inari ist aber das **Siida-Samenmuseum,** direkt am Seeufer neben dem Bootssteg zu finden. Seine zahlreichen Hütten und Kotas wurden nach dem Zweiten Weltkrieg aus ganz Finnisch-Lappland zusammengetragen und hier originalgetreu wiederaufgebaut. Eine Broschüre informiert ausführlich (auch auf Deutsch) über Ursprung und Zweck der einzelnen Gebäude, die aus Dörfern der See-, Wald- und auch der Skoltsamen stammen. Im Hauptgebäude dieser zu den interessantesten Museen des Nordens gehörenden Ausstellung informieren Dioramen, Fotos und Tausende Exponate über die Kultur der verschiedenen Samen-Gruppierungen, und auch einen Besuch des angeschlossenen Naturzentrums zu Nord-Finnland sollte niemand missen.

Lemmenjoki-Nationalpark

11 (S. 264) Westlich von Inari liegt am Lemmenjoki der gleichnamige, 1956 gegründete und in zwei Stufen auf eine Fläche von 2800 km^2 erweiterte größte Nationalpark Europas. Zusammen mit dem angrenzenden Øvre-Anarjokka-Na-

tionalpark in Norwegen (s. S. 88) bildet er eine mehr als 4000 km^2 umfassende Wildnis aus riesigen Kiefern-, Fichten- und Birken-Urwäldern, ausgedehnten Mooren und mächtigen, bis 600 m hohen Fjellregionen. Braunbären, Wölfe, Vielfraße, Polarfüchse wie auch Luchse zählen zum festen Tierbestand der Region, und mehr als 100 Vogelarten wurden registriert.

In den durch Seen, Flüsse und Schluchten zerschnittenen Waldgebieten gibt es noch heute mehrere Glücksritter, die nach Gold schürfen. Schon um die Jahrhundertwende wurde hier das begehrte Metall gewaschen, 1945 kam es sogar zu einem regelrechten Goldrausch. Wer selber ein paar Nuggets ausgraben will, der kann die erforderliche Ausrüstung in **Njurgalahti** erhalten, dem ab Inari schnell erreichten ›Tor‹ zum Schutzgebiet.

Hier beginnt eine äußerst reizvolle dreitägige Wanderung, die an mehreren Claims vorbeiführt (zahlreiche Hütten). Täglich werden Bootstouren bis nach Kultasatama (Hütte) am Ende der außerordentlich lieblichen Seen- und Flusslandschaft, die der Lemmenjoki bildet, durchgeführt (Dauer ca. 2 Std.). Wer mag, kann unterwegs aussteigen (z. B. bei einer der drei Wanderhütten) und sich später oder anderntags wieder mitnehmen lassen.

Durch die Finnmarksvidda, das Kernland der Samen – Von Inari nach Alta

Inari, das touristische Zentrum von Finnisch-Lapplands höchstem Norden, ist Ausgangspunkt dieser Route, die aus der nördlichen Bastion der Taiga hinaus in die unendliche Weite der Tundrasteppe nach Utsjoki führt, einer der wenigen Ortschaften des Landes, in denen Samen die Bevölkerungsmehrheit stellen. Von dort aus geht es entlang dem finnisch-norwegischen Grenzfluss Tenojoki – ein Kleinod unter den Flüssen Lapplands – nach Karasjok, der in Norwegen gelegenen inoffiziellen Hauptstadt von *Sameätnam,* die sowohl kulturell als auch in Sachen ›Aktivferien‹ interessant ist. Weiter geht es durch die ›Kältesteppe‹ der Finnmarksvidda nach Kautokeino, dem Zentrum der Bergsamen. Der letzte Abschnitt führt durch wüste Felsweiten und beeindruckende Schluchten, vorbei am größten und spektakulärsten Canyon Nordeuropas ans ›Eismeer‹, das bei Alta erreicht wird.

Streckenlänge und -verlauf: 494 km; von Inari auf der E 75 nach Utsjoki (126 km); von dort auf einer Nebenstraße nach Karigasniemi (103 km); weiter auf der R 92 nach Karasjok (18 km) und Kautokeino (128 km); schließlich auf der R 93 über Masi (57 km) nach Alta (62 km).

Öffentliche Verkehrsmittel: Utsjoki ist mehrmals täglich mit Bussen ab Inari zu erreichen, Karigasniemi hingegen wird von Utsjoki aus nur sporadisch bedient. Direktbusse ab Inari nach Karigasniemi sowie Karasjok verkehren mindestens dreimal täglich; ab Karasjok kann man mehrmals täglich Kautokeino und auch Alta erreichen.

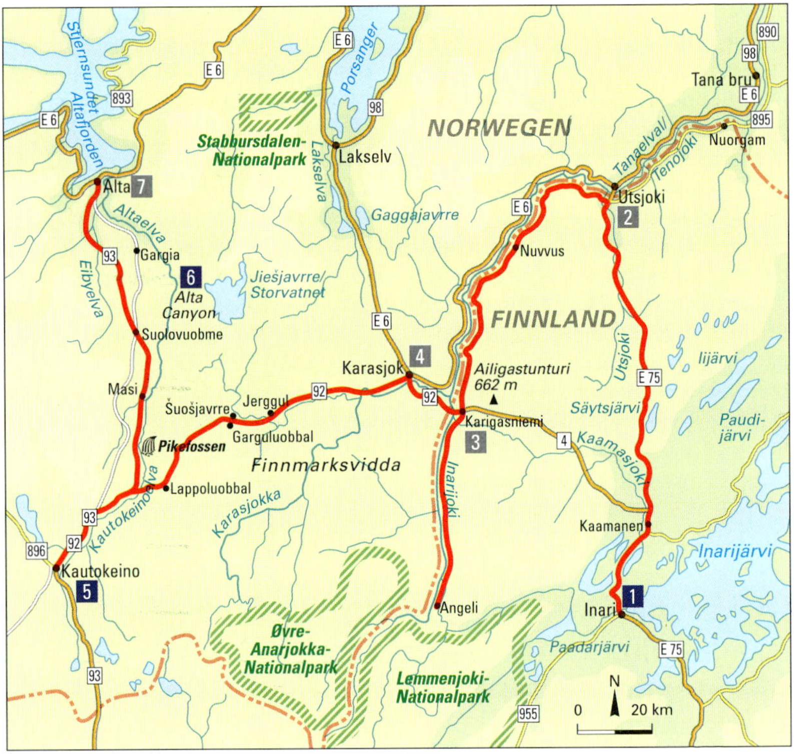

Von Inari nach Alta

Von Inari nach Utsjoki

Gerade hat man in **Inari** **1** (S. 254f.) noch einmal vollgetankt, ist auf die E 75 nach Norden eingebogen, hat das letzte Haus am Ortsrand passiert – und schon flankiert wieder die endlose Zackenlinie der schwarzen Fichten- und Kiefernwildnis die Straße wie ein riesiges Sägeblatt. Immer wieder finden sich auf diesem ersten Streckenabschnitt gut ausgebaute Rastplätze, und es lohnt, hier und da einmal anzuhalten, denn erst dann wird oftmals offenbar, dass sich allerorten idyllische Seen im Waldesdunkel verstecken.

Hinter dem Dörfchen **Kaamanen** ist die Straße zunächst noch eine staubweiße Schneise durch Kiefern, Fichten und Birken, aber nach und nach verliert der Wald an Dichte und Dunkelheit, wird zusehends lichter und heller. Waren die Bäume gerade noch hoch und ansehnlich, so messen sie ein paar Fahrminuten später gerade noch Zimmerhöhe. Auch öffnen sich jetzt immer wieder große Kahlflächen, von glitzernden Tümpeln und Prielen durchsetzt und nur noch mit Seggen, Moorweiden und insbesondere Rentierflechten bewachsen. Dann reichen einem die Bäume noch bis zur Brust, und wie Invaliden sehen sie aus mit verkrüppelten Gliedern. Schließlich bleiben auch sie zurück, und von einem Höhenzug aus öffnet sich der

Blick über ein weit gewelltes Hügelland mit Heideflächen aus Zwergsträuchern und immer wieder Mooren und Seen in den nur spärlich mit winzigen Waldenklaven geschmückten Mulden. Da gibt es nur noch bis zum Horizont reichende, gelbe, braune und mitunter fast weißgrüne Einöde unter einem hoch gewölbten arktischen Himmel. Ein beklemmendes Gefühl der Einsamkeit kann einen hier überkommen, und zweifellos finden sich in Europa nur wenige Landstriche, die so unsagbar öde und verlassen wirken wie die Finnmarksvidda, durch deren östliche Verlängerung die E 75 hier führt.

Auf der gut ausgebauten, oft schnurgeraden Straße kommt man zügig voran und findet sich schon bald im Bereich des Utsjoki, der einen bis zum gleichnamigen, noch rund 30 km entfernten Dorf begleitet. Kurz vor dem Etappenziel passiert man die 1853 nach Plänen eines deutschstämmigen Baumeisters errichtete steinerne Gemeindekirche von Utsjoki nebst dem zehn Jahre älteren Pfarrhof. Gegenüber erstreckt sich auf einem Wiesenhügel über dem Maddajärvi das Kirchdorf, das als Übernachtungsplatz für die von weither angereisten Kirchgänger gedacht war. Heute ist es ein Freilichtmuseum, in dem u. a. mehrere Blockhäuser und Gabelstangen-Kotas der Samen zu besichtigen sind.

Utsjoki 2 (S. 285) selber, im Tal des namengebenden Flusses an seiner Mündung in den Tenojoki (norweg.: Tanaelva) gelegen, ist Zentrum der nördlichsten Gemeinde Finnlands, nur von 1500 Menschen bewohnt, die zum allergrößten Teil der samischen Volksgruppe angehören. Der Ort präsentiert sich als eine weit auseinander gezogene Ansammlung weniger Häuser und wirkt ganz und gar nicht einladend, obwohl

Tundralandschaft bei Utsjoki

hier die Landschaft, die den Rahmen bildet, aufgrund der geschützten Tallage bei weitem nicht mehr so kahl ist wie zuvor, auch kleine Birkenhaine kennt.

Von Utsjoki nach Karasjok

Am Ortsausgang von Utsjoki gabelt sich die Straße: nach rechts ist die V 970 Richtung Nuorgam ausgeschildert, dem nördlichsten Dorf Finnlands, direkt an der Grenze nach Norwegen gelegen (47 km ab Utsjoki). Wir biegen links ab, gen Karigasniemi, und stoßen nach Umfahren einer Felsnase wenig später in das tief eingeschnittene Kerbtal des Te-

Kirchdorf von Utsjoki mit einer Grassodenkota

nojoki, dem unser Weg bis Karigasniemi, also noch rund 100 km, folgen wird. Nur dort nämlich spannt sich südlich von Utsjoki eine Brücke über den mächtigen Strom, der Finnland von Norwegen trennt. Auf seiner anderen Seite verläuft die relativ stark befahrene E 6, die zwar besser ausgebaut ist, aber bei weitem nicht so schöne Aussichten bietet wie die schmale und kurvenreiche Nebenstraße auf der finnischen Seite.

Mal fließt der »große Fluss« (dies die Bedeutung seines Namens) breit und träge dahin, dann wieder rauscht er über Stromschnellen; hier ist er von steilen Felsen gerahmt, da von weißen Sandstränden, teils sogar von Dünen, auch von lichten Birkenhainen oder grünen Wiesen vor einsamen Gehöften. Hinter jeder Kurve bieten sich neue Bilder; keines ist herausragend oder grandios, aber alle zusammengenommen ergeben den Eindruck einer schillernden Landschaft, die zu keinem Zeitpunkt langweilig wirkt. Man fährt und genießt, findet hier und da auch schöne Rastplätze sowie mehrere Hüttenvermietungen und hat reichlich Gelegenheit, Lachs-

anglern zuzuschauen, die oft bis an die Hüften in den eisigen Fluten stehen.

Schließlich treten die säumenden Fjellflanken beiderseits des Flusses weiter zurück, nehmen an Höhe ab sowie an Bäumen zu, und die Ufer sind verstärkt der Kultur unterworfen. Das Tal misst nun fast 1 km Breite und erscheint als ein Kessel, der sich sowohl nach Süden als auch nach Westen öffnet, von wo her der Karasjokka seine Fluten dem Tenojoki entgegenwirft. Bald ist **Karigasniemi** 3 (S. 258) erreicht, Grenzstadt nach Norwegen, die vor allem mit einem sehr schönen Campingplatz aufwartet, der direkt über den Tenojoki blickt. Der Ort als solcher bietet zwar keine Sehenswürdigkeiten, aber das Umland ist für mehrere Abstecher gut.

Empfehlenswert ist eine Fahrt nach Süden entlang dem Inarijoki Richtung **Angeli,** einem nahezu ausschließlich von Samen bewohnten Ort. Unterwegs werden die Inariköngäs-Stromschnellen passiert. Die gesamte Strecke führt durch einsamste Naturlandschaft, in der sogar noch Luchse, Vielfraße und Wölfe beheimatet sein sollen. Die Mühe wert ist auch eine Wanderung auf den leicht zu erreichenden **Ailigastunturi** (622 m). Zu diesem Zweck biegt man auf die V 4 nach Inari ein und zweigt ein paar Kilometer weiter auf die erste nach links führende Piste ab, parkt dort und folgt dem Weg bis zu einer Schranke, von wo aus sich mehrere Pfade auf die mit einem Funkmast bestandene Höhe hinaufziehen. Etwa 2 Std. muss man ansetzen, aber der Lohn für die relativ geringen Mühen ist reich, denn von oben genießt man ein atemberaubendes Panorama über das unendlich sich erstreckende Tundraplateau der Finnmarksvidda mit blühenden Matten und den tief wie Canyons eingeschnittenen Flusstälern darin; bei klarer Sicht kann man sogar die Schneegipfel vor der ›Eismeerküste‹ ausmachen sowie die Fjellkuppen im Westen, zwischen denen Karasjok liegt.

In Karigasniemi geht es an der Zollstation vorbei, über den Grenzfluss hinüber und sofort danach auf der R 92 in ein bis zu 1 km weites und von sanft ansteigenden, bewaldeten Höhenrücken gesäumtes Tal, durch das der Karasjokka seine kurvigen Bahnen zieht. Weiße Sandstrände bilden seinen Saum, Sandbänke ragen aus dem breiten Strombett, an das sich sattgrüne

Kuhwiesen anlehnen, die mit roten Gehöften bestanden und von kleinen Birkenhainen und -alleen voneinander getrennt sind. Hier erinnert nichts mehr an den hohen Norden, man fühlt sich ins Alpenvorland versetzt, und auch der hellrot über **Karasjok** aufragende spitze Turm der alten Kirche passt zu diesem Eindruck.

Øvre-Anarjokka-Nationalpark

Dass in diesem 1290 km^2 großen Schutzgebiet noch Bären, Wölfe, Vielfraße, Luchse und sogar zahlreiche Königsadler zu Hause sein sollen, glaubt man gerne, denn das von Tausenden von Seen und Mooren durchzogene Taigaareal ist weit von jeglicher Zivilisation entfernt. Nur die Nebenstraße von Karigasniemi nach Angeli führt in der Nähe des vollkommen weglosen Gebietes vorbei, das im Osten an die größte Wildnis Europas, den Lemmenjoki-Nationalpark (s. S. 82f.) grenzt – von wo auch ein Wanderweg bis an die Grenze führt.

Karasjok

4 (S. 257f.) Dieser 2700 Einwohner zählende Ort wird zu Recht als die inoffizielle Hauptstadt der Samen bezeichnet, ist er doch Sitz des Samenparlaments und der samischen Zeitung »Sami Aigi«, einer samischen Rundfunkstation sowie einer Volkshochschule und zudem der umfangreichsten samischen Bibliothek der Welt (7000 Bände). Auch wird er in der absoluten Mehrheit von Samen bewohnt. Diese allerdings tragen – anders als z. B. die Kautokeino-Samen – kaum noch ihre Tracht und schätzen es verständlicherweise nicht, wenn sie von dreisten Touristen mit der Kamera verfolgt werden.

Am Ortseingang von Karasjok liegt über dem Flussufer die **Kirche,** die man schon von ferne hat sehen können. 1807 errichtet, ist sie die älteste der Finnmark und auch das einzige Gebäude der Stadt, das den Naziterror unbeschadet überlebt hat. Der hölzerne Bau ist weiß getüncht und sein Inneres karg, doch stimmungsvoll.

Schräg gegenüber lädt das **Samelandssenteret** (»Samenlandzentrum«), ein großes Einkaufszentrum, zu einem Besuch ein. Darin finden sich außer dem Touristenbüro (Informationen auch über die gesamte Finnmark) zahlreiche Kunstgewerbegeschäfte, die all das feilbieten, was des Touristen Herz erfreut: Samentrachten, Samenpuppen, Samenteppiche, Samenschuhe, Samensocken, Samenschmuck, Samenmesser, Samen ... Auch ein Reisebüro ist hier untergebracht, dessen Angebot außerordentlich interessante Aktivitäten und Touren umfasst: Ausflüge zum Lachsangeln, Kanufahrten, Wildwasser-Schlauchboot-Fahrten, Besuche von Samendörfern, Kälbermarkierungen, Rentierscheidungen (s. S. 235) sowie ›Goldflüssen‹, an denen man in die hohe Kunst des Goldwaschens eingewiesen wird ...

Auf einer Hängebrücke geht es nun über den Karasjokka hinweg, an dessen jenseitigem Ufer Kanus verliehen und Rundflüge (Wasserflugzeug) sowie Touren im Elvebåt, dem traditionellen Samen-Flusskahn, angeboten werden. Auch baden lässt es sich dort unten (doch besser weiter außerhalb) vortrefflich, das Wasser ist sauber und kann im Hochsommer durchaus 18–20 °C warm sein. Hinter der Brücke biegt rechts eine Straße zur größten Sehenswürdigkeit des Ortes ab: dem **Museum für samische Kultur** (Samiid Vuorka Davvirat).

Es ist die größte Ausstellung dieser Art in Norwegen (vergleichbar nur mit dem Ajtte-Museum im schwedischen Jokkmokk; s. S. 226f.) und beherbergt mehr als 2000 Exponate, darunter auch einige Schamanentrommeln. Angeschlossen ist eine große Freilichtabteilung, die vorbildlich über die Haus- und Hofformen sowie Wirtschaftseinrichtungen der Samen aus früherer Zeit informiert, auch ein großes Fallgrubensystem zeigt, wie es die Samen seit der Eisenzeit zum Fangen von Wildrenen errichteten.

Von Karasjok nach Kautokeino

Zurück an der Brücke am Karasjokka, folgt die Route nun den Hinweisschildern Richtung Kautokeino (R 92) und sodann dem Fluss über 40 km bis nahe an seine Quellen heran. Die Straße steigt an, bietet bald herrliche Blicke auf die liebliche Talsenke und führt nach rund 1 km an einer schön am Hang gelegenen Touristenstation (Hotel und Hüttenvermietung) sowie am Karasjok-Campingplatz vorbei, bevor sie das Ufer erreicht, wo sich direkt zwei ideale Rastplätze für die Nacht finden (vor und hinter einer kleinen Brücke), 2 km weiter weist ein Holzschild mit der Aufschrift »Fjellstua« nach rechts, Langstreckenwanderer können hier einbiegen, um Alta per pedes zu erreichen, wofür rund 50 reine Wanderstunden anzusetzen sind, während der die Finnmarksvidda in ihrer gesamten Breite gequert wird.

Im weiteren Verlauf der Straße zweigen jetzt immer wieder Stichstraßen direkt zum oft in Sanddünen eingebetteten Fluss hin ab, aber ihnen zu folgen ist ein Risiko, das man nur mit Allradfahrzeugen eingehen sollte. Bademöglichkeiten jedenfalls gibt es viele in diesem Abschnitt, der rund 25 km hinter Karasjok endet. Ab hier etwa steigt das Tal konstant sanft an, wird der Fluss schmaler und führt die R 92 vom Uferbereich weg. Der Bodenbewuchs wird spärlicher, mehr und mehr Steine kommen durch, und das Land nimmt zusehends einen fjellähnlichen Charakter an. In solcher Umgebung liegt der winzige Ort **Jerggul** (auch: Jergol), nach 36 km erreicht, mit einem schlichten Wiesencamp ausgestattet und ebenfalls Ausgangspunkt für eine Wanderung nach Alta.

Es folgt eine langgezogene Steigungsstrecke, die von der Mulde des jetzt nur noch bachbreiten Karasjokka weg und direkt auf das Plateau der Finnmarksvidda hinaufführt. Kahl und trostlos liegt es da, sanft gewellt wie ein erstarrtes Meer aus Heidekraut, Rentierflechten, Weidenbüschen und Krüppelkiefern, und wer hier bei schlechtem Wetter entlangkommt, muss aufpassen, nicht in zutiefst depressive Stimmung zu verfallen. Bei Sonnenschein hingegen ist die braungrüne Weite von faszinierender Schönheit, und im Herbst gar – wenn golden die Birkenblätter, violett das Heidekraut und blutrot die Blaubeerbüsche leuchten – kann man hier von einem nahezu euphorischen Taumel gepackt werden.

Nicht lange, dann kommen auch die ersten großen Hochmoore in Sicht, bald auch Tümpel, Teiche und Seen, und bei km 55 (von Karasjok) laden im Samendörfchen **Šuošjavvre** einfache Hütten zum Bleiben ein. So auch in **Garguluobbal,** an einem sandgesäumten See gelegen, wo zudem Wasserflugzeuge auf Kundschaft warten und man im Juli Moltebeeren in ungeheuren Mengen sammeln kann. Das ganze Land präsentiert sich hier als ein einziges Moltebeerenfeld, und in **Lappoluobbal,** 18 km

Werkzeuge des Teufels? Die Schamanentrommeln der Samen

Das Verbindungsglied des Menschen zur transzendenten Welt im weitesten Sinne stellte bei den Samen der *noaide,* der Schamane, dar, der mittels spiritistischer Trance bzw. Ekstase die dingliche Welt verlassen konnte, um Kontakt mit den Göttern und Geistern aufzunehmen. Er war weit darüber erhaben, nur eine Art Zauberer zu sein (wie in vielen älteren ethnologischen Werken zu lesen), fungierte er doch gleichermaßen als »Empfänger«, »Übersetzer« und auch »Anwender« eines göttlichen Willens (zu dem allein er Zugang hatte), war also Medium, priesterlicher Seelenführer, Ritualmeister, Heiler, Beschützer, Vergangenheitsdeuter, Wahrsager, Künstler und anderes mehr in einer Person.

Das wichtigste Instrument des *noaiden* war die Schamanentrommel, fälschlich auch als »Zaubertrommel« bekannt, deren Klang dem Schamanen dazu verhalf, in Trance zu fallen und die Seelenfahrt anzutreten, die ihn oft tage- und nächtelang in andere Dimensionen entführte. Woher das Element der spiritistischen Trance stammt, das bereits im Paläolithikum auftrat und zum grundlegenden Bestandteil der Religionen aller Jägerkulturen des zirkumpolaren Nordens wurde, ist ebenso unbekannt wie die Herkunft der Schamanentrommel. Sie wiederum ist allen nordeurasischen Völkern bekannt, hat Gegenstücke auch in Indien, China, Tibet sowie in Vorderasien, wo Trommeln dieser Art schon seit über 5000 Jahren bezeugt sind. Alle solchen Trommeln hatten eine ähnliche ovale Form und bestanden aus einem gebogenen Rahmen, der mit der Haut eines Tieres (bei den Samen der des Rentiers) bespannt war und mit einem Schlegel geschlagen wurde, der aus Holz oder Bein bestand. Rahmen wie auch Schlegel waren mit zahlreichen Gravuren verziert, und das Fell trug ganz charakteristische Zeichnungen, die ein Abbild des Kosmos wiedergaben und bei allen nordeurasischen Völkern nahezu identisch waren.

Die samischen Trommeln zeigen in der Mitte das Sonnenbild mit vier davon ausgehenden Strahlen, was eine auffallende Ähnlichkeit mit der Swastika hat, dem Hauptsymbol der Hinduisten und Buddhisten. Sein Zentrum stellt das Eine dar, das Absolute. Die Arme stehen für die Polaritäten, die als unterschiedliche Ausprägungen des Absoluten gesehen werden, wodurch gleichzeitig die Dualität aufgehoben wird. Dieses rechtsdrehende Hakenkreuz war allen Urvölkern bekannt (nur denen in Südafrika und Australien nicht); den Germanen galt es als Zeichen für Thor; Heinrich Schliemann fand Mauerreste von Troja, auf denen es eingemeißelt war; die Azteken, Maya und Inka verehrten es.

Die horizontal verlaufenden Strahlen der Sonne trennen das Oval der Schamanentrommel in eine untere und eine obere Hemisphäre, in deren oberem Feld die höchste Gottheit dargestellt wird. Auf den Strahlen selber stehen die wichtigsten Naturgötter in Menschengestalt, es folgen Darstellungen der Naturgeister (insbesondere der Tiere, die gejagt wurden) und der jagenden Menschen sowie der wichtigsten Ausprägungen ihrer materiellen Kultur. Auch der Schamane, mit der Trommel in der Hand und von Tieren auf seiner Seelenreise begleitet, ist unter den schematischen Zeichnungen zu finden.

Dass diese Trommeln, mit denen der Schamane während einer Séance die Mächte des Universums sammelte, von den Missionaren als teuflische Bedrohung für das Seelenheil angesehen wurden (ebenso wie die Schamanen selbst), liegt auf der Hand. Aus ihrer Sicht betrachtet, ist es auch sehr verständlich, waren es doch die Trommeln und die *noaiden,* die die vereinende Kraft des Samenvolkes bildeten.

So wurden beide mit allen Mitteln verfolgt, und als die Trommeln gegen Mitte des 18. Jh. zum allergrößten Teil verbrannt waren, war es nur noch eine Frage der Zeit, bis der alte Glaube endgültig vom Christentum abgelöst wurde. Heute sollen insgesamt noch etwa 70 solcher Schamanentrommeln, die einst dem Kult gedient haben, erhalten sein, deren größter Teil sich in den Museen von Oslo, Stockholm und Helsinki befindet.

weiter und zu erkennen an einem plumpen und nicht sonderlich schönen Kirchenbau aus Beton rechts der Straße, werden die leckeren Früchte auch im Straßenverkauf angeboten. Von hier aus sind es noch 9 km bis zur Kreuzung der R 92 mit der nach Alta abzweigenden R 93, und ein paar hundert Meter vor dieser, direkt nach Querung einer Brücke, liegt unten am Fluss ein Rastplatz – der schönste weit und breit.

Von der Kreuzung sind es noch 32 km bis Kautokeino, und während der gesamten Strecke verläuft die Straße teils ober-, teils innerhalb der tief eingewaschenen Senke des Kautokeinoelv, der eher ein langgestreckter See denn ein Fluss zu sein scheint. Bald sind von Ferne schon die Häuser der Stadt im Talgrund auszumachen, das Land ist zusehends dichter besiedelt, und von einem Höhenzug aus blickt man schließlich nach Passieren des Touristenhotels (ein dreigeschossiger Kasten) direkt auf Kautokeino hinunter.

Samin in Kautokeino

Kautokeino

5 (S. 258f.) Die weit auseinandergezogene und kaum als schön zu bezeichnende Stadt ist Hauptort der flächenmäßig größten Gemeinde Norwegens (9700 km²) mit den lapplandweit meisten samischen Einwohnern (rund 2300 von insgesamt 3100 Bewohnern). Auch ist Kautokeino Zentrum der Bergsamen (woran auch das Wappen mit einem Zelt erinnert), damit der Rentierzucht und heute – neben Jokkmokk in Schweden und Karasjok – Sitz zahlreicher samischer Institutionen. Hier finden sich u. a. das Nordisch-Samische Institut (Nordisk samisk institutt), der Samische Ausbildungsrat (Samisk utdanningsråd), eine Rentierzucht-Forschungsstation (Bajos), das einzige Samentheater der Welt sowie seit 1989 eine samische Hochschule. Die Rentierschlachterei gilt als die modernste der Welt und kann jährlich über 16 000 Rentiere ›verwursten‹. Der Sommerbestand der Rentiere im Umland wird auf über 150 000 Stück geschätzt; da nimmt es nicht wunder, dass in Kautokeino mehr an traditionellen samischen Lebens- und Wirtschaftsformen erhalten blieb als irgendwo sonst im Norden. Dies ist auch der Grund, warum der an sich wenig sehenswerte Ort auf der Standardroute aller geführten Touren liegt: Ein Großteil der Samen – seien sie nun Rentierzüchter, Bankangestellte oder Grillbudenbesitzer – trägt noch die angestammte blau-rote Tracht, und zwar voller Stolz, weshalb hier Fotografen schnell ihr ganzes Filmmaterial ›verlieren‹. Ein paar Bilder sollte man aber vielleicht übriglassen, denn das

Freilichtmuseum (Guovdageainu Gillisillju) mit dem angeschlossenen »Haus der Kultur« – das 1987 den nord-norwegischen Architekturpreis gewann – zeigt Kautokeino, wie es früher aussah, als der ganze Ort aus Zelten und Kotas bestand. Dass es eingedenk der großen Besucherzahlen auch zahlreiche Souvenirläden gibt, ist klar, aber was geboten wird, ist oft von hoher Qualität und keineswegs mit dem üblicherweise verkauften Ramsch zu verwechseln.

Die Angelmöglichkeiten im Umland sind schier unerschöpflich, auch geführte Angeltouren werden angeboten (auf Wunsch mit Übernachtung in Samenzelten), gleich mehrere größere und kleinere Wanderungen nehmen hier ihren Anfang. Freilich werden auch Rentiersafaris durchgeführt, Kanus vermietet sowie Flussbootfahrten, Wildnistage und Pferdeausritte organisiert. Im Winter stehen außerdem Schneescooter-, Hunde und Rentierschlitten-Safaris auf dem Programm, und während des Osterfestivals, der größten Kulturveranstaltung der Samen, werden Theatervorstellungen, Joik-Konzerte (s. S. 90f.), Scooter Rallyes sowie die Rentierschlitten-Weltmeisterschaften (Sonderklasse für Touristen) abgehalten – ein überaus spannender Ort also, besuchenswert zu allen Jahreszeiten (Campingplatz und Hotel sind ganzjährig geöffnet).

Von Kautokeino nach Alta

Wir verlassen Kautokeino auf dem gleichen Weg, auf dem wir gekommen sind, und biegen an der 32 km entfernten Gabelung von R 92 und R 93 links in Richtung Alta ab. Während der nächsten 30 km folgt die gut ausgebaute Straße dem immer wieder seeartig verbreiterten Kautokeinoelv, der teilweise tief unten in einer weiten Wiesen- und Tundrasenke verläuft. Auf halber Strecke etwa geht es am **Pikefossen,** einer Stromschnelle, vorbei, und alle paar Kilometer werden Souvenirzelte passiert. Bald auch die Abzweigung nach **Masi,** einem idyllisch im Tal liegenden Samendorf, das schon seit dem frühen 17. Jh. existiert und im Zuge des Wasserkraftausbaus im Altaflusssystem (s. S. 62f.) beinahe in den Fluten versunken wäre. Dieser Plan wurde aufgegeben, der Staudammbau zwar realisiert, doch an anderer Stelle, und so blieb auch die ›amphibische‹ Landschaft rings um das 300 Einwohner zählende Dorf erhalten, die vielen der insgesamt 159 in der Finnmarksvidda vorkommenden Vogelarten eine Heimat bietet. Auch von Masi aus werden Angel- sowie Flusskahn-Touren organisiert, es gibt einen Campingplatz mit Hüttenvermietung, und wer dort wohnt, hat gute Chancen, an Kälbermarkierungen oder Rentierscheidungen teilnehmen zu können, denn jede zweite Familie in Masi lebt noch heute von der Rentierzucht.

Während der folgenden 18 km geht es konstant bergauf, und das bislang ohnehin schon sehr karge Tundraland nimmt ein zusehends felsigeres Aussehen an. Eine unfreundlichere Landschaft ist – zumindest bei Schlechtwetter – fast nicht mehr vorstellbar, und selbst bei Sonnenschein hat es der durchschnittliche Mitteleuropäer schwer, sich in dieser nahezu apokalyptischen Umgebung wohl zu fühlen. Entsprechend sind die meisten Gäste der kurz hinter einer 425 m messenden Passhöhe eingerichteten **Suolovuobme-Fjellstue** (mit Restaurant) auch Norweger. Noch ein weiterer, 380 m hoher Pass muss gequert werden, bis die Straße wieder in ›erträglichere‹ Lagen hinunterführt, nämlich in die vom Eibyelv gebildete Talmulde, der wir bis nach Alta folgen

Tiefster Canyon Europas – der Alta-Canyon

werden. Zwischendurch bildet der Fluss eine kilometerlange, seeartige Verbreiterung, und bald nach Passieren von deren Nordende wird das Tal schmaler, schließlich zu einer gerade noch 15 m breiten Klamm, die von senkrechten Felswänden eingekeilt ist. Linker Hand donnert der Strom durch sein schmales Bett, und die aufsteigende Gischt beschert der ins Gestein gesprengten Straße ›Dauerregen‹. Jenseits der Kluft wird man von einer wildromantischen, mit alten Kiefern bestandenen Schlucht empfangen. Mehrere Rastplätze bieten sich zum Übernachten an, und wer nicht einen Campingplatz anfahren will (es gibt drei Stück in Alta), sollte hier bleiben, denn bald schon öffnet sich die Schlucht in ein fruchtbares und dicht besiedeltes Tal, in dem es keine Möglichkeiten mehr zum ›wilden‹ Campen gibt.

Eine mit »Gargia« ausgeschilderte Straße zweigt 8 km vor Alta nach rechts ab. Sie endet bei der romantisch in ein waldreiches Tal eingebetteten **Gargia-Fjellstue** (Ferienhütten, Zimmer; wunderschön am Gargiaelv gelegen), von wo aus der **Alta-Canyon** 6 (sam.: Savtso), mit 15 km Länge und 500 m Tiefe größter und spektakulärster Canyon Nordeuropas, innerhalb von 2 Std. wandernd erreicht werden kann. Diese wenig anstrengende Tour stellt einen Höhepunkt jeder Lapplandreise dar, denn von ihrem Endpunkt aus blickt man mehr als 300 m senkrecht auf den von steilen Schluchtwänden eingeschnürten Altaelv hinunter.

200 m jenseits der Abzweigung nach Gargia kann man ebenfalls einen Blick auf den Altaelv werfen, der sich hier mit dem Eibyelv zu einem überaus mächtigen Strom vereinigt, an dem während der Saison Lachsangler neben Lachsangler steht. Das Gewässer gilt als *der* Lachsfluss überhaupt, und wer sich von der ›Salmonidenmanie‹, die die meisten Reisenden hier befällt, anstecken lässt, kann auf den beiden nun am Weg (und am Fluss) liegenden Campingplätzen die erforderlichen Angelscheine *(Fiskekort)* erwerben. Hier starten auch die nicht nur bei Anglern so überaus beliebten und unbedingt empfehlenswerten Elvebåt-Touren, während derer man dem Altaelv stromaufwärts bis in den spektakulären Canyon hinein folgt. Andere Bootsfahrten werden auf dem nahen Meer organisiert, und auf dem Weg dorthin blickt man staunend auf üppige Gärten, weidende Kühe und sogar Getreidefelder.

Die Landschaft ist hier ungeheuer lieblich, gar nicht ›eismeermäßig‹, und wegen seiner großen Fruchtbarkeit und klimatischen Milde wird **Alta** 7 (S. 245f.) auch »Finnmarks Italia« genannt. Die Stadt selber wird diesem Ausspruch, als Werbeslogan tausendfach wiederholt, aber keineswegs gerecht. Ihre Lage am weiten und berggesäumten Altafjord ist beeindruckend und unbedingt schön, aber der Rest ist enttäuschend, weil ebenso steril wie die meisten anderen größeren Ortschaften in Nord-Skandinavien. »Vielleicht ist es eine Abwehrreaktion der Menschen auf die grandiose Schönheit der Natur rund herum. Sie bauen Schachteln um die Schachtel des Fernsehers, um es in dieser Weite auszuhalten.« – So nachzulesen bei Henning Boëtius in seinem Roman »Joiken«.

Von der Taiga an die Barentssee – Von Inari nach Grense Jakobselv

Von Inari aus geht es quer durch die größte und spektakulärste Seenplatte des hohen Nordens ins heutige Kernland der Skoltsamen, die sich nach dem Zweiten Weltkrieg hier niederließen. In Sevettijärvi kann man sich mit der Kultur dieses Volksstammes vertraut machen, aber auch reinste Wildmark-Ferien genießen. Ein Stück weiter nördlich führt die (teilweise etwas holprige) Straße aus der Taiga hinaus und durch die subarktische Birkenwaldzone in die Tundra hinein, um schließlich die von tief eingeschnittenen Fjorden geprägte Nordküste Norwegens bei Neiden (einem Paradies für Lachsangler) zu erreichen. Weiter geht es nach Kirkenes, dem Endpunkt der berühmten Hurtigrute im äußersten Nordosten des Landes, und auf der letzten Etappe führt die Fahrt nach Grense Jakobselv, direkt an der Grenze zu Russisch-Karelien sowie an der Barentssee gelegen.

Streckenlänge und -verlauf: 267 km; von Inari auf der E 75 nach Kaamanen (26 km), weiter entlang der V 971 via Sevettijärvi (99 km) nach Neiden (37 km), sodann auf der E 6 bis Kirkenes (43 km) und ab dort auf der R 886 nach Grense Jakobselv (62 km).

Öffentliche Verkehrsmittel: Von Inari nach Sevettijärvi verkehrt zwar mindestens ein Bus täglich, nicht aber von dort nach Neiden, ab wo man sechsmal täglich Busanschluss nach Kirkenes hat; von Kirkenes nach Grense Jakobselv verkehrt ein Bus täglich.

Von Inari nach Sevettijärvi

Von **Inari** 1 (S. 254f.) aus fahren wir zunächst auf der E 75 Richtung Utsjoki und Karigasniemi. Bis Kaamanen geht es durch einen schönen Wald, in dem Birken, Kiefern und Fichten aller Altersstufen in unregelmäßiger Mischung über die ganze von Seen, Flüssen und Mooren zergliederte Fläche verteilt sind. Schon seit 1922 steht dieser so genannte Plenterwald unter Schutz, denn er stellt ein Bollwerk gegen die Tundra dar.

Kaum sind wir in **Kaamanen** auf die V 971 abgebogen (ausgeschildert nach Neiden), wird nach und nach, ganz un-

Von Inari nach Grense Jakobselv

merklich nur, der Abstand zwischen den Bäumen größer und flacht sich das bislang von sanften Hügeln durchzogene Land ab. Auch erscheinen bald die Kiefern und Fichten nicht mehr so gewaltig wie zuvor, wohingegen die Zahl der Tümpel, Teiche und Seen stark zunimmt. Wir befinden uns hier, nahe dem Ufer des riesigen Inarijärvi, in einem ›amphibischen‹ Gebiet ohnegleichen, das weder Land noch Wasser ist, vielmehr ein Mosaik aus beidem, ein Labyrinth von Seen und Wasserläufen, die durch Waldgürtel, Moore und kahle Fjellflächen getrennt sind. Die Eiszeit ist verantwortlich für diese Oberflächengestaltung, denn hier, auf den verhältnismäßig eben verlaufenden Grundfesten des Baltischen Schildes, stießen die Gletscher der Glazialzeit nicht nur ungehindert vor, sondern lagerten, als das Eis schließlich abschmolz, auch gewaltige Lasten aus Erosionsmaterial ab. Das Land wurde unter Geschiebelehm begraben, frühere Flusstäler verschüttet, und um vom Eis geschürfte Senken bildeten sich Dämme, die ein Abfließen des Schmelzwassers verhinderten. So wurden weite Teile des Landes von einem verwirrenden Netz von Seen überflutet, und der Mensch musste erst das Fliegen lernen, um diese unermessliche Wasserlandschaft mit dem Inarijärvi im Zentrum voll erfassen zu können. Vom Flugzeug aus scheint es, als

Taigalandschaft bei Kaamanen

hätte ein riesiger Pinsel achtlos immer wieder in alle Himmelsrichtungen Tropfen verteilt, und wenn man durch dieses erstaunliche Seenlabyrinth hindurchfährt, ist kaum zu begreifen, wie sich die Samen hier ohne genaue Karten und Navigationsinstrumente zurechtfinden konnten. Wie fanden sie ihren Weg von einem See zum anderen, wie konnten sie wissen, welche Überführung sie zur nächsten Etappe ihrer Wasserfahrt bringen würde, wie wissen, welcher Fluss nach Norden fließt, welcher nach Süden, wie ein System finden, wo es anscheinend kein System gibt?

Durch Landschaft solcher Art geht es nun im Großen und Ganzen bis Sevettijärvi, und einmal auch stoßen wir während dieser Fahrt direkt an die unermessliche Seenfläche des Inarijärvi selbst heran (Campingplatz mit Hüttenvermietung). Nach 90 km (von Inari gerechnet) erfolgt die zweite Abwechslung in Form von Miethütten, die einen Sandstrand säumen, und auf den folgenden Kilometern, während derer es am schmalen Kuosnojärvi entlanggeht, werden zahlreiche Stichstraßen passiert, die allesamt das idyllisch mit Schilf oder Sand gerahmte Seeufer zum Ziel haben. – Doch Vorsicht: Manch einer hat sich auf diesen unbefestigten Pisten schon bis zur Achse eingegraben, und Wohnmobilisten tun gut daran, mit einer Pause bis zu einem Rastplatz (mit WC) zu warten, der an der Nahtstelle zwischen zwei Seen eingerichtet ist.

Ein Stückchen weiter liegt die erste nennenswerte Siedlung am Weg, und nach nochmals 6 km bietet sich die Nilituvat-Feriensiedlung mit schönen Blockhütten, Kiosk und Sauna zu einem Verbleib an, deren Betreiber Skoltsamen sind. Ein paar Fahrminuten entfernt liegt **Sevettijärvi,** das heutige Zentrum dieser Volksgruppe. Hier ist es, wo die Skoltsamen nach dem Zweiten Weltkrieg auf eigenen Wunsch angesiedelt wurden, und wer sich über ihr Leben und ihre Kultur näher informieren will (s. S. 55f.), sollte unbedingt das im Ort ausgeschilderte Samenmuseum besuchen. Auch die kleine griechisch-orthodoxe Dorfkirche kann besichtigt werden, und gleich hinter dem Gotteshaus zweigt ein Fahrweg zu einer schön gelegenen Feriensiedlung ab (Camping, Hüttenvermietung). Zahlreiche Wanderwege verlaufen von hier aus durch die Wildnis, in der mehrere Schutzhütten eingerichtet sind, aber auch Angler und Kanuten werden alles nach ihrem Geschmack finden.

Von Sevettijärvi nach Kirkenes

Von Kilometer zu Kilometer ändert sich nun das Landschaftsbild, denn bei Sevettijärvi etwa verlässt die Straße die weite Inari-Senke und führt bald durch ein zunehmend hügeliger, auch felsiger werdendes Terrain. Wir befinden uns hier direkt am Nordrand der letzten Bastion des Waldes, wo sich die Taiga mit der baumlosen Tundra zur subarktischen Birkenwaldzone vermischt. Ganz allmählich verlagert sich das Gleichgewicht zwischen den beiden großen Vegetationszonen, bis wir plötzlich bei **Näätämö,** kurz vor der Grenze nach Norwegen, den oberen Saum dieses gleichermaßen unwirtlichen wie faszinierenden Landes erreicht haben.

Vor uns öffnet sich eine im Norden von kahlen grauen Felsbuckeln gesäumte Talebene, schier endlos lang und mehrere Kilometer breit, dabei vollkommen leer, baumlos und von einer Färbung zwischen hellem Sandgrau und reinem Gold, die der Fläche die Aura einer kalten Steppe verleiht. Wer es einrichten kann, dem sei empfohlen, an diesem Punkt den Zeitraum einer vollen Erdumdrehung zu verbringen und nachts nicht zu schlafen, weil sich dann, wenn die glosende rote Scheibe im Norden den Himmel ausleuchtet, doch das Tal im Schatten lässt, die Tundra auf das Seltsamste illuminieren kann. Langsam fahren wir hinein in dieses Bild, durch das sich die Straße als ein schnurgerades Band zieht. Ganz unerwartet dann und töricht wirkend inmitten dieses ›Nichts‹, verkündet ein Schild an einem quer durchs Tal führenden Zaun, dass hier die Grenze nach Norwegen verläuft. 5 km weiter wird das Zollhäuschen passiert, und als wüssten die Beamten, wie lächerlich ihr Hiersein ist, lassen sie erst gar nichts von sich sehen. Aber auch der Neidenelv versteckt sich, der diese Tundrasenke in ihrer gesamten Länge durchströmt, und erst im weiteren Verlauf der Straße kann man hier und da in die tief ausgewaschene Rinne zur Linken hinuntersehen, die dem dunkelblauen Strom als Bett dient. Sogar grüne Feldterrassen sind vereinzelt auszumachen; sie schmiegen sich in geschützte Seitentäler und stehen in krassem Kontrast zu der umgebenden Landschaft, die einem anderen Erdzeitalter anzugehören scheint.

So geht es etwa 10 km dahin, bis die Straße aus dem Hochtal auf Meeresniveau hinunterführt, wo sie schließlich, noch 31 km von Kirkenes entfernt, bei **Neiden** 2 (S. 271) auf die von Malmö im tiefsten Süden Schwedens kommende E 6 stößt. Hier befand sich einst ein alter Hauptort der Skoltsamen, und aus dem Neidenelv, der sich direkt an der Kreuzung über mehrere Katarakte ergießt und schließlich unter einer Brücke hindurchtost, holten die Samen früher einen Großteil des Lachses, der ihnen als Hauptnahrung im Sommer diente. Heute sind es insbesondere Touristen, die ihre Ruten über die wilden Wasser halten. Die erforderliche *Fiskekort* ist direkt auf dem angrenzenden Campingplatz (mit Hüttenvermietung) zu bekommen, an dessen Rand auch die 1565 errichtete griechisch-orthodoxe St.-Georgs-Kapelle steht. Sie kann besichtigt werden (falls geschlossen, auf dem Campingplatz nachfragen), und an jedem letzten Samstag im August halten hier finnische Priester einen griechisch-orthodoxen, von vielen Skoltsamen aus Sevettijärvi besuchten Gottesdienst ab.

Weiter geht es von Neiden auf der nach Osten führenden E 6, die bald an den Munkfjord heranführt, von dem aus man fantastische Ausblicke auf das Meer und das von Birkenhainen, Heuwiesen und Gehöften geprägte und jetzt eher idyllisch denn abweisend scheinende Land genießt. Ein herrliches Panorama folgt auf das andere, und man kann sich, gerade aus der ›Kältesteppe‹ gekommen, nicht sattsehen an den Grün- und Blautönen der Wiesen und Fjorde, die diese Landschaft prägen. 24 km hinter Neiden liegt ein Rastplatz (mit WC und Touristeninformation) an der Straße, die bald darauf durch militärisches Sperrgebiet verläuft (Anhalten und Fotografieren verboten!), wenig später den von Bunkern und Betonwällen umgebenen Flughafen passiert, sodann einen Campingplatz (mit Hüttenvermietung), bevor sie **Hesseng** erreicht, eine Bergarbeitersiedlung. Kurz darauf eine Kreuzung: Links ab geht es nach Kirkenes, gen Süden verläuft die R 885 zum Øvre-Pasvik Nationalpark, und geradeaus ist es zum 56 km weiter

Schärenküste bei Neiden ▷

östlich liegenden Grense Jakobselv, der Grenze zu Russisch-Karelien, ausgeschildert.

Øvre-Pasvik-Nationalpark

3 (S. 273) Im südlichen Teil des Pasvikdal, das sich im äußersten Nordosten Norwegens keilförmig zwischen Finnland und Russisch-Karelien hinzieht, befindet sich dieses 63 km² große Schutzgebiet, das 1970 gegründet wurde. Es liegt an der botanischen wie auch der zoologischen Grenze zwischen Europa und Asien und beherbergt – trotz der hohen Breite – Norwegens größten Kiefern-Urwald. Über 160 verschiedene Vogelarten sind hier vertreten, darunter so seltene Arten wie der Singschwan. Das ganze Areal ist ein Labyrinth aus Wald, Wasser und Mooren, wo ein außerordentlich großer Bestand an Elchen und auch Rentieren Raubtiere angelockt hat, die hier früher unbekannt oder selten waren. Luchse sollen wieder in großer Zahl die Herden umschleichen, die Vielfraße zunehmen, und mehr und mehr kommen winters auch Wölfe von jenseits der russischen Grenze herüber. An touristischen Einrichtungen gibt es drei Übernachtungshütten und mehrere markierte Pfade.

Kirkenes

4 (S. 260f.) Am Abzweig der Straße zum Øvre-Pasvik-Nationalpark und nach Grense Jakobselv reizt zunächst ein Abstecher nach Kirkenes, dem rund 6000 Einwohner großen Hauptort der Sør-Varanger-Gemeinde, die nahezu 3700 km² groß, aber von weniger als insgesamt 10 000 Menschen bewohnt ist. Die am zur Barentssee gehörigen Varangerfjord gelegene Stadt verdankt ihre Entstehung riesigen Eisenerzvorkommen und hat ihre Größe vor allem der Bergbaugesellschaft AS Sydvaranger zu danken, die hier bis 1996 in den Gruben in Bjørnevatn jährlich bis zu 3 Mio. t Eisenerz abbaute, womit Kirkenes die wichtigste Erzstadt Norwegens war. Aus diesem Grund auch hatte die Stadt im Verlauf des Zweiten Weltkrieges sage und schreibe über 300 Bombenangriffe zu erleiden, und als die deutsche Wehrmacht 1944 vor der anrückenden Roten Armee die Flucht ergreifen musste, leistete sie eine derart vollkommene Zerstörungsarbeit (s. S. 128f.), dass es acht Jahre währte, bevor der Grubenbetrieb überhaupt wieder aufgenommen werden konnte. In den Jahrzehnten danach lebte hier nahezu jeder Einwohner vom Bergbau, und es ist der Umsicht der Stadtväter zu verdanken, dass das Ende der Grubenarbeiten nicht auch das ›Aus‹ für den Ort selbst bedeutete, dem es gelungen ist, innerhalb von nur rund vier Jahren den gewaltigen Sprung zu einer modernen Dienstleistungs-Stadt zu schaffen.

Schiffsreparaturen und Kleinindustrie sowie zunehmend auch Tourismus und Handel mit Nordwestrussland sind weitere Erwerbsquellen unserer Tage, und einen umfassenden Überblick über die wechselvolle Geschichte der Stadt und des Grenzgebietes sowie über Natur und Kultur dieser Region vermittelt das vorbildliche **Grenzlandmuseum,** in dem auch ein restaurierter russischer Jagdbomber vom Typ ›Iljuschin IL 3M‹ ausgestellt ist. Sehr lohnend ist auch ein Besuch des **Savio-Museums,** das den Arbeiten des samischen Künstlers John Savio (1902–1938) gewidmet ist und auch Wanderausstellungen mit Gegenwartskunst präsentiert. Bleibt als dritte Attraktion die **Andersgrotte,** die während des Zweiten Weltkriegs ausgesprengt wurde und der Bevölkerung als Luftschutzraum diente; es finden regelmäßige Führungen statt, im Verlauf derer auch ein Film über die Kriegsgeschichte des Ortes gezeigt wird.

Abzuwarten bleibt, ob der Tourismus nicht zukünftig zur Haupt-Einnahmequelle wird, denn Kirkenes, Endstation auch der Hurtigdampfer, könnte in kommenden Jahren ein ›Tor nach Russland‹ werden. Schon heute kann man von hier aus per Schnellboot nach Murmansk hinüberfahren und im Anschluss auch andere Ziele in Russisch-Karelien besuchen. Wenn es die politische Lage zulässt, wäre es sogar möglich, durch Russland die Heimreise anzutreten – vielleicht schon bald nach Erscheinen dieses Buches Realität. Der Grenzübergang wäre dann in Storskog, 11 km hinter der Kreuzung bei Kirkenes an der R 886 gelegen, er ist aber heute noch von einem mächtigen schmiedeeisernen Tor verschlossen.

Von Kirkenes nach Grense Jakobselv

Die Landschaft entlang der R 886 hinter Kirkenes präsentiert sich ganz anders als erwartet, nämlich fruchtbar, teilweise sogar sehr lieblich, und der Jarfjord, an dem wir bald entlang fahren, könnte von seinem Erscheinungsbild her durchaus irgendwo in Süd-Norwegen liegen. Erst ab Vintervollen nimmt der äußerste Nordosten Norwegens ein felsigeres Gepräge an, und bald schlängelt sich die Straße durch kahles Fjell, Stein gewordene Trostlosigkeit, oft noch im Hochsommer von Schneezungen beleckt, überall rissiges Gestein, Geröll, kaum noch Pflanzen, und bei Nebel, der hier sehr häufig lastet, kann man sich ganz und gar dem Gefühl hingeben, am Ende der Welt zu sein. Nach 46 km auf dieser Straße wird eine Felspforte passiert, jenseits derer sich das von Nord nach Süd verlaufende Jakobsdal öffnet, das als sattgrüne Oase mit der zuvor durchfahrenen Landschaft kontrastiert. Viele kleine Gehöfte liegen jetzt am Weg, der bald an den Jakobselv heranführt, den 10–20 m breiten Grenzfluss zu Russisch-Karelien. Menschenleer präsentiert sich das gegenüberliegende Fjelland.

Erst in **Grense Jakobselv,** am Ende der Straße, kommt der Tourist in Sichtkontakt mit dem, was ihm das schaurigschöne ›Grenzgänger‹-Gefühl vermitteln kann. Dann wendet man sich der offen vor einem liegenden Barentssee zu, benannt nach dem Holländer Willem Barentsz, der sie 1596 ›entdeckte‹ – bevor er auf Novaja Semlja strandete und starb. Grau und trostlos sind ihre Gestade, nicht einmal spektakulär. Auch der steinerne Kirchenbau der hier 1869 errichteten König-Oscar-II.-Kapelle sieht eher abweisend denn einladend aus, was aber durchaus beabsichtigt war, sollte die Kirche doch die gottesfürchtigen, orthodoxen russischen Fischer vom Territorium des lutheranischen Norwegen fernhalten und so einen Militärposten an der Grenze zum Zarenreich ersetzen.

Entlang der ›Eismeer-küste‹

Die ›Arktische Route‹ – Von Kirkenes nach Alta

Diese schon fast klassische Tour wird in Prospekten auch als »Polar-« oder »Eisbären-Route« angepriesen und führt vom äußersten Osten Nord-Norwegens an der Barentssee nach Alta, dem am Nordmeer gelegenen ›Tor zum Nordkap‹, das wegen seiner überaus milden klimatischen Verhältnisse auch den Beinamen »Finnmarks Italia« trägt. Dazwischen liegen 526 km voller ständig wechselnder Panoramen, und ist es gerade noch ein gigantisches Bollwerk aus Schwarz und Weiß, Fels und Eis, das sich gegen den arktischen Himmel türmt, so faszinieren bald darauf silbern pulsierende Wasserfälle, die sich ins Türkis des ›Eismeeres‹ versprühen. Hier eine vom Permafrost geprägte Kältesteppe, dort ein Refugium uralter Bäume, ein melancholisch stimmendes Moor, ein schillernder Sandstrand, ein wild tosender Lachsfluss und zu guter Letzt eine Landschaft, so lieblich, dass man kaum glauben möchte, am Nordrand der Welt zu sein.

Streckenlänge und -verlauf: 526 km; von Kirkenes auf der E 6 über Neiden (43 km) und Varangerbotn (81 km) nach Tana bru (17 km); ab dort auf der R 98 via Ifjord (88 km) und Børselv (81 km) nach Lakselv (42 km); weiter erneut auf der E 6 über Olderfjord (64 km) und Skaidi (23 km) nach Alta (87 km).

Öffentliche Verkehrsmittel: Auf der Strecke von Kirkenes nach Tana bru verkehren mindestens vier Busse täglich, die aber ab dort auch weiterhin der E 6 folgen, also via Karasjok nach Lakselv fahren; auf der R 98 verkehren zwischen Tana bru und Lakselv so gut wie keine öffentlichen Verkehrsmittel. Ab Lakselv gibt es dann wieder fünfmal täglich eine Busverbindung nach Alta.

Von Kirkenes nach Tana bru

Die ersten 43 km auf der E 6 ab **Kirkenes** 1 (S. 260f.) kennt man bereits von

Von Kirkenes nach Alta

der Herfahrt, aber dennoch fordert diese Strecke auch beim Befahren in entgegengesetzter Richtung erneut Staunen ab – so schön, teilweise fast ›südländisch‹ anmutend, gibt sich hier die Landschaft. Von **Neiden** 2 (S. 271), wo die Nebenstraße nach Inari abzweigt, führt die E 6 steil aus dem Flusstal heraus, vorbei an einem Campingplatz und zwei Hüttenvermietungen. Am Ende der Steigungsstrecke (zwei Panorama-Rastplätze) erstreckt sich das Ferdesmoor, eine von Geröllbändern und Wasserflächen durchzogene Tundraebene mit wie von Urkräften platt gedrückten Bergen an ihrem nördlichen Saum. Dorthin führt die Straße, und je näher man kommt, desto erschütternder sind die grau-schwarzen Aufwerfungen in ihrer gigantischen Kahlheit. Alles erinnert hier an Zeiten, die kein Mensch miterlebte, und der Anblick dieser primitiven Formen ist der einer neugeborenen Welt, die sich heute kaum anders präsentiert als vor 10 000 Jahren, nach Rückzug des glazialen Eispanzers.

Eine niedrige Passhöhe (ca. 150 m) wird genommen, auch jenseits erstreckt

sich die ›Kältesteppe‹, und erst beim **Bugøyfjord** stößt die E 6 wieder auf der Kultur unterworfenes Land mit rotgetünchten Gehöften auf grünen Wiesen. Doch dies ist nur ein Zwischenspiel, denn ein paar hundert Meter weiter schlängelt sich die Straße erneut ins Kahlfjell hinein – ein Labyrinth aus Felsbuckeln und Schutthügeln zwischen Mooren, Tümpeln, Seen und Schluchten.

Bald zweigt rechts eine Stichstraße Richtung **Bugøynes** ab, und wer ihr folgt, erreicht nach 21 km dieses kleine Fischerdorf, das als einzige Siedlung im Nordosten Norwegens beim Rückzug der Nazis nicht dem Prinzip der »Verbrannten Erde« zum Opfer fiel, sodass dort heute noch altes Milieu zu betrachten ist. Nicht verschont aber blieb der Ort von den Folgen der Überfischung des ›Eismeeres‹, und nachdem hier der Fisch verarbeitende Betrieb in Konkurs gegangen war, annoncierten die Einwohner 1989 in allen großen Zeitungen des Landes: »Gibt es einen Ort in Südnorwegen, der sich vorstellen kann, 300 Menschen aufzunehmen?« Es gab ihn nicht, und außer kurzzeitigem Erschrecken und ein paar kümmerlichen Zuschüssen hat die verzweifelte Aktion in Oslo auch nichts bewirkt.

Die meisten Einwohner von Bugøynes sind also arbeitslos, viele Menschen sind abgewandert, was symptomatisch ist für die gesamte Finnmark, die sich von Jahr zu Jahr mehr entvölkert. Norwegen steht vor einem Problem, denn einerseits will man die Randbereiche nicht in ein ›Niemandsland‹ verwandeln, andererseits kostet ein einziger Finnmark-Bewohner das Land schon jetzt jährlich gut 500 000 Kronen an Subventionen, damit wenigstens die wichtigsten Dienstleistungen gewahrt bleiben.

Hütte am Varangerfjord bei Karlebotn

Auf der E 6 ist vom Abzweig nach Bugøynes bald der Ort **Gandvik** erreicht, von drei Familien bewohnt, doch mit einem Restaurant (sowie Campingplatz und Hüttenvermietung) ausgestattet. Während der folgenden 30 km geht es stets fjordnah durch das nur spärlich besiedelte, steinige Land. Vereinzelt sind Blumen zu sehen, insbesondere arktischer Mohn, hier und da auch passiert man hoch über dem Meer gelegene Geröllstrände – sichtbare Zeichen der postglazialen Landhebung. Bei **Grasbakken** sind Siedlungsplätze aus der Steinzeit zu betrachten, bei **Reppen,** 4 km weiter, liegt ein mit Grassoden gedecktes Museums-Blockhaus an der Straße – das Geburtshaus von Isak Saba, dem ersten samischen Mitglied des norwegischen Parlaments. Ab hier ist das Land auch dichter besiedelt, sogar holsteinische Milchkühe grasen auf den Wiesen.

Bei Karlebotn weist ein Runenzeichen auf eine weitere ›Steinzeitsiedlung‹ hin, und bei **Varangerbotn** 3 (S. 285), am inneren Ende des trichterförmigen Varangerfjordes, ist es rechts zum Varanger-Museum ausgeschildert. Dieser Komplex aus mehreren Torfkotas (sam.: *gamme*) war früher Residenz des Repräsentanten des Königs in der Finnmark, des Amtsmanns. Heute ist es ein Freilichtmuseum, das ausführlich über die Lebens- und Wirtschaftsweise der Seesamen (s. S. 53f.) informiert.

Die R 98/E 75, an der diese Sehenswürdigkeit gelegen ist, erschließt den Süden der Varangerhalvøya und führt durch tristes, schon der arktischen Zone zuzurechnendes Land via Mortensnes (Steinkreis aus der Steinzeit) und Vadsø (3000 Einwohner zählende Fischereistadt) sowie vorbei an mehreren berühmten Lachsflüssen (u. a. Skallelva und Komagelva) bis zum 127 km entfernten **Vardø** 4 (S. 285f.). Die auf einer Insel in der Barentssee gelegene Fischereistadt, die durch den 3 km langen Eismeertunnel mit dem Festland verbunden wird, ist die östlichste Stadt Norwegens (auf der geografischen Länge von Ankara gelegen), die älteste im Nordteil des Landes (1307 gegründet) und war bis in unser Jahrhundert hinein der größte Fischereihafen Skandinaviens. Außerdem ist Vardø Norwegens Stadt mit der niedrigsten Durchschnittstemperatur und den meisten Sturmtagen pro Jahr. Die Vardøhus-Festung, ein Achteck mit vier Bastionen aus dem Jahre 1737, beherbergt heute eine sehenswerte Ausstellung über Natur und Kultur der Region sowie über die Polarforscher Fridtjof Nansen und Willem Barentsz.

In Varangerbotn verlässt die E 6 den Varangerfjord und quert auf 13 km langer Strecke das relativ trostlose Krüppelbirkenland des Seidafjells zum Tanaelva (finn.: Tenojoki) hinüber, bis an den die Rote Armee gegen Ende des Zweiten Weltkriegs zur Befreiung der Finnmark vom Joch Nazideutschlands vorstieß. Der »Große Fluss«, der mit 360 km Norwegens zweitlängster Strom (nach der Glomma) ist sowie berühmtestes Lachsgewässer Europas, präsentiert sich bei **Skipagurra** 5 (S. 281f.), wo man an sein Ufer stößt, eher als Fjordarm oder See, misst er doch mehr als 2 km Breite. Hier findet sich ein Campingplatz mit Hüttenvermietung, und es werden auch täglich sehr lohnende Fahrten in Langbooten organisiert; eine führt zum Storfossen (4 Std.), eine andere hat den Samenort Polmak zum Ziel (1.30 Std.) und beinhaltet einen Besuch der dortigen Kirche aus dem Jahre 1626 sowie des Tana-Museums. An beiden Orten sind traditionelle Samenzelte errichtet, in denen die Fahrtteilnehmer über offenem Feuer gebratenen Lachs serviert bekommen.

In Skipagurra zweigt die R 895 von der E 6 ab, die nach 18 km die finnische Grenze überquert und am Ost- und Südufer des Tanaelva nach Utsjoki sowie weiter nach Inari führt. Auch bietet sich im weiteren Verlauf der Europastraße Richtung Tana bru rechter Hand ein spektakulärer Abstecher entlang der R 890 nach Berlevåg (Route 5) an. Schließlich überquert unsere Route auf einer Hängebrücke den Fluss und erreicht den nach ihr benannten Ort **Tana bru** 6 (S. 281f.). Dort lohnt ein Besuch des Fremdenverkehrsamtes, besonders aber der von »Tana sølv«, einer für ihre herrlich gearbeiteten Produkte bekannten Gold- und Silberschmiede.

Herbst auf dem Børselvfjell

Von Tana bru nach Lakselv

In Tana bru verlassen wir die E 6, die von dort Richtung Südwesten in das Herz der Finnmarksvidda verläuft. Die R 98, die unsere weitere Route markiert, führt jetzt 24 km auf der dicht besiedelten Westseite des Tanaelva entlang, doch Ausblicke auf den Fluss bieten sich kaum, da hochgewachsene Birken die Sicht verstellen. Erst kurz vor Ende der Uferstraße liegt der breite Strom, eingebettet in steile Sandhänge, für eine kurze Weile offen da (hier auch ein Rastplatz). Schließlich ist **Rustefjelbma** erreicht, ein über dem Fluss mit Sandbank gelegenes Dorf, in dem ein Heimatmuseum sowie eine Kirche, deren freistehender Glockenturm ins Auge fällt, zu besichtigen sind. Auch ein Campingplatz mit Hüttenvermietung ist hier zu finden.

Dann wendet sich die Straße nach Westen, und auf den folgenden 27 km genießt man immer wieder großartige Ausblicke auf Moorseen, felsgefasste Fjorde und insbesondere tiefschwarz aus dem Meer steigende Bergmassive, die eine prächtige Kulisse für einen Endzeitfilm abgeben würden. Es ist schaurig schön, und doch liegt der eigentliche Höhepunkt dieses Routenabschnitts noch vor uns: Es ist die Querung des als ganz und gar arktisch zu bezeichnenden **Ifjordfjells,** die eine Fahrt auf der R 98 zu einem unvergesslichen Erlebnis macht. Unmittelbar nach Verlassen des Vestertanafjordes beginnt eine mehrere Kilometer lange, extreme Steigungsstrecke. Bald blickt man hinunter in schier bodenlose Schluchten, in deren Steilflanken die Straße gesprengt ist. Dann hängen meterhohe Schneewächten über dem gewundenen Weg, der hier, auf 200 m Höhe, im Juli die Schneegrenze überquert. Auf der Passhöhe (340 m) schließlich findet das Auge keinen Halt mehr, und der Blick reicht ringsum ins Grenzenlose. Wer spektakuläre Eindrücke sucht, sollte es sich nicht nehmen lassen, in dieser Urwelt aus Fels, Schnee und Eis eine Nacht zu verbringen, wofür sich mehrere Rastplätze auf der 30 km langen Strecke vom Pass bis hinunter nach **Ifjord** anbieten. Dort berührt die Straße für kurze Zeit die Küste, und es gibt eine Tankstelle nebst einem Campingplatz sowie zwei Hütten-

vermietungen. Nach rechts zweigt die R 888 gen Gamvik und dem nördlichsten mit dem Auto erreichbaren Punkt auf dem europäischen Festland ab.

Ein ums andere Mal geht es nun wieder hinein in wilde Felsklüfte, hinauf auf öde Hochfjells, hinunter an die zerhackte Küstenlinie des jetzt Laksfjord geheißenen Meeresarms, bis rund 20 km nach Ifjord das Land plötzlich nicht mehr herb und rau ist, lebensfeindlich, sondern ganz und gar dramatisch, aber auf so romantische Weise, wie man es etwa vom schweizerischen Wallis her kennt. Wasserfälle gischten von bemoosten Felsflanken herab, Birken und Kiefern haben sich im Steilen eingerichtet, kleine Waldseen und tiefe Klammen öffnen sich. Fast möchte man nach Bären und Hirschen Ausschau halten, die die Maler der Romantik in solchen Landschaften abzubilden pflegten. Rastplätze finden sich jetzt in großer Zahl, aber wenn das Besondere lockt, sollte man warten, bis eine Brücke über den ausgeschilderten Adamselv gequert ist: Danach geht es direkt rechts auf einen Wiesenbalkon, der mehr als 100 m hoch über den grünblau schimmernden Wassern des Storfjordes am Abhang klebt.

Mittsommerlicht über dem Porsanger

Unglaublich scheint, dass es solch ein waldreiches Refugium inmitten der arktischen Zone geben kann, und es sind die vor widrigen Winden schützenden Felsflanken rings umher, die dafür verantwortlich zeichnen. Dieser Umstand wird während der Weiterfahrt offensichtlich, denn nur wenige Kilometer westlich, hinter dem Einöddorf Kunes, treten die Berge weit zurück und entblößen eine bis zum Horizont reichende Tundrasteppe, wie sie öder gar nicht sein könnte: das **Børselvfjell,** das wir auf den folgenden 35 km durchfahren werden. Schnurgerade zieht sich die Straße ins Nichts, in dem das Organische auf ein Minimum reduziert ist und keine Rolle mehr spielt in der Gestaltung der Landschaft. Vegetationslose Bodenwellen und bizarr geformte Felsblöcke in einem Meer aus Kies und Geröll enthüllen die geologischen Strukturen und die zugrunde liegenden Stoffe, die sich in lebhaften, mit dem Stand der Sonne variierenden Farben offenbaren. Mittags wird diese ›Wüste‹ von einem weißen Licht durchflutet, das alle Farben aus der Welt ›herausbrennt‹. Doch später, wenn die Sonne dem Horizont zustrebt, und insbesondere nachts, wenn sie auf ihm balanciert, treten die opalgrauen Gneise hervor, die zartvioletten Syenite und grünlich schimmernden Diorite sowie braungelbe und rötliche Granite.

Bei der Weiterfahrt durchfurchen schließlich gewaltige Schluchten das Fjell, das über Stufen zur Küste hin abfällt und bei **Børselv** an den Porsanger stößt. Ein paar einsame Gehöfte Finnisch sprechender Einwanderer schmiegen sich hier an den Geröllstrand. Olivgrün schimmert das Wasser, über Inseln und Schären hinweg geht der Blick auf ein schwarz aufragendes Tafelland im

Westen, an dessen Wurzel vorbei die Route später nach Olderfjord führt. Bis dorthin verlässt die Straße nicht mehr den Porsanger, den viertgrößten und vielleicht wildesten Fjord Norwegens, an dessen Öffnung zum Meer hin die Nordkap-Insel Magerøya liegt.

Von Børselv bis Lakselv am inneren Fjordende sind es noch 42 km, während der man allenthalben auf die sandig-kiesigen Wälle sogenannter Strandlinien oder Strandterrassen stößt, die auf die postglaziale, auch heute noch nicht abgeschlossene Landhebung hinweisen, die hier bis über 60 m beträgt. Besonders deutlich ausgeprägt sind solche Strandlinien auf der kleinen Landzunge Roddineset, 25 km südlich von Børselv gelegen und an der Straße durch ein Runenzeichen kenntlich gemacht.

Schließlich ist **Lakselv** 7 (S. 263) erreicht, die erste größere Siedlung seit Kirkenes. Ein Aufenthalt kann lohnen, denn es gibt hier gute Unterkünfte (Campingplatz, Hüttenvermietung, Hotel, Jugendherberge), einen Seekajak-Verleih sowie gute Möglichkeiten zum Lachsangeln. Auch werden Touren zum Hochseefischen angeboten und solche in das überaus wilde Hinterland der Porsanger-Gemeinde, deren Zentrum Lakselv ist. Dennoch halten es die meisten Besucher nicht lange aus – volltanken und weiter –, und die Eile ist dem Nordkap geschuldet, das nur noch knapp 170 km entfernt ist, wie ein Schild anzeigt, vor dem ganze Busladungen von Touristen zum Gruppenfoto Aufstellung nehmen.

Stabbursdalen-Nationalpark

Zwischen dem Altafjord und dem Porsanger liegt in der nördlichen Finnmark der 96 km^2 große Stabbursdalen-Nationalpark (S. 263), der den nördlichsten Kiefern-Urwald der Welt beherbergt. Das weitgehend weglose und jeglicher touristischer Einrichtungen entbehrende Terrain ist reich an Adlern, Zwergfalken und Polarfüchsen.

Wer dieses wilde, karge Land näher kennenlernen will, sollte den nördlich von Lakselv an der E 6 gelegenen Campingplatz als Ausgangspunkt wählen, wo man auch weitergehende Informationen erhält.

Von Lakselv nach Alta

Am Ortsausgang von Lakselv stoßen wir wieder auf die E 6, der wir nach rechts folgen, und bis Olderfjord geht es am Porsanger entlang nach Norden. Es lohnt ein Aufenthalt bei Stabbursnes (Campingplatz und Hüttenvermietung), nahe dem Stabbursdalen-Nationalpark gelegen, wo u. a. Boote, Kanus und Pferde vermietet, auch Wildmark-Touren organisiert werden. Sonst ist über diese Strecke nicht viel zu sagen: Sie wiederholt, was wir zuvor schon reichlich genossen haben – wilde, urwelthafte Küstenlandschaften –, und erst kurz vor **Olderfjord** nimmt die Dramatik ab, und weiße Strände vor sattgrünen Heuwiesen erfreuen teilweise das jetzt so sehr an Grautöne gewöhnte Auge. Auch ein wunderschön am Meer gelegener Campingplatz ist hier eingerichtet, ebenso eine Hüttenvermietung, aber während der Saison kann der vorbeibrandende Verkehr leicht als störend empfunden werden. Ganze Fahrzeugkolonnen biegen von der E 6 aus Richtung Alta und Lakselv auf die zum Nordkap führende E 69 ab (Route 6), ja, es soll hier sogar schon mal einen Stau gegeben haben.

Bergsamenlager Duoddar Sion

Unsere Route folgt auch weiterhin der E 6, die sich ab Olderfjord ins Innere der Porsangerhalvøya hineinzieht und vorerst ansteigt. Schnell ist eine Höhe von gut 100 m erreicht, und rückblickend, insbesondere von einem links der Straße gelegenen Aussichtspunkt mit Café aus, genießt man ein fantastisches Panorama auf die fruchtbare Küstenebene vor der gleißenden Fläche des Porsanger, die weit hinten das Tafelland über Børselv spiegelt. Noch weiter geht es hinauf, immer die waldreiche Furche des Smørfjordelv entlang, aber Ausblicke bieten sich keine mehr. Auch von der bald erreichten Passhöhe nicht (240 m), von wo die Straße durch stark hügeliges Fjelland zum »Ort, wo die Flüsse einander begegnen« – dies die Bedeutung des Samenwortes **Skaidi** 8 (S. 279) – hinabführt. In der Tat treffen in dem Kesseltal dieses Dorfes gleich drei Flüsse (und zwei Straßen) aufeinander. Es gibt eine Tankstelle, ein rustikal eingerichtetes Restaurant, einen Campingplatz sowie ein empfehlenswertes Hotel, von dem organisierte Wanderungen sowie Angelausflüge organisiert werden.

Bis Alta sind es noch 87 km, und diese Strecke setzt der Fahrt das ›i-Tüpfelchen‹ auf, führt sie doch durch eine Landschaft, die noch einmal komprimiert all das bietet, was man bisher zu sehen bekommen hat. Das birkenreiche Kesseltal von Skaidi öffnet sich gen Süden in das zunehmend schmaler und wilder werdende Breidal, das sich bald als Canyon präsentiert und ganz vom tosenden Reppafjordelv, einem berühmten Lachsfluss, ausgefüllt wird. Über der Gischt schaukelnde Hängebrücken (von denen aus das Angeln verboten ist!) sind für kleine abenteuerliche Gänge gut, und so manches prächtige Fotomotiv bietet sich hier. Je höher wir kommen, desto mehr flacht sich die Schlucht ab, bis sie schließlich nur noch eine Furche ist, die sich durch die ewig weite, sanft gewellte Tundra hinzieht. Noch Anfang Juli sind den Weg säumende Seen mit Eis und große Teile des kargen Landes mit Schnee bedeckt, und doch markiert diese Zeit die Ankunft großer Rentierherden aus Kautokeino, die, mit etwas Glück, beim Grasen zu beobachten sind.

Nach insgesamt 27 km ab Skaidi ist ganz oben im Hochland auf über 400 m **Duoddar Sion** erreicht, ein Bergsamen-Sommerlager, dessen Spitzzelte und kegelförmige Kotas sich prächtig ins Bild der jetzt von Tausenden von Seen, Tümpeln und Teichen durchglitzerten Tundraebene einfügen. Viele Bewohner tragen noch ihre traditionelle Bekleidung aus blauem Flauschstoff mit rot bestickten Borten, aber man vergesse nicht vor lauter Fotowahn, dass es die Samen ganz und gar nicht mögen, wenn sie von aufdringlichen Touristen wie Folklorepuppen behandelt werden. Die Menschen leben hier und wollen

Blick auf den Altafjord

ihre Ruhe haben. Wer partout scharf ist auf ›klassische‹ Motive, der wird im weiteren Verlauf der E 6 noch genug Möglichkeiten haben, authentisch gekleidete ›Postkartensamen‹ mitsamt Zelt und Rentier ›in den Kasten‹ zu bekommen.

Auf den folgenden Kilometern durch das kahle Hochland verläuft die Straße stets auf einer Höhe von 360 bis 400 m, und erst nach rund 50 km ab Skaidi erreicht sie wieder ein Tal, das schnell an zahlreichen Wildbächen vorbei in niedere Lagen hinabführt. Bald schon öffnet sich unter uns der mächtige Altafjord, und dieser Anblick ist schon ein kurzes Verweilen wert, präsentiert sich doch die riesige Wasserfläche mit einem Saum von Wiesen und Wäldern ganz ähnlich einem der großen Seen des Tessins. Wenig später ist das Ufer erreicht, dem die Straße durch eine Bilderbuchlandschaft mit stetem Ausblick auf hohe, teils beschneite ›Alpenberge‹ (vorbei an drei Campingplätzen und Hüttenvermietungen) bis zum noch rund 10 km entfernten **Alta** 9 (S. 245f.) folgt, über das bereits an anderer Stelle das Wesentliche gesagt wurde (s. S. 95).

An das ›Ende der Welt‹

Die Distanz von Tana bru bis Berlevåg beträgt 135 km, und diese Strecke einmal zu befahren, kann jedem Freund schaurig-schöner Fels- und Tundra-Landschaften nur ans Herz gelegt werden. Derart unwirtliche Regionen kann man nirgends sonst in Europa von einer gut ausgebauten Straße aus bewundern, und wer noch im Juni oder schon im September in Nebel oder Schneewehen hineingerät, braucht sich der Angst um das Heimkommen nicht zu schämen. Die Halbinsel Raggonjargga, die sich wie ein dicker Daumen zwischen dem Tanafjord im Westen und dem Kongsøyfjord im Osten ins ›Eismeer‹ reckt, ist ein Land furchtbaren Ernstes und erinnert wohl in ihrer Nacktheit und Unfruchtbarkeit an die Zeit des Pleistozän-Frühlings, als das Eis der Glazialzeit zurückwich.

Streckenlänge und -verlauf: 135 km; von Tana bru auf der R 890 über Leirpollsdal (44 km) und Kongsfjord (59 km) nach Berlevåg (32 km).

Öffentliche Verkehrsmittel: Ab Tana bru verkehren zweimal täglich Busse nach Berlevåg, außerdem wird der Hafen von den Schiffen der Hurtigrute angefahren.

Von Tana bru nach Berlevåg

Von **Tana bru** 1 (S. 281f.) aus geht es auf der R 890, die von der E 6 bei der Brücke über den Tanaelva abzweigt, den immer breiter werdenden Strom entlang bis an dessen Mündung in den Tanafjord. Diese Strecke, reich an Ausblicken auf die Wiesen- und Sandufer des Flusses, muss als schön bezeichnet werden, auch wenn die säumende Bergwelt, je weiter man kommt, ein zunehmend erdrückendes Antlitz trägt. Böse, dämonische Gesichter kann man da im schwarzgrauen Fels erkennen, und im Bereich der Flussmündung gibt es Flanken, die regelrechte ›Augen‹ in Form kreisrunder und wie Schneckengehäuse verlaufender Formationen haben. Manche Windungen schimmern kupfergrün, andere zartrosa, auch gelbe und ockerfarbene sowie fast weiße kommen vor, und all diese Farben enthüllen nicht nur dem Geologen, dass hier besondere Minerale zutage treten. Ganze Berge wurden von Menschenhand terrassiert, um unter anderem den Abbau von Quarzit zu ermöglichen.

Von Tana bru nach Berlevåg

Tundralandschaft im Inneren der Halbinsel Raggonjargga

Dann bleibt die Fjordwelt zurück, wir fahren in das **Leirpollsdal** ein – ein grünes Refugium der Landwirtschaft (mit Campingplatz) –, aus dem die Straße aber bald in höhere Lagen führt. Gerade noch sah man Kühe auf fetten Wiesen grasen und überall Blumen blühen, dann nichts als Birken mehr, erst lang und schmal, dann klein und krüppelig, schließlich nur noch Weidenbüsche. Höher und höher geht es hinauf, Flechten und Moose bestimmen jetzt das Bild, das schließlich, auf einem 325 m hohen Pass, von glatt polierten und völlig kahlen Felskuppen geprägt wird, die allenfalls für zwei, drei Wochen im Jahr weitgehend schneefrei sind. Zu keiner Zeit gelangt der wirkliche Sommer bis hierher: Es herrscht Permafrost. Bald geht es wieder hinab und über das Kongsfjordfjell, eine endlose Ansammlung schwarz-grau-brauner Schutthügel, auf die, man glaubt es kaum, zahlreiche Norweger ihre Ferienhäuschen gesetzt haben.

Nach insgesamt 75 km ab Tana bru passieren wir die Abzweigung nach Båtsfjord, fahren bald durch mit Seen gespicktes und selbst im Juli noch weitgehend vereistes Tundraland, sodann für eine Weile am lachsreichen Kongsfjordelv vorbei und schlussendlich ans offene ›Eismeer‹ heran, das beim Ort **Kongsfjord** erreicht wird. Die Fenster vieler Häuser sind zugenagelt, ›Geisterstadtgefühle‹ kommen auf, und dass es hier ein Touristenbüro gibt (untergebracht im Theatersaal des Gemeindehauses), haut einen einfach um. Informiert wird besonders über Lachsfang, organisierte Wanderungen sowie eine Fotosafari per Fischerboot. Sind die Wettergötter gnädig, sollte man nicht

Im Hafen von Berlevåg ▷

VESTERÅLEN
METIND
ELIN

zaudern, sondern buchen, denn die gottverlassene Felsküste, von Millionen von Seevögeln bewohnt, ist für so manches Motiv gut. Aber auch sonst muss man auf sein Filmmaterial achten, denn die Landschaften im Inneren der Halbinsel, die hinter Kongsfjord durchfahren werden, wähnt man eigentlich auf dem Mond. Direkt am Meer aber passieren wir auch weiße Sandstrände (mit tollen Wildcampplätzen), und die Felsen, von denen sie umgürtet werden, präsentieren sich als baumkuchengleiche Schichtungen.

Berlevåg

2 (S. 248) Schließlich ist Berlevåg erreicht, ein Gewürfel mit Telefonleitungen untereinander verbundener Häuser rings um ein großes, durch Tetrapolder geschütztes Hafenbecken herum. Auch hier gibt es ein Touristenbüro, untergebracht auf dem Campingplatz und unbedingt einen Besuch wert – wegen des guten und billigen Essens, das in gemütlicher Atmosphäre serviert wird. Lohnend sind aber vor allem die Aktivitäten, die angeboten werden – geführte Wanderungen ins Landesinnere oder entlang der Küstenlinie, Boots- und Angelfahrten auf hohe See oder in den Tanafjord, Exkursionen zu den Vogelinseln nahebei, wo man außer Kormoranen und Alken auch Seehunde beobachten kann.

Darüber hinaus informiert das Touristenbüro ausführlich über die Situation des Ortes – und die ist teilweise düster. So stehen die Fischer hier vor dem Ruin, weil das Meer überfischt ist; es fehlt an allem, z. B. an Priestern, weshalb Verstorbene schon mal ohne Segen unter die Erde kommen. Man erfährt auch, dass sich die rund 1300 Einwohner des Ortes nicht nur aus Norwegern, sondern auch aus Engländern, Schweizern, Dänen, Finnen, Russen, Schweden und Spaniern sowie zahlreichen Tamilen aus Südindien zusammensetzen, es hier im Winter noch schöner als im Sommer sein soll (?), man dann aber nur im Konvoi durch meterhohen Schnee mit einer Fräse vorneweg die Stadt verlassen kann. Allerhand Geschichten also sind zu hören, denn man hat noch Zeit, sich dem einzelnen Reisenden persönlich zu widmen, kommen doch kaum Touristen hierher.

Auf zum Nordkap

Karte S. 125

Hier ist zu berichten von der ›Traumstrecke‹ der meisten Lappland-Fahrer, die zum ›Ziel der Ziele‹ führt, dem bei 71°10'21" nördlicher Breite 307 m senkrecht ins Eismeer abfallenden Schieferfelsen, vom britischen Seefahrer Richard Chancellor im Jahre 1553 auf den Namen Nordkap getauft und Jahr für Jahr von Hunderttausenden von Touristen aus aller Herren Länder besucht. Hier ist alles auf den Fremdenverkehr eingestellt, für alles und nichts wird man kräftig zur Kasse gebeten. Ob man das Kap nun wirklich gesehen haben muss oder nicht, mag jeder für sich selbst entscheiden. Mancher Besucher zumindest fühlt sich hier, am Ziel seiner Träume, bitter enttäuscht, und auch die Landschaft, die man durchfährt, ist bei weitem nicht so eindrucksvoll wie die, die man im Verlauf anderer Routen durch Nord-Norwegen zu sehen bekommt.

Streckenlänge und -verlauf: 103 km; von Olderfjord auf der E 69 über Kåfjord (70 km) und Honningsvåg zum Nordkap (33 km).

Öffentliche Verkehrsmittel: Honningsvåg wird mit Bussen von Alta, Hammerfest (jeweils mindestens viermal täglich) und Lakselv aus viermal täglich) bedient, liegt auf der Route der Hurtigschiffe, kann aber auch fliegend direkt ab Kirkenes und Hammerfest, Alta und Berlevåg erreicht werden. Ab Honningsvåg verkehren zwischen 12 und 22 Uhr sechs Busse zum Kap (retour zwischen 14 und 0.30 Uhr). Auch mit Taxen kann man ab Honningsvåg dorthin gelangen sowie zwischen dem 20. Oktober und dem 1. Mai, wenn die Nordkap-Straße gesperrt ist, mit Schneescootern.

Von Olderfjord nach Kåfjord

Von Olderfjord aus geht es entlang der E 69, die hier von der E 6 abzweigt. Die Küstenlandschaft am Porsanger, dem wir nun bis an seine Öffnung aufs ›Eismeer‹ folgen, präsentiert Öde, nichts als Stein gewordene Trostlosigkeit, bar jeder Dramatik. Lediglich da, wo Menschen wohnen – meist Seesamen –, erfreuen grüne Wiesen, auf denen nicht selten Rentiere weiden, und zaubern bunte Häuschen ein wenig Farbe ins zunehmend farbloser, weil immer felsiger, arktischer werdende Land, das nur denjenigen Reisenden faszinieren kann, der

bislang noch nichts von Küstennorwegen gesehen hat.

Nach etwa 16 km kommen wir in den Bereich, wo sich Berge direkt aus dem Meer aufwerfen. Der Straße verbleibt kein Platz, und so sind es mehrere Tunnel – einer über 6 km lang –, durch die es jetzt hindurchgeht. Außerhalb der dunklen Röhren kann man hier und da viele Meter über dem Meer gelegene Strandterrassen ausmachen (s. S. 11), passiert schließlich die Grenze zur Nordkap-Gemeinde und erreicht als nächstes Etappenziel **Kåfjord,** von wo aus es durch einen 1999 dem Verkehr übergebenen Tunnel zur Nordkapinsel hinübergeht.

Kein Aufwand scheint dem Staat zu groß, wenn es darum geht, möglichst viele Touristen zu einem Besuch des Nordkaps zu bewegen, und sosehr die Norweger auch die Köpfe schütteln eingedenk solcher Milliardenprojekte, der Urlauber begrüßt sie.

Von Honningsvåg zum Nordkap

Honningsvåg 1 (S. 272) dann, 3500 Einwohner zählendes Häuser-Sammelsurium ohne Stadtrechte, kann nur enttäuschen, und auch die einzige Sehenswürdigkeit, das Nordkapmuseum im Nordkaphaus (kulturhistorische Sammlung zu Fischerei und Tourismus), macht nicht viel her.

Also geht es weiter, im Konvoi den unübersehbaren Schildern nach und um den Skipsfjord herum, an dessen Ufer ein Campingplatz mit Hüttenvermietung sowie eine Jugendherberge auf grüner Wiese eingerichtet sind. Dann geht es steil bis zu einem Pass auf 312 m Höhe ins Innere der Insel hinein, die genauso ›mager‹ ist, wie ihr Name Magerøya (»magere Insel«) vermuten lässt. Wohin man auch blickt: Steine, nichts als Steine, dazwischen vereinzelte Grashalme, Flechten, Moose und natürlich Schnee, ganze Berge davon meist bis tief in den Juli hinein. Schön ist es nicht, was wir sehen, auch nicht spektakulär, und da stört es nicht weiter, dass man wegen des regen Verkehrsaufkommens alle Konzentration der Straße widmen muss, die 1956 eingeweiht wurde und streckenweise in einem desolaten Zustand ist. Schließlich wird Tufjord erreicht, wo sich ›Postkartensamen‹ den Fotoapparaten darbieten. Rechts ab geht es nach Skarsvåg, der nördlichsten Fischereisiedlung der Welt mit Campingplatz und Hüttenvermietung nahebei sowie der sogenannten **Kirkeporte,** einer nur wandernd zu erreichenden Felspforte, durch die zur Zeit der Sommersonnenwende um Mitternacht die Sonne scheint. Von hier aus genießt man einen schönen Blick auf das Felshorn über der Hornvika, der »Hornbucht« – Wahrzeichen vom Ende der Welt: steil, spitz, sagenhaft und zudem ein Opferplatz der Samen früherer Zeiten.

Von Tufjord aus sind noch 13 km zu bewältigen, in langer Steigung geht es wieder hinauf auf über 300 m, und nicht mehr lange, so blickt man über kahle Weiten aufs ›Ziel der Ziele‹, erkennbar an einem weit auseinandergezogenen blinkenden ›Objekt‹. Autos sind es, die dort, vor dem ›Ende der Welt‹, wie die Front einer Armee Aufstellung auf einem gigantischen Parkplatz genommen haben. Dann ein Schlagbaum mit Ampelanlage, wir entrichten zähneknirschend unseren Obolus und reihen unser Fahrzeug auf dem Platz ein, der das Gefühl vermittelt, auf einer Caravan- und Wohnmobil-Ausstellung zu sein.

Jetzt aber raus, nichts wie ans **Nordkap** 2 (S. 272), und dort steht man dann, schaut von schauriger Höhe in Richtung Pol, um den sich die Erde dreht, und wähnt, es sei der äußerste Punkt des Abendlandes, auf dem man steht. Freilich liegt noch Spitzbergen davor, und heute ist vermessen, dass nicht das Kap, sondern der westlich davon gelegene Knivskjellodden der nördlichste Festlandspunkt Norwegens ist. Aber solche physikalischen Daten erscheinen nebensächlich, kann man sich doch an dieser Stelle der Unendlichkeit stellen und sich emporgehoben fühlen wie einst Giuseppe Acerbi, ein italienischer Reisender, der hier 1789 voller Stolz ausrief: »Nun fühle ich mich nicht nur als menschliches Wesen, sondern als Schöpfer.« Solches Sich-selbst-Bewusstwerden ist heute freilich schier unmöglich, denn man ist umgeben von

Blick durch die Kirkeporte auf die Felsnase der Hornvika um Mitternacht

Zum Nordkap und nach Hammerfest

Menschenmengen aus aller Herren Länder, die auf künstlichen Pfaden zwischen dem Modell der Weltkugel und einem weiter östlich angelegten Skulpturenpark zum Thema »Frieden auf Erden« promenieren und an chronischem Fotofieber leiden.

Das Kap ist ›abgehakt‹, fröstelnd zieht man sich in die angrenzende Nordkap-Halle zurück, die 1988 eröffnet wurde und von außen genauso aussieht, wie man sich ein Monument des schlechten Geschmacks vorstellen könnte. Innen dann ganz dominierend der Nordkap-Postschalter, wo das Nordkap-Zertifikat ausgestellt wird, man Nordkap-Briefmarken mitsamt Nordkap-Stempel auf Nordkap-Postkarten versendet und die Mitgliedschaft im Königlichen Nordkap-Club erwerben kann. Nach links schließt sich eine Shopping-Galerie größeren Ausmaßes an, und hier gibt's die Nordkap-Anstecknadeln sowie -Autoaufkleber in jeder Größe. Rechter Hand liegt das Compass-Restaurant, und durch einen Tunnel gelangt man in unterirdische Hallen, wo Schaukästen einen Rückblick auf die Vergangenheit des Kaps ermöglichen wollen. Des weiteren lockt ein Besuch des Kinos, auf dessen Rundumleinwand die Finnmark zu allen vier Jahreszeiten lebendig wird, und schließlich steht man inmitten der Königlichen Halle mit Champagner-Bar, ordert einen Piccolo für einen extraordinären Preis und späht durch ein 80 m^2 großes Panoramafenster aufs Meer. Das war's dann, und man kann mit den Worten Franceso Negris sagen, der hier 1664 weilte: »Hier wo die Welt endet, nimmt meine Neugier ein Ende, und ich kehre zufrieden nach Hause zurück.« – Oder?

Blick auf das Nordkap mit dem Modell der Weltkugel

Hammerfest – Nördlichste Stadt der Welt

Ein Besuch von Hammerfest, der mit den Koordinaten 70°30'48" nördlicher Breite nördlichsten Stadt der Welt (übrigens auch der ersten, die eine elektrische Straßenbeleuchtung bekam – im Jahre 1890), ist für die meisten Nord-Skandinavien-Fahrer ebenso Pflicht wie die Stippvisite am Nordkap. Skaidi ist Ausgangspunkt für den Abstecher dorthin, der den Aufwand wert wäre, auch wenn das Ziel, die berühmteste, aber nicht unbedingt charmanteste Stadt des Nordens fehlen würde.

Streckenlänge und -verlauf: 57 km; von Skaidi auf der R 94 via Kvalsund (26 km) nach Hammerfest (31 km).

Öffentliche Verkehrsmittel: Busse verkehren von Kirkenes (zweimal täglich), Lakselv, Honningsvåg und Alta (vier- bis sechsmal täglich) via Skaidi nach Hammerfest, das außerdem von den Schiffen der Hurtigrute angefahren wird. Direkte Flugverbindungen bestehen von Alta, Berlevåg, Honningsvåg, Kirkenes sowie Tromsø nach Hammerfest.

Von **Skaidi** 3 (S. 279) aus geht es zunächst auf der R 94 durch das birkenreiche Reppafjorddal (mit Campingplatz) an den Reppafjord heran und sodann an ihm entlang bis zum Kvalsund, den die mit 740 m Spannweite längste Hängebrücke des Nordens, die auch die nörd-

Blick über den zugefrorenen Vargsund im März

lichste der Welt ist, überquert. Ende Juni und wiederum Ende Juli kann man mit etwas Glück große Rentierherden den Sund zwischen dem Festland und der Insel Kvaløya durchschwimmen sehen, auf der Hammerfest liegt. Auch die Kulisse der gletschergekrönten Insel Seiland, die sich aus dem angrenzenden Vargsund erhebt und einen auf der Weiterfahrt begleitet, ist stets beeindruckend. Kvaløya selber erinnert eher an eine Mondlandschaft, so karg präsentiert sich die Insel dem Betrachter. Ihr Name bedeutet »Insel der Qual«, und als eine Qual stellt man es sich in der Tat vor, hier zu leben.

Hammerfest 4 (S. 252f.) scheint an die Wurzel eines Felsens geschmiedet – worauf auch der Name hindeutet: altnord. *hamar* = »Berggipfel« und altnord. *festr* = »Tau«. Ein kurzer Aufenthalt ist durchaus reizvoll, und so fanden schon in den 30er Jahren immerhin bis zu 20 000 ausländische Besucher jährlich den Weg hierher. Heute sind es wesentlich mehr, der Tourismus ist dementsprechend die wichtigste Einnahmequelle (zusammen mit der fischverarbeitenden Industrie), und sommers sieht man die Norweger vor lauter Ausländern, insbesondere Deutschen, nicht mehr. Die Stadt, die 1989 ihr 200-jähriges Jubiläum feierte, und ihre 9000 Einwohner haben wieder ein normales Verhältnis zu Angehörigen der Nation gefunden, unter der sie im Zweiten Weltkrieg so zu leiden hatten. Dem Prinzip der »Verbrannten Erde«, das die Wehrmacht damals anwandte, entging keine Hütte, kein Fischerboot, und hier, in Hammerfest, ließen die deutschen Truppen als makabres Zeichen einzig und allein die **Grabkapelle (1)** stehen, neben der sich heute die hochmoderne **Hammerfest-Kirche (2)** als gewaltiges Dreieck erhebt. Ihr Inneres ist nüchtern,

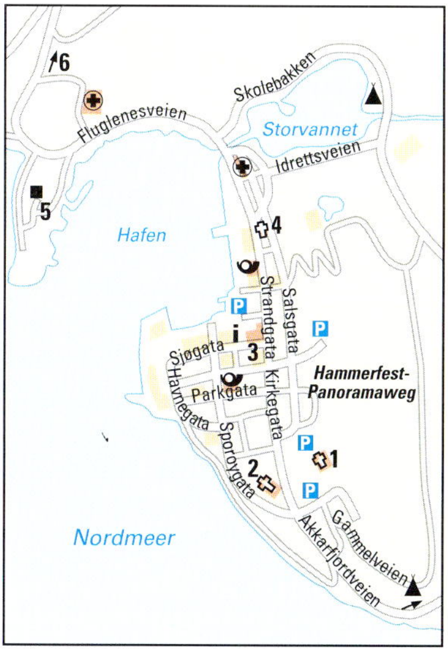

Hammerfest: *1 Grabkapelle 2 Hammerfest-Kirche 3 Eisbärenclub 4 St.-Michaels-Kirche 5 Meridiansäule 6 Flugplatz*

ein Altarbild fehlt, aber dieser Mangel wird von einem riesigen dreieckigen Fenster mit 8 m Kantenlänge und roter Glasmalerei, das den Chor abschließt, mehr als wettgemacht.

Folgt man von der Kirche aus den Schildern Richtung Zentrum, erreicht man bald das Hafenbecken, in dem unzählige Kutter und Ausflugsboote vor Anker liegen. Hier herrscht ein bisschen ›südländische‹ Stimmung. Man ergeht sich zwischen Parkbänken und nascht dabei Garnelen, die überall feilgeboten werden, wirft einen Blick auf den mit der Skulptur »Mutter und Kind« geschmückten Brunnen und wendet sich dann zielstrebig *der* Sehenswürdigkeit zu: dem im Rathaus zu findenden und von der »Royal and Ancient Society of Polar Bears« eingerichteten **Eisbärenclub (3),** in dem man das Fell des größten

»Weserübung« und »Verbrannte Erde« Norwegen im Zweiten Weltkrieg

Als 1938 in Europa die Zeichen auf Sturm standen und sich der Zweite Weltkrieg am Horizont abzeichnete, beschloss das Storting (Parlament) in Oslo einstimmig, sich – wie auch im Ersten Weltkrieg – aus allen bewaffneten Konflikten herauszuhalten, also neutral zu bleiben. Diese Politik wurde konsequent verfolgt, und so gelang es dem Land bis zum April des Jahres 1940, nicht in den Krieg verwickelt zu werden. Dabei war spätestens seit dem am 1. September 1939 begonnenen Polen-Feldzug klar, dass bei den vorauszusehenden kriegerischen Konfrontationen gerade Norwegen wegen seines Erzhafens Narvik und der Lage gegenüber den Britischen Inseln für Nazi-Deutschland von entscheidender strategischer Bedeutung sein würde. So bereiteten sich im Frühling des folgenden Jahres sowohl die Deutschen als auch die Alliierten auf militärische Operationen in Norwegen vor, doch während die Westmächte nur mit Zustimmung der Norweger vorgehen wollten, plante die deutsche Kriegsleitung von Anfang an einen Überraschungsangriff (wie in der »Studie Nord« von Großadmiral Raeder festgeschrieben).

Am Morgen des 8. April 1940 legten die Briten im norwegischen Fahrwasser Minen aus – mit stillschweigend vorausgesetzter Zustimmung der Norweger – und trafen gleichzeitig Vorbereitungen zur Besetzung der norwegischen Küste für den Fall, dass Deutschland auf die Provokation mit einem Angriff auf das neutrale Land reagieren sollte. In der Tat reagierte es schnell, zu schnell für die Alliierten. In der Frühe des 9. April, kurz nach Mitternacht, begann nämlich unter dem Namen »Weserübung« eine »Operation zur Sicherung der Neutralität der nordischen Staaten«, wie Hitler es ausdrückte. Die Regierung in Oslo lehnte ein um 5 Uhr morgens übergebenes deutsches Ultimatum, das die Annahme einer militärischen Besetzung des Landes forderte, einstimmig ab und erklärte den Invasoren den Krieg. Die Mobilmachung wurde angeordnet, doch der Feind war an Übung und Zahl weit überlegen, und so gelang es ihm bis zum Mittag desselben Tages, alle größeren Häfen bis hinauf nach Narvik zu besetzen – in Hitlers Augen »das kühnste Unternehmen der deutschen Kriegsgeschichte«.

Am 10. Juni mussten auch die letzten norwegischen Truppen kapitulieren, und schon drei Tage zuvor hatte sich der König, zunächst nach Tromsø geflohen, nach England eingeschifft, um den Kampf für die Freiheit seines Volkes von dort aus fortzusetzen. Tausende von Norwegern folgten ihm ins Exil und führten den Krieg mittels der norwegischen Handelsmarine weiter, die von nun an für die Versorgung der Alliierten eingesetzt wurde. Das kostete

4000 Seeleute das Leben und die Marine die Hälfte ihrer Schiffe. Aber auch im Land selbst war der Widerstand der »arischen Blutsverwandten«, wie Hitler die Norweger immer wieder propagandistisch zu umarmen versuchte, keineswegs gebrochen: Den 3900 Norwegern, die sich für die Waffen-SS anwerben ließen, standen schon bald 47 000 Untergrundkämpfer der geheimen Militärorganisationen MILORG und SOE gegenüber, deren wichtigster Schlag die Versenkung eines mit 100 000 l schweren Wassers beladenen Schiffes war, wodurch es dem Dritten Reich praktisch unmöglich wurde, den Bau der Atombombe zu realisieren.

Die Besatzer reagierten gereizt auf den Widerstand der »artverwandten Wikinger«, die jetzt insbesondere unter dem Terror der Gestapo schwer zu leiden hatten: Insgesamt wurden bis zur deutschen Kapitulation am 8. Mai 1945 40 000 Norweger arrestiert (von denen 260 in den Lagern starben), 6000 in deutsche Konzentrationslager deportiert, 363 Männer und Frauen hingerichtet, 700 Juden ermordet. Doch auch die deutsche Wehrmacht machte sich der Barbarei schuldig. Wurde in den ersten Kriegsjahren die Haltung der Soldaten noch von den Norwegern respektiert, so änderte sich das schlagartig im Herbst 1944, als russische Truppen die Besatzer aus der Finnmark vertrieben und nun die Wehrmacht in ganz Norwegisch-Lappland das Prinzip der »Verbrannten Erde« anwandte: Die Menschen in der Finnmark, in Troms und Nordland wurden gezwungen mitanzusehen, wie die Kranken aus den Hospitälern, die Gebrechlichen aus den Altersheimen getrieben, die Viehherden im Maschinengewehrfeuer getötet wurden, wie man Brücken zerstörte, Straßen aufriss, Strommasten fällte, ihre Häuser anzündete oder in die Luft sprengte, und wie nahezu alle Dörfer und Städte dem Erdboden gleichgemacht wurden. So blieb in Hammerfest einzig die Grabkapelle stehen, und nur ganz wenige Orte (z. B. Bugøynes, s. S. 108, Tromsø, s. S. 148ff.) wurden verschont …

Hammerfest nach der Aktion »Verbrannte Erde«

Blick vom Hammerfest-Panoramaweg auf Hammerfest

bisher erlegten Eisbären von 2,98 m Länge bestaunen und natürlich das beliebte »Eisbärenzertifikat« erstehen kann.

Bevor man sich nun aber – im Glauben, alle ›Attraktionen‹ gesehen zu haben – auf die Weiter-, sprich Rückfahrt macht, sollte man sich noch etwas Zeit nehmen. Auch die nahe dem Eisbärenclub gelegene **St.-Michaels-Kirche (4),** Zentrum der nördlichsten katholischen Gemeinde der Welt, ist unbedingt einen Besuch wert. Sie wurde 1958 von deutschen Freiwilligen erbaut und ist mit einem großen Mosaik geschmückt, das den hl. Michael im Kampf mit dem Drachen zeigt.

Erwähnenswert ist ansonsten noch die mit einer bronzenen Erdkugel geschmückte **Meridiansäule (5),** die an geodätische Messarbeiten erinnert, die hier zwischen 1816 und 1852 gemeinsam von Russen, Schweden und Norwegern durchgeführt wurden, um endlich Größe und Gestalt der Erde genauer festzustellen.

Alle diese Sehenswürdigkeiten des baulich nicht gerade charmanten Ham-

merfest sind – außer der Meridiansäule – durch eine weitgehend fahrzeugfreie Promenade, den **Hammerfest-Panoramaweg,** untereinander verbunden. Wer ihn entlanggeht, wird obendrein mit einer herrlichen Aussicht über die Stadt, den Straumen und die darin eingebetteten Inseln belohnt, kann auch Blicke weit ins Hinterland werfen, das zahlreiche Wanderziele bietet – ein Prospekt des Touristenbüros nennt mehr als 20 Möglichkeiten. Bei dieser Informationsstelle erhält man überhaupt sehr reichhaltiges Material, das über geführte Gletscher- und Höhlenwanderungen, Tauchexkursionen, Hochseefahrten, Fotosafaris zu Vogelinseln, Helikopterflüge zu den Ölplattformen in der Barentssee und vieles andere mehr unterrichtet.

Von Anfang Juni bis Ende August startet in Hammerfest täglich ein Schnellboot mit Ziel Honningsvåg und Transfer zum **Nordkap** (3 Std. Aufenthalt), das eine reizvolle Alternative zum herkömmlichen Weg (Route 6) dorthin darstellt: Erstens ist die Strecke bilderbuchschön und zweitens der Aufenthalt reichlich bemessen.

Im Angesicht des ›Eismeeres‹ – Von Alta nach Narvik

Zwischen Alta und Narvik folgt die Route dem mittleren Abschnitt der E 6 und erschließt dabei eine dramatische, oft scheinbar einem Bilderbuch entnommene Fjord- und Bergwelt. Am Weg liegen die Lyngen-Alpen, die Kennern als eine der imposantesten Bergketten unseres Planeten gelten. Die Zahl möglicher Abstecher ist Legion, Zentren für Outdoor-Aktivitäten finden sich zuhauf, und an Campingplätzen und Hüttenanlagen herrscht fast schon ein Überangebot. Hier sollte man nicht einfach entlangfahren, sondern Urlaub machen, sich viel Zeit lassen. Ebenso ist es Narvik, die berühmte Erzstadt, wert, nicht hastig durcheilt zu werden.

Streckenlänge und -verlauf: 515 km; von Alta auf der E 6 über Langfjordbotn (82 km), Storslett (92 km), Olderfjord (49 km) und Skibotn (70 km) nach Øvergård (36 km); von dort auf der R 87 über Øverbygd (37 km) nach Elverum (41 km); weiter auf der E 6 über die Gratangen-Turiststasjon (61 km) und Bjerkvik (15 km) nach Narvik (32 km).
Öffentliche Verkehrsmittel: Die gesamte Strecke zwischen Alta und Narvik wird von zahlreichen Busverbindungen bedient (täglich zwei direkte Linien).

Von Alta nach Langfjordbotn

Wir verlassen **Alta** 1 (S. 245f.) über die E 6 in Richtung Narvik, passieren direkt am Ortsausgang einen Campingplatz mit Hüttenvermietung (schöne Hügellage), sodann das mit einem Runenzeichen ausgeschilderte Felsbilderfeld von **Hjemmeluft,** das rund 3000 bis 6200 Jahre alte Figuren umfasst. Es ist das größte seiner Art in Nordeuropa und steht seit 1985 auf der World Heritage List der UNESCO. Die Felsritzungen wurden für das Publikum rot ausgemalt und stellen u. a. Rentiere, Bären, Jäger, Waffen und Boote dar – Zeugen menschlichen Denkens und Handelns in einer Epoche, die keine schriftlichen Quellen hinterlassen hat.

Durch stark hügeliges Fjell- und Waldland geht es nun an den Kåfjord heran. Eine Brücke kommt in Sicht, und wer auf der Suche nach einem herrlich gelegenen Rastplatz ist, biege direkt vor ihr auf einen links abzweigenden Weg ab, der auf eine Anhöhe führt, die einen See vom Fjordarm trennt. Wenige Kilometer hinter dem Abzweig ist **Kåfjord** erreicht, wo sich im 19. Jh., als der Ort ebenso viele Einwohner wie z. B. Hammerfest zählte, ein bedeutendes Kupferbergwerk befand, das von einer englischen Grubengesellschaft betrieben wurde. Sehenswert ist hier die direkt an der Straße stehende weiße Kirche, die 1837 nach dem Vorbild englischer Dorfkirchen errichtet und 1969 restauriert wurde. Etwa 100 m weiter zweigt nach links ein steil den Hang hinaufführender Schotterweg ab, über den eine anspruchsvolle Wanderung (ca. 3.30 Std.) zum 907 m hohen Panoramaberg Lille Halden führt, der von den teilweise restaurierten Überresten des ersten Nordlicht-Observatoriums der Welt gekrönt wird.

Hasvik
Alta-fjorden
Øksfjord
Alta
Øksfjordjøkulen 1204 m
882
Langfjorden
Kåfjord
Kåfjorden
Bergsfjord-halvøya
Jøkkelfjord
Langfjordbotn
Alteidet
1175 m
Trolldalstind
E 6
93
Kvænangen
Reisafjorden
Skjervøy
Arnøya
Oksfjorden
Sørstraumen
Kvænangsfjellet
866
NORWEGEN
Storslett
865
Reisadalen
Rotsundet
Rotsund
Reisa-Nationalpark
Ullsfjorden
Lyngen
Lyngen-Alpen
Olderfjord
Kåfjordbotn
Ringvassøya
Halti 1365 m
863
91
Kåfjorden
Lyngseidet
Storfjorden
Skibotn
FINNLAND
Tromsø
Tromsdalen
E 8
868
Saanatunturi 1029 m
Kilpisjärvi
Kvaløya
Storfjord
Muonio
Oteren
Øvergård
862
858
SCHWEDEN
Nordkjosbotn
87
Øverbygd
Øvre-Dividal-Nationalpark
Divielva
Senja
Andselv
86
Sørreisa
860
Istindan 1483 m
Elverum
Gryllefjord
84
Ånderdalen-Nationalpark
Bardu
Altevatnet
Innset
Andenes
Sjorvegan
Vadvetjåkka-Nationalpark
Torneträsk
848
E 10
Gratangen
And-fjorden
Abisko-Nationalpark
Kiruna
82
Vågs-fjorden
Harstad
Bjerkvik
825
829
83
Narvik
Borkenes
Bogen
850
Ofotfjorden
Hinnøya
0
20 km
N
1
2
3
4
5
6
7
8

Es geht nun am Westrand des Altafjordes vorbei, und zumindest bei schönem Wetter kann man kaum glauben, dass man am ›Eismeer‹ entlangfährt. Ungläubig blinzeln wir über den tief ins Land greifenden Fjord, der von meist beschneiten Bergen gerahmt wird, die in farbenfrohe Blumenwiesen und teils weiße Sandstrände auslaufen. Wir befinden uns im ›alpenschönsten‹ Abschnitt der E 6, und, von der Landspitze Langenesholm, wo ein Rastplatz eingerichtet ist (und Überreste steinzeitlicher Wohnplätze zu besichtigen sind), genießt man einen letzten grandiosen Blick zurück über den Altafjord. Die folgenden 29 km geht es am schmalen Arm des Langfjordes vorbei, der beidseitig von grauen Felswänden gesäumt ist, über die Dutzende Wasserfälle zu Tal springen. Noch Anfang Juli lecken hier Schneezungen am Straßenrand. Hoch über den grün und blau schimmernden Wassern am Fjordende, wo sich ein Campingplatz mit malerischen Blockhütten befindet, setzt die Zackenlinie des 1175 m hohen Trolldalstind, dessen vier Gipfel wie Finger geformt sind, Akzente in Weißgrau. Hier, bei **Langfjordbotn,** zweigt die nach Øksfjord ausgeschilderte R 882 ab. Das 40 km entfernte Ziel (Zimmervermietung) ist Zentrum nicht nur der Loppa-Gemeinde, sondern auch für Outdoor-Aktivitäten jeder Art.

Von Langfjordbotn nach Storslett

Von Langfjordbotn aus geht es weiter auf der E 6, die sich durch ein Trogtal, in dem die Grenze zwischen den Provinzen Finnmark und Troms verläuft, zum Kvænangen hinüberwindet. Aus ihm ragt das Massiv des Trolldalstind mit seinen Felsfingern empor. Wenngleich der Blick dorthin über Wiesen mit reicher Gebirgsflora schon von hier aus beeindruckend ist, kann man dieses Panorama noch aus weitaus besserer Perspektive genießen: dann nämlich, wenn man am Ende des Trogtals rechts auf die nach Jøkkelfjord ausgeschilderte Schotterstraße abzweigt, die steil auf über 170 m hinaufführt. Vom 14 km entfernten Ziel aus kann man nicht nur den Blick auf den Trolldalstind genießen, sondern auch den auf die Gletscherzunge des **Øksfjordjøkul,** der bläulichweiß über einem Meeresarm an der Felswand hängt. Laut verschiedenen Prospekten ist er zwar der einzige Gletscher nördlich des Polarkreises, der ins Meer kalbt, doch stimmt das nicht mehr, denn die Zunge hat sich innerhalb der letzten Jahre um mehr als 200 m zurückgezogen. Von Jøkkelfjord aus kann man sich per Motorboot nahe an die Eiswalze heranfahren lassen. Eine Wanderung dorthin ist aber nicht zu empfehlen, da mehrere breite und teilweise reißende Ströme auf dem ca. 10 km langen Weg zu durchqueren sind.

Doch zurück zum Kvænangen, an den man bei **Alteidet** kommt, einem alten Handelsplatz, der im Zweiten Weltkrieg zerstört und nicht wieder aufgebaut wurde, heute aber einen komfortablen Campingplatz mit Hüttenvermietung bietet. So dramatisch sich hier auch die Fjordlandschaft präsentiert, ist doch Zurückhaltung beim Fotografieren zu empfehlen, denn nur 3 km weiter wird ein Aussichtspunkt erreicht, von dem aus man direkt auf das Trolldalstind-Massiv blickt.

Von hier aus geht es durch das erst bewaldete, dann kahle Badderdal hinauf

Blick von Jøkkelfjord auf den Trolldalstind

Am Kvænangen

bis zu einer Passhöhe von 269 m Höhe, dann wieder kurvenreich zum Sørstraum hinunter. Die E 6 quert diesen weit ins Bergland reichenden Meeresarm auf einer Brücke (sehr gute Angelmöglichkeit), den man auf einer Nebenstrecke auch umrunden kann (32 km Umweg), wobei man zwei malerisch gelegene Campingplätze passiert. Bald schon bieten sich wieder grandiose Ausblicke auf den Trolldalstind, dann geht es sehr steil und immer fjordnah hinauf. Die Baumgrenze wird passiert, und schließlich ist das **Kvænangsfjell** erklommen, eine 402 m messende, direkt über dem Meer gelegene Höhe. Sosehr man mittlerweile in Sachen Panorama auch verwöhnt sein mag: Diese Landmarke stellt bei gutem Wetter alles bislang Gesehene noch einmal in den Schatten. Im Nordosten reicht der Blick bis zur gleißenden Haube des Øksfjordjøkul, daneben schimmert das Eismeer; späht man in die schaurige Tiefe, fasziniert ein Halbkreis aus schwarzen Felswänden, nach Süden zu erstreckt sich ein weites Kahlfjell, auf dem im Sommer die Erdhütten und Spitzzelte eines Bergsamen-Lagers auszumachen sind. Auch wohnen kann man hier oben, ein Fjellhotel ist eingerichtet, und das angeschlossene Restaurant ist von Lage und Panorama her eines der empfehlenswertesten des Nordens.

Nun geht es wieder hinunter ans Meer, unterwegs an einem See mit Campingplatz sowie einem schön gelegenen Wildcampplatz (direkt hinter dem Seeablauf, den die E 6 quert) vorbei, dann am Øksfjord und anschließend am schmalen Arm des Straumfjordes entlang, an dem gleich zwei empfehlenswerte Campingplätze (mit Hüttenvermietung) eingerichtet sind. Beide liegen auf Wiesenterrassen über dem Meer, und vom ersten aus genießt man einen Blick zurück auf den Fosselv, dessen mächtige Wasser sich in freiem Fall von der Abbruchkante des landeinwärts angrenzenden Hochfjells ergießen.

Bis **Storslett** (S. 276), einem kleinen Städtchen in der Mündungsebene des Reisaelvs in den Reisafjord, sind es von hier aus noch 9 km. Die touristische Infrastruktur ist ausgezeichnet (Hotel, Campingplatz, Hüttenvermietung), und im Touristenbüro informiert ein außerordentlich engagiertes Personal darüber, was man im Umkreis der Gemeinde unternehmen kann: z. B. an einer 12 oder 24 Std. dauernden Bootsfahrt an den Rand der Lyngen-Alpen (s. S. 139) teilnehmen oder – auch das eine unbedingte Empfehlung – einen Abstecher ins hier beginnende Reisadal unternehmen.

Reisadalen

2 (S. 276) Das etwa 110 km lange Tal, dessen oberer Teil 1986 zum Nationalpark erklärt wurde, ist auf einer Strecke von 44 km durch die R 865 erschlossen, die erst herrliche Ausblicke auf majestätische Felsgipfel bietet, auch auf uralte Einödhöfe, fast stets dem mächtigen Reisaelv durch düstere Wälder folgt und schließlich auf einem Wendeplatz endet. Dort beginnt ein markierter Wanderweg, und linker Hand liegt ein einsames Haus am Flussufer, von wo aus man eine unvergessliche Bootsfahrt unternehmen kann (zu buchen auch in Storslett). Souverän steuert der Skipper das Langboot durch Stromschnellen flussaufwärts, tiefe Urwälder breiten sich beiderseits des Flusses aus. Nach rund 45 Min. wird die Stelle erreicht, an der von links der Molliselv über 269 m in freiem Fall in den Reisaelv hinabstürzt. Dieser Wasserfall, der **Mollisfossen,** ist der zweithöchste des Landes, bestimmt aber sein spektakulärster. Weiße Wasserschleier wehen im Wind, es sprüht und steigt auf wie Silberstaub, und im Gegenlicht der Sonne weben Milliarden von Tropfen regenbogenbunten Chiffon. Noch weiter

An der Nordmeerküste

aber kann die Fahrt gehen, nämlich bis zur Fossestua (Wanderhütte) am **Nedrefossen,** von wo aus ein Wanderweg innerhalb einer Stunde zum **Imofossen** führt, in dem sich der Reisaelv selber in freiem Fall aus einem schmalen, hoch gelegenen Canyon mit ohrenbetäubendem Lärm ergießt. Bis Nedrefossen übrigens kann man auch ein mitgebrachtes Kanu den Fluss hinaufschleppen lassen, von wo aus nahezu 100 Flusskilometer auf dem technisch relativ problemlos zu befahrenden Reisaelv bis zu seiner Mündung ins Meer vor einem liegen.

Reisa-Nationalpark

Der 1986 eingerichtete, 803 km^2 große Nationalpark umfasst das gesamte obere Reisadal sowie die säumende Bergwelt des Kaledonischen Gebirges und die südlich angrenzende Hochfjellebene der Finnmarksvidda. Das Tal selber, vom Reisaelv durchströmt, präsentiert sich als ein monumentaler Canyon, auf beiden Seiten durch steile und dunkel bewaldete Bergflanken bedrängt, die fast von Meeresniveau in bis über 1000 m hohe, teilweise noch im Sommer beschneite Felsregionen aufsteigen. Mächtige Wasserfälle sind eine Attraktion des leicht zu erreichenden Nationalparks – der Mollisfossen etwa (s. S. 137). Am Ufer des Reisaelv, einem Kanu-Eldorado, wurden Schutzhütten errichtet, und markierte Pfade führen durch ein wahres Labyrinth von kleinen und großen Canyons bis nach Finnland hinüber. Ebenso erstaunlich wie die Landschaft stellen sich die Flora (525

Der Mollisfossen im Reisadal, einer der höchsten Wasserfälle Norwegens

verschiedene Pflanzen wurden registriert) sowie die Fauna dar, die noch Bären, Vielfraße, Luchse, Otter und angeblich sogar Wölfe kennt sowie 137 Vogelarten.

Von Storslett nach Skibotn

Auf ihrem weiteren Weg nach Süden führt die E 6 bald an einem Campingplatz sowie einem Motel vorbei und erreicht rund 9 km hinter Storslett einen Aussichtspunkt, von dem aus man ein letztes Mal den gesamten Reisafjord überblicken kann, bevor es, vorbei an einem großen Rastplatz und über einen 227 m hohen Pass, zur schmalen Rinne des Rotsund hinüber geht. Dieser Meeresarm ist nur 1 km breit und wird von über 1000 m hohen, teils vergletscherten Bergen gefasst. Kurz vor dem Dörfchen **Rotsund** ist ein Campingplatz ausgeschildert, doch der kann von seiner Lage her nicht mit dem konkurrieren, der 30 km hinter Storslett erreicht wird: Dort nämlich öffnet sich der Rotsund auf den Lyngen, über dessen kobaltblaue Wasserfläche man auf die Lyngen-Halbinsel hinübersieht, auf der die **Lyngen-Alpen,** die ›Alpen Nord-Norwegens‹, aufragen. Die imposante, weil überaus wild zerklüftete Bergkette wird von Aberhunderten, bis über 1800 m hohen Gipfeln gebildet. Von der Gewalt des glazialen Eispanzers modellierte Skulpturen aus Fels türmen sich dort ohne Ende auf, voneinander getrennt durch monumentale Trog- und Hängetäler, aus denen grünblau schimmernde Ströme monströser Gletscher in rissigen Wellen in die Tiefe drängen. Unwillkürlich hält man im Angesicht dieser Traumkulisse den Atem an und wünscht sich, solch ein Bild einmal ungestört zu verschiedenen Tages- und Nachtzeiten betrachten zu

Blick auf die Lyngen-Alpen

können, was vom hier gelegenen Campingplatz und den dazugehörigen Kiefern-Blockhütten aus auch möglich ist.

Während der folgenden 19 km geht es immer an diesem Bild vorbei nach **Olderfjord,** von wo Fähren nach Lyngseidet verkehren. Die Überfahrt wird man wegen ihres Panoramas bestimmt nicht bereuen, zumal sich vom Zielhafen aus (wo es einen schönen Campingplatz mit Hüttenvermietung gibt) die Weiterfahrt auf schöner Strecke nach Tromsø anbietet. Auch kann man der R 868 folgen, die am Fuß der Lyngen-Alpen parallel zur E 6 verläuft und schließlich bei Storfjord wieder auf sie mündet. Diesen Weg zu nehmen, ist aber keine wirkliche Empfehlung, denn der Blick von der Europastraße auf die Berge ist wesentlich imposanter als der von ihrer Wurzel aus. Auch ist der Abschnitt der E 6, der von Olderfjord aus um den Kåfjord herumführt, von berauschender Schönheit.

Unzählbar sind die Wasserfälle, die sich auf den 19 km bis **Kåfjordbotn** von bis über 1000 m hohen Felswänden in die Tiefe stürzen. Das Dörfchen selber, eingebettet in einen malerischen Wiesentrog, ist Ausgangspunkt für einen Abstecher zum 4 km entfernten Holmenes-Seesamen-Freilichtmuseum, das, weil früher ein Seesamen-Dorf, gar nichts Museales an sich hat. Ein Besuch ist wärmstens zu empfehlen, zumal dort sehr anschaulich und ausführlich über *grene,* die alte Webkunst der Seesamen, informiert wird. Besuchenswert außer dem Museum sind das 8 km weiter taleinwärts gelegene Ankerlia-Bergwerk, wo bis ins Jahr 1909 Kupfer abgebaut wurde, sowie mehrere Bergsamen-Sommerlager, über deren Lage das Fremdenverkehrsamt in Kåfjordbotn ebenso informieren kann wie über Wanderrouten. Die spektakulärste Bergtour, die von hier aus möglich ist, hat den 1328 m hohen Halti zum Ziel, den höchsten Berg Finnlands, direkt an der Grenze zu Norwegen gelegen und vom Ende der befahrbaren Talstraße nur rund 10 km entfernt.

Direkt an der Ortsausfahrt von Kåfjordbotn passieren wir einen herrlich auf großer Wiese gelegenen Campingplatz, und nach weiteren 15 km entlang der abweisenden Felsküste, in die die Straße teilweise gesprengt ist, öffnet sich links das **Manndal,** ein hauptsächlich von Seesamen besiedelter Doppel-Taltrog, den man auf 14 km langer Schleife umrunden kann. Neben einem Motel mit Restaurant findet sich hier eine Verkaufsstelle für traditionell gefertigte *grene*-Webprodukte (insbesondere Decken). Ein paar Kurven weiter öffnet sich an einem Rastplatz der Kåfjord wieder auf den Lyngen, gegenüber liegt Lyngseidet. Während der folgenden 30 km sind die Lyngen-Alpen nun wieder ständig im Bild, zu genießen auch von zahlreichen Rastplätzen aus. Dann kommt das mehr als 2 km breite Trogtal in Sicht, an dessen Öffnung auf den Fjord vor graugelben Sandstränden **Skibotn** 3 (S. 279f.) liegt. Auch wer in Eile ist, sollte sich von diesem aus Campingplätzen und Ferienhütten bestehenden Ort aus unbedingt einen Abstecher durch das Skibotndal zum Dreiländereck nach Kilpisjärvi (s. S. 189) sowie zum Saanatunturi, dem heiligen Berg der Samen, gönnen. Dieses Ziel ist beeindruckend, aber auch die 50 km lange Strecke dorthin (vorbei an einem traumhaft auf einer Wiesenterrasse am Flussufer gelegenen Campingplatz) ist von wilder Schönheit. Einmal auf der E 8 in diesem Abschnitt gefahren zu sein, gehört zu den eindrücklichsten Erlebnissen einer Lappland-Reise überhaupt.

Von Skibotn nach Elverum

Während der folgenden 27 km von Skibotn aus geht es wieder auf der E 6 stets am Ufer des nur etwa 1 km breiten Storfjordes entlang, von wo man schöne, aber nicht mehr so dramatische Ausblicke auf die Lyngen-Halbinsel genießen kann. Ein netter Rastplatz und ein empfehlenswerter Campingplatz liegen nach 9 km am Weg, und nach rund 20 km klafft links das **Kittdal,** dessen schmaler Trog von bis über 1500 m hohen Felstürmen bedrängt wird. Ein Umweg auf der dort hineinführenden Straßenschleife von rund 14 km Länge ist unbedingt zu empfehlen – sei es, weil man angesichts der wilden Natur vom Wandertrieb erfasst wird, weil man per Mountainbike durch die Bergwelt zur E 8 zwischen Skibotn und Kilpisjärvi aufbrechen will, romantische Stellplätze für die Nacht sucht oder einfach mal ein ›arktisches Matterhorn‹ aus neuer Perspektive sehen möchte.

Ein Stückchen weiter ist das innere Ende des Storfjordes erreicht, und hier, wo rechts die R 868 nach Lyngseidet abzweigt, liegt der Ort Oteren, der in der Hauptsache aus einem Hotel sowie einem Campingplatz besteht. Die E 6 verlässt jetzt die Küste und führt durch ein monumentales Trogtal nach **Øvergård,** wo es sich zu entscheiden gilt, ob man auch weiterhin der Europastraße via Nordkjosbotn Richtung Andselv folgen will oder die R 87 bevorzugt, die durch wald- und wiesenreiche, teils außerordentlich liebliche Flusslandschaft dorthin führt. Beide Strecken haben ihren Reiz, sind auch ungefähr gleich lang. Wer meint, jetzt erst einmal genug imposante Berge und Fjorde gesehen zu haben, sollte die R 87 wählen, der auch unsere Route folgt. Sie zieht sich durch das tannendunkle Tamokdal nach Süden, stößt auf weite Wiesenauen mit darin eingebetteten Seen und verläuft dann parallel zum Divielv, der nach seinem Zusammenfluss mit anderen Flüsschen Målselv genannt wird und sich breit durchs fruchtbare Land schlängelt.

Nach rund 32 km biegt in **Øverbygd** links eine Straße ab, die nach Süden bis an den Rand des Øvre-Dividal-Nationalparks führt. Von dieser Straße aus, die nur für Fahrzeuge bis 2,5 t Gesamtgewicht zugelassen ist und zu einem einsam gelegenen Campingplatz mit Hüttenvermietung führt, kann man nicht nur lange Wanderungen ins Hinterland, sondern auch Spaziergänge unternehmen. Von Vetlenesbua (29 km ab Øverbygd) aus zieht sich ein Pfad nach links ins Skakterdal, das sich bald zu einer 200 m tiefen, nur wenige Meter breiten Klamm verengt. Zu ihr gelangt man durch einen wahren Urwald aus ›Methusalem‹-Kiefern, wie man sie gewaltiger und schöner wohl nirgends in Lappland zu sehen bekommt.

Rund 30 km hinter Øverbygd liegt an der R 87 der **Målselvfossen,** der an der Straße nach rechts ausgeschildert ist. Hier stürzt sich der Målselv, eines der besten Lachsgewässer der Welt, auf einer Länge von 600 m über Dutzende von Katarakten. Von einem Uferweg aus kann man dieses Schauspiel hautnah erleben und auch Europas längste Lachsleiter (500 m) betrachten. Wer hier sein Glück beim Lachsfang versuchen will, kann im Touristenzentrum oberhalb des Flusses die notwendige Angelkarte erstehen. In **Elverum** schließlich trifft die R 87 wieder auf die E 6, die rechts nach Andselv, einer tristen Garnisonsstadt, führt.

Øvre-Dividal-Nationalpark

4 (S. 273) Dieser Nationalpark, 743 km^2 groß, ist nur über die bei Øverbygd von der R 87 abzweigende Stichstraße ins Dividal zu erreichen. Er gilt als Norwegens ›wildeste Wildnis‹ – und das will was heißen. Nirgends sonst im Land findet man solch urwüchsige Waldtäler mit gewaltigen Kiefern, solch unendliche Tundraweiten und Hochplateaus (die durchaus an Tibet zu erinnern vermögen), solch tiefe Schluchten und wüst geformte Berge, bis 1700 m hoch. Von Superlativ zu Superlativ führt eine Wanderung durch dieses Refugium, das von relativ gut ausgebauten Pfaden mit zahlreichen Übernachtungshütten erschlos-

sen wird. Sogar das Kartenmaterial ist vorbildlich (Turkart Indre Troms, 1:100 000, erhältlich in den Buchläden von Bardu, Andselv, Tromsø, Nordkjosbotn und Øverbygd).

Ånderdalen-Nationalpark

5 (S. 246) Etwas abseits der E 6 zwischen Tromsø und Narvik liegt auf Senja, der zweitgrößten Insel Norwegens (über eine Brücke zu erreichen), der 68 km² große Ånderdalen-Nationalpark. Das Bild dieses Schutzgebietes, eines der jüngsten in Norwegen, wird geprägt von gewaltigen, sehr stark denen der Lofoten ähnelnden Bergen. Zwischen ihnen erstrecken sich blumenübersäte Auen sowie üppige Birken- und Kiefern-Urwälder. Ausgangspunkt ist das Dorf Storjord an der Südostküste der Insel.

Von Elverum nach Narvik

In Elverum biegen wir links auf die E 6 ab und folgen dem waldreichen Flusstal des Barduelv, das linker Hand Aussicht auf die Flanken des 1489 m hohen, vergletscherten Istindan gewährt. Wo der Fluss Richtung Südosten abknickt, liegt **Bardu** 6 (S. 248) oder Setermoen, wie der 3000 Einwohner zählende Ort mit altem Namen heißt, Standort einer Brigade, die aufgestellt wurde, um die Nordflanke der NATO zu verstärken. Kriegsspiele gehören hier zum Alltag, ständig dröhnen die Kampfflugzeuge in der Luft und rasseln die Panzer durch die Straßen dieser zum Großteil von Militärs bewohnten Ortschaft, nahe der sich auch der größte Truppenübungsplatz Norwegens findet.

In Bardu zweigt die R 847 ab, die nach 35 km bei Innset am **Altevatn** endet, dem mit rund 80 km² Fläche größten See Nord-Norwegens, der für seinen großen Fischreichtum bekannt ist. Seine Umgebung bietet zahlreiche Wanderziele; z. B. ist der in Schweden gelegene Torneträsk von dort aus in 8 Std. erreichbar (Bootsverbindung nach Abisko; s. S. 214f.), und zum Øvre-Dividal-Nationalpark zieht sich eine markierte Strecke, die in rund 20 Std. (drei Übernachtungshütten unterwegs) nach Vetlenesbua im Dividal führt. Auch Survival-Kurse werden in der Umgebung des Altevatn durchgeführt.

Von Bardu steigt die E 6 zum Kobbryggen an, einer 168 m hohen Passhöhe, die das Bardudal vom Salangsdal trennt. Als dessen bedeutendste Sehenswürdigkeit gilt das **Bardu Bygdetun**, ein Freilichtmuseum mit mehreren

Tundralandschaft auf dem Hochplateau des Øvre-Dividal-Nationalparks

Vom Nordlandboot zum Trawler

Mehr als 1000 Jahre lang bedienten sich die Fischer in Nord-Norwegen kleiner, offener Ruder- und Segelboote, die in Sachen Konstruktion und Proportion zum gleichen Bootstyp wie die Langschiffe der Wikinger gehören und als außerordentlich seetüchtig gelten. Sie wurden, so viele unterschiedliche Typen es auch gab, generell als *nordlandsbåten* bezeichnet und beherrschten bis weit ins 19. Jh. hinein unangefochten die Fischerei.

Allen Booten war gemeinsam, dass sie aus Fichten- (wenn in Mo i Rana oder Bindal gebaut) oder Kiefernholz (wenn aus Salten) gezimmert und oft viele Generationen lang im Einsatz waren – was für ihre ausgezeichnete Verarbeitung spricht. Als Imprägniermittel wurde Teer (meist mit Harz gemischt), später auch Leinöl verwendet, aber genauso wichtig wie die Seetüchtigkeit soll den Fischern die Bemalung der Boote gewesen sein: Sieben Farben waren vorgeschrieben, nicht mehr und nicht weniger, und es müsste schon ein seltsamer Zufall sein, wenn diese Sitte nicht damit zu tun hätte, dass die Sieben einen hohen Stellenwert in der Zahlenmagie innehat.

Von äußerster Wichtigkeit war auch das richtige Platzieren des Mastes für das *råsegl* (Rahsegel), das hauptsächlich einen Raumschotkurs zuließ, zum Kreuzen und Am-Wind-Fahren jedoch nur sehr bedingt geeignet war. Da alle Nordlandboote grundsätzlich tief im Wasser lagen, konnten schnell die Wellen überschlagen, und um sie zu zähmen, ihnen ihre Wucht zu nehmen, wurde Tran oder Paraffin aufs Meer geschüttet. Lief das sehr elastische Schiff dennoch voll, kam es auf die Fähigkeiten des Skippers an, das Wasser durch geschickte Manöver ›herauszusegeln‹.

Erst ab etwa 1870 gelang es moderneren Schiffstypen, die als wichtigste Errungenschaft das Schrägsegel trugen, sich gegen die starke Traditionsverbundenheit der Nord-Norweger durchzusetzen. Knapp 20 Jahre später dann kamen die Vorläufer der Trawler auf, die *kutteren* (Kutter), die im so genannten Krawlee-Verfahren (die Bretter des Rumpfes sind Kante an Kante gefügt) gefertigt und somit wesentlich stabiler und sicherer waren als die nach der traditionellen Klinkertechnik gezimmerten. Zum Leinen- und Handangelfischen nahmen die ansonsten mit Netzen ausgestatteten Segelkutter (Fock-, Sturm- und Toppsegel sowie Klüver und Besan) bis zu sechs flachbodige Boote mit an Bord. Diese waren schon eine Neuerung, doch als der letzte Schrei jener Jahre galten *garnspelet* und *linespelet,* handgetriebene Spills, die das Leinen- und Handangelfischen zwar effektiv machten, sich aber erst viele Jahrzehnte nach ihrer Einführung durchsetzen konnten. Bei den sturen Fischern waren sie als *uvesenet* (Unwesen) verschrien.

Dampffiskebåtar hatten sich schon 1890 ihren Weg ins Nordmeer erstampft, und diese aus Eisen gefertigten Dampfschiffe waren bereits bis zu 30 m lang. Sie qualmten und stanken wie die Pest und konnten niemals zu einer echten Konkurrenz für die Nordlandboote und Kutter werden. Anders die mit Motor ausgestatteten Schiffe, deren erstes man im Jahre 1903 im Norden sichten konnte. Es wurde von einem dänischen Viertakter Marke »Dan & Alpha« angetrieben, der aber nur 5 PS brachte und lediglich als Hilfsmotor sowie zum Ziehen von Garn- und Leinenspill gedacht war. Die Alten ließen natürlich kein gutes Haar an dem knatternden Gefährt und machten sich einen Spaß daraus, ihm wegzurudern oder -segeln. Aber die junge Fischergeneration kam schnell auf den Geschmack, und als die stärkere Marke »Gideon & Thor« auf den Markt kam, baute schon manch einer sein Nordlandboot zum motorisierten Fischkutter *(sjark)* um, der zusätzlich mit einem Deck versehen wurde. Als auch Steuerhaus und Logis dazukamen, wechselte der Name zu *sjøldragar,* aus dem sich Mitte der 40er Jahre ein mit kombiniertem Steuerhaus und Logis versehener Typus entwickelte, der auch zum Netzfischen tauglich war.

Schon um 1930 hatte ein findiger Ingenieur den *kryssar* entworfen, einen ›Kreuzer‹, bei dem der Vordersteven schräg zum Kiel steht. Diese Version konnte sich durchsetzen und ist noch heute die dominierende bei den größeren Bootstypen. Die kleineren wurden ab 1950 hinten abgeschrägt, was sie zu *gavlebåten* machte bzw. – seit sie auch aus Kunststoff gefertigt werden – zu *plastsjarken,* die heute rund ein Drittel aller anmeldepflichtigen Boote an der Nordmeerküste ausmachen. Die Hälfte entfällt auf kleine Boote ohne Deck, den Rest bilden moderne, stählerne Trawler, die mit bis zu 15 Mann Besatzung ausgestattet sind, eine Ladekapazität von durchschnittlich 300 BRT haben, aber nur außerhalb der Zwölfmeilenzone eingesetzt werden dürfen.

Doch egal mit welchem Bootstyp man zum Fischen aufs Meer hinausfährt: Stets heißt es – heute wie vor 1000 Jahren – *ro feske,* was soviel wie »Fisch rudern« bedeutet. Entsprechend sagt der, der vom Fischen zurückkommt: »I dag va' eg roen« – »Heute habe ich gerudert«.

Rekonstruiertes Nordlandboot im Hafen von Hamnøy

Blockbauten auf dem Areal eines aus dem 19. Jh. stammenden Gehöftes. Über eine weitere Passhöhe, den 327 m hohen Kolbanskar, geht es hinunter nach Fossbakken, wo rechts der Straße Jordbrua liegt, eine natürliche Steinbrücke, unter der der Spandalselv hindurchfließt. Durch wilde Berg- und Tallandschaft geht es via Lapphaugen-Turistcenter (Restaurant, Campingplatz, Ferienhütten) und Bykkemyra-Pass (428 m) zur Gratangen-Turiststasjon (Cafeteria, Camping, Ferienhütten, Touristeninformation), von der aus man ein Panorama auf das Hochfjell und den in der Tiefe liegenden **Gratangen** 7 (S. 251) genießt. Ein paar (sehr steile) Kilometer nur sind es bis dort hinunter, und dieser Abstecher ist zu empfehlen – nicht nur wegen der Fjordsicht, sondern besonders wegen der **Gratangen Båtsamling,** einem Museum für Nordlandboote, dessen Glanzstück ein Zehnruderer aus dem Jahre 1840 ist. *Die* Zugnummer schlechthin in diesem Teil Lapplands ist aber eine Nordlandboot-Kreuzfahrt auf dem Gratangen, die vom Museum organisiert wird.

Von der Gratangen-Turiststasjon geht es 17 km weit konstant, teilweise sehr steil sowie kurvenreich hinab, und immer wieder sind es fantastische Ausblicke über den Ofotfjord auf Narvik sowie die hinter der Stadt aufragenden, bis über 1500 m hohen Gletscherberge, die während dieser Fahrt zu genießen sind. Am Ende der Gefällstrecke liegt **Bjerkvik,** wo die E 10 in Richtung Vesterålen und Lofoten abbiegt (Route 10). Noch 32 km sind von hier bis Narvik, dem Endpunkt der Route, zu bewältigen – 32 km mit stetem Panorama auf den Fjord, die Stadt und die Berge. Zwei Campingplätze liegen am Weg, aber nur der erste, 5 km südlich von Bjerkvik (keine Hüttenvermietung), wird der Schönheit der Landschaft von seiner Lage her gerecht. Der zweite befindet sich direkt an der Kreuzung der E 6 mit der E 10 (Route 15), hinter der sich bald der Rombaksbotn öffnet, der auf einer Hängebrücke gequert wird. Die letzten Kilometer geht es an der Wurzel steil aufragender Berge entlang. Hoch über der Straße kleben die Schienen der Erzbahn am Fels, und die von Kiruna herunterkommenden Erzzüge sind es auch, deren nervtötendes Bremsenkreischen eine Übernachtung auf dem Narvik-Campingplatz (auch Hüttenvermietung; direkt an der Ortseinfahrt, rechts der E 6) nicht gerade zu einem Vergnügen macht.

Narvik

8 (S. 270f.) Noch vor wenig mehr als 100 Jahren ein unbedeutendes Fischerdorf, ist Narvik heute eine Stadt aus Stein und Beton, wodurch es sich wesentlich von den meisten anderen norwegischen Orten unterscheidet. Seine Geschichte begann mit dem Bau der Erzbahn, 1883 in Angriff genommen, 1902 eröffnet und geschaffen, um das Erz von Kiruna und Gällivare hierher an einen eisfreien Hafen zu bringen. Seitdem ist die ökonomische Grundlage der heute rund 19 000 Einwohner zählenden Stadt, die 1902 die Stadtrechte bekam, die Verschiffung von Erz aus den nordschwedischen Gruben. Die **Erzverladeanlage (1),** gleichzeitig Hauptsehenswürdigkeit der Stadt, ist die größte und modernste ihrer Art auf der Welt und hat eine Kapazität bis zu 11 000 t stündlich. Rund 15 Mio. t Eisenerz werden z. Zt. jährlich auf über 1000 Schiffe verteilt, und die vollautomatische Anlage kann Schiffe bis zu 350 00 BRT Größe beladen.

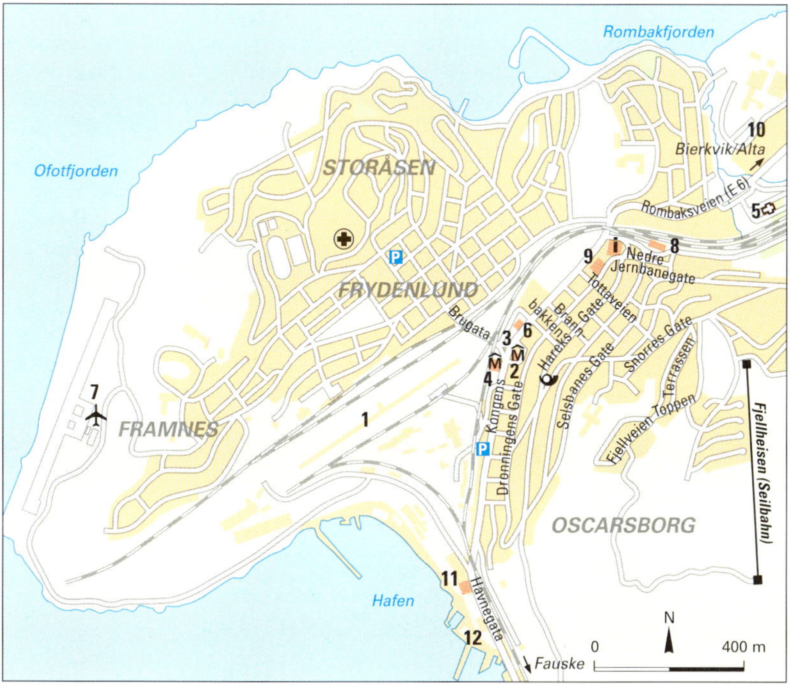

Narvik: *1 LKAB-Erzverladeanlage 2 Kriegsgedenkmuseum 3 Wegweiser 4 Ofoten-Museum 5 Friedenskapelle 6 Rathaus 7 Flughafen 8 Bahnhof 9 Busbahnhof 10 Campingplatz 11 Jugendherberge 12 Schnellbootanleger*

Die wichtige Ressource Eisenerz war es auch, wonach Nazi-Deutschland trachtete, als es am 9. April 1940 ein Expeditionskorps unter General Dietl hierher entsandte, das Narvik angriff und einnahm, womit es den Alliierten nur um kurze Zeit zuvorkam, die am 28. Mai die Stadt zurückeroberten. Dies war die erste größere Niederlage der deutschen Kriegsmacht, und der Ausspruch »Look to Narvik« ging als Hoffnungsbote um die Welt. Aber nicht für lange Zeit, denn die Situation der Alliierten an der Westfront war mittlerweile katastrophal geworden: Man konnte keine großen Streitkräfte mehr in Narvik belassen, und nur 14 Tage später wurde die Stadt aufgegeben, in die die Deutschen, die sich aufs Bjørnfjell zurückgezogen hatten, nun kampflos einziehen konnten. Fünf Jahre währte ihre Herrschaft, und als sie endete, legten die Soldaten des Dritten Reichs auch Narvik in Schutt und Asche. Wer sich über diese Ereignisse informieren will, findet dazu im **Kriegsgedenkmuseum (2;** Krigsminnemuseet) Gelegenheit, das vom Roten Kreuz eingerichtet wurde und, bar jeder Polemik, ein lebendiges Bild jener Zeit vermittelt.

Schräg gegenüber, auf der anderen Seite der E 6, die das Stadtzentrum durchschneidet, findet sich eines der meistfotografierten Objekte in Lappland: der übergroße **Wegweiser (3),** der z. B. kenntlich macht, dass der Nordpol von hier aus 2420 km entfernt ist, Hamburg 2007 km, Rom 3719 km ... Hier, wo es sommers wimmelt von Besuchern aus aller Herren Länder, gibt sich Narvik auch ein ganz klein wenig urban und laden Restaurants und Straßencafés zu einem Besuch ein. Aber der Verkehr dröhnt, auch die Erzverladeanlage macht laut von sich hören, es geht hektisch zu. Weitaus relaxter und auch ungleich schöner sitzt man im Restaurant (mit Panoramafenster und -balkon) auf dem **Fagernesfjell,** 650 m über der Stadt. Eine 1000 m lange Seilbahn führt innerhalb von 13 Min. hinauf in die luftige Höhe, von der aus der Blick auf Narvik, die gigantische Erzverladeanlage, den Ofotfjord und die Bergwelt ringsum faszinierend schön ist. Viele Wanderungen bieten sich an (z. B. zum 1254 m hohen Fagernestoppen), geführte Touren werden vom Touristenbüro organisiert, und sehr empfehlenswert ist es wegen des Panoramas, den Rückweg zur Stadt von hier aus zu Fuß zu bewältigen.

Außer den bereits genannten Sehenswürdigkeiten laden in Narvik noch das **Ofoten-Museum (4)** mit seiner kulturgeschichtlichen Ausstellung zur Geschichte der Stadt sowie die 1957 erbaute **Friedenskapelle (5)** zu einem Besuch ein, deren Altar und Reliefs im Glockenturm sehenswert sind.

Tromsø – Metropole des Nordens

Karte S. 154

Mit rund 53 000 Einwohnern ist Tromsø nicht nur die größte Stadt von Nord-Norwegen, sondern die bedeutendste im hohen Norden überhaupt und besitzt mit 2520 km^2 zudem die größte Stadtfläche Norwegens. Es entwickelte sich auf der mitten im Balsfjord gelegenen Insel Tromsøya um eine gegen 1250 von König Håkon Håkonsson errichtete Kirche herum. Im Jahre 1794 erhielt Tromsø die vollen Stadt- und Handelsrechte, wurde bald darauf Bischofssitz (1803) und ab 1820 Ausgangspunkt zahlreicher Expeditionen in die Arktis (u. a. von Carlsen, Nansen und Amundsen), weshalb es den Beinamen »Pforte zum Eismeer« erhielt. Als »Paris des Nordens« rühmt sich die im Sommer fast südländisch anmutende Stadt wegen ihrer zahlreichen Nachtclubs, Bars und Pubs, Cafés und Restaurants. Das attraktive urbane Treiben, die Buntheit des Hafenlebens vor einer dichten Sammlung alter Holzhäuser (Tromsø wurde im Zweiten Weltkrieg nicht zerstört) würden allein schon einen Besuch rechtfertigen, auch wenn es keine Museen, kein Nordlichtplanetarium, keine Eismeerkathedrale – um nur einige Highlights zu nennen – zu besichtigen gäbe.

An-/Weiterreise: Von der E 6 (Route 8) aus gibt es drei Möglichkeiten, nach Tromsø zu gelangen: **1.** Von Olderfjord mit der Fähre nach Lyngseidet (täglich bis zu achtmal), auf der R 91 nach

Die Eismeerkathedrale in Tromsø

Svensby (24 km), von dort mit der Fähre nach Breivikeidet (täglich mindestens achtmal), weiter auf der R 91 nach Fagernes (24 km) und schließlich auf der E 8 nach Tromsø (25 km); Gesamtlänge: 73 km. **2.** Von Olderfjord weiter auf der E 6 nach Oteren (97 km), von dort auf der R 868 nach Lyngseidet (42 km), auf der R 91 nach Svensby (24 km), von dort mit der Fähre nach Breivikeidet (täglich mindestens achtmal), weiter auf der R 91 nach Fagernes (24 km) und schließlich auf der E 8 nach Tromsø (25 km); Gesamtlänge: 212 km. **3.** Von Olderfjord weiter auf der E 6 über Oteren nach Nordkjosbotn (115 km), von dort auf der E 8 nach Tromsø (73 km); Gesamtlänge: 188 km. Die zweite Route ist die attraktivste (wenngleich auch längste), da sie nicht nur durch das malerische Breivikdal zwischen Breivikeidet und Fagernes führt, sondern auch von der E 6 herrliche Aussichten auf die Lyngen-Alpen bietet. **Öffentliche Verkehrsmittel:** Tromsø ist per Bus und Flugzeug mehrmals täglich mit allen größeren Orten Nord-Norwegens verbunden, liegt außerdem an der Route der Hurtigdampfer. In Tromsø selber verkehren Busse zu den außerhalb gelegenen Sehenswürdigkeiten sowie zum Campingplatz.

(S. 283f.) Vom Festland führt eine harmonisch geschwungene Brücke ins eigentliche Tromsø hinüber, und wo sie beginnt, im Ortsteil Tromsdalen, setzt die 1965 geweihte **Eismeerkathedrale** 1, eigentlich Tromsdalen-Kirche, futuris-

Richtig Reisen *Thema*

Tanzende Seelen am Himmel
Das Polarlicht

Die älteste erhaltene Beschreibung des Polarlichts ist 2000 Jahre alt und wurde von dem Römer Lucius Annaeus Seneca verfasst: »Manchmal werden Flammen am Firmament gesehen, die entweder stillstehen oder voller Bewegung sind. Mehrere Arten sind bekannt: Abgründe, wenn sich das himmlische Feuer unter einer leuchtenden Krone wie zum runden Eingang einer Höhle formt, Tonnen, wenn eine große rundliche Flamme in der Gestalt eines Fasses sich von Ort zu Ort bewegt oder stillstehend brennt, und Wirbel, wenn sich die Himmel zu öffnen und Flammen auszuspucken scheinen, die vorher in ihrer Tiefe verborgen waren. Die Feuer zeigen die unterschiedlichsten Farben. Einige sind lebhaft rot, andere erinnern an eine schwache, verlöschende Flamme, manche sind weiß, andere schillern bunt, und wieder andere sind von ebenmäßigem Gelb und zeigen weder Strahlen noch andere Vorsprünge. Zu diesen Erscheinungen gehört der von den Geschichtsschreibern oft erwähnte brennende Himmel. Manchmal sind diese Feuer hoch genug, um zwischen den Sternen zu scheinen, manchmal so niedrig, daß man sie für Widerspiegelungen eines in der Ferne brennenden Gehöftes oder einer brennenden Stadt halten könnte. Das geschah unter Kaiser Tiberius, als die Kohorten der vermeintlich brennenden Stadt Ostia zu Hilfe eilten.«

Um 1250 entstand die norwegische Chronik *Kongespeilet* (»Königsspiegel«), in der es heißt: »Dies ist die Natur und Beschaffenheit des Nordlichts, daß

tische Akzente. Das dreieckige Meisterwerk in Weiß soll gleichermaßen Polarnacht, Mitternachtssonne sowie Nordlicht symbolisieren und beherbergt das mit 23 m Höhe und 140 m^2 Fläche größte Glasmosaik Europas, dessen Motiv Christi Wiederkunft ist.

Bevor es von hier über die 1036 m lange Tromsøbru ins Stadtzentrum geht, sollte man es sich nicht nehmen lassen, mit der Seilbahn (ausgeschildert ab Eismeerkathedale: »Fjellheisen«) auf den **Storsteinen** hinaufzufahren, von wo man Ausblicke fast wie aus dem Flugzeug genießen kann. 420 m tiefer erstreckt sich der Balsfjord mit Tromsø auf Tromsøya, dahinter Kvaløya, die Insel, vor der das deutsche Schlachtschiff »Admiral Tirpitz« am 12. November 1944 von englischen Flugzeugen versenkt wurde; ganz links zweigt der Straumsfjord ab, und ganz rechts öffnet sich der Kvalsund zum ›Eismeer‹. Auch ein Wanderweg führt hier hinauf, und von der Höhe bieten sich herrliche Anschlusswanderungen an: u. a. zu der mächtigen Felspyramide des Tromsdalstind, 1238 m hoch, die im Norden das Bild beherrscht.

es um so heller ist, je dunkler die Nacht; und es wird nur in der Nacht gesehen, niemals am Tage, und zumeist bei tiefer Finsternis und selten bei Mondschein. Es ähnelt der Flamme eines starken Feuers in der Ferne. Spitze Lanzen schießen aufwärts in die Luft, so daß jetzt die eine und dann die andere höher ist, und das Licht lodert wie eine lebende Flamme. Solange die Strahlen am höchsten und hellsten sind, gibt dieses funkelnde Feuer genug Licht, um im Freien seinen Weg zu finden und sogar zu jagen. In Häusern mit Fenstern ist es so hell, daß Menschen sich gegenseitig erkennen können. Jedoch ist dieses Licht so veränderlich, daß es sich manchmal verfinstert, als wenn ein dunkler Rauch oder dichter Nebel darüber geblasen würde, und bald wird das Licht von diesem Rauch unterdrückt und fast ausgelöscht.«

Auch über die Vorstellungen von der Entstehung des Lichtes sagt das *Kongespeilet* etwas aus: »Einige Leute behaupten, daß dieses Licht ein Feuer widerspiegelt, das den äußeren Ozean umrahmt, und andere sagen, daß es die Reflexion der Sonne ist, wenn sie unter dem Horizont steht. Ich selbst denke, daß es vom Eis erzeugt wird, welches in der Nacht das Licht ausstrahlt, das es am Tage aufgenommen hat.«

Sophus Tromholt schrieb 1555 über die Finnmark: »Die Menschen dort glauben, daß diese Strahlen ihre Ursache in großen Heringsschwärmen haben, die sich mit Beginn des Herbstes sammeln und bei ihrem Auf- und Niederhüpfen einen solchen Glanz in den Wolken erzeugen, daß es vom Himmel blitzt.«

Die kanadischen Inuit sahen im *keoeeit,* dem »großen Licht«, Fackeln in der Hand der Götter, die damit die Seelen der Verstorbenen in ein Land des Glücks geleiten. Die Vorstellung der Samen hingegen schildert Robert Crottet (s. S. 55) folgendermaßen: »Wenn die Schatten des Winters auf der Erde liegen, kommen die Seelen der Toten hervor und zeigen sich den Lebenden, damit diese Geduld und Mut genug haben, auf die Rückkehr des Frühlings und der Sonne zu warten. Von einem Ende des Himmels bis zum andern tanzen die Seelen im Nordlicht und schenken uns mehr Licht als der Mond oder die Sterne.«

Jetzt also über die Brücke – so hoch gespannt (38 m), dass auch die größten Schiffe unter ihr hindurchfahren können – und auf der anderen Seite gleich links ab zum ausgeschilderten **Polarmuseum** 2, das wertvolle Sammlungen aus Nord-Norwegen und der Arktis besitzt, über die Forschungsaktivitäten in den Polargebieten informiert, insbesondere über die Expeditionen von Fridtjof Nansen und Roald Amundsen. Amundsen, Bezwinger des Nordpols und erster Mensch am Südpol, passierte die Stadt mit den Schiffen »Maud« und »Gjøa«. Von hier aus startete er auch 1928 seine Reise mit dem französischen Flugzeug »Latham«, als er dem verschollenen Umberto Nobile zu Hilfe eilen wollte. Er kam nie zurück, und ihm zum Gedenken wurde in einer Parkanlage am Kai die **Roald-Amundsen-Statue** 3 errichtet.

Auf dem Weg zu dem Denkmal genießt man schöne Ausblicke auf den Hafen sowie die wenigen noch erhalte-

Blick vom Storsteinen auf Tromsø, im Vordergrund die Eismeerkathedrale ▷

nen alten Speicherhäuser. Über den Strandtorget und die Strandgata ist schnell die **Tromsø-Domkirche** 4 erreicht, die nördlichste Domkirche der Welt (1861 erbaut), die mit ihren 750 Sitzplätzen zudem eine der größten Holzkirchen des Landes ist. Besuchenswert ist auch die **Katholische Kirche** 5, die weltweit nördlichste ihrer Konfession (1861 erbaut), die im Juni 1989 von Papst Johannes Paul II. besucht wurde.

Soviel zu den Sehenswürdigkeiten im Stadtkern, die man von einem der ausgeschilderten Parkplätze aus am besten zu Fuß aufsuchen sollte. 4 km außerhalb, aber gut ausgeschildert, liegt das **Tromsø-Museum** 6, seit 1976 Universitätsmuseum, das wohl die bedeutendste Ausstellung des gesamten Nordens ist. Die zehn Abteilungen informieren außerordentlich anschaulich (z. B. mittels riesiger Dioramen) über Geologie, Flora, Fauna, Samen- und Kirchenkunst, Archäologie, neuere Kulturgeschichte und – besonders besuchenswert – Volksmusik Lapplands. Hier sollte man es sich nicht entgehen lassen, die Sprache der Samen-Seele, als Wolfs-, Rentier- sowie Wildgans-Joik (s. S. 228) über Kopfhörer vernehmbar, auf sich einwirken zu lassen. Ebenfalls lohnend ist ein Besuch im angeschlossenen **Aquarium.**

Hat man all das gesehen, bleibt noch das **Nordlichtplanetarium,** außerhalb gelegen, aber problemlos zu erreichen. Es wurde 1989 fertiggestellt und gilt als eines der modernsten seiner Art. Wenn man erst einmal in einem der 90 Flugzeugsitze Platz genommen hat, sorgen eine Vielzahl von Diaprojektoren und ein hervorragender Sound für Reisen durch das Weltall oder zum Nordlicht, in die Tiefe der Erde, auf den Grund des Ozeans, durch die Winterwelt der Arktis ...

Tromsø: *1 Eismeerkathedrale (Tromsdalen-Kirche) 2 Polarmuseum 3 Roald-Amundsen-Statue 4 Tromsø-Domkirche 5 Katholische Kirche 6 Tromsø-Museum 7 Nordnorwegisches Kunstmuseum 8 Gefallenenfriedhof*

Speicherhäuser im Hafen von Tromsø

›Alpenkulisse‹, die aus Wogen steigt – Vesterålen und Lofoten

Die Fahrt entlang dem ›Vesterålen- und Lofoten-Highway‹, der vielen Reisenden als *die* Traumstraße schlechthin gilt, erschließt in der Tat Fjord- und Berglandschaften wie man sie ähnlich dramatisch selbst in Norwegen selten zu Gesicht bekommt (weshalb hier auch viele Norweger Urlaub machen). Es bieten sich elementarste Naturerlebnisse, und wer einmal auf dieser Route gefahren ist, den werden die Inselgruppe der Vesterålen und – wohl mehr noch – die der Lofoten immer wieder unwiderstehlich anziehen, oder er wird sich schaudernd abwenden, sanfteren, weniger aufwühlenden Gegenden zu.

Streckenlänge und -verlauf: 380 km; von Bjerkvik auf der E 10 über Sortland (168 km), Melbu (46 km), Fiskebøl (Fähre), Svolvær (33 km), Kabelvåg (5 km), Leknes (65 km) und Reine (55 km) nach Å (8 km).
Öffentliche Verkehrsmittel: Zwischen Bjerkvik (bzw. Narvik) und Svolvær verkehren täglich mindestens zwei Direktbusse, und zwischen Svolvær und Å bestehen täglich mindestens vier bis fünf Verbindungen; auch die meisten beschriebenen Abstecher sind problemlos mit öffentlichen Verkehrsmitteln zu machen. Die Fähre von Melbu nach Fiskebøl verkehrt 17-mal täglich (bei großem Andrang auch öfter).

Von Bjerkvik zum Tjeldsund

Bjerkvik zum Lobe, einem 1500 Einwohner zählenden Ort 33 km nördlich von Narvik, ist nur zu sagen, dass es an der Kreuzung der E 6 mit der E 10 gelegen ist und einen schönen Blick über den Ofotfjord auf Narvik bietet. Von dem kleinen Städtchen aus geht es auf der E 10 nach Westen, mehrere Kilometer direkt an der Küste entlang, dann schraubt sich die Straße ungemein steil und in den Fels gesprengt auf das Herjangsfjell hinauf, an dessen Rand sich rechter Hand am Hang eine kleine Ferienanlage erstreckt. Von deren Hütten aus genießt man wahrhaft atemberaubende Ausblicke auf Narvik und die steil hinter der Stadt aufragenden, teilweise vergletscherten Felsgiganten Fagernestoppen (1254 m), Rombakstøtta (1230 m) und Beisfjordtøtta (1448 m). Wenige Meter weiter schon ändert sich das Landschaftsbild grundlegend: Große Moorflächen tun sich auf, Birkenhaine säumen lieblich anzusehende Teiche und Seen, zwischen denen sich die Straße kurvenreich und mitunter außerordentlich schmal hindurchschlängelt.

Vom Meer ist hier nichts mehr zu sehen, und erst 13 km weiter leuchten einem von tief unten wieder die irisierenden Wasser des Ofotfjordes entgegen. Dort, wo der Ort Bogen liegt (mit nettem Hotel direkt an der Küste), geht es nun hinunter. Schon sind es wieder gewaltige Felsmassive, die einen hier umgeben, Schleier eines Wasserfalls sprühen und steigen auf wie Dampf. Gerade hat man sich an diese Landschaft gewöhnt, da schwenkt die Straße wieder landeinwärts und entführt uns in eine nur mäßig reliefierte Wald- und Wiesen-Hügelwelt, von vereinzelten Gehöften bestanden. Wir passieren den Evenes-Flughafen, der das Gebiet von Narvik und Harstad bedient (Fotografierverbot!), blicken bald in den **Tjeldsund** hinunter, der den Ofot- mit dem Vågsfjord verbindet und dem wir nun für lange Zeit folgen werden. Linker Hand erstreckt sich wenig später ein erster großer Rastplatz (mit Toilette), der bei Campern sehr beliebt ist. Rund 5 km weiter queren wir den Sund, der hier eher wie ein langgestreckter See erscheint, auf einer über 1000 m langen Hängebrücke nach Hinnøya hinüber, der größten Insel Norwegens.

Hinnøya

Tipps & Addressen S. 325ff. (Vesterålen)

Auf Hinnøya zeigt die Natur ihre ›norwegischsten‹ Erscheinungsformen: vielgestaltige und weit in graue Felsbastionen eingeschnittene Fjorde, tiefe Wasser in schimmerndem Grünblau, dunkle Schluchten, gewaltige Trogtäler und majestätische Berge. Ein Schild Richtung Sortland weist den weiteren Weg, und immer wieder bestaunen wir auf den folgenden 50 km entlang der Westseite des Tjeldsund eine ›Alpenkulisse‹, die aus den Wogen zu steigen scheint. In die säumenden Uferwiesen sind bunte Blumenkleckse eingewebt, ein ums andere Mal auch passieren wir kleine Dörfer aus weiß und rot, gelb und blau getünchten Holzhäusern, die sich nahezu ›fatalistisch‹ in das Maß fügen, das die Natur vorgibt. Nach 110 km ab Bjerkvik dann gabelt sich die Straße: Geradeaus ist es nach **Lødingen** ausgeschildert, einer 4 km entfernten Stadt, die wegen ihrer Holzkirche aus dem 18. Jh. besuchenswert ist. Von hier aus führt auch eine Straße über ein System von Brücken und Tunneln via Digermulen nach Fiskebøl auf den Lofoten. Wir folgen aber der E 10 rechts ab Richtung Sortland. Steil geht es nun hinauf aufs Kanstadfjell mit reichem Panorama auf die Fjordwelt im Süden, Osten und Westen. Bald liegt ein Campingplatz mit Hüttenvermietung oberhalb der Straße, aber schöner als dort wohnt man zweifellos

Gryllefjord
N
0
20 km
Andenes
2
Andfjorden
Andøya
Vesterålen
Risøyhamn
82
Myre
821
Frøskeland
820
Sortland
1
Langøya
820
E 10
Eidsfjorden
3
Stokmarknes
Hadseløya
Melbu
4
Europäisches Nordmeer
Hadselfjorden
Trollfjorden
Fiskebøl
Austvågøy
5
Svolvær
Gimsøystraumen
Gimsøya
Kabelvåg
6
E 10
Lofoten
Eggum
Borge
8
Unstad
Liland
Henningsvær
7
9
Utakleiv
Vestvågøy
Stamsund
10
Leknes
Flakstadøya
Nappstraumen
12
Ramberg
Flakstad
Fredvang
Nusfjord
11
13
Sund
14
E 10
Moskensøya
Hamnøy
15
16
Reine
Moskenes
Sørvågen
Å
17
Moskenesstraumen
18
Værøy
Røsthavet
19
Røst
Vedøya
Vestfjorden
Sjovegan
851
848
84
E 6
Vågsfjorden
848
825
Harstad
Kilbotn
Borkenes
Bjerkvik
E 10
829
Narvik
83
Tjeldsundet
Bogen
E 10
Evenes
Gullesfjorden
Hinnøya
Sortlandsundet
Ofotfjorden
E 6
850
E 10
Sigerfjord
819
Lødingen
822
Kaljord
837
Rotsundet
Kongselv
Tysfjorden
Digermulen
Arstein
Store Molla
Lille Molla
827
81
Skutvik
E 6
Sagfjorden
NORWEGEN
835
Sørfjorden
81
80
834
Skjerdalsfjorden
80
812
Bodø
812
E 6
813
17
838

auf dem am 8 km später erreichten **Gullesfjord.** Dieser Meeresarm füllt ein Trogtal aus und ist eng gesäumt von bis über 1000 m hoch aufragenden, teilweise vergletscherten Gebirgsketten. Wieder 8 km weiter führt die Straße in ein Seitental hinein, dessen Grund Moore, Tümpel und Seen bedecken.

Kurz bevor sich das Tal auf den verästelten Sigerfjord öffnet, liegt rechter Hand ein schöner Rastplatz (mit Toiletten), der mit einem Vesterålen-Informationskiosk ausgestattet ist. Hier kann man auch erfahren, zu welchen Zeiten die Fähren von Kaljord nach Kongselv sowie von Digermulen nach Svolvær verkehren, die eine Nebenroute in den Lofot-Archipel erschließen, die zu den eindrucksvollsten Strecken im Norden gehört. Viel schöner ist sie als die E 10, die in ihrem weiteren Verlauf über Langøya und Hadseløya durch relativ langweiliges Wiesenland verläuft. Die Abzweigung liegt direkt am Talausgang auf den Sigerfjord (links ab auf die R 822, nach Kaljord ausgeschildert), und rund 30 km geht es nun an Fjorden und stillen Buchten vorbei, immer am Wasser entlang, vom Ufer oft durch üppige Wiesen getrennt. Der Blick auf Langøya zur Rechten und wild zerklüftete Berge zur Linken könnte kontrastreicher gar nicht sein. Wer eine ›aktive Ader‹ hat, kann von Hennes aus, 3 km vor Kaljord gelegen, an einer organisierten Bootsfahrt mit anschließender Wanderung auf den 1266 m hohen Møysalen, den höchsten Gipfel der Lofoten und Vesterålen, teilnehmen. In Kaljord dann geht es auf die Fähre, die einen durch faszinierende Fjord- und Schärenlandschaft in den oberen **Raftsund** nach Kongselv führt. Der Sund, nur wenige hundert Meter breit, aber beidseitig von über 1000 m hohen Bergen gesäumt, trennt auf rund 30 km Länge die Inseln Hinnøya und Austvågøy. Auch die Dampfer der Hurtigrute nehmen diesen Engpass, der sich auf halber Strecke nach rechts in den tief eingegrabenen und von Gletscherbergen gesäumten **Trollfjord** öffnet, der in Norwegen an Berühmtheit wohl nur vom Geirangerfjord übertroffen wird. Durch solche Landschaft also geht es ab Kongselv auf einer Schotterpiste rund 20 km weiter bis nach **Digermulen.** Von dem schon gegen Ende des 19. Jh. beliebten Touristenziel (u. a. von Kaiser Wilhelm II. mehrmals aufgesucht) aus bieten sich per Straße weitere Ausflüge an, z. B. auf den Schärenarchipel Årstein. Mehrmals täglich verkehrt ab Digermulen eine Fähre nach Svolvær (s. S. 161f.), wohin sie rund 2 Std. benötigt (auch landfest kann man von hier aus nach Fiskebøl im Norden der Lofoten weiterreisen). Unterwegs werden auf dieser Fahrstrecke, die zu den schönsten in ganz Skandinavien zählt, zahlreiche kleine, nur per Schiff erreichbare Dörfer angelaufen. Einen kompletten Tag muss man sich schon Zeit nehmen für diese Route, wohingegen man über die E 10 kaum noch mehr als 3 Std. bis auf die Lofoten benötigt (so es keine Staus vor der Fähre in Melbu gibt).

Bleibt man auf der E 10, so erreicht man rund 5 km hinter der Abzweigung der R 822 **Sigerfjord,** von hohen Bergen vor rauen Winden geschützt und daher reich an üppiger Vegetation. Aus Mangel an Platz ist das an den Küstenhang geschmiegte Holzhausstädtchen in die Länge gewachsen: Rund 4 km schlängelt sich die hier überaus schmale Europastraße durch den Ort hindurch – ein Nadelöhr, und während der Saison sind die Einwohner wahrhaftig nicht zu beneiden. Weiter geht es, immer oberhalb des Wassers entlang, zum Sortlandsund, der Hinnøya von der Nachbarinsel Langøya trennt und von einer 961 m langen, über 30 m hohen Bogenbrücke überspannt wird.

Am jenseitigen Ufer breitet sich **Sortland** 1 aus, kilometerlange und wenig ansprechende Ansammlung zahlreicher Häuser. Rund 4000 Einwohner zählt dieses Verwaltungs-, Verkehrs- und Dienstleistungszentrum der Vesterålen, in dem sich seit 1982 auch der Hauptstützpunkt der nord-norwegischen Küstenwache befindet. Hier kann man in zahlreichen Supermärkten günstig einkaufen, auch übernachten (mehrere Hotels, Campingplatz).

Andenes

2 Wer einen (hin und zurück) rund 200 km langen Abstecher nicht scheut, kann von Sortland aus über die R 82 aufbrechen, die langgezogene Insel Andøya zu besuchen (über eine Brücke ans ›Festland‹ angeschlossen), deren Landschaft vor allem durch weite Moore (die rund die Hälfte der rund 488 km² Fläche ausmachen) und runde Bergkuppen bestimmt wird. Insbesondere an der Westküste beeindrucken zwar auch schöne Strände, doch vermittelt die Insel keine herausragenden Eindrücke, weshalb sie früher kaum von Touristen besucht wurde. Das änderte sich 1987, als erstmalig in Zusammenarbeit mit einem Walforschungsinstitut Walsafaris angeboten wurden, die mehr als 90%ige Wahrscheinlichkeit bieten, Wale – insbesondere Pott- und Schwertwale – beobachten zu können. Die fünf- bis sechsstündigen Touren starten in Andenes, der am Nordzipfel gelegenen ›Inselmetropole‹ (Campingplatz, Hüttenvermietung, Hotels).

Hier befinden sich außerdem ein **Walmuseum,** das eine sehr informative Ausstellung über Wale im Allgemeinen, Walforschung und Walfang zeigt, sowie ein **Polarmuseum.** Dieses naturkundliche Museum, in dem auch lokale Fischereigerichte zu kosten sind, enthält viele Exponate aus Spitzbergen, wo der Initiator, Hilmar Nøis, mehrere Winter als Jäger und Fallensteller gelebt hat.

Von Sortland nach Melbu

Um von Sortland nach Melbu, der Fährstation für die Lofoten, zu gelangen, gibt es mehrere Möglichkeiten. Die schnellste bietet die E 10, die immer am Hadselfjord verläuft, zwar durch relativ triste Landschaft führt (dicht besiedeltes Wiesenflachland), aber mit einem teilweise grandiosen Panorama auf die gezackte Felskette der nördlichen Lofotenwand entschädigt. Nach 26 km führt eine Brücke über den Langøysund zur Nachbarinsel Hadseløya.

Landschaftlich wesentlich reizvoller ist aber ein anderer Weg: Von Sortland aus folgt man zuerst rund 17 km der R 820 nach Norden bis kurz vor Frøskeland, biegt dann nach links ab auf eine schmale Straße, die am Eidsfjord entlangführt, und stößt schließlich nach insgesamt 60 km bei der Brücke über den Langøysund wieder auf die E 10.

Jenseits der Sundbrücke liegt **Stokmarknes** 3, 4000 Einwohner zählender Verwaltungssitz der Hadsel-Gemeinde und – wie auch Svolvær (s. S. 161f.) – Ausgangsort für Bootsfahrten in den Raftsund und den Trollfjord. Lohnend ist eine Besichtigung des 1993 eingerichteten Hurtigrute-Museums, das ausführlich über die Geschichte der legendären Postdampfer informiert. Ein netter Campingplatz und mehrere Hotels laden zum Übernachten ein, aber die meisten Besucher wollen hier nicht bleiben,

Bootshäuser am Eidsfjord im Licht der Mitternachtssonne

denn Hadseløya, die ›grüne Insel‹, ist bar jeder landschaftlichen Dramatik. Auch trennen nur noch knapp 10 km von **Melbu** 4, der Fährstation zur Lofot-Insel Austvågøy, die sich jenseits des trennenden Hadselfjords als himmelstürmende Felsmauer in Szene setzt und mit dem Norwegischen Fischindustriemuseum eine sternchenverdächtige Sehenswürdigkeit hat. Direkt am Hafen finden sich eine Jugendherberge, ein Supermarkt sowie ein empfehlenswertes Hotel mit gemütlichem Café, in dem man sich die Wartezeit aufs Schiff vertreiben kann, die sommers (wenn sich hier oft Hunderte von Touristenfahrzeugen stauen) durchschnittlich 1 Std. beträgt.

Austvågøy

Tipps & Addressen S. 264ff. (Lofoten)

»Das Reinste des Reinen, das Kälteste des Kalten, das Unberührteste des Unberührten, das Vornehmste, was man sich denken kann.« – So notierte Christian Krohg, einer der Großen unter Norwegens Malern, 1896 in seinem Tagebuch, als er der Lofoten zum ersten Mal ansichtig wurde. Sieht man von der Fähre aus die bizarre Kette von schartigen Gipfeln, Bastionen und Zinnen, die jenseits des 5 km breiten Hadselfjords aus der arktischen See aufragt, so wird einem klar, warum die Wikinger, die hier schon im 9. Jh. einen Stützpunkt errichteten, dem Archipel den Beinamen »Inseln der Götter« gaben.

Nach 20-minütiger Überfahrt legt die Fähre in **Fiskebøl** an, wo auch die von

Lødingen/Digermulen her kommende Straße einmündet. Auf den folgenden 33 km bis hinunter nach Svolvær kurvt die in den Fels gesprengte, schmale, aber gut ausgebaute Straße direkt an den blaugrün schimmernden Wassern majestätischer Fjorde entlang, deren grauschwarze Wände 1000 m hoch und mehr aufsteigen. Auf halber Strecke passieren wir die malerisch auf einer Landzunge mitten im Fjord gelegene Kapelle von **Sildpollnes.** Nach der Einmündung der R 888 (an der nach 10 km ein empfehlenswerter Campingplatz liegt) weichen die eng säumenden Felswände bald zurück. Links voraus, aus einem Schärengarten aufragend, liegen die braunen, stark von Erosion zerfressenen Inselklötze von Store Molla und Lille Molla vor dem Vestfjord.

Die Straße führt am Svolvær-Flughafen vorbei, sodann durch einen Tunnel, der sich auf die ausgefranste Küste vor der ›Inselmetropole‹ **Svolvær** 5 öffnet. Die Stadt folgt dem Plan der Natur und ist mangels Fläche, begrenzt durch 700 m hohe Berge, nicht in die Höhe, sondern vielmehr auf die Schären hinausgewachsen. Das verleiht ihr Größe (obwohl sie nur rund 4200 Einwohner zählt) und auch etwas ›Amphibisches‹. Dieser Eindruck wird im Zentrum verstärkt, einem großen Platz, der sich direkt an den Hafen anschließt. Hier, wo sich alle Versorgungsmöglichkeiten (auch das Fremdenverkehrsamt) befinden, legen die Dampfschiffe der Hurtigrute an sowie die Schnellboote nach Narvik und Bodø. Auch starten von hier aus täglich zahlreiche Ausflugsboote zum Trollfjord (hin und zurück ca. 3 Std.), dem nach dem Geirangerfjord im Süden wohl berühmtesten, weil schönsten Fjord des Landes. Aber auch Wasser-

Richtig Reisen *Thema*

Wal-Kampf

Im Jahr 1993 nahmen es sich die Norweger heraus, nach siebenjähriger Feuerpause und trotz eines Verbotes der internationalen Walfangkommission (IWC), die kommerzielle Jagd auf den 8 bis 10 m langen Mink- oder Zwergwal wieder freizugeben, und wurden plötzlich schneller mit Sanktionen belegt als Südafrikaner, Chilenen oder Serben nach anhaltenden Menschenrechtsverletzungen. Mehrere deutsche Handelsketten nahmen beispielsweise keine norwegischen Waren mehr ab, dem Land sollte der EU-Beitritt verwehrt und der damaligen Ministerpräsidentin Gro Harlem Brundtland der europäische Umweltpreis aberkannt werden. Die großen internationalen Umweltorganisationen rüsteten zum Boykott des Fremdenverkehrs und bauten europa-, aber auch amerikaweit in großangelegten Kampagnen systematisch das Bild vom walschlachtenden norwegischen Barbaren auf.

Wohlgemerkt, es ging um 296 Tiere, die zu erlegen den Walfängern der Lofoten von ihrer Regierung im Jahr 1993 gestattet wurde. 296 also von rund 86 000 Zwergwalen im Nordatlantik laut Norwegischen Schätzungen bzw. von 40 000 bis 115 000, wie die IWC den Bestand veranschlagt. Die Zahlen liegen also eng beieinander, weltweit soll es knapp 1 Mio. Zwergwale geben: »Was heute nicht mehr bestritten wird: Der Zwergwal ist keine bedrohte Spezies« (Der Spiegel). Aber darum geht es auch gar nicht, denn Wale sind nicht einfach bedroht oder nicht, »Wale sind intelligent, zärtlich, können singen« (Stern). In den Zeitungen und Illustrierten Mitteleuropas und Amerikas sprach und

flugzeuge fliegen hier ab, und ein Blick auf die Lofoten aus der Vogelperspektive gehört mit zum Beeindruckendsten, was man sich gönnen kann. Die Stadt selber, bestehend aus modernen Zweckbauten, hat keine herausragenden Sehenswürdigkeiten zu bieten.

So brechen wir wieder auf, passieren am Stadtrand den neuen Fähranleger (Verbindungen nach Skrova, Skutvik und Digermulen) und erreichen schon 5 km weiter den rund 2000 Einwohner zählenden Ort **Kabelvåg** 6, der aus Vågan, der ersten Stadt nördlich des Polarkreises (von den Wikingern im 9. Jh. gegründet), hervorgegangen ist und bis Anfang des 20. Jh. nicht nur die Kapitale der Lofoten, sondern auch Drehscheibe des Fischfangs und des Stockfisch-Exports war. Dann versandete der Hafen, Svolværs Stern ging auf und der Kabelvågs unter. Das Erste, was man vom Ort zu sehen bekommt, ist die Vågankirche, die, direkt an der E 10 aufragend, 1898 fertiggestellt wurde und 1200 Menschen Platz bietet. Damit ist sie die größte Holzkirche nördlich von Trondheim, wird entsprechend auch

spricht man ganz bewusst nicht von Zahlen und Artenschutz, sondern in rührseliger Natursentimentalität von der Zutraulichkeit, Musikalität und Intelligenz des Säugers, der schon mal an eine »Skulptur aus rosa Alabaster« erinnert (Stern) und von den norwegischen Schlächtern eben »regelrecht zu Tode gequält« wird (tageszeitung). In blutroten Farbreportagen wird in Szene gesetzt, wie der zum Totemtier der Meere verkitschte Bruder Wal getötet wird. Doch auch das Schwein in heimischen Schlachthäusern wird den Tod kaum mögen, sodass sich »überhaupt die Frage aufdrängt, ob man Tiere ohne Not töten und schlachten muss. Doch diese Frage stellen die Illustrierten nicht ...«, wie Jens Schneider in der Süddeutschen Zeitung feststellte.

Wie die damalige norwegische Ministerpräsidentin Gro Harlem Brundtland meinte, ist der Walfang für die anderen lediglich eine billige Gelegenheit, sich ein »grünes Image zu verpassen« und von eigenen, wirklichen Umweltproblemen abzulenken: »Es ist sehr einfach für manche Politiker, beim Walfang die grüne Flagge zu hissen. Das gibt billigen Applaus, der verdeckt, dass sie dort nichts tun, wo es ihre Wähler etwas kosten würde, nämlich bei wirklichen Umweltproblemen.« In einer »neuen Form von Imperialismus«, so sah es die Sozialdemokratin, will ein Teil der Welt darüber bestimmen, wie Norwegen seine Ressourcen zu verwalten habe, und meinte weiter: »Ich akzeptiere nicht, dass die großen Länder die Anliegen der kleinen unter den Tisch wischen.«

Und wenn auch für Norwegen der Walfang kein existenzielles wirtschaftliches Anliegen ist – erwirtschaftet er doch nur ein Prozent des gesamten Umsatzes der nationalen Fischereiindustrie –, so doch umso mehr für die Lofoten, wo er immerhin knapp 500 Arbeitsplätze sichert. 1999 wurden 753 Wale zum Abschuss freigegeben, und auch diese Quote gefährdet ganz sicher nicht den Bestand der Meeressäuger, deren dunkles Fleisch übrigens ganz ausgezeichnet schmecken soll. In den Restaurants der Insel ist es im Sommer als Steak oder Gulasch zu finden, und auch in den Supermärkten von Svolvær kann man fündig werden.

»Lofot-Kathedrale« genannt. Ein paar Meter weiter, ebenfalls auf der dem Meer zugewandten Seite der Straße, erhebt sich der Oskar-Skaret, ein Felsen, auf den alle Könige Norwegens seit 1873 ihre Namenszüge geschrieben haben; diese wurden ausgemeißelt und vergoldet. Das Zentrum von Kabelvåg dann präsentiert sich eher enttäuschend, denn die schönsten alten Holzhäuser sind 1991 und 1992 während zweier Großbrände vernichtet worden. Besuchenswert ist eigentlich nur das überaus gemütlich eingerichtete Café/Restaurant Præstenbrygga, das am Marktplatz, gegenüber dem Supermarkt, auf Stelzen im Meer steht. Hier trifft sich das Milieu, kann man außerordentlich günstig Lofotentypisches essen und sogar gezapftes Bier genießen.

Frisches vom Fass gibt's auch in Nyvågar, der komfortabelsten Rorbu-Anlage des Archipels (mit einem renommierten Restaurant), etwas südlich von Kabelvåg, direkt am Meer gegenüber dem Lofot-Aquarium und dem Lofotenmuseum gelegen. Das Museum informiert über die Wikinger, vermittelt aber

Der Badestrand von Rørvik

insbesondere eine Vorstellung vom Leben der Fischer im 19. Jh. sowie ihrer Herren, der sogenannten *værkonge* (»Fischgrund-Könige«). Bei dem Aquarium handelt es sich um einen verglasten Bau, in dem man auf ›Du und Du‹ mit Aal und Seelachs, Dorsch und Steinbeißer, Heilbutt, Flunder, Hummer usw. zu stehen kommt; sehenswerter als die Fisch- und das Seehundbecken aber sind die zwei Diashows, die die Themen »Lofot-Fischerei« und »Jahreszeiten auf den Lofoten« behandeln. Die neueste Attraktion des Aquariums aber ist das Semi-U-Boot »Nemo«, das zur Saison mehrmals täglich zu halbstündigen Unterwasser-Entdeckungsfahrten startet. In die Welt der Kunst entführt die oberhalb des Aquariums in einem Grassoden-/Glasbau untergebrachte Galleri Espolin, die eine einzigartige Sammlung der Werke des Malers Kaare Espolin zeigt.

Auf die E 10 zurückgekehrt, fährt man nur rund 2 km, bis es nach links zu zwei Campingplätzen und Rorbu-Anlagen ausgeschildert ist; beide sind sommers fest in ›deutscher Hand‹, von Ausstattung und Lage her sehr empfehlenswert. Von hier aus werden täglich Fischtouren auf den Vestfjord angeboten, auch Boote können ausgeliehen werden. Auf dem weiteren Weg nach Westen bietet die Straße jetzt reichlich Ausblicke auf den sagenumwobenen Vågakallen, einen 942 m hohen, bei Kletterern beliebten Felskoloss, der in Form eines Amphitheaters ausläuft. Bevor ein Tunnel unter den ›Rängen‹ durchführt, weist ein Schild nach links zu Kalle Rorbu, einer Ferienanlage, hinter der sich eine weite Wiese mit Sandstrand erstreckt, die bei Wildcampern beliebt ist (Toilette vorhanden).

Jenseits des Tunnels genießt man bald einen atemberaubenden Blick auf die gesamte Lofotenkette (bei guter Sicht bis Værøy). Bei Rørvik, wo Henningsvær ausgeschildert ist, erstreckt sich ein schneeweißer Sandstrand (beliebter Badeplatz; Toiletten vorhanden). Auch wer in Eile ist, sollte einen Besuch des 8 km entfernten **Henningsvær** 7 nicht versäumen, denn dieser Ort ist das Zentrum der berühmten Lofot-Fischerei und bietet mit seinen dicht um das na-

türliche Hafenbecken gedrängten Häusern faszinierende Ansichten. Zahlreiche Rorbu-Anlagen laden zu einem längeren Verbleib ein, die Fiskebrygge am Hafen gilt als eines der besten Fischrestaurants des Nordens, besuchenswert auch die Galerie Karl Erik Haar (mit Diashow) sowie das hübsche Kai-Café Den Siste Viking, das auf Stelzen am Hafenbecken steht und dem eine Kletterschule (mit Seekajak-Verleih) angeschlossen ist.

Nach Å

Von Rørvik aus geht es zunächst ein Stück nach Norden, vorbei an dem trefflichen Campingplatz Lyngyær-Bobil, mit stetem Blick auf die Kette der Lofoten. Türkisgrün schimmert der Vestfjord, der sich bald zum Gimsøystraumen verengt, welcher den Fjord vom offenen Nordmeer trennt. Eine elegante Bogenbrücke von 840 m Länge spannt sich hinüber zur Insel Gimsøy, die aus einem

Der Hafen von Henningsvær in der Hochsaison der Lofot-Fischerei

Felskranz, einem Tafelberg sowie weiten Moorflächen besteht und von einladenden Stränden gesäumt wird. Um letztere zu erreichen, muss man jenseits der Brücke nach rechts abbiegen und der Schotterpiste folgen, die die Insel umrundet.

Die E 10 folgt der felsigen Ostküste und führt schon bald über die Sundklakkstraumenbrua zur nächstsüdlichen Insel, Vestvågøy, hinüber. Zwei Wege gibt es, Leknes, Verwaltungszentrum des gleichermaßen wilden wie lieblichen Eilandes, zu erreichen: Die R 815 zweigt links ab und führt am Vestfjord entlang, während die E 10 an den tief eingeschnittenen, mit Schären gespickten Fjorden der Westseite verläuft und schließlich einen weiten Talkessel durchschneidet. Der ist das bedeutendste landwirtschaftliche Zentrum Nord-Norwegens und könnte von seinem Aussehen her auch irgendwo in den österreichischen Alpen liegen. Beide Routen sind in etwa gleich lang, aber die E 10 bietet reichere Abwechslung und mehr Möglichkeiten zu Abstechern.

Hauptattraktion der gesamten Insel sowie der Inselgruppe ist das bei Borge an der E 10 gelegene **Lofotr Wikingermuseum** 8, eines der bedeutendsten seiner Art in Skandinavien, das u. a. den originalgetreuen Nachbau eines 83 m langen Wikinger-Langhauses beherbergt. Auch innen hält der monumentale Holzbau, was er von außen verspricht, und eine weitere Rarität ist hier die rund 34 m lange ›Lofotr‹, ein nach alten Vorlagen gezimmertes Nordlandboot, das für Fjordfahrten eingesetzt wird.

Auch einen Besuch von **Eggum** (Treffpunkt für ›Mitternachtssonnenanbeter‹ mit zum Campen geeigneter Wiese; Abzweigung in Bøstad, 8 km je Weg) sowie **Unstad** (einsamst in wilder

Berglandschaft am Meer gelegenes Holzhausdorf mit kleinem Campingplatz; Abzweig in Liland, 9 km je Weg) sollte man nicht versäumen, und einen Strand-Höhepunkt erreicht man mit **Haugland** 9, einem an der Straße nach Utakleiv (Abzweigung 7 km vor Leknes) gelegenen, über 2 km langen Doppelstrand von schneeweißer Farbe (an dem Wildcampen allerdings verboten ist). Saftige Wiesen bilden seinen Saum und steile Berge die Flanken, türkisfarben schimmert das Meer. Nach Meinung der Lofoter gebührt diesem Strand ein Platz unter den allerschönsten des Kontinents.

Leknes 10 bietet – außer Geschäften – nichts, was zu einem Verbleib einlädt. So folgen wir den Schildern Richtung Å, queren bald die Offersøystraumenbrua und fahren nach insgesamt 8 km in die 1990 fertiggestellte (mautpflichtige) Röhre des Nappstraumtunnels hinein, die sich auf 1,8 km Länge unter dem Nappstraumen zur Nachbarinsel Flakstadøy hinzieht. Die nächste Siedlung ist Napp, ein moderner Fischerort, hinter dem die Straße zu einem Sattel ansteigt, um ab dort durch ein berggesäumtes Wiesental zum Dorf Vareid hinunterzuführen (rechts zweigt hier ein Weg nach Vikten ab, wo die angeblich einzige Glasbläserei nördlich des Polarkreises zu besichtigen ist), das am flachen, daher betörend grün und blau schimmernden Vareidfjord liegt. Den müssen wir umrunden, und bei Ebbe liegen unterhalb der Straße herrliche Sandbänder frei; über 800 m hohe Berge, in die Gischtmäntel zahlreicher Wasserfälle gehüllt, bilden einen unvergleichlichen Rahmen.

Ebenfalls nur mit dem Superlativ umschrieben werden kann der Fischerort

Rorbuhütten in Nusfjord

Der Mahlstrom

Zwischen Moskenesøya und Værøy zwängt sich im Rhythmus von Ebbe und Flut der gefürchtetste aller Gezeitenströme, der Moskenesstraumen. Selbst bis ins ferne Arabien war schon vor Jahrhunderten der Ruf des »Nabels der Welt« gedrungen, von dem man bis ins 18. Jh. hinein annahm, dass er »ein Abgrund sey, der durch die Erdkugel hindurchgienge, und seinen Ablauf in einem entfernten Land hätte« bzw. »in den bothnischen Meerbusen« – wie Pater Kircher meinte.

Erst der Bischof von Bergen, Erik Pontoppidian, wies diesen Glauben in seinem 1755 erschienenen »Versuch einer natürlichen Historie von Norwegen« zurück und beschrieb stattdessen die natürlichen Ursachen des Gezeitenstroms: »Sein wütendes Toben übertrifft dasjenige eines Wasserfalls und kann pausenlos auf große Entfernungen vernommen werden, mit Ausnahme einer Viertel Stunde nach je sechs Stunden, was also mit dem Zeitpunkt des Gezeitenwechsels zusammenfällt.« Aber auch er kam nicht umhin, voller Anerkennung den Chronisten Rasmus zu zitieren: »Die Wirbel oder Löcher des Stroms sind so tief und groß, dass, wenn ein Schiff hineingeriete, solches sinken oder untergehen müsste ... Es trägt sich auch oft zu, dass, wenn große Walfische dem Strom zu nahe kommen ..., sie schrecklich brüllen und blöken, wenn sie hinuntergezogen werden.«

Auch Edgar Allan Poe und Jules Verne haben dem mächtigen Strudel Schrecken erregende literarische Denkmäler gesetzt, doch die ungeheure Gewalt des Moskenesstraumen ist nicht nur Legende: Mit fast 10 Knoten (18,5 km/h) presst sich der Meeresrücklauf durch die 4 km breite Enge und befördert so bei jedem Tidenwechsel mehrere hundert Millionen Kubikmeter Wasser, was ihn – neben dem Saltstraumen vor Bodø (s. S. 179) – zum stärksten Mahlstrom der Welt macht. Unzählige Fischerboote hat er zertrümmert, und dass das Südkap von Moskenesøya Hell heißt (»Glück«), kommt nicht von ungefähr, denn die Lofoten-Fischer beten vielfach um Glück, wenn sie sich dieser ›Düse‹ annähern, die auch großen und modernen Schiffen sehr gefährlich werden kann. Das zeigt sich insbesondere dann, wenn Sturm und Gezeitenrichtung entgegengesetzt wirken und sich so gefürchtete Sturzseen aufbauen können, in denen z. B. am 26. Oktober 1977 der Rostocker Frachter »Karlshorst« kenterte. Der von der Bergeprämie herbeigelockte Hamburger Hochseeschlepper »Atlas« wurde von einer über 15 m hohen Welle gegen die »Karlshorst« geschleudert und sank innerhalb weniger Minuten.

Wen wundert es da, dass nach den Sagen der Wikinger der Moskenesstraumen geschaffen wurde, um das Menschengeschlecht von den »Inseln der Götter« fernzuhalten? Oder dass –

Blick über den Moskenesstraumen auf die Insel Værøy

wie die Lofoter glaubten – Trolle für *Nordlandts Trompet* (wie der Mahlstrom seit der Zeit des dichtenden Priesters Peter Dass auch genannt wird) verantwortlich zeichnen: Nach dieser Sage hauste einst ein weiblicher Troll auf Møskenesøya und ein männlicher auf Værøy. Beide waren verheiratet und lebten schon von Anbeginn der Zeit von Fischsuppe, die sie in einem riesigen ›natürlichen Kochtopf‹, der Meerenge zwischen den Inseln, zubereiteten. Eines Tages machten Meerjungfrauen das Gebiet unsicher, und der Trollmann stieg in die Tiefe, um sie zu vertreiben. Aber wie er die Schönen sah, legte sich sein Zorn, und Kraft stieg ihm in die Lenden. So verließ er den Pfad der Tugend. Als er in einer Vollmondnacht wieder auftauchte, war seine Angetraute so erbost über das schamlose Tun ihres Alten, dass sie wie eine Furie mit dem Kochlöffel in der Suppe rührte, wodurch riesige Flutwellen entstanden. Er fand das albern und äffte sie nach. Doch weil er in die andere Richtung rührte, entstanden Wirbel und Sturzseen. Und weil sie nicht gestorben sind, rühren sie noch heute, am schlimmsten bei Vollmond, weil sie sich dann daran erinnern, wie der Ehekrach begann.

Blick vom Reinebriggen (430 m) auf Reine, den Reinevatn und den Kirkefjord ▷

Nusfjord 11, wohin eine Stichstraße abzweigt (6 km je Weg). Dieses Dorf, das komplett aus dem 19. Jh. herübergerettet und auf die World Heritage List der UNESCO gesetzt wurde, erstreckt sich entlang eines kaum 100 m breiten, 1 km langen Fjordes, der von senkrechten Schroffen eingekeilt ist. Hier kann man auch wohnen, und zwar in den zahlreichen, teils ganz traditionell eingerichteten Rorbu-Hütten.

Zur E 10 zurückgekehrt, sind es noch ca. 5 km bis **Flakstad,** dem einstigen Zentrum der Insel. Heute leben hier nur noch rund 25 Menschen, und dominierendes Bauwerk ist der rot getünchte Kreuzbau der 1783 gezimmerten Kirche. Dann führt die Straße ans offene Meer heran, dessen Gestade hier von einem kilometerlangen, weit geschwungenen und teils von Dünenkliffs gesäumten Sandstrand gebildet werden.

Ähnlich schön ist auch der Halbmondstrand vor **Ramberg** 12 (4 km weiter), dem administrativen Zentrum der Flakstad-Gemeinde, deren Einwohnerzahl konstant sinkt, weil es nicht genügend Arbeitsplätze gibt. Seit 1990 versucht man hier, am Tourismus zu partizipieren, und hat eine Galerie sowie einen Campingplatz mit Hüttenvermietung eingerichtet. Es bleibt abzuwarten, ob der Fremdenverkehr vermag, das völlige Hinübergleiten der winzigen Kommune in einen Dornröschenschlaf zu verhindern.

Auch in **Fredvang** 13, von Ramberg durch einen Meeresarm getrennt (zwei Bogenbrücken führen hinüber), setzen jetzt viele Bewohner auf den Tourismus (herrlich gelegener und modern ausgestatteter Campingplatz), der seit 1990 Jahr für Jahr zweistellige Zuwachsraten zu verzeichnen hat und mittlerweile neben dem Fischfang *die* Einnahmequelle des Archipels darstellt.

Sund 14 mit seinem Schmiedemuseum direkt an der Nahtstelle zwischen Flakstadøya und Moskenesøya gelegen, gehört bereits zum festen Programm der meisten geführten Bustouren, die die Lofoten anfahren. Beeindruckend ist besonders der Blick von hier aus auf Moskenesøya, wo sich die Lofotenwand in ihrer monumentalsten Schroffheit zeigt.

In dieses Bild, faszinierend und ein wenig furchteinflößend zugleich, geht es nun hinein. Die Kåkersundetbrua führt über die trennende Meeresenge, und auf den folgenden 7 km ist die Straße in den Fels gesprengt – Küstenlinie im Urzustand, atemberaubende Sicht und doch nur ein Vorgeschmack auf das, was die zwei Fischerorte **Hamnøy** 15 und **Reine** 16 zu bieten haben. Beide breiten sich auf mehreren, durch Brücken mit dem ›Festland‹ verbundenen Schären aus, die an der Mündung des vielverzweigten Kirkefjordes in den Vestfjord liegen. Beide auch bieten mit Hunderten von pittoresken Rorbu-Hütten echtes ›Lofotmilieu‹ und blicken – das ist eben das Besondere – auf schwarz polierte Berge, die ohne jegliche Spur pflanzlichen Lebens aus an Grünspan erinnernden Wasserflächen aufsteigen. Hier sollte man möglichst ein paar Tage verbleiben, um zu fischen, zu wandern, den Anblick der Landschaft zu genießen und natürlich eine wohl unvergessliche Bootsfahrt auf der »Lofotfjord I« mitzumachen, die drei- bis fünfmal täglich den Kirkefjord anläuft. Rorbuer gibt es zur Genüge, und in der »Gammelbua« im Ortszentrum von Reine kann man nicht nur trefflich speisen, sondern auch sehr gemütlich sitzen.

Knapp 10 km liegen jetzt noch bis zum Ende der E 10 vor uns, und über diese Distanz auch ist die Straße ohne Ausnahme in die senkrecht aufragenden Küstenfelsen gesprengt. Auf halber Strecke passiert man den kleinen Fischerort Moskenes (tgl. Fährverbindung nach Værøy, Røst und Bodø), der mit Tind und Sørvågen zusammengewachsen ist und schließlich nach **Å** 17 überleitet. Der Ort, dessen Name soviel wie »Bach« bedeutet, markiert den Endpunkt des ›Lofoten-Highways‹. Im Sommer herrscht hier teilweise drangvolle Enge, sodass man *die* Sehenswürdigkeiten, das 23 Gebäude aus dem 19. Jh. umfassende Norwegische Fischereisiedlungsmuseum, sowie das Stockfischmuseum nur in Touristenprozession besichtigen kann. Aber es lohnt sich dennoch herzukommen, denn die Museen vermitteln Eindrücke vom Leben der Fischer. Auch ist die Umgebung mit dem Å-See für viele Wanderungen geeignet, zahlreiche organisierte Bootstouren werden angeboten.

Besonders lohnt eine Fahrt mit der »Gullving«, die zweimal täglich die Verbindung mit den Außeninseln **Værøy** 18 und **Røst** 19 aufrechterhält. Rund 5 Std. währt die Fahrt hin und zurück, und sie ist auf jeden Fall den Aufwand wert, selbst wenn man nicht aussteigt, um den berühmten Vogelfelsen einen Besuch abzustatten. Für dieses Unterfangen sollte man mindestens einen Extratag einplanen (geführte Touren zu den Vogelfelsen organisieren die Touristenbüros der beiden Inseln).

Fjord und Fjell im Westen – Von Narvik nach Mosjøn

Bizarr geformte Berge gelten im Allgemeinen als schöne Berge, und diejenigen, die man während dieser Strecke, die die ganze Provinz Nordland von Nord nach Süd durchquert, zu sehen bekommt, sind bizarrer, als man sich in den kühnsten Träumen vorstellen kann. Aber auch Wälder und Schluchten, Wildströme und Seen, Gletscher und Höhlen sowie karge Hochebenen liegen an dieser in Narvik beginnenden Route, die der E 6 (vielbefahren, dennoch ein Kleinod unter den Straßen des Nordens) bis südlich des Polarkreises nach Mosjøen folgt und eine derartige Vielzahl an Abstechern bietet, dass es mehr als einen ganzen Urlaub bedürfte, sie alle zu unternehmen.

Streckenlänge und -verlauf: 517 km; von Narvik auf der E 6 via Ulsvåg (102 km), Fauske (143 km), Rognan (31 km), Saltdal-Turistcenter (37 km) und Mo i Rana (113 km) nach Mosjøen (91 km).

Öffentliche Verkehrsmittel: Auf der gesamten Strecke sind etwa im Vierstundentakt Überlandbusse unterwegs, ab Fauske verkehrt zusätzlich die Nordlandbahn dreimal täglich nach Mo i Rana und Mosjøen sowie zweimal täglich nach Trondheim mit Anschluss nach Oslo.

N
0
20 km
Europäisches Nordmeer
Lofoten
Vestfjorden
Ofotfjorden
1 Narvik
Ballangen
E 6
Beis-fjorden
Skarberget
Bognes
Tysfjorden
827
Kjøpsvik
Ulvsvåg
2 Hamsund
Hamarøya
81
Skutvik
Svolvær
Kabelvåg
Henningsvær
E 10
Stamsund
Reine
Værøy
Sagfjorden
835
Innhavet
Nordfold
Folda
Rago-Nationalpark
Sallohaure
Vastenjaure
Kjerringøy
Lakshola
NORWEGEN
834
80
Bodø
Saltfjorden
Skjerstadfjorden
Fauske 3
Blåmansisen
Virihaure
Padjelanta-Nationalpark
Saltstraumen
812
830
Sulitjelma
4
Misvær
Rognan
Vesterlibru
Botn
Medby
Beiarn
17
813
Saltdalen
Balvatnet
Peskehaure
5
Saltdal-Turistcenter
Saltfjellet
Junkerdal 6
Mavasjaure
Ornes
77
Junkerdalen
95
Kiebnes-jaure
Saltfjell-Svartisen-Nationalpark
Lønsdalen
Svartisen 8
Mellfjorden
7 Polarkreis
Storvollen
E 6
Storforshei
Ranaelva
9 Mo i Rana
Røsvoll/Skonseng
Kalvatnet
Pieljekaise-Nationalpark
12
Ranafjorden
Arjeplog
Nesna
808
E 12
Laisvall
807
Korgen
Överuman
SCHWEDEN
Okstindan
1916 m
806
78
Mosjøen
Røss-vatnet
363
Sorsele
Tärnaby
73
E 12
Hattfjelldal
Trofors
804
Storuman

Von Narvik nach Ulsvåg

Wir beginnen unsere Fahrt in **Narvik** 1 (S. 270f.), und wie Peripherien von größeren Städten selten einladend sind, so gibt es auch an der Ausfahrt von hier nach Süden das Hässliche in Fülle. Aber das wird auf dem weiteren Weg schnell vergessen, denn gerade liegt das Gewürfel von Hochhäusern und Industrieanlagen hinter uns, da öffnet sich schon der Beisfjord, der tief in die gletscherumkränzte Bergwelt eingeschnitten ist und von einer Brücke überspannt wird. Über seinem jenseitigen Ufer thront der weiße Oktaeder der mit roten Ziegeln gedeckten Kirche von Ankenes, aber über all der Schönheit dieses Ausblicks lastet die Tatsache, dass genau hier, in diesem Idyll aus Bergen, Fjorden und Wiesen, die Nazideutschen ein Konzentrationslager errichtet hatten, in dem 1500 serbische Kriegsgefangene ermordet wurden.

Die Weiterfahrt erfolgt durch zunehmend lieblicher werdende Landschaft. Wiesen und Felder ziehen sich sanft gewellte Hügel hinauf, Alleen führen zu Gehöften. Da ist nichts Hartes, nichts Dramatisches mehr zu sehen, und fast wähnt man sich im Tessin. Auch der ›Lago di Ofot‹, dem wir die ganze Zeit über folgen, entspricht diesem Bild voll und ganz. Ab Ballangen (schöner Campingplatz mit Badestrand) verlässt die Straße die Küstenlinie, zweigt in ein bewaldetes Seitental ab, und plötzlich ist es eine Bastion aus grauem Urgestein, vom Gletscherfraß zu Tropfen, Kegeln und Pyramiden geformt, die inmitten dieser koketten Landschaft über 1500 m hoch aufragt. Doch dieses Panorama ist noch nichts gegen das, das uns jenseits eines bald durchfahrenen Tunnels empfängt. Noch skurriler präsentieren sich hier die Berge, noch kontrastreicher ist das Bild, das sie rahmen, steigen sie doch jetzt aus den grünblau schimmernden, von weißen Stränden nebst blumenübersäten Wiesen gesäumten Wassern eines schmalen Fjordes auf. Zur Zeit der Mitternachtssonne sollte man hier eine Nacht verbringen, da dann die Eindrücke noch intensiver sind (Rastplätze gibt es zuhauf).

Wenig später wird der Efjord mittels dreier Brücken ›übersprungen‹, es geht steil hinauf und ebenso steil hinab nach Skarberget am Tysfjord, an dessen Ufern in den letzten Jahren zahlreiche Lachszuchtfarmen aufgebaut wurden. Der Fjord reicht so tief ins Land, dass er Norwegen nahezu zweiteilt, und ist dabei so breit, dass er sich bisher jedem Brücken- oder Tunnelbau entzogen hat. Doch die Fähren pendeln ständig hin und her, Engpässe kommen kaum auf, und die rund 40 Min. währende Passage bietet traumhafte Blicke in alle Himmelsrichtungen, insbesondere auf die Vesterålen. Auf der anderen Seite ist Bognes mit dem Tysfjord-Turistcenter (Camping, Hüttenvermietung) erreicht, und bis Ulsvåg, 21 km entfernt, schlängelt sich die E 6 weiter durch eine bizarre Berglandschaft. Vor dem Ort liegt ein schöner Campingplatz am Meer, im ›Zentrum‹ finden sich ein Hotel und die Abzweigung der R 82 nach Skutvik, die die wild zerklüftete Halbinsel **Hamarøy** 2 (S. 251f.) erschließt. Freunde der Einsamkeit, wüster Berge, malerischer Strände und riesiger Schärenarchipele kommen dort voll auf ihre Kosten, wo im 15 km entfernten Ort Hamsund niemand anderes als Knut Hamsun seine Jugend verbrachte und Natureindrücke empfing, die sich in seinen späteren Werken so charakteristisch niederschlugen.

Schwimmendes Gold
Lachszucht an der Nordmeerküste

Vergangen sind die Zeiten, da Herbst für Herbst die Flüsse ›kochten‹, weil *Salmo salar,* der atlantische Lachs, aus dem Meer zum Laichen in seinen Heimatfluss zurückkehrte. Maßloses Überfischen (in Verbindung mit regional auftretender Verschmutzung der Gewässer) hat den Bestand vielerorts drastisch reduziert. Damit aber der Luxusfisch den Gourmets des wohlgenährten Südens auch weiterhin serviert werden kann – gebeizt oder geräuchert, als delikates Hors d'œuvre –, hat man sich in Norwegen (wie auch in Irland, Schottland, Kanada und den USA) auf ein über 4000 Jahre altes, von den Chinesen zur Mehrung des Karpfens ersonnenes Rezept besonnen: Fischzucht.

Diese Alternative zur Fischerei, heute Aquakultur geheißen, ist an der Nordmeerküste, wo die im Süden des Landes so gnadenlos zerstörerische Algenpest noch nicht bekannt ist, *der* boomende Erwerbszweig überhaupt. Wurden Anfang der 70er Jahre, als alles anfing, noch weniger als 5000 t Edelfisch (meist Lachs und Regenbogenforelle) auf diese Weise produziert, waren es ein Jahrzehnt später schon knappe 80 000 t. Heute zählt man Jahr für Jahr bereits über 330 000 t, und dieser Erfolg beruht auf einer grundsätzlichen Trennung der komplizierten Zucht in Süßwasseranlagen und der anschließenden Intensivmast der Satzfische in im Meer verankerten Netzkäfigen.

Der Geschmack des wie in Deutschland Schwein und Rind gehaltenen ›Königs der Fische‹ ist gut, selbst Gourmets können das bescheinigen, und da nimmt man auch keinen Anstoß daran, dass er mit Antibiotika und anderem ›bis zum Stehkragen‹ vollgepumpt ist. Doch alle Chemie kann nicht verhindern, dass sich Seuchen einschleichen und Parasiten ausbreiten, die, ehemals unbekannt, nun auch frei lebende Tiere befallen und bereits in über 30 klassischen Lachsflüssen Norwegens den Lachs ausgerottet haben. Dies ist der Preis für die Enge im Gehege.

Von Ulsvåg nach Fauske

Steil steigt die E 6 hinter Ulsvåg bis auf 300 m Höhe an. Von oben, wo sich ein kleiner See mit Rastplatz befindet, spannt sich der Blick über ganz Hamarøy und den Vestfjord. Die folgenden 27 km bis Innhavet nun entführen in eine Welt aus Wäldern, Bergen, Seen und seegleichen Fjordarmen, die an British Columbia in Kanada erinnern. Allerorten finden sich herrliche Plätze zum wilden Campen, teilweise an Sandstränden, auch ein Campingplatz ist eingerichtet, und in Innhavet gibt es sogar ein Hotel. Weiter geht es, am von Felsplat-

Lachszuchtanlagen am Skjerstadfjord bei Rognan

Die jährlichen Deviseneinnahmen aus dem Exportgeschäft belaufen sich bereits auf über 6 Mrd. DM, und weil Anzahl, Standorte und Größen der Lachsbetriebe durch eine staatliche Konzessionsordnung geregelt sind, konnten durch den neuen Wirtschaftszweig landesweit schon über 100 000 Dauerarbeitsplätze in einer breiten räumlichen Streuung geschaffen werden. Das stellt natürlich einen wesentlichen Beitrag zur Lebenserhaltung zahlreicher Marginalräume dar, und so sieht Oslo in der Aquakultur einen wichtigen Wachstumsmotor, der auch in Zukunft mit Milliarden Kronen an Forschungsgeldern rechnen darf. Lange wird es nicht mehr dauern, bis »Made in Norway« auch für Seewolf, Heil- und Steinbutt, Seezunge, Dorsch und viele Sorten mehr aus der Zuchtanlage stehen wird.

ten gebildeten Ufer des Sagfjordes entlang, schließlich durch einen Tunnel, jenseits dessen es bald rechts zu einem großen Rastplatz und zu »Helleristninger« ausgeschildert ist. Die Felszeichnungen sollen 4000 bis 8000 Jahre alt sein, ganz sicher ist man sich da nicht, und zeigen u. a. zwei meisterhaft dargestellte Rentiere. Oberhalb dieser Sehenswürdigkeit erstreckt sich der langgezogene Sandnesvatn, an dem sich neben zahlreichen kleinen Stränden auch drei hübsche Campingplätze finden. In seiner Tiefe, so wissen die Anwohner zu berichten, soll ein Wassertroll sein Unwesen treiben, und noch im

Jahre 1992 will ein Augenzeuge das Monstrum gesichtet haben. Ihre mystische Ausstrahlung verdankt die Umgebung nicht zuletzt dem Kråkmotind, einem den Samen einst heiligen Opferberg, der über dem Seeschluss wie ein gigantischer Steinpilz 924 m hoch aus Geröllhalden aufsteigt. Auch Knut Hamsun inspirierte er, der hier den Roman »Die Stadt Segelfoss« schrieb und »Segen der Erde« begann.

Die letzten 74 km bis Fauske führen durch eine Urweltlandschaft aus düster heraufdrängenden Bergen. Da gibt es keine sedimentären Lagen und Faltungen mehr, nur homogenes Grau, wie geschmiedet und dann mit Meißeln bearbeitet. Hier stehen lauter Kathedralen, riesige Skulpturen aus Türmen, Spitzen und Buckeln, von Fjorden zerhackt, von Eishauben bekrönt, von Seen und Mooren umkränzt. Dies ist das Herz von Nordland, von dem Bjørnstjerne Bjørnson sagte, dass es in seiner Monumentalität über alle Beschreibungen gehe. Man muss es schauend erlebt haben und wird dann wissen, warum die Menschen hier oft so ernst erscheinen, warum es noch immer Trolle gibt, die kommen, wenn die Angst aufsteigt, und schließlich auch, warum der Straßenbau den norwegischen Staat soviel kostet wie das Militär, nämlich rund 4 % des Jahresbudgets: Bis Fauske sind unzählige Brücken zu bewältigen, mehr als ein Dutzend Tunnel zu durchfahren – mancher über 5 km lang.

Schließlich wird man vom Gebirge entlassen, findet sich in weiter Ebene wieder und fährt in schnurgerader Linie auf **Fauske** 3 (S. 249f.) zu. Die Handelsstadt am Skjerstadfjord zählt fast 7000 Einwohner und bietet günstige Einkaufsmöglichkeiten. Hier biegt die Nordland-Eisenbahn nach Bodø ab, auch die R 80 führt dorthin, aber den rund 44 km langen Abstecher kann man sich schenken. Kalte Winde streifen dort durch die Straßen, und ständig steigen NATO-Bomber auf (Bodø ist Sitz des Militäroberkommandos für Nord-Norwegen). Sehenswert ist nur das Nordland Fylkesmuseum mit sechs Abteilungen, u. a. einer zur Fischereigeschichte.

Rago-Nationalpark

Gletscher und Wasserfälle, große Seensysteme, schier bodenlose Schluchten und Klammen sowie majestätische Berggipfel, teilweise dramatisch geformt, prägen den östlich der E 6 an der Grenze zu Schweden gelegenen Rago-Nationalpark, der im Nachbarland in den Padjelanta-Nationalpark übergeht. Das 170 km^2 große Schutzgebiet ist über die Nebenstraße nach Lakshola zu erreichen, die 25 km nördlich von Fauske von der E 65 abzweigt. Am Straßenende beginnt ein Wanderweg, der in das Zentrum der urwüchsigen Landschaft führt.

Informationen im Touristenbüro von Fauske. Die beiden Hütten im Nationalpark stehen jederzeit zur kostenlosen Übernachtung offen.

Von Fauske nach Rognan

Ab Fauske folgen viele Urlauber der R 80, aber das ist nicht Bodø zu verdanken, sondern der wenige Kilometer vor der Stadt beginnenden R 17, einer wahren ›Traumstraße‹. Sie führt über Abertausende Kurven, an Aberhunderten Fjorden sowie Zigtausenden kleiner und kleinster Schären vorbei bis Steinkjer im Süden, schon nahe Trondheim, kann aber nach Mo i Rana und Mosjøen sowie zwei weiteren Destinationen an der südlichen E 6 abgekürzt werden. Die

Zahl ihrer landschaftlichen Sehenswürdigkeiten und möglicher Abstecher ist so groß, dass es angemessen wäre, der R 17 einen eigenen Reiseführer zu widmen. Wer sich entschließt, dieser 533 km langen Route zu folgen, auf der man nicht weniger als acht Fähren benutzen muss, sollte als absolutes Minimum vier bis fünf Tage ansetzen.

Auch ein anderer Abstecher bietet sich von Fauske aus an, der sich mit einem Zeitaufwand von rund einem Tag gut in die der E 6 folgende Route integrieren lässt. Er folgt der R 812, die von der R 17 direkt nach Passieren des **Saltstraumen** links abzweigt. 41 m hoch und 770 m lang ist die Brücke, die diesen stärksten Gezeitenstrom der Welt überspannt (viermal täglich werden 372 Mio. m^3 Wasser mit 7 bis 8 Knoten Geschwindigkeit durch diese ›Düse‹ gepresst), der allein schon den Abstecher wert ist.

Sodann geht es über selten nur von Touristen befahrene Schotterstraßen nach Misvær, ein für seinen Ziegenkäse, seine wildromantische Lage sowie seine alten Gehöfte bekanntes Dorf. Weiter führt die Straße nach Vesterli bru, wo sie sich gabelt. Nach links führt die R 812 noch etwa 20 km durch ungeheuer liebliche ›Almlandschaft‹ bis Medby an der E 6 bei Rognan, während die nach rechts abzweigende R 813 über einen Wiesenpass von 630 m Höhe (Aussicht!) ins Beiardal und insbesondere das von diesem bald nach links abgehende Storågadal begleitet. Beide gehören zu den wildesten und ursprünglichsten per Straße erreichbaren Talungen in Nord-Norwegen. Auch die Fauna spiegelt die ›Am-Ende-der-Welt‹-Stellung dieser Region wider: Hier war es, wo uns ein Vielfraß sechs Forellen vom Baum stahl, an dem wir sie über Nacht aufgehängt hatten.

Auch zweigt in Fauske die R 830 ab, die nach 40 km nahe der schwedischen Grenze in Sulitjelma endet. Wer eine aktive Ader hat und Gletschertouren unternehmen will (der Blåmansisen nördlich der Stadt ist der drittgrößte Gletscher des Landes), mag diese tunnelreiche Strecke befahren, aber für alle anderen ist es den Aufwand nicht wert, denn das Ziel ist eine Erzstadt.

Von Fauske aus geht es auf der E 6 weiter gen Süden, an den Marmorbrüchen der Stadt vorbei, deren rosafarbenes Gestein u. a. zur Verkleidung des UN-Palastes in New York verwendet wurde. Bis hinunter nach Rognan folgt die Straße dem Ostufer des Saltdalsfjordes, das senkrecht aus tiefen Wassern aufragt. Auch diese Strecke erscheint als eine Meisterleistung der Ingenieurskunst, aber sie wurde mit dem Blut Tausender jugoslawischer und russischer Kriegsgefangener erbaut, die von den Nazideutschen hier zur Fron gezwungen wurden. So trägt der Abschnitt den Beinamen »Blutstraße«, zahlreiche Mahnmale am Wegesrand erinnern an dieses dunkle Kapitel, und in Botn, wenige Kilometer vor Rognan, wo einst das Gefangenenlager stand, finden sich drei Soldatenfriedhöfe, darunter auch ein deutscher mit Gedenkplatten für über 2730 Gefallene.

Nahe **Rognan** 4 (S. 278), dem rund 2000 Einwohner zählenden Verwaltungszentrum der Saltdal-Gemeinde, lohnen das Saltdal Bygdetun, ein Freilichtmuseum mit 20 traditionellen Gebäuden und über 3000 Exponaten sowie das angegliederte Kriegsgedenkmuseum eine Besichtigung. Ein Stückchen weiter liegt das Rognan-Turistcenter, eine schöne Ferienanlage am Fjord, wo man Ruderboote und Kanus ausleihen, Kanukurse belegen oder an zweitägigen, organisierten Paddeltouren auf

Auf der Hochebene des Saltfjells

dem Saltdalselv teilnehmen kann. Auch Höhlenexkursionen, Wanderungen zu Fuß oder Pferd und viele andere Aktivitäten werden in Rognan geboten, sodass der Ort alles in allem einen angenehmen Aufenthalt für mehrere Tage ermöglicht.

Von Rognan nach Mo i Rana

Ab Rognan verlässt die E 6 die Küstenlinie und nähert sich ihr erst bei Mo i Rana, 150 km weiter südlich, wieder an. Während der nächsten 40 km folgt sie dem Lauf des Saltdalselv, der sich durch das über 1000 m tief in die säumende Bergwelt eingeschnittene Saltdal schlängelt und hoch oben auf dem Saltfjell am Polarkreis seine Quelle hat. Da das Tal, im Schnitt 500 m breit, vor widrigen Winden geschützt ist, präsentiert es sich, in Relation zu den soeben durchfahrenen Landen, fast wie ein Garten Eden. Allerorten gewahren wir Wiesen und Felder zwischen kleinen Dörfern, und immer wieder laden herrlich gelegene, sehr gut ausgebaute Rastplätze ein.

Altes Gehöft im Saltdal

Nach insgesamt 37 km ab Rognan erstreckt sich linker Hand das **Saltdal-Turistcenter** 5 (S. 278) mit herrlichen Blockhütten und einem Campingplatz nebst Restaurant. Ein Aufenthalt sei jedem empfohlen, denn nahebei – und von hier aus schnell zu Fuß erreicht – ist der Kjemåg-Wasserfall zu besichtigen, außerdem das Storjord Aboret, eine schon 1868 eingerichtete Pflanzung Hunderter verschiedener Bäume (u. a. Exemplare aus Sibirien, Alaska, dem Himalaja), die heute einen exotischen Nadelwald bilden. Auf keinen Fall aber versäumen sollte man einen Spaziergang durch die gegenüber dem Turistcenter

beginnende Junkerdalsura, eine über eine Hängebrücke zu erreichende Klamm von mehreren Kilometern Länge, die in ihrer Urwüchsigkeit alles in den Schatten stellt, was man bisher in Lappland zu sehen bekommen hat. Ihre durchschnittliche Tiefe beträgt 800 m, ihre Breite hingegen nur um 20 bis 50 m, und ihr Grund wird völlig vom wild tosenden und über Katarakte schäumenden Junkerdalselv ausgefüllt, neben dem eine schmale Trasse in den Fels geschlagen ist, der der Wanderweg folgt. Bis 1958 verlief hier sogar die Straße nach Arjeplog.

Kurz hinter dem Saltdal-Turistcenter passieren wir die Abzweigung der heutigen Straße dorthin (Route 13). Wer nicht in Eile ist, sollte ihr wenigstens rund 10 km bis zum **Junkerdal-Turistcenter** 6 (S. 278) folgen, denn die Ausblicke auf die gigantische Felsmasse des Båtfjell und den 1561 m hohen Solvågtind, der sich aus dem lieblichen Hochtal erhebt, sind wahrhaft einzigartig. Aber auch die E 6 in ihrem weiteren Verlauf bietet außerordentliche Eindrücke, denn nun folgt sie dem Lønsdal, das sich auf 35 km Länge von nahezu Meeresniveau auf die 650 m messende Höhe des Saltfjells am Polarkreis hinaufschraubt. Auf dieser Strecke ist der Lønselv ständiger Begleiter, und von zahlreichen Parkbuchten aus kann man sich ans Ufer dieses über Hunderte von Katarakten zu Tal stürzenden Wildflusses herantasten. Nach etwa 20 km öffnet sich die Kerbe des Lønsdals auf die schier unendlich sich erstreckende, öde Weite des Hochfjells, am Horizont von gezackten Schneegipfeln begrenzt, und oft fährt man hier bis in den Juli hinein neben meterhoch getürmten Schneebarrieren her. Im Winter, zwischen November und März/April, ist die Strecke oft tagelang gesperrt bzw. nur im Konvoi mit einer Schneefräse vorneweg zu befahren, wie auch den Zügen der Nordlandbahn, deren Trasse wir mehrfach queren, dann Schneefräsen angekoppelt sind.

Nun ist sie wieder erreicht, die imaginäre Schwelle des **Polarkreises** 7 (S. 275). Wo sie von der E 6 gequert wird, wurde ein architektonisch sehr ansprechendes, pilzförmig aufragendes Gebäude errichtet. Die riesigen, stets gut gefüllten Parkplätze davor sprechen Bände, was es Nordlandfahrern bedeutet, hier anzuhalten und sich beiderseits der magischen Linie zu ergehen bzw. sich für teures Geld ein »Polarzirkel-Zertifikat« ausstellen zu lassen.

Weiter geht die Fahrt, schon bald am Randalselv entlang und erst sanft, dann steil ins Dunderlandsdal hinunter, das im Westen vom vergletscherten Svartisen-Massiv, im Osten vom norwegisch-schwedischen Grenzgebirge gerahmt wird und landschaftlich wie eine Fortsetzung des Saltdals wirkt. Unterwegs passieren wir ein Hinweisschild zu den alten, schon in Schweden gelegenen Silbergruben des Nasafjälls, wohin eine Tageswanderung führt. Nur 5 km weiter liegt das Krokstrand-Turistcenter (Camping, Hüttenvermietung, Restaurant) am Weg, und nach weiteren 8 km, nahe jener Stelle, wo eine Eisenbahnbrücke die E 6 überspannt, erstreckt sich rechts am Fluss ein großer Rastplatz (mit Toiletten), wo Infokarten aushängen, die mehrere Wandertouren in der Umgebung aufzeigen.

Ab hier, beim Ort Storvollen, wird das Tal wilder und enger, bietet oft nur noch der Straße und dem Fluss Platz und führt via Storforshei, einem Bergwerksort, wo im Tagebau Eisenerz gefördert, schließlich nach Mo i Rana, wo das Erz verhüttet wird. 10 km vor Erreichen dieser Stadt liegt an der E 6 Røssvoll/Skonseng, und hier sollte man, so zeitlich irgend möglich, auf die rechts zum **Svartisen** 8 ausgeschilderte Straße abbiegen, die in ihrem 24 km langen Verlauf auch die zwei sehenswertesten Höhlen des gesamten Nordens passiert. An der Kreuzung befindet sich ein großer Rastplatz mit Infotafeln (Öffnungszeiten etc. betreffend), und am Ende der Stichstraße liegen ein kleiner Campingplatz sowie ein Kiosk oberhalb des Svartisvatn. Ab dort auch verkehrt von Mitte Juni bis Ende August ein Fährboot zum Westufer des Gletschersees, von wo aus ein leichter, auch mit Turnschuhen zu begehender Pfad (gut ausgeschildert) direkt an die Eiszunge von Norwegens zweitgrößtem Gletscher heranführt (hin und zurück ca. 2 Std.). Auf halber Strecke zwischen Røssvoll und dem Gletscher befinden sich die beiden erwähnten Höhlen, Setergrotta und Grønligrotta. Letztere ist beleuchtet und einfach zu begehen. Während der 20 Min. dauernden Führung passiert man mehrere Wasserfälle, Stalaktiten und unterirdische Seen (Gummistiefel werden empfohlen). Von der Setergrotta sind bislang nur 2,5 km kartiert, und hier sind es riesige Hallen, Gletschermühlen und unterirdische Flüsse, die man während der 2 Std. dauernden Führung im Licht der mit Kopflaternen ausgestatteten Helme zu sehen bekommt.

Saltfjell-Svartisen-Nationalpark

Direkt am Polarkreis, von der E 6 im Osten begrenzt, erstreckt sich dieses mit 2100 km² Fläche größte und jüngste, gleichzeitig auch am besten erschlossene (zahlreiche Wanderwege und Wanderhütten) Schutzgebiet Norwegisch-Lapplands. Vielen gilt es obendrein als das faszinierendste, umfasst es doch den Svartisen, den mit 370 km² Fläche zweitgrößten Gletscher des Landes, sowie die bis 1600 m hohe, rauhe Gebirgswelt des Saltfjells, eine Vielzahl faszinierender Grotten und Höhlen, aber auch wahre Urwälder, glasklare Seen, tiefe Schluchten, monströse Wasserfälle. Auf der Saltfjellkarte (1:100 000; erhältlich in den Buchhandlungen von Mo i Rana und Fauske) sind alle Wege, Hütten etc. vorbildlich verzeichnet.

Informationen in den Touristenbüros von Fauske und Mo i Rana; von dort aus im Juli und August auch organisierte Gletschertouren. In dem Büro in Fauske kann man auch Schlüssel für die Wanderhütten im Nationalpark bekommen.

Von Mo i Rana nach Mosjøen

Mo i Rana 9 (S. 269f.), »Industriestadt unter dem Polarkreis« und größte Stahlküche des Landes mit einer Produktion von über 700 000 t jährlich, bietet sich zum Einkaufen an. Dann geht es weiter, entweder über die E 12, die ins schwedische Storuman führt (Route 14) oder über die E 6, die jetzt rund 30 km am verästelten Ranafjord entlangführt, um dann in ewig langer Steigungsstrecke zum 550 m hoch gelegenen Korgfjell hinaufzuklettern. Unterwegs genießt man Ausblicke wie aus dem Flugzeug, und vom auf der Höhe eingerichteten Hotel mit Restaurant bietet sich ein überwältigendes Gebirgspanorama. Im Norden erfasst das Auge die 1600 m hohen Berge, die aus dem Svartisen herausragen, rechts daneben stürmen die 1500er des Saltfjells den Himmel, und im Osten werden um 1300 m hohe Gipfel vom 1916 m hohen Okstindan überragt. Dies ist ein letzter geografischer Höhepunkt, auch ein trefflicher Abschied vom hohen Norden, denn ab hier fällt die Straße steil nach **Mosjøen,** einer Industriestadt, ab, von wo aus sie sich auf über 100 km Länge durch eine von Wäldern und Fjells geprägte Wildmark-Landschaft gen Süden zieht.

In Trofors, 45 km südlich von Mosjøen, schließlich bietet sich eine letzte Gelegenheit, wieder über das Kaledonische Gebirge nach Schwedisch-Lappland hinüberzuwechseln. Dort zweigt die R 73 ab, die nach etwa 100 km bei Tärnaby (Route 14) auf die von Mo i Rana kommende und nach Storuman führende E 12 stößt. Diese Strecke zu befahren, soll allen Freunden einsamster Hochgebirgslandschaften ans Herz gelegt werden: Zwei Pässe sind zu überqueren (Hattfjell, 402 m; Norwegisch-Schwedische Grenze, 600 m), Rentierherden ziehen über die felsigen Weiten (der Ort Hattfjelldal wird zu einem großen Teil von Samen bewohnt, hier findet sich auch eine Samenschule), immer wieder tun sich große Seen auf (der Røssvatn ist mit 210 km² der drittgrößte See Norwegens), die Angelmöglichkeiten sind ausgezeichnet, und allerorten findet man herrliche Campgründe.

Durch das Kaledonische Gebirge und die Waldweiten Schwedens

Vom Nordmeer an die Ostsee – Von Skibotn nach Haparanda

Der erste Abschnitt der E 8, vom norwegischen Skibotn zum finnischen Kilpisjärvi nahe dem Dreiländereck, gehört zu den grandiosesten Bergstraßen in Nord-Skandinavien, und im Herbst ist keine schönere Route als diese vorstellbar, auf der man dann zwischen den Jahreszeiten hin- und herspringen kann: Im Fjell herrscht die Farbenpracht des »Indian Summer«, die Berge über Kilpisjärvi tragen bereits ihr weißes Winterkleid, und in Skibotn erfreut noch der Sommer. Weiter geht es über Kahlfjell und Tundraebenen nach Karesuando, einem Zentrum der Samen, und von dort dann stets den Muonio älv und Torne älv entlang, mal auf schwedischer, mal auf finnischer Seite, durch zunehmend lieblicher werdendes Waldland hinunter bis an den ›Scheitel‹ des Bottnischen Meerbusens, der bei Haparanda erreicht wird.

Streckenlänge und -verlauf: 522 km; von Skibotn an der E 8 via norwegisch-finnischer Grenze (40 km) und Kilpisjärvi (10 km) nach Kaaresuvanto (104 km); ab dort auf der R 45 nach Karesuando (1 km) und weiter auf der R 400 über Muodoslompolo (80 km) und Pajala (102 km) zum schwedischen Pello (55 km); von da zum gleichnamigen finnischen Ort (2 km) und auf der E 8 bis Aavasaksa (52 km); erneute Überquerung der finnisch-schwedischen Grenze nach Övertorneå (5 km) und wieder auf der R 400 bis Haparanda (71 km).

Öffentliche Verkehrsmittel: Täglich verkehren mindestens zwei Direktbusse auf der Strecke von Skibotn nach Tornio (stets auf finnischer Seite); wer der hier beschriebenen (oft grenzquerenden) Route folgen will, ist auf sporadisch verkehrende Lokalbusse angewiesen.

Von Skibotn nach Haparanda

Von Skibotn zur norwegisch-finnischen Grenze

Wir verlassen die E 6 und damit auch das ›Eismeer‹ bei **Skibotn** 1 (S. 279f.) und biegen ein in das Skibotndal, das vielleicht monumentalste Trogtal des Nordens, dessen Flanken in monströsen, bis über 1500 m hohen ›Kathedralen‹ kulminieren. Kiefern- und Birkenwälder bedecken den schmalen Talgrund, durch den der Skibotnelv dem Meer entgegenströmt; Schutthalden ergießen sich von mit Firn und Schnee überzogenen Felshöhen bis in die Talsohle hinein; von Hängetälern stürzen lotrechte Wasserfälle in die Tiefe, Adler ziehen ihre weiten Kreise. Dann steigt die gut ausgebaute Straße steil an, und je weiter man in die sich jetzt ständig verjüngende Kerbe vordringt, desto spektakulärer wird die Landschaft. Rastplätze gibt es genug, aber wer sich nicht mit kurzen ›Augenblicken‹ begnügen will, dem sei empfohlen, den Campingplatz 10 km hinter Skibotn anzufahren, der auf lang gestreckter Wiese direkt am Ufer des Wildflusses eingerichtet ist (hier auch romantische Holzhütten).

Höher und höher geht es hinauf, nach weiteren 10 km hat sich das Trog- in ein Muldental verwandelt, in das der Skibotnelv eine bis zu 100 m tiefe Klamm eingefressen hat, aus der Gischtwolken aufsteigen. Bald wird ein Militärlager passiert. Die Soldaten, die am Tor Wache schieben, sind arm dran, denn sie müssen alle vorbeikommenden Fahrzeuge grüßen und stehen so mehr ›stramm‹ als entspannt. Kurz danach ist es zu einer Jugendherberge ausgeschildert (mit Café); ihre Lage ist schön, die Ausstattung gut und die Zahl möglicher Wandertouren ins Umland schier unbegrenzt. Aber auch der Mountainbiker kann hier auf seine Kosten kommen, denn ganz in der Nähe zweigt eine vom Militär angelegte, aber offene Piste ins Hochgebirge ab, überwindet einen 800 m hohen Pass und führt dann in den Bereich des auf rund 700 m über dem Meer gelegenen Govddajavrre, um den

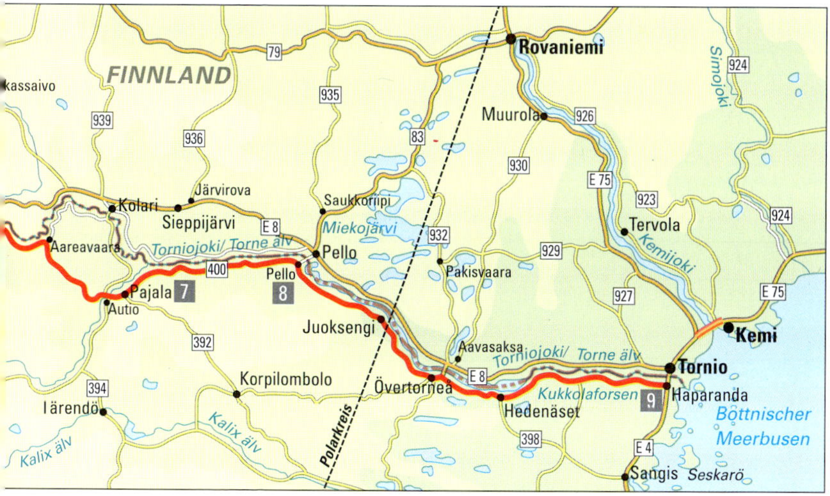

herum das ganze Bergland mit Verteidigungsanlagen (insbesondere Bunkern) gespickt ist. Von dort aus kann man auch weiterfahren ins Kittdal, erreicht so bald die E 6, über die man wieder nach Skibotn zurückkehren kann.

Nur 3 km nach Passieren der Jugendherberge stürzt ein Fluss über hohe Fallstufen unter der Straße hindurch. Dieser Anblick lohnt einen Stopp, am besten oberhalb des Wasserfalls, von wo aus man auch ein allerletztes Mal Gelegenheit hat, einen Blick zurück aufs ›Eismeer‹ zu genießen. Gut 400 m ist man hier jetzt hoch, und auf den folgenden 9 km werden nochmals rund 150 m Höhe gemacht. Dann, kurz hinter dem Galgojavrre (schöner Rastplatz), ist mit der Baum- auch die **Landesgrenze** erreicht, jenseits derer sich das Landschaftsbild schlagartig ändert: Man blickt auf ein sich bis zum Horizont erstreckendes Kahlfjell, von Hügeln nur mäßig reliefiert und lediglich mit Krüppelbirken sowie Wollweiden bestanden, aber von einem Flechtwerk aus silbernen Strängen durchzogen, die sich zum Kilpisjärvi und anderen kilometerlangen Seen vereinigen. Inmitten dieser von unendlicher Weite geprägten Landschaft des finnischen Nordwestzipfels ragt steil und sagenhaft das langgestreckte Trapez des Saanatunturi wie eine Burg auf, wozu die kriegführenden Deutschen den heiligen Berg der Samen auch zweckentfremdet hatten. Schwere Artillerie-Geschütze standen dort oben auf 1029 m Höhe. Überhaupt ist das ganze Grenzland hier mit den Ruinen großdeutscher Geschützstellungen gespickt.

Alpines Fjell bei Kittdal

Von der norwegisch-finnischen Grenze nach Kaaresuvanto/Karesuando

Direkt hinter der bald erreichten Zollstation ist es rechts zum Malla-Naturpark mit seinen zahlreichen Wanderwegen ausgeschildert. Ein Stückchen weiter fährt man an das Nordufer des mehr als 14 km langen und 40 km² großen **Kilpisjärvi** **2** (S. 260) heran, an dem eine von Granattreffern durchbohrte Panzerplatte an die Geschehnisse des Zweiten Weltkriegs erinnert. Es folgen eine Hüttenvermietung, eine Tankstelle mit Supermarkt und sodann die Kilpisjärvi-Touristenstation mit Restaurant, Jugendherberge sowie einem empfehlenswerten Campingplatz, auf Panoramaterrassen über dem See gelegen, am Fuße des Saanatunturi, dessen Gipfel von hier in 2 Std. wandernd erreicht werden kann. Eine andere Wanderung, eher ein Spaziergang von 45 Min. Länge, führt zum berühmten Dreiländereck auf der anderen Seite des Kilpisjärvi, wohin täglich mehrere Boote verkehren. Während der Passage (30 Min.) genießt man ein Panorama auf den Saanatunturi und die norwegische Hochgebirgswelt. Das Dreiländereck ist durch eine gelbe Betonbake im Goldajavrre markiert, zu der man mit einem Ruderboot hinausfahren kann.

Der Weg bis hinunter nach Kaaresuvanto führt über den höchsten Punkt des finnischen Straßennetzes (566 m). Immer geht es den die Grenze nach Schweden bildenden Könkämäeno entlang durch eine eintönige, öde Tundralandschaft, deren Reiz allein in ihrer Weite liegt bzw. – zwischen Mitte August und Ende September zu genießen – in der Farbenpracht des Herbstes. Dann ist die Fahrt ein einziger Rausch für die Sinne, aber während der anderen Monate kann das stets gleiche Landschaftsbild schnell eine ermüdende Wirkung haben; nicht zu vergessen auch die Mücken, die im Sommer milliardenfach fliegen und einen außerhalb des Fahrzeugs binnen kurzem um den Verstand bringen können.

Kaaresuvanto **3** (S. 257) ist trotz seiner nur 400 Einwohner die größte Ortschaft auf der gesamten bisherigen Route. Es setzt sich aus einem finnischen und einem schwedischen Teil zusammen, die durch eine Brücke über den Grenzfluss verbunden werden. Hier gilt es sich zu entscheiden, ob man auch weiterhin der auf finnischer Seite verlaufenden E 8 folgen will oder die R 400 bevorzugt. Die Europastraße verläuft östlich des Grenzflusses, die R 400 westlich, und beide haben die Ostsee bei der Doppelstadt Tornio/Haparanda zum Ziel, sind auch in etwa gleich lang. Landschaftlich reizvoller und abwechslungsreicher ist die Fahrt durch Schweden, die nachfolgend näher vorgestellt wird. Es gibt aber mehrere Möglichkeiten, von der einen zur anderen Seite hinüberzuwechseln, und wo das lohnend ist, wechseln wir auch.

Von Kaaresuvanto geht es hinüber nach **Karesuando,** wo neben Schwedisch und Finnisch auch Norwegisch und besonders Samisch gesprochen wird. Von den 1100 Einwohnern der zu Kiruna gehörenden Gemeinde sind rund 250 samischer Herkunft, und in dem ausgeschilderten, dem Campingplatz angeschlossenen Karesuando Kulturby kann man ein originalgetreu nachgebautes Samen- sowie ein Neusiedler-Dorf besichtigen – manche der Hütten werden auch vermietet. Einen Besuch wert ist auch die kleine, graue Holzhütte Læstadi Pörte, in der Lars Levi Læstadius (s. S. 190) von 1826 bis 1849

Erweckung auf Samisch
Der Læstadianismus

Erst Mitte des 19. Jh. konnte sich bei den Samen das Christentum durchsetzen, wobei dem Læstadianismus eine entscheidende Rolle zukam. Diese auf den in Jäckvik bei Arjeplog geborenen schwedischen Pfarrer Lars Levi Læstadius (1800–1861) zurückgehende Erweckungsbewegung hat die Struktur der samischen Gesellschaft nachhaltiger als alle Missionstätigkeit verändert. Elende Lebensbedingungen und soziale Missstände zu beheben waren Antrieb und Ziel des selber in sehr armen Verhältnissen aufgewachsenen Mannes, der nach dem Studium in Uppsala 1825 zum Pfarrer ordiniert wurde und von 1826 bis 1849 als Missionar in Karesuando wirkte. Hier sah er sich einer Gemeinde von Alkoholikern gegenüber, die sich in einem Vakuum zwischen der alten und der neuen Religion befanden. Das machte ihn zu einem leidenschaftlichen Vorkämpfer der Abstinenzlerbewegung, und er wurde es zeit seines Lebens nicht leid, gegen den ›Teufel Alkohol‹ zu Felde zu ziehen – sei es in wortgewaltigen Predigten auf Samisch (das er als Schrift- und Kirchensprache stärkte) oder in sehr beachteten Schriften.

Aber Læstadius war auch weitsichtig genug, den Ursprung des Alkoholproblems zu erkennen, und suchte so den Samen ein neues Selbstverständnis zu geben, indem er den Kern der christlichen Lehre durch Gleichnisse und Geschichte darstellte, in die er samische Mythen und Göttergestalten einflocht. Das brachte ihm zwar seitens der Dogmatiker viele Feinde ein, aber der Bischof hielt seine schützende Hand über ihn – der Zweck heiligt schließlich die Mittel. So gelang es Læstadius sogar, die schamanische Ekstase in den Gottesdienst einzubauen, indem er sich bei seinen Predigten in einen Erregungszustand versetzte, der sich auf alle Anwesenden übertrug, die sich dann wie in Trance umarmten und einander die Absolution erteilten.

Aus dieser Praxis resultierte die Einstufung als ›Erweckungsbewegung‹, aber auch die breite Basis, auf die sich der Læstadianismus bald schon stützen konnte. Am Ende von Læstadius' Leben galten die meisten Samen als wirklich gläubig, auch als abstinent, und weil die pietistische Lehre eine abweisende Haltung gegenüber vielen Bereichen des modernen Lebens einnahm, ist es zum großen Teil ihr Verdienst, dass sich die alte samische Lebensweise bis in unsere Tage hinein zumindest teilweise erhalten hat. Noch immer ist die Kraft des Læstadianismus ungebrochen, der heute zu Recht die ›Religion der Samen‹ genannt wird und dem Volk in genau dem Augenblick ein neues Selbstverständnis geben konnte, als es im Vakuum zwischen dem alten und dem neuen Glauben unterzugehen drohte.

Sumpflandschaft am Kaarevaara

lebte. Das in seiner ursprünglichen Einrichtung erhaltene Gebäude findet sich direkt neben dem Pfarrhaus im Ort. Die dazugehörige Kirche wurde 1905 errichtet, vor der Altarskulptur des Jesus sieht man den knienden Læstadius. Wer einem Gottesdienst der Erweckungsbewegung beiwohnen möchte, sollte sich hier an einem Sonntag einfinden oder ins 20 km entfernte Dorf Kuttainen fahren (s. u.), das heute als das Zentrum der Læstadius-Anhänger gilt.

Kanuten werden von einer Fahrt auf dem Grenzfluss begeistert sein, und das Umland mit Schwedens einzigem Tundragebiet ist ein Paradies für Ornithologen. Auch eine Fahrt oder Wanderung zum Gipfel des 517 m hohen **Kaarevaara** sollte niemand versäumen. Von dort aus ist die Mitternachtssonne vom 25. 5. bis zum 17. 7. zu sehen; die Schotterstraße hinauf zweigt 4 km südlich des Ortes von der R 400 ab.

Von Karesuando nach Muodoslompolo

Die Straße führt hinter Karesuando durch leicht gewelltes, mit Krüppelbirken bewachsenes Land. Nach 18 km zweigt links eine Stichstraße ab, die **Kuttainen** zum Ziel hat. Dieser von Samen bewohnte Ort ist Schwedens nördlichstes Bauerndorf und bietet insbesondere einen lauschigen Badeplatz.

Die Landschaft im weiteren Verlauf der R 400 bleibt unverändert, bald kommt man am Paittasjärvi vorbei, bevor es bei **Saivomuotka** wieder an den Grenzfluss herangeht. Hier kann der Raattamaagården besucht werden, der Hof, in dem Johann Raattamaa, einer der ersten und erfolgreichsten Laienprediger des Læstadius, lebte. Kurz darauf wird **Muodoslompolo** (Bade- und Campingplatz) erreicht, von einer weißen Holzkirche überragt. Empfehlenswert ist ein Abstecher zum finnischen **Muonio** 4 (S. 270) auf der anderen Flussseite, in dessen Nähe sich eine große Seenplatte mit Waldsaum erstreckt.

Pallas-Ounastunturi-Nationalpark

5 (S. 274) Zwischen Muonio im Süden und **Enontekiö** 6 (S. 248f.) im Norden liegt der über 500 km² große, bereits 1938 eingerichtete Pallas-Ounastunturi-Nationalpark. In der Hauptsache besteht er aus einer lang gestreckten, bis 800 m hoch aufragenden Fjellkette, die die Wasserscheide zwischen den Flusssystemen des Torniojoki und des Kemijoki bildet und gleichzeitig die höchste Fjellgruppe der finnischen Nadelwaldzone ist. Die mächtigen grau-schwarzbraunen Hügel tragen den Prägestempel der Eiszeit und lassen nur eine bodenständige Vegetation gedeihen, die sich hauptsächlich aus Krustenflechten und Moosen zusammensetzt. In den Talsenken wachsen auch das Zwerg-Ruhrkraut sowie die nur wenige Zentimeter hohe Krautweide, die lichten, flechtenbehangenen Kiefernwälder hingegen weisen kaum Bodenvegetation auf, und die Moore sind nährstoffarm – nur Zwergbirken und Moltebeeren kommen vor. Die Tierwelt ist hauptsächlich durch Stech- und Kriebelmücken sowie Stelzvögel vertreten. In den Wäldern trifft man aber vereinzelt auch auf Elche, Buchfinken und Buntspechte, Sperbereulen und Habichte; auf den Fjellkämmen lassen sich Schneeammer, Mornell- und Goldregenpfeifer beobachten. Stets sind es atemberaubende Fernblicke, die man während der etwa vier Tage währenden Wanderung genießt, die den Park in seiner gesamten Länge durchschneidet und zahlreiche Hütten passiert.

Pajala

7 (S. 273f.) Von Muodoslompolo führt die R 400 am Mersajoki (mit einem empfehlenswerten Rastplatz) und dem waldumschwiegenen Kitkiöjärvi (Camping-, Badeplatz) entlang, bevor sich die Straße wieder dem Muonio älv nähert, den sie bei Parkanas erreicht. Nach insgesamt 182 km ab Karesuando liegt Pajala voraus, nahe der Mündung des Muonio älv in den Torne älv gelegenes Zentrum einer großen, Rentierzucht betreibenden Gemeinde mit neun ›Samendörfern‹, die denn auch den hauptsächlichen touristischen Reiz der Region ausmachen. Das Fremdenverkehrsamt informiert über die Daten von Kälbermarkierung und Rentierscheidung, organisiert Angeltouren sowie Schlauchbootfahrten auf den beiden großen Strömen. Die touristische Infrastruktur ist insgesamt gut, sodass sich ein Aufenthalt sehr wohl anbietet, obwohl der stark zersiedelte Ort mit Zentrum am Busbahnhof eher wenig einladend wirkt.

Besuchenswert ist vor allem das **Pajala-Museum,** das den Themen Erzgewinnung, Erztransport und Verhüttung gewidmet ist, denn Pajala verdankt seine Gründung einem Schmelzofenbau beim nahen Kengis, in dem von Masugnsbyn kommendes und dort zu Roheisen verarbeitetes Erz seit dem 17. Jh. (und bis 1879) zu Stangeneisen verarbeitet wurde. Die andere Sehenswürdigkeit des rund 2000 Einwohner zählenden Städtchens ist die **Læstadius Pörte,** das Haus des Priesters Lars Levi Læstadius, der hier ab 1849 predigte, nachdem er Karesuando verlassen hatte. Auch die **Pajala Kyrka** ist der Öffentlichkeit zugänglich. Sie stammt aus dem Jahre 1869, wurde 1970 restauriert und enthält u. a. eine Læstadius-Ausstellung.

Von Pajala aus bieten sich eine Fahrt oder Wanderung auf den rund 10 km entfernten, 280 m messenden Aussichtsberg **Jupukka** (an der R 400 aus Richtung Karesuando ausgeschildert) an oder ein Ausflug ins ca. 60 km entfernte **Masugnsbyn** (an der R 395 Richtung Vittangi gelegen), wo die 1640 entstandenen Erzgruben mit angeschlossenem Museum zu besichtigen sind. Natürlich lohnt auch ein Abstecher nach **Kengis** mit den (wenig spektakulären) Überresten der bereits erwähnten Eisenhütte und insbesondere dem Kengisfors, einem großen Stromschnellensystem mit dem höchsten Wasserfall des Torne älv (19 m).

Von Pajala nach Haparanda

Auf der Weiterfahrt nach Süden geht es bis Haparanda fast stets am jetzt Torne älv (finn.: Torniojoki) geheißenen, breit angeschwollenen Grenzfluss entlang. Ausgedehnte Kiefernwälder bestimmen das Landschaftsbild, zahlreiche Stichstraßen führen zu versteckten Rastplätzen am Flussufer. In Jarhois, rund 40 km hinter Pajala, lädt ein Campingplatz mit Hüttenvermietung ein. Dann liegt **Pello** 8 (S. 274) voraus, von wo sich ein Abstecher hinüber nach Finnland zum gleichnamigen Ort lohnt (dort auch mehrere Campingplätze und Hüttenvermietungen) – einerseits wegen der großen Seenplatte um den Miekojärvi, die sich südöstlich erstreckt und ein Paradies für Angler, Camper und Kanuten ist, andererseits wegen Joulupukin Vihreä Pysäkki, einem Kunstzentrum mit angeschlossener Töpferei (in der edelste Salvia-Keramik entsteht), Silberschmiede und Textilstudio.

Auf dem folgenden Abschnitt bis Övertorneå ist die auf der finnischen

Heuernte am Avmasjärvi bei Övertorneå

Seite verlaufende E 8 zu bevorzugen, die zahlreiche Seen passiert (mehrere Campingplätze). Besonders gilt diese Empfehlung für den Reisenden, der sich die Überquerung des Polarkreises per Zertifikat bestätigen lassen will, da dies nur im »Arctic-Circle«-Zentrum bei Juoksengi in Finnland möglich ist. Nach 52 km ab Pello ist das Dorf **Aavasaksa** (mit großem Touristenzentrum) erreicht. Der gleichnamige, 242 m hohe Berg wird von der ehemaligen Jagdhütte des russischen Zaren Alexander II. sowie von einem Restaurant gekrönt und kann fahrend erreicht werden. Hier bietet sich um die Sommersonnenwende die letzte Gelegenheit, noch einmal die Mitternachtssonne zu betrachten. Auf der schwedischen Seite, auf die wir jetzt wieder hinüberfahren, liegt inmitten eines großen landwirtschaftlichen Nutzgebietes der Ort **Övertorneå,** in dem, gemeinsam von mehreren Universitäten initiiert, alternative Anbaumethoden erprobt werden, bei denen vollkommen auf chemische Düngung und Spritzung verzichtet wird. Dieses Projekt namens »EKO« kann mit Halb- und Ganztagesführungen besichtigt werden (Buchung über das Touristenbüro). Sehenswert ist auch die Kirche des Ortes, die 1617 errichtet wurde und neben einer außerordentlich kunstvoll geschnitzten Kanzel eine Orgel aus dem Jahre 1608 besitzt, die als das älteste spielbare Instrument ganz Schwedens gilt.

Der hier schon stark angeschwollene Torne älv, nun in manchen Abschnitten einem langgestreckten See ähnlicher als einem Fluss, bestimmt auch weiterhin das Bild der waldreichen und nur mäßig hügeligen Landschaft. An der R 400 ist etwa 20 km südlich von Övertorneå die höchste Erhebung der Umgebung ausgeschildert, der **Luppio,** ein 192 m hoher Granitbuckel, besser bekannt als »Tomteberget«, weil in seinen Tiefen das Zwergenvolk lebt – und mit ihm auch der Weihnachtszwerg (gleich Weihnachtsmann), auf Schwedisch *jultomte* geheißen. Auf der Höhe befindet sich ein Café, die Tomtestuga, auch Übernachtungsmöglichkeiten stehen zur Verfügung. Ein nächster Halt an der R 400 bietet sich im Dorf **Hedenäset** an (sehr empfehlenswerter Campingplatz), dominiert von einer Holzkirche aus dem frühen 17. Jh. mit frei stehendem Glockenturm und beeindruckender, überaus fein gearbeiteter Kanzel. Rund 45 km trennen uns jetzt noch vom Ziel dieser Route. Vorbei an zahlreichen großen Flussinseln kommen wir schließlich, rund 15 km vor Haparanda, zum **Kukkolaforsen,** einer Stromschnelle, die sich über mehr als 3 km hinzieht und wegen der hier betriebenen Renkenfischerei bekannt ist. Allerorten werden die geräucherten Fische, die sehr lecker schmecken, zum Verkauf angeboten. Das Fischereimuseum informiert über die Arbeit der Fischer am Torne älv gestern und heute.

Haparanda 9 (S. 253), an der Mündung des Torne älv in den Bottnischen Meerbusen gelegene und rund 11 000 Einwohner zählende Stadt, bietet zwar keinerlei Sehenswürdigkeiten, aber herrliche Sandstrände nahebei, von denen die auf der Insel Seskarö (via E 4 und unklassifizierter Straße rund 30 km westlich gelegen und seit 1978 durch eine Brücke mit dem Festland verbunden) zweifellos die schönsten weit und breit sind. Aber bevor man dorthin weiterfährt (Campingplätze und Hüttenvermietungen, Kanuverleih), lohnt ein Abstecher hinüber ins finnische Tornio, die Schwesterstadt von Haparanda (s. S. 71ff.).

Auf der »Silberstraße« – Von Saltdal nach Arvidsjaur

Von allen Straßen, die das Kaledonische Gebirge, die Grenze zwischen Norwegisch- und Schwedisch-Lappland, queren, ist die im Folgenden beschriebene vielleicht die aufregendste, weil abwechslungsreichste. Zahlreiche Rastplätze und gleich mehrere außerordentlich ansprechende Ferienanlagen laden zum Verweilen ein, die Palette möglicher Outdoor-Aktivitäten könnte größer nicht sein. Auch der kulturell Interessierte wird alles nach seinem Geschmack finden – insbesondere in Arjeplog, wo eines der größten und am besten bestückten Silbermuseen der Welt eingerichtet ist, sowie in Arvidsjaur, wo es das bedeutendste Zeugnis der Waldsamenkultur zu besichtigen gibt.

Streckenlänge und -verlauf: 250 km; vom Saltdal-Turistcenter auf der R 77 via Junkerdal-Turistcenter (14 km) zur Grenze (12 km) und weiter auf der jetzt R 95 geheißenen Straße über Jäckvik (76 km) und Arjeplog (63 km) nach Arvidsjaur (85 km).

Öffentliche Verkehrsmittel: Mindestens ein- bis zweimal täglich verkehrt auf der gesamten Strecke ein Überlandbus.

Von Saltdal nach Arvidsjaur

Vom Saltdal-Turistcenter zur norwegisch-schwedischen Grenze

Nachdem wir am **Saltdal-Turistcenter** 1 (S. 278) noch einmal vollgetankt haben, zweigen wir von der E 6, der Hauptstraße des Nordtourismus, nach links auf die gen Arvidsjaur und Skellefteå ausgeschilderte R 77 ab, deren Beiname »Silverveien« oder »Silvervägen« an das 17. Jh. erinnert, als das in den Gruben des nahen Nasafjälls geschürfte Silber mühsam auf Rentierrücken, Booten und Schlitten nach Skellefteå an der Ostseeküste transportiert wurde. Während der ersten 3 km hat die schmale und kurvenreiche Straße eine extreme Steigung, um aus dem tief eingeschnittenen Saltdal herauszugelangen. Atemberaubende Blicke in die waldige Tiefe, die Junkerdalsura und den darin zu Tal tosenden Wildfluss tun sich bald auf. Dann tauchen aus gischtdampfender Klamm der Solvågtind (1559 m) sowie die rechts angrenzende Felsmauer des langgestreckten Båtfjells auf, und schließlich, ersterem zu Füßen und wie hingemalt, die ungemein lieblichen Auen des sattgrünen Junkerdals, durch die der Junkerdalselv seine kurvigen Bahnen zieht. Dies alles auf denkbar kurzer Distanz, man hält es kaum noch hinter dem Lenkrad aus, muss aber, denn ein erster Parkstreifen wird erst nach 2,5 km erreicht. Nach insgesamt rund 11 km weist ein Schild nach links in das Dorf Junkerdal (zuvor haben wir schon eine Abzweigung dorthin passiert), und dieser Schotterstraße sollte man ca. 100 m folgen, denn von dort aus ist erst die monströse Skulptur des Solvågtind in ihrer ganzen Schönheit zu bewundern, die bis in den Juli hinein mit Firn und Schnee überzogen ist.

Weiter geht es in der nun sanft ansteigenden Talmulde hinauf, bis 3 km nach der Abzweigung das **Junkerdal-Turistcenter** 2 (S. 278) am Weg liegt, eine sehr geschmackvolle Ferienanlage. Rezeption, Restaurant und Café sind holzverkleidet, es prasselt das Kaminfeuer, ein angeschlossener Spielplatz lässt jedes Kinderherz höher schlagen, und die den bewaldeten Hang schmückenden Blockhütten (in allen Abstufungen zwischen einfach und luxuriös) machen einen Aufenthalt zum Erlebnis. Ebenso der Campingplatz unten am schnell strömenden Fluss, über den hier eine Brücke führt. Wer sie quert (ca. 500 m oberhalb der Rezeption links ab Richtung »Skaiti«), findet sich bald im Schatten einer 100 m tief in bunt schillernde

Bei der Graddis-Fjellstue

Schieferwände eingefressenen Klamm, an deren Ende, nach rund 4 km, auf grasbewachsenem Plateau **Skaiti** liegt, wo man auf einer Wiese zelten und einfache Hütten mieten kann. Für Wohnmobile ist diese Strecke nicht geeignet (sehr schmal), überhaupt sollte man sich lieber wandernd bewegen: hierher und auch auf anderen Wegen, an denen die Umgebung des Junkerdal ungemein reich ist (topografische Karten und Informationen im Turistcenter).

Steiler ansteigend führt nun die R 77 durch das Tal, in dem überall Glimmerschiefer zutage tritt, teils wie Baumkuchen geschichtet und verantwortlich für eine vielfältige Pflanzenwelt, die neben arktischen auch wärmeliebende Gewächse kennt. Nach 20 km weist ein Schild rechts zur Graddis-Fjellstue, einem alten Gehöft, zur Jugendherberge umgebaut und von Wiesen mit Waldsaum umgeben, die als naturbelassener Campingplatz dienen. Nur knapp 6 km weiter, bereits oberhalb des Tals und der Baumgrenze, wird die ›grüne‹, also unbewachte **Grenze** nach Schweden überquert. Statt der sonst üblichen Zollgebäude erfreuen zwei große Rastplätze, von denen zahlreiche markierte Wanderwege ausgehen.

Von der norwegisch-schwedischen Grenze nach Jäckvik

Wer das Glück hat, bei plötzlich herandrängender Schlechtwetterfront hier oben zu stehen, wo der Blick allseits den Horizont erfasst, der sollte sich genügend Zeit lassen, dieses Drama wechselnder Beleuchtung zu beobachten. Bei schönem Wetter aber ist es der Sog der Weite, der fasziniert und aus einem hoch gewölbten Himmel resultiert. Stets also ist das Erreichen dieses über 600 m hohen Passes ein Höhepunkt. Was folgt, ist das Eintauchen in eine sich von West nach Ost ziehende, nicht enden wollende Moor- und Waldmulde, in der sich bald schon See an See reiht, von silbernen Wassergeflechten miteinander verbunden. Einem Kanufahrer ist es möglich, von den 221 km bis Arvidsjaur die letzten 180 paddelnd zu bewältigen, und er, wie auch der motorisierte Reisende, wird bald schon überwältigt sein von der ungeheuren Vielfalt an Grün-, Blau- und Brauntönen, von der diese Landschaft geprägt ist. Uns fehlen die Worte für solche Nuancen, aber die Samen, die hier rege Rentierzucht betreiben, können sprachlich auseinanderhalten, was wir nur staunend mit den Augen unterscheiden können.

Machen wir uns nun auf, hineinzufahren in diese verlockende ›amphibische‹

Bei Jäckvik

Welt, in der nur ganz vereinzelt Hinweise auf menschliche Siedlungen zu finden sind, dafür aber auf den folgenden 75 km bis Jäckvik gleich mehr als ein Dutzend Rastplätze. Der bei km 8 ab der Grenze etwa ist mit einer Schutzhütte versehen, der bei km 29 mit gleich fünf holzvertäfelten Toilettenhäuschen, einer offenen Schutzhütte mit Bollerofen, einer geschlossenen mit Kamin, Tisch und Stühlen, einem Grillplatz mit schwenkbarem Grillrost. Dieser Komfort entspricht dem eines 3-Sterne-Campingplatzes im Nachbarland, nur heiße Duschen fehlen, aber dafür ist die Lage am Seeufer einzigartig. Ein paar Kilometer weiter werden Helikopter-Flüge angeboten, kurz darauf auch solche mit einem Wasserflugzeug, immer wieder weisen Schilder auf markierte Wanderwege hin, Campingplätze und Hüttenzentren (ein halbes Dutzend) laden ebenfalls zum Verbleib ein, und da nimmt es nicht Wunder, dass sich diese Gegend bei zahlreichen (meist schwedischen) Urlaubern größter Beliebtheit erfreut. Unterwegs, bei km 45 etwa, wird der Polarkreis gequert, ein Schild weist darauf hin, sonst nichts, und wer auf ein ›Polarkreiszertifikat‹ scharf ist, wird bitter enttäuscht: Solches ist hier, sehr zum Ärger von meist deutschen Touristen, nicht zu bekommen.

Unmerklich fast ändert sich die Landschaft, die Seenmulde öffnet sich zur leicht gewellten Ebene, von Fjellrücken wie umzingelt, und in solcher Gegend, bei Grauwetter sehr unheimlich wirkend, wird schließlich das am Nordrand des über 60 km langen, doch teilweise nur 3 km breiten Hornavan gelegene **Jäckvik** erreicht. Hier wurde Lars Levi Læstadius (s. S. 190) geboren und hat wohl auch prägende Eindrücke erhalten, die sich später in seiner Lehre niederschlugen. Nichts aber erinnert mehr an ihn. Bei Nicht-Samen ist der Læstadianismus nicht gerade beliebt, und so ist Jäckvik auch nicht Pilgerziel für Gläubige, sondern vielmehr für Winterurlauber (mehrere Skilifte) und insbesondere Fernwanderer: Hier vorbei verläuft der berühmte Kungsleden (der den nahe im Süden gelegenen Pieljekaise-Nationalpark schneidet), es gibt entsprechend ein Wanderheim, Hüttendorf und Campingplatz, und in den beiden Lebensmittelläden kann man alles fürs Outdoor-Leben Erforderliche kaufen (auch Wanderkarten).

Pieljekaise-Nationalpark

Bereits 1909 eingerichtet und 1913 auf seine heutige Größe von 146 km² erweitert, dient der im östlichen Ausläufer des Kaledonischen Gebirges gelegene Nationalpark der Erhaltung einer Birkenwald-Region in ihrer natürlichen Beschaffenheit. Obwohl er von der R 95 bei Jäckvik leicht zu erreichen ist und ihn auf 27 km Länge der Kungsleden durchzieht, präsentiert er dem Besucher die vielleicht unberührteste Natur, die die schwedische Fjellwelt zu bieten hat. Gilt er doch als der ›vergessene‹ Nationalpark, bis heute nur spärlich besucht, da die Landschaft – sanfte Rundungen, waldbedeckt, von unzähligen Seen und Teichen durchsetzt – nicht zu den ›spektakulären‹ gezählt wird. Dabei gibt es hier vieles zu entdecken, u. a. ungeheuer variationsreiche Birken-Urwälder, die zu den ›urigsten‹ Europas zu zählen sind und aus 8–10 m hohen Bäumen bestehen. Das charakteristische Gewächs ist die Trollblume, die hier Anfang Juni riesige gelbe Teppiche bildet; das am häufigsten vertretene Tier ist der Elch; aber Braunbär, Vielfraß und Polarfuchs sind ebenfalls relativ häufig zu beobachten, und mit Glück kann man auch Steinadler und Gerfalken zu Gesicht bekommen. Von den kahlen, mit erratischen Blöcken übersäten Höhenzügen schließlich lassen sich grandiose Panoramen der Umgebung genießen.

Informationen im Touristenbüro in Arjeplog.

Von Jäckvik nach Arjeplog

Von Jäckvik sind noch 63 km bis Arjeplog zurückzulegen, und langsam aber sicher nähern wir uns dem Rand des großen Schwedenwaldes. Bald geht es ganz ›durch tiefen Tann‹ dahin, doch man wird enttäuscht, denn es ist ein ›Fabrikwald‹ aus maschinell gepflanzten Bäumen einer Gattung – alle gleich alt, alle gleich langweilig – auf einem von früheren Kahlschlägen her unansehnlichen Boden aus Steinen und Gestrüpp. Kahlschlag selbst bekommt man auch genug zu sehen, traurige öde Flächen bar jeder Schönheit, und würden nicht unterwegs immer wieder kleine und große Seen passiert (daran meist Rastplätze, oft auch Campingplätze und Ferienhütten), so könnte man diesen Abschnitt als zutiefst deprimierend empfinden. Auf halber Strecke etwa weist eine Infotafel auf das bald rechts abzweigende Laisdal hin, und ein Abstecher dort hinein, wo Wald noch größtenteils Wald ist, ist lohnend. Am Ende dieser rund 60 km langen Stichtstraße liegt **Adolfström,** wo das alte Schmelzwerk für Nasafjäll-Silber zu besichtigen ist. Auf dem Weg dorthin wird, am Stor Laisan gelegen, die größte Bleigrube Europas passiert. Unbedingt zu empfehlen ist auch eine Bootstour von Adolfström ins 3 km entfernte Delta des Yraft, das unter Naturschutz steht.

Arjeplog

3 (S. 246) Arjeplog, auf mehrere Inseln und Halbinseln zwischen Hornavan und Uddjaur verteiltes Städtchen, empfängt den Besucher mit einem Hinweisschild auf ein temperiertes Schwimmbad sowie Hotel, Restaurant und Campingplatz, bevor es als hübsche Ansammlung bunter Häuser, von einer rosafarbenen Kirche aus dem 18. Jh. überragt, voraus liegt. Schon in der Steinzeit sollen hier Menschen gelebt haben, aber erst im 17. Jh. wurde der Ort als solcher gegründet, da soeben die ersten lappländischen Erzgruben auf dem Nasafjäll erschlossen worden waren. Hier verlief ab dato der Erzweg, auch die Kirche wurde bald gegründet, auf dass die Samen hier ihre Waren tauschen sollten. Es folgte 1854 der Bau einer Samenschule, die 1965 zum **Silbermuseum** (Silvermuseet) umfunktioniert wurde. Dies ist die einzige, aber herausragende Sehenswürdigkeit des rund 4000 Einwohner zählenden Hauptortes der gleichnamigen Kommune, die so groß wie Rheinland-Pfalz ist und heute von Rentierzucht, Bleiabbau sowie Tourismus lebt. Das *Silvermuseet* verdankt seine außerordentlich umfangreiche und unbedingt sehenswerte Sammlung zum Großteil Dr. Einar Wallquist (gestorben 1985), der 1922 als Arzt hierher kam und fortan alle möglichen »alten und unmöglichen« (so der Museumsprospekt) Gegenstände, insbesondere, aber nicht nur der Samen, sammelte. Zu betrachten sind so Rentierschlitten, alte Samenbibeln, Kinderwiegen, Wurzelarbeiten, Predigtentwürfe, eine handgebaute Orgel, Steinmühlen, Trachtenteile, auch eine Schamanentrommel (17. Jh.), Speere, Gewehre, Skier, mehr als 30 000 Fotos sowie – im angeschlossenen Naturum – 38 ausgestopfte Tiere (darunter Wolf, Bär, Luchs, Fuchs und Vielfraß), nebst der im gepanzerten Kellerraum untergebrachten Silbersammlung, die als eine der größten der Welt gilt, gleichzeitig ihre qualitativ hochwertigste sein soll. Ein Silberkelch aus dem Jahre 1560 gehört ebenso zu den Exponaten wie gleich mehrere Silberkragen, von denen

es in ganz Europa kaum noch ein Dutzend gibt.

Aber nicht nur der Sightseeing-, sondern auch der Outdoor-Tourist kann in Arjeplog auf seine Kosten kommen: Auf dem Campingplatz werden Kanus vermietet, Kurse durchgeführt und Touren organisiert; die Gewässer beim Miekak-Fishcamp, nur per Helikopter zu erreichen, gelten für Lachsforelle, Saibling und Äsche als die besten Reviere des Landes; unzählige Wanderpfade durchziehen das Gebiet, und wer einfach mal absolut ungestörte Wildmarkferien machen will, lässt sich vom Helikopter irgendwo im Nichts absetzen.

Wer von Arjeplog aus die Rückreise gen Heimat antreten will, kann abkürzen, indem er hier auf die nach Mellanström ausgeschilderte, schließlich zwischen Arvidsjaur und Sorsele auf die R 45 stoßende Nebenstraße abzweigt. Viel verpasst man dabei in landschaftlicher Hinsicht nicht, denn die 85 km messende Strecke per R 95 nach Arvidsjaur kennt keine eigentlichen Höhepunkte mehr. Wald, Wald, nichts als Wald sowie freilich auch Kahlschläge, vereinzelte Seen, viele Rentiere, einzelne Elche, ein Campingplatz mit Hüttenvermietung.

Arvidsjaur

4 (S. 247) Schließlich ist Arvidsjaur erreicht, an der Kreuzung von R 45, R 94 und R 95 gelegene Stadt, doch nicht nur ein Verkehrsknotenpunkt, sondern – dank **Lappstaden,** ihrer einzigen Sehenswürdigkeit – auch abschließender Höhepunkt dieser Fahrt. Bei Lappstaden handelt es sich um das bedeutendste Zeugnis der Waldsamenkultur: ein Viertel mit 27 traditionellen Wohnkotas und 52 Vorratshütten, das aber entgegen

Kotas der Waldsamen im Lappstaden von Arvidsjaur

allem Anschein mehr als ein Freilichtmuseum ist, nämlich auch heute noch zu besonderen Anlässen von Samenfamilien bewohntes Areal. Infotafeln vor dem Gelände weisen auf Geschichte und Entstehung dieser aus dem 19. Jh. stammenden Samensiedlung hin, die stets nur zu den großen Kirchfesten mit Markttagen bewohnt war. Mehrmals täglich kann man hier an geführten Touren teilnehmen, während der diverse Kotas auch von innen zu besichtigen sind, und stets kann man reiche Denkanstöße bekommen zum Thema Lebensqualität und Wohnkultur. Dies um so mehr, als sich Lappstaden heute – unübertrefflicher Kontrast! – mitten im Zentrum von Arvidsjaur befindet und somit unmittelbar umgeben ist von den typischen Allerwelts-Mietshäusern, Schachteln aus Stein und Glas mit lächerlich wirkenden Balkonen.

Wer sehen möchte, wie die Waldsamen heute im Alltag leben, der sollte gegenüber dem Eingang zu Lappstaden das Haus mit dem Schild »Arvas« betreten. Dort kann man von Samen durchgeführte Tages- oder Zweitagestouren in abseits der Straße gelegene Waldsamendörfer buchen, kann dort von Juni bis Mitte Juli an Kälbermarkierungen teilnehmen und auch samische Spezialitäten kosten (auf Bestellung auch Rentier am Spieß) – kurzum: sehr empfehlenswert.

In eine vollkommen andere Kategorie fällt eine weitere Tour, die von Arvidsjaur aus angeboten wird: Sommers führen mehrstündige Wildwasser-Rubberboat-Trips auf die Stromschnellen des nahe der Stadt vorbeifließenden Pite älv (Schutzkleidung etc. wird zur Verfügung gestellt), die vom Touristenbüro organisiert werden. Auch eine Fahrt mit einer nostalgischen Dampf-Eisenbahn lädt hier sommers ein, ansonsten kann man mit einer Draisine zum ›Abenteuer auf festem Gleis‹ starten, und auch eine Fahrt mit der längsten Seilbahn der Welt (13,6 km) quer durchs wald- und seenreiche Umland ist sicherlich ein unvergessliches Erlebnis.

Auf der »Via Lappia« – Von Mo i Rana nach Storuman

Die »Via Lappia«, auch als »Blå Vägen« (»Blauer Weg«) bekannt – oder nüchterner: E 12 –, ist die längste skandinavische Ost-West-Verbindung und verläuft von Nesna an der norwegischen Fjordküste, nahe Mo i Rana, über das Kaledonische Gebirge, durchschneidet dann Schwedisch-Lappland und führt via Storuman (wo unsere Route endet) schließlich bei Umeå an den Bottnischen Meerbusen heran. Ihre Entstehung verdankt sie einem Vorschlag des Nordischen Rates aus dem Jahre 1956, eine neue zwischenstaatliche Verkehrsverbindung zu errichten. So konnte 1971 die Strecke eröffnet werden, die heute zu den schönsten schwedischen Straßen gerechnet wird. Ab der die Grenze bildenden Passhöhe verläuft sie entlang dem Umeälv, der auf seinem Weg zur Ostsee einen Höhenunterschied von 530 m überwindet und früher als einer der wildesten Ströme des Nordens galt, bevor er von Staumauern für insgesamt

17 Kraftwerke gebändigt und auf weiten Abschnitten in Seen verwandelt wurde.

Streckenlänge und -verlauf: 245 km; von Mo i Rana auf der E 12 via norwegisch-schwedischer Grenze (40 km), Hemavan (55 km) und Tärnaby (18 km) nach Storuman (132 km).

Öffentliche Verkehrsmittel: Es verkehrt einmal täglich ein Direktbus von Mo i Rana nach Storuman, und ab Hemavan bestehen täglich zusätzlich vier weitere Verbindungen dorthin (sowie weiter nach Umeå).

Von Mo i Rana nach Umfors

Rund 40 km sind es vom auf Meeresniveau gelegenen **Mo i Rana** 1 (S. 269f.) bis zu dem knapp 600 m hohen Pass, der die Grenze nach Schweden bildet, und während der ganzen Strecke dort hinauf steigt die Straße konstant an. Kurvenreich windet sie sich aus dem weiten, in den Ranafjord auslaufenden Talkessel der Stadt hinaus, passiert bald die schwarze Wolken ausstoßenden Hüttenwerke des Vororts Gruben, bevor es in weiter Schlängellinie zum Raufjell hinaufgeht. Fichtenwälder und ›Almwiesen‹ gleiten vorüber, und 15 km etwa genießt man eine ständig sich steigernde

Von Mo i Rana nach Storuman

Am Överuman

Aussicht in das tief unten liegende Dunderlandsdal, die Stadt und die Fjordöffnung dahinter. Dann ist die Baumgrenze erreicht, nur noch Krüppelbirken gedeihen in der Felswelt, doch auf die beiderseits bis 1500 m hoch aufragenden Berge bleibt der Blick verborgen, weil die Straße einer Furche folgt. Darin breitet sich bald der auf 450 m über dem Meer gelegene Rauvatn aus (Rastplatz mit WC), graue Felstrümmer bedecken die Landschaft, schließlich wird der Pass überquert, der im Juni oft noch von hohen Schneewehen gesäumt ist, aber später freien Ausblick nach rechts auf die von Gletscherhauben gekrönte Gipfelregion des 1916 m hohen Okstindan gewährt. Voraus fällt das Land steil ab, die Straße schlängelt sich hinunter, und wo sie wieder eben verläuft, liegt direkt am Nordzipfel des vom Umeälv gebildeten Överuman der aus einem Campingplatz und einer Fjellstue bestehende Ort Umbukta. Rechts am Ufer des Sees ein empfehlenswerter Rastplatz (mit WC und ›Bolzplatz‹ für Kinder) und dann das Schild **»Riksgränsen«,** das den unbewachten Grenzverlauf zwischen Norwegen und Schweden markiert.

Gleich einem Bergsee in den Alpen präsentiert sich der von teilweise vergletscherten Felsmassiven eingeschnürte Överuman, der oft bis in den frühen Juni hinein noch von einer dicken Eisschicht bedeckt ist und dessen Nord- und Ostufer wir rund 35 km folgen. 10 km hinter Umbukta passieren wir eine Hüttenvermietung sowie einen weiteren Rastplatz (mit Schutzhütte) und bald den Ort Vilasund, wo ein Same ein kleines Privatmuseum mit gut 500 Exponaten eingerichtet hat. Am Südende des Överuman, in **Umfors,** lädt ein Restaurant ein, auch Hütten werden hier vermietet. Die Anlage erfreut sich großer Beliebtheit bei Anglern, Kanuten und Wanderern aus deutschen Landen, denn der Besitzer ist des Deutschen mächtig und eine wahre Infoquelle für alle Outdoor-Fragen.

Von Umfors nach Tärnaby

Direkt hinter Umfors führt die Straße in ein schmales, felsflankiertes Tal hinein, dem der noch junge Umeälv folgt, der sich bald schon vielfach verzweigt. Mehrere Herbergen und Hüttenvermietungen liegen jetzt am Weg, bei Klippen passieren wir ein Angelcamp, und wo sich das Tal auf eine weite See- und Moorebene öffnet, zweigt rechts eine Straße gen Rönäs ab. Sie quert nach wenigen Kilometern den Rutjejukke, durch Runenzeichen zur Sehenswürdigkeit erhoben, weil er skurrile Muster in die Felsen gezeichnet und Höhlungen geschürft hat. Etwa 1 km hinter dem Abzweig ist dann der bekannte Wintersportort **Hemavan** 2 (S. 253f.) erreicht. Hier gibt es einen Camping-/Caravan-Platz, mehrere Feriendörfer, ein Hotel nebst Hallenbad sowie einen Fjällpark, in dem anschaulich über Geologie, Flora und Fauna der Region unterrichtet wird. Aber nicht nur im Winter erfreut sich der Ort großer Beliebtheit (bei meist schwedischen Besuchern), denn das angrenzende Norra Storfjäll, über 1700 m hoch, lockt mit einem dichten Netz markierter Wanderwege (Anschluss auch an den Kungsleden), ein Sessellift führt zum Panorama auf die Höhe, die Seenplatte des Ahasjön ist für Angel- und Paddelfreuden gut, und zahlreiche Veranstaltungen sowie Sportmöglichkeiten runden das Angebot ab. Hemavan kann übrigens – wer hätte es vermutet – mit einem ›Gourmettempel‹, dem »Värdshus«, aufwarten, in dem nordische Küche vom Feinsten serviert wird – und das in einem bald 300 Jahre alten ehemaligen Kornspeicher. Rund 2 km weiter zweigt links eine Straße Richtung **Laisholm** ab, die zum herrlich gelegenen Laisaliden Fjällhotel führt, bekannt für traumhafte Fernsicht sowie für Wanderungen und auch Ausritte auf Island-Pferden in die Welt der Hochfjells.

Nach insgesamt 104 km ab Mo i Rana und Querung des Umeälv ist es rechts zum Hattfjell ausgeschildert, und wer dieser Straße folgt, dem »Saga-Weg«, stößt nach 100 ereignisreichen Kilometern wieder auf die E 6 südlich von Mosjøen (Route 11). Doch wir folgen weiter der E 12, die uns nach 9 km zum wahrscheinlich beliebtesten Skizentrum Schwedens führt, nach **Tärnaby** 3 (S. 281). Aber auch für Sommertouristen ist der am Gäutan gelegene, mit Jugendherberge, Campingplatz, Hüttendörfern und Hotels ausgestattete Ort ein denkbar geeignetes Urlaubsziel. Wasserflugzeuge und Helikopter warten auf Kundschaft, Kanus und Fahrräder werden ausgeliehen, die Zahl möglicher Wanderungen ist schier unbegrenzt. Hier beginnt auch der Kungsleden, der in Abisko endet (s. S. 214f.). Zum Schönsten, was man in diesem Teil Lapplands unternehmen kann, gehört aber eine Fahrt mit dem Sessellift auf das 828 m hohe Laxfjäll. Die Aussicht von der 400 m über den Ort aufragenden Höhe ist fantastisch, und auf einem 5 km langen Wanderweg kann man den Gipfel umrunden, auf einem anderen wieder nach Tärnaby hinunterlaufen. Skisport-Enthusiasten sei abschließend empfohlen, das an der Talstation des Sessellifts eingerichtete Alpinarium zu besuchen,

Winterlandschaft bei Tärnaby

das über die Geschichte des Alpinsports informiert und in dem auch alle Medaillen und Pokale ausgestellt sind, die die hier beheimateten Sportler wie Stig Brand, Bengt Fjällberg und wie sie alle heißen, bei Weltmeisterschaften, Worldcups und Olympischen Spielen errungen haben; auch die dazugehörigen Filme sind zu sehen.

Von Tärnaby nach Storuman

Kurz hinter Tärnaby quert die »Via Lappia« den Tärnaforsen (Campingplatz; Gäste dürfen kostenlos im Fluss angeln), und direkt danach zweigt links eine Straße ab, die nach erneuter Querung des Tärnaån bald an den Laisan, einen See mit herrlichen Sandstränden, heranführt. Aber auch die E 12 bietet in ihrem weiteren Verlauf Besonderes, nämlich den Samegården (ausgeschildert, 1 km abseits der Straße), ein Samenmuseum, das über Leben und Kunsthandwerk insbesondere der Bergsamen informiert, die hier im Bereich des Tärnafjälls von der Rentierzucht leben.

Bis zum Örtchen **Forsmark** geht es nun in ständigem Hoch und Runter am oft von steilen Felsufern begrenzten Gardiken sowie Umnässjön entlang, und auf dieser Strecke bieten sich letztmalig herrliche Ausblicke auf die Fjellwelt, aus deren eigentlichem Bereich man bei Forsmark hinausfährt. Das Land flacht zusehends ab, tiefer und tiefer werden die Wälder, die den auch weiterhin begleitenden Umeälv bzw. seine Seen säumen. An den Ufern mehren sich die Gehöfte, die Besiedlung wird dichter, und bald auch wird die durch ein Schild kenntlich gemachte *Odlingsgräns* passiert, jenseits der keine Rentierhaltung mehr erlaubt ist. Mehrere Hüttenvermietungen und Angelcamps liegen noch am Weg, dann wird Strömsund erreicht, am Westende des gewaltigen Storuman-Sees, an dessen wald- und wiesenreichen Ufern entlang wir schließlich nach **Storuman** 4 (S. 280) gelangen, wo die E 12 die R 45 schneidet. Hier sollte man dem Heimatmuseum (Hembygsgård) einen Besuch abstatten und der Straße auf den Stenseleberget folgen. Von diesem 512 m hohen Berg aus, von einem Café gekrönt, kann man noch ein allerletztes Mal ein Panorama bis weit nach Westen auf die beschneite Zackenlinie des Kaledonischen Gebirges genießen. Lohnend auch ein kleiner Abstecher zum Nachbarort **Stensele,** wo die größte Holzkirche Schwedens mit der kleinsten Bibel der Welt (0,5 cm^2) zu besichtigen ist.

Entlang der Erzbahn – Von Narvik nach Kiruna

Diese Route, die der E 10 folgt und größtenteils parallel zur berühmten Erzbahn verläuft, führt von der Fjordwelt Norwegens durch eine der wüstesten Felslandschaften des Nordens ins Kaledonische Gebirge, hinter dem sich breite Tundraebenen beiderseits des gigantischen Torneträsk ausdehnen. Auf halber Strecke etwa liegt Abisko, die berühmteste Fjällstation Schwedens, am Start- bzw. Endpunkt des Kungsleden. Ziel der Route schließlich ist Kiruna, die Stadt mit den größten Erzgruben der Welt.

Streckenlänge und -verlauf: 167 km; von Narvik auf der E 6 bis Nygård (14 km) und weiter auf der E 10 via Riksgränsen (27 km) und Abisko (36 km) nach Kiruna (90 km).
Öffentliche Verkehrsmittel: Ab Riksgränsen verkehren Busse in Richtung Kiruna (zweimal täglich), zwischen Narvik und Riksgränsen hingegen nur die Eisenbahn (dreimal täglich).

Von Narvik nach Riksgränsen

Dass **Narvik** 1 (S. 270f.) »eine der schönsten Städte Nord-Norwegens« ist, wie es der Prospekt will, wird man, vom Zentrum aus, kaum bestätigen wollen. Doch folgt man der E 6 nach Norden, die auf den ersten 16 km den Rombakfjord umrundet, schließlich den Rombaksbotn auf weiter Hängebrücke überspannt, so kommt man zumindest nicht umhin, die Lage der Stadt auf einem schmalen Saum zwischen dem Meer und den Wurzeln himmelstürmender, teils vergletscherter Berge zu bewundern. Staunen aber ruft hervor, was man an den steilen Felswänden hoch über

Von Narvik nach Kiruna

der Straße gewahrt. Dort oben nämlich verläuft der Strang der Narvik mit Kiruna verbindenden Erzbahn, deren Schienen sich an Abhänge klammern, oft am Fels zu hängen scheinen, dann wieder in Tunneln verschwinden, auf kühnen Viadukten Schluchten überqueren. Unglaublich scheint, dass diese so zerbrechlich scheinenden Konstruktionen dort oben täglich der gewaltigen Last von 156 000 t Eisenerz standhalten können, die 30 Züge, jeder über 400 m lang, aus den größten Erzgruben der Welt nach Narvik befördern. Trommelfellzerreißend dringt das Kreischen der Bremsen eines solchen 52 Waggons langen Tatzelwurms herunter, der vollelektronisch und bewegt von dreimal 7400 Pferdestärken ans Ziel geführt, schließlich von dort nach Kiruna zurückgeleitet wird. Auch der berühmte »Nordlandpfeil« von und nach Stockholm folgt dieser einspurigen Trasse, die bis zur Grenze hinauf einen Höhenunterschied von 520 m bewältigt und dabei nicht weniger als 21 Tunnel passiert.

Wer es zeitlich einrichten kann, der sollte wenigstens bis Riksgränsen einmal per Schiene fahren (links sitzen, der Aussicht wegen!), wohin der »Rallarrosen« (Lokalzug) rund 1 Std. ab Narvik benötigt (3 Std. bis Kiruna). Auf dem Rückweg dann bietet es sich an, z. B. in Katterat oder Rombak auszusteigen, von wo aus man über markierte Wege nach Narvik zurückwandern kann (das Touristenbüro in Narvik informiert darüber). Eine solche Eisenbahnfahrt übrigens – ein Höhepunkt jeder Lappland-Reise – ist schon seit 1902 möglich, wohingegen man per Straße, der wir nun ab **Nygård** folgen (an der Abzweigung ein Campingplatz mit Hüttenvermietung), erst seit 1984 nach Riksgränsen und weiter nach Kiruna gelangen kann. Zu diesem Zeitpunkt nämlich wurde das letzte Teilstück der E 10 für den Verkehr freigegeben, wodurch – wie viele sagen – auch eines der letzten großen Wildnisgebiete Lapplands der Zerstörung durch den Tourismus preisgegeben wurde. Besonders bei den Samen stieß die umstrittene Baumaßnahme auf heftige Kritik, aber nun ist die Straße da, und man muss sie einfach einmal befahren haben, denn die 63 km lange Strecke zwischen dem Meer und Abisko bietet ständig wechselnde Naturkulissen.

Es beginnt mit einer mächtigen und mehrere Kilometer langen Steigungsstrecke, während der man sich ständig steigernde Ausblicke auf Rombak- und Ofotfjord sowie auf Narvik genießen kann (zahlreiche Parkplätze). Je höher es hinaufgeht, desto schütterer wird der Baumbewuchs der zunehmend felsigen Landschaft, die von Minute zu Minute wilder, zerklüfteter wird. Bald reichen die Bäume nur noch bis zur Brust, dann sind sie kniehoch, dennoch anscheinend uralt – Bonsai der Natur. Schließlich fehlt jede Spur höherer Gewächse, nur noch Gräser, Moose und Flechten vermögen in der steinernen Welt des Bjørnfjells zu überleben. ›Tausend‹ Tümpel erstrecken sich bald zwischen Abertausenden grauer und grauschwarzer Buckel, von Felstrümmern bedeckt, und seltsam berührt es, allerorten auf kleine Ferienhütten zu stoßen: Hier einmal durchzufahren ist fraglos ein Erlebnis, hier Urlaub zu machen wohl eher eine Zumutung für die Psyche.

Schließlich ist **Riksgränsen** 2 (S. 244f.) erreicht, 520 m hoch gelegene Grenze, und von dieser kahlen Landmarke aus genießt man ein Bild, das ganz anders aussieht als alles, was man sonst in Lappland zu sehen bekommt. In

Auf dem Björnfjell bei Riksgränsen ▷

Richtig Reisen
Thema

Kungsleden
Königlicher Wanderweg

Mindestens drei Wochen Zeit – Ruhetage sowie An- und Abreise nicht gerechnet – muss man schon mitbringen, hat man den Ehrgeiz, dem »Königspfad« in seiner gesamten Länge zu folgen. Dann sind einem aber auch wahrhaft ›königliche‹ Eindrücke sicher, wird doch dieser Fernwanderweg, der alle Landschafts- und Vegetationszonen Lapplands durchläuft, von Kennern zu den schönsten Skandinaviens gerechnet, dessen längster er zugleich ist.

Zwischen Abisko im hohen Norden und Hemavan, etwa 80 km südlich des Polarkreises, erstreckt sich der Kungsleden über eine Distanz von gut 500 km, auf der er insgesamt viermal sowohl mit eigenem Fahrzeug als auch mit öffentlichen Verkehrsmitteln erreichbare Straßen schneidet: bei Saltoluokta (9 Tagesmärsche ab Abisko), bei Kvikkjokk (4 Tagesmärsche ab Saltoluokta), bei Jäckvik (4 Tagesmärsche ab Kvikkjokk) und bei Ammarnäs (4 Tagesmärsche ab Jäckvik). So kann der Kungsleden auch in Etappen erwandert werden, und dies zu allen Jahreszeiten (es gibt Sommer- wie auch Winter-Markierungen) von Wanderern mit normaler Kondition. Über Bäche und Flüsse führen Stege und Brücken, Feuchtgebiete werden auf Plankenwegen überquert, und an allen Seen, die nicht umgangen werden, ist entweder ein Motorboottransfer organisiert (in der Saison), oder es liegen an beiden Ufern Ruderboote zur Überquerung bereit.

Außerdem ist der Weg in Abständen von einem bequemen Tagesmarsch (je nach Terrain 8–21 km) mit Übernachtungshütten ausgestattet. Diese unterstehen dem STF, sind rund ums Jahr geöffnet, stehen jedem offen und werden in der Saison (Juni–September sowie Februar–April) von einem Hüttenwart beaufsichtigt. Bei ihm zahlt man auch den Übernachtungspreis, der sich pro Person auf umgerechnet etwa 30 DM beläuft. Das ist nicht billig, aber dafür wird auch einiges geboten. Die Betten sind mit Matratzen und Decken

einen Rahmen aus schwarzen Granitflanken im Norden, blauer Weite des Vassijaure im Osten und von Geröllhalden geprägtem Hochgebirge im Süden spannt sich ein Bild von archaischer Schönheit. Graue erratische Blöcke ragen wie Atolle in einem Meer aus Weiden, Birken und Moorflächen auf, und wer zur frühen Herbstzeit vom Meer heraufkommt, wenn an den Fjorden noch der Sommer herrscht, doch die Gipfel der Berge hier schon weiß verschneit sind, während sich das Land als einzige ›Farborgie‹ aus Rot und Gelb und Gold präsentiert, den kann schier um den Verstand bringen, was er sieht.

Am Kungsleden in der Nähe des Torneträsk

ausgestattet (Jugendherbergsschlafsack erforderlich), in den Küchen stehen gefüllte Gasflaschen bereit, Brennholz für den Herd ist vorhanden, und selbst an Geschirr, Töpfen und Ähnlichem herrscht kein Mangel. Wer hier also von Hütte zu Hütte wandert, der braucht nur seine persönliche Ausrüstung mitzunehmen und natürlich Lebensmittel, mit denen man sich aber in den größeren Fjällstationen am Weg immer wieder eindecken kann.

Informationen über den Kungsleden erhält man beim Schwedischen Fremdenverkehrsamt (s. S. 294), außerdem in den Büros der schwedischen Touristeninformation sowie in den Fjällstationen, natürlich auch direkt beim STF (s. S.237). Über alle Transportfragen bezüglich des Kungsleden informieren erschöpfend das (auch vor Ort überall erhältliche) Heftchen »Kungsleden Busstidtabell för fjällinjerna« und die Broschüre »Turisttrafik i fjällen«.

Eher geschmacklos wirkt die Ferienanlage, die sich bald rechts den Hang hinaufzieht und im Winter Hochsaison hat. Riksgränsen ist mit rund 1000 m Niederschlag pro Jahr das ›Schneeloch‹ Lapplands, noch Anfang Juli kann man hier Ski fahren, und für Wintersport ist das Zentrum auch allerbestens eingerichtet. Doch auch Sommertouristen will man jetzt mit ungemein günstigen Übernachtungspreisen, Mountainbike- und Kanu-Verleih, Kletter- und Paddelkursen sowie Rundflügen anlocken. Zudem ist die Gegend ideal für kurze, lange oder ganz lange Wanderungen, die auch in die Weiten des Hochgebirges führen.

Von Riksgränsen nach Abisko

Auf außerordentlich gut ausgebauter Straße (zahlreiche Rastplätze) schlängeln wir uns hinter Riksgränsen parallel zur Erzbahn, vorbei an mehreren Hüttenvermietungen und Seen, direkt auf den **Torneträsk** zu – mit 70 km Länge, 9 km durchschnittlicher Breite und 164 m Tiefe einer der größten (326 km^2) und tiefsten Seen Schwedens –, der für seinen außerordentlichen Fischreichtum bekannt ist. Wo wir das Ufer erreichen, ist es links zu einem Rastplatz mit Sehenswürdigkeit ausgeschildert, aber gar so sehenswert ist der Friedhof der beim Bau der Erzbahn umgekommenen Bahnarbeiter nicht, um den es hier geht. Ab jetzt verläuft die Straße direkt an den eiskalten (bis Juni zugefrorenen) Wassern des Torneträsk entlang, und in diesem Abschnitt, in dem wir **Björkliden** 3 (S. 244f.) passieren (Ferienanlage mit Caravanplatz am Hang über dem See), besteht extreme Steinschlaggefahr.

Abisko

4 (S. 244f.) Wo die Steinschlagwarnung aufgehoben wird, breitet sich Abisko aus, wahllos über graue Felsen verstreute Ansammlung von ›Schuhkartons‹. Trostlos und deprimierend ist dieser Anblick, und doch verzeichnet Abisko mehr Touristen-Übernachtungen als die meisten anderen Orte in Schwedisch-Lappland. Das verdankt es dem Kungsleden, der hier endet bzw. beginnt, und natürlich der Fjellregion, deren kalkhaltiger Boden eine überaus reiche, nahezu einzigartige Flora hervorbringt.

Hauptattraktionen der Umgebung sind die canyonartig eingeschnittene Schlucht des **Abiskojåkka** (an der Straße ausgeschildert) sowie der Ausblick auf das im Westen gelegene, gigantische Trogtal zwischen Tjuonatjåkka (1554 m) und Vissuntjårron (1738 m) – auch als »Lappenpforte« bekannt. Empfehlenswert auch ein Besuch der von zahlreichen Singvögeln bewohnten Uferzone des Torneträsk (1 Std. hin und zurück), die Teilnahme an dort startenden Bootsfahrten auf dem Torneträsk, ein Spaziergang zum Njakajaure (wohin ein 5 km langer Naturlehrpfad führt) sowie eine Tour zum Padustieva, einem alten Opferplatz der Samen (Halbtageswanderung, ausgeschildert).

Seit sich eine 2 km lange Seilbahn von Abisko bis auf 800 m am **Njulla** (1169 m) hinaufzieht, ist diese von einem Restaurant gekrönte Höhe zur meistbesuchten von Nord-Schweden avanciert. Dort hinauf sollte man gefahren sein, denn der Ausblick von der Bergstation auf den Torneträsk, das ihn umgebende Fjell und die im Süden wie auch Norden heraufdrängende Hochgebirgswelt, noch mehr aber das Panorama vom Gipfel des Njulla (ab Bergstation zu Fuß ca. 1 Std.; markiert), gehören wohl zu den bleibenden Eindrücken einer Lappland-Reise.

Von der Bergstation verläuft ein Naturlehrpfad ins Tal, der sich als ein wahrer ›Blumenweg‹ präsentiert: Gelbblütige Trollblume, Fingerkraut, Zweiblütiges Veilchen und Rosenwurz, schneeweißer Knöllchen-Knöterich, Steinbrech, Storchschnabel und Alpen-Tragant, blauer Enzian, Rote Nachtnelke und viele andere Pflanzen stehen hier nicht vereinzelt, sondern in bunten Feldern kreuz und quer durcheinander. Je tiefer man kommt, desto bunter und üppiger wird die Pracht, und am Rand einer Birkenschneise, die wir unterhalb 670 m betreten (mittlere Bergstation), ist der

Boden besonders kalkhaltig und lässt Blau-, Preisel- und Rauschbeeren wachsen, aber auch wilde Johannisbeeren, Vergissmeinnicht, Engel- und Natterwurz, blaues und weißes Fettkraut. Auf 600 m dann beginnt das Reich der Vögel, die hier in der Birkenregion zu Tausenden nisten. Man hört Wacholder-, Rot- und Singdrossel, Blaukehlchen und Heckenbraunelle, Polarbirkenzeisig, Bergfink und Fitis, Trauerschnäpper, Gartenrotschwanz, Klein- und Dreizehenspecht und viele andere mehr.

Besuchenswert ist auch das **Naturum** neben der Fjällstation (eher ein Fjällhotel), das vorbildlich über Geologie, Flora und Fauna der Region sowie über die Samen informiert. Ein kleiner Zeltplatz (steiniger Boden) ist angeschlossen, Zimmer gibt es in der Fjällstation in allen Preislagen, Hütten kann man in und um Abisko ebenfalls mieten, und am Ortsrand Richtung Kiruna ist ein großer Asphaltplatz eingerichtet, auf dem die Wohnmobilisten campieren. Das mag man tun, aber wesentlich schöner wohnt es sich auf einem der am See gelegenen Naturrastplätze, die im weiteren Verlauf der E 10 passiert werden.

Abisko-Nationalpark

Sonnenschein und beständiges Wetter sind charakteristisch für Abisko, das im Regenschatten des Kaledonischen Gebirges liegt und mit 300 mm Niederschlag pro Jahr zu den trockensten Orten Skandinaviens gehört. Aber nicht dem ›besucherfreundlichen‹ Klima ist es primär zu verdanken, dass Abisko zur bestausgebauten Fjällstation Schwedens heranwuchs. Auch nicht demTorneträsk, einem der größten Seen Lapplands, der sich auf fast 100 km Länge entlang der von Kiruna kommenden E 10 erstreckt und für seinen Fischreichtum bekannt ist. Vielmehr ist die Geologie dafür ausschlaggebend, die dem direkt hinter Abisko beginnenden Hochgebirge einen stark kalkhaltigen und somit besonders fruchtbaren Boden bescherte.

Schon 1903 wurde hier eine wissenschaftliche Forschungsstation eingerichtet, und 1909, als die ersten schwedischen Naturschutzgesetze in Kraft traten, grenzte man den 75 km² großen Abisko-Nationalpark ab. Beabsichtigt wurde »der Erhalt einer hochnordischen Gebirgslandschaft in ihrer natürlichen Beschaffenheit sowie die Schaffung eines Refugiums für die wissenschaftliche Forschung«. Gleichzeitig sollte Abisko, das seit 1903 ans Bahnnetz (Kiruna – Narvik) angeschlossen ist, touristischer Anziehungspunkt werden. – So steht es im über 90 Jahre alten Pflegeplan, und so ist es gelungen: Die Fjällregion gilt heute als die besterforschte und am häufigsten besuchte Lapplands, und im Großen und Ganzen blieb die ungeheuer artenreiche Vegetation von den relativ hohen Besucherzahlen unversehrt.

Informationen im Naturum in Abisko sowie bei den Touristenbüros in Kiruna, Jokkmokk und Gällivare.

Vadvetjåkka-Nationalpark

Das 1920 eingerichtete, 25 km² große Schutzgebiet liegt nordwestlich des Torneträsk direkt an der Grenze Schwedens zu Norwegen. Es weist keinerlei touristische Einrichtungen auf, und nur das Sumpfwiesen- und Delta-Gebiet kann von Abisko aus per Bootsfahrt mit anschließender Wanderung (ca. 6 km) problemlos erreicht werden. Hier findet sich eine außerordentlich artenreiche Flora und Fauna (insbesondere Vögel). Alle anderen Teile des Nationalparks sind weglose Wildnis mit imposanten Schluchten, Steilwänden und Grotten, Mooren und Rhododendronheiden.

Informationen im Naturum in Abisko sowie beim Touristenbüro in Kiruna.

Von Abisko nach Kiruna

Hinter Abisko verläuft die Straße bis Kiruna, also rund 100 km, parallel zur Erzbahn – die Hälfte davon oberhalb der von Geröll und Wiesen gesäumten Ufer des Torneträsk. Die Berge zur Rechten präsentieren sich als graubraune Felsbuckel, die öde aus ödem Land herauswachsen, das sommers von Mücken ›verseucht‹ ist und nur im Herbst als wirklich schön bezeichnet werden kann. Dann schwenkt die Straße nach Süden, vom Torneträsk ab, und bis nahe Kiruna wird man das Gefühl nicht mehr los, in einem Autokino zu sitzen, während rechts und links auf gigantische Leinwände endlose Bildfolgen weiter Tundrasteppe projiziert werden. Nicht ohne Freude gewahrt man schließlich die Annäherung an Kiruna, obwohl man sich längst im Stadtgebiet befindet. Das nämlich umfasst (neben 6000 Inseln) sage und schreibe 13 000 km^2, was etwa einem Drittel des Staatsgebiets der Schweiz entspricht und Kiruna zur flächenmäßig zweitgrößten Stadt der Welt macht (die größte befindet sich in Australien).

Blick auf Kiruna mit dem Erzberg im Hintergrund

Kiruna

5 (S. 261f.) Das Erste, was wir vom rund 20 000 Einwohner zählenden Zentrum der Stadt zu sehen bekommen, erinnert an die Kohle- und Abraumhalden im Ruhrgebiet – nur dass alles noch trister aussieht. Riesige Schuttberge, die vor Erzstaub schwarze Bahnverladestation wie auch die allgegenwärtigen, von Menschenhand zerfressenen Erzberge scheinen wie Visionen aus einer lebensfeindlichen, zukünftigen Welt. Die ersten Häuser kommen in Sicht, auch sie fügen sich ins Bild dieser Stadt, die ganz und gar von der LKAB, der staatlichen Bergwerksgesellschaft, abhängig und de facto deren Eigentum ist. Im urbanen Kern sieht alles sehr aufgeräumt aus, nüchtern und steril, aus Beton gegossen, und nur der links der Straße am Hang gelegene Kinderspielplatz, ein wahrer Lustgarten für die Kleinen, bringt Farbe ins Spiel. Das **Rathaus (1)** präsentiert sich als schmuckloser Klotz mit gusseisernem Turm, und viele mag es verwundern, dass es 1964 vom Bund Schwedischer Architekten zum schönsten öffentlichen Gebäude des Landes erklärt wurde. Gegenüber befindet sich ein großer Parkplatz, darauf ein Samenzelt – nirgends steht eines unpassender –, und das Touristenbüro. Hier sollte man parken, denn allem Anschein zum Trotz hat die »Stadt der Zukunft«, so ihr Slogan, doch einige Sehenswürdigkeiten zu bieten, die der Reisende nicht versäumen sollte.

Unbedingt ›sternchenverdächtig‹ ist die **Kiruna-Kirche (2),** die 1912 von der

Kiruna: *1 Rathaus 2 Kiruna-Kirche 3 Hjalmar Lundbohmsgården (Heimatmuseum) 4 Järnmalmsgruva i Kirunavaara (LKAB-Erzbergwerk) 5 Volkspark 6 Fischzuchtanstalt 7 Bahnhof 8 Hallenbad*

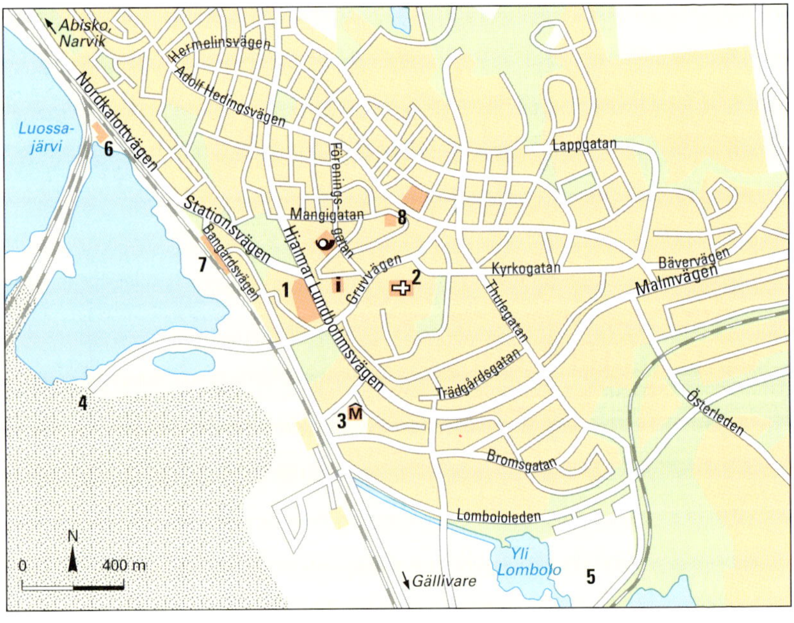

In der Kiruna-Kirche

LKAB gestiftet wurde und mit ihrer Pyramidenform an eine Lappenkote erinnern will. Auch die überreiche Innenausstattung ist symbolträchtig, und das Altargemälde stellt eine Sommerlandschaft dar, die der ›Künstlerprinz‹ Eugen, ein Bruder von König Gustav Adolf V., eigens für dieses Gotteshaus malte. Im nahebei gelegenen **Hjalmar Lundbohmsgården (3)** wird die Entwicklung der erst 1900 gegründeten Grubenstadt dokumentiert. *Die* Sehenswürdigkeit der Stadt aber liegt nicht über, sondern unter Tage. Gemeint ist das Erzbergwerk **Järnmalmsgruva i Kirunavaara (4)**, die größte Untertagegrube der Erde und eine Welt für sich, in der man Dutzende von Kilometern mit Bussen umherfährt, 600 m unter der Erde das Mittagessen einnimmt, schließlich im Besucherstollen die Entwicklung der verschiedenen Abbaumethoden demonstriert bekommt. Das Touristenbüro organisiert in der Saison Führungen, von denen Kinder unter 10 Jahren aus Sicherheitsgründen ausgeschlossen sind.

Sitasjaure
Kebnekaise
2111 m
Nikkaluokta
Jukkasjärvi
2
Sautus-
järvi
Kiruna
1
E 10
Torne älv
Karesuando
Svappavaara
45
Kajtumälven
Akkajaure
Stora-
Sjöfallet-
Nationalpark
Akkavare
2013 m
Vietas
(World
Heritage
Area)
LAPONIA
Killinge
Skaulo
SCHWEDEN
Sarek-Nationalpark
Appovare
767 m
Stora
Lulevatten
Malmberget
Gällivare
3
Tjaktjajaure
Kvikkjokk
Seitevare
Njavve
Porjus
4
Muddus-
Nationalpark
Skajka
Vaiki-
jaure
94
Parkijaure
Karatjaure
Karats
Randijaure
Vaikijaur
Lule älv
Tjeggelvas
Jokkmokk
5
Polarkreis
Lille Lule älv
Saddajaure
45
97
Kåbdalis
Harads
Junkerdal
Arjeplog
374
Uddjaur
Trollforsen
Pite älv
Malmesjaure
Moskosel
Bredsel
Vidsel
Storforsen
Mellanström
95
V.-Kikkijaure
Storavan
94
Älvsbyn
363
N
0
20 km
Sorsele
6
Arvidsjaur
Skellefteå

Durch den endlosen Schwedenwald – Von Kiruna nach Arvidsjaur

Seen, Moore und Kahlschlaggebiete, ansonsten Wald, nichts als Wald, das charakterisiert diese Route, die den schwedischen Taigagürtel durchquert. Aber auch mehrere höchst interessante Ortschaften liegen am knapp 400 km langen Weg zwischen Kiruna im Norden und Arvidsjaur im Süden: Jukkasjärvi etwa beeindruckt mit der ältesten Kirche Lapplands sowie einem außerordentlich interessanten Museum; in Gällivare kann man – ähnlich wie in Kiruna – in die Erzgruben einfahren und auch sonst viel Sehenswertes besichtigen; in Jokkmokk schließlich, einem der großen Zentren der samischen Kultur, ist ein Besuch des Samenmuseums ein absolutes Muss nicht nur für erklärte Bildungsbürger.

Streckenlänge und -verlauf: 390 km; von Kiruna auf der E 10 mit Abstecher nach Jukkasjärvi (15 km hin und zurück) via Svappavaara (48 km) bis kurz vor Gällivare (66 km), weiter auf der R 45 über Gällivare (13 km), Porjus (50 km) und Jokkmokk (40 km) nach Arvidsjaur (158 km).

Öffentliche Verkehrsmittel: Jukkasjärvi wird zehnmal täglich von Kiruna aus mit Lokalbussen angefahren; auf der gesamten sonstigen Strecke sind mindestens drei- bis viermal täglich Überlandbusse im Einsatz. Ab Kiruna außerdem täglich fünf Zugverbindungen nach Gällivare, ab wo zweimal täglich die »Inlandsbahn« entlang der gesamten restlichen Route (und weiter nach Mittelschweden) verkehrt.

Von Kiruna nach Gällivare

Schon bald nach Passieren des **Kiruna** 1 (S. 261f.) umgebenden Industrieparks umfängt uns der große schwedische Wald, der nirgends mehr aufzuhören scheint und uns denn auch bis ans Ende dieser Route – fahren wir weiter gen Süden, sogar bis kurz vor Göteborg – begleiten wird. Die Straße wird eine Schneise durch Birken, Kiefern und Fichten; mal wachsen Fjellrücken in einiger Entfernung aus der Landschaft, dann wieder strecken sich Moore aus, kleine Sumpftümpel, vereinzelte Seen, und in Abständen von Fußwegstunden passieren wir einsam auf Rodungsflächen liegende Gehöfte oder vereinzelte Dörfer mit nur drei, vier Häusern. Auch gibt es weite Flächen, auf denen nur noch Stümpfe zum Himmel zeigen, und überlange Holztransporter gehören entsprechend zum Straßenbild. Zugegeben: aufregend hört es sich nicht gerade an, und wer nur Sightseeing vom Autofenster aus betreiben will, auch keine Abstecher unternimmt, wird fraglos sehr schnell gähnende Langeweile empfinden.

So rast man leicht achtlos an den Sehenswürdigkeiten vorbei. Zum Beispiel an **Jukkasjärvi** 2 (S. 261f.), 17 km von Kiruna entfernt und eine der besuchenswertesten Ortschaften weit und breit. Das Dorf, an einer seeartigen Verbreiterung des Torne älv in überaus lieblicher Wald-, Wiesen- und Wasserlandschaft gelegen, beeindruckt nicht nur durch einen sehr schönen Campingplatz (mit Hüttenvermietung), sondern besonders das Heimatmuseum (Hembygsgård). Diese Ausstellung, die mehrere traditio-

Triptychon in der Jukkasjärvi-Kirche mit Bildern aus dem Leben von Lars Levi Læstadius

nelle Gebäude umfasst (u. a. eine ehemalige Samenschule), vermittelt ein tiefgreifendes Wissen über das Leben der Samen wie auch der schwedischen Einwanderer im 18. und 19. Jh. Angeschlossen sind eine Trachtenausstellung, ein Verkaufsraum für Kunsthandwerk sowie ein außerordentlich gemütliches Restaurant und Café, in dem samische Spezialitäten (z. B. Rentiersteak, Gerichte mit getrocknetem Rentierfleisch) serviert werden. Gegenüber dann die berühmteste Sehenswürdigkeit der ganzen Region, die Jukkasjärvi kyrka, 1608 gegründet und somit älteste Kirche Lapplands. Man betritt sie durch den abseits stehenden rot-weißen Glockenturm und den Friedhof. Himmelblaue Türen führen ins farbige Innere, wo das Triptychon (ein farbenfroher Holzschnitt von Bror Hjort, 1958 von der LKAB gestiftet), das Stationen im Leben des Lars Levi Læstadius (s. S. 190) darstellt, den Blick anzieht.

In der Nähe lohnt ein Besuch des Talma sameby (Samendorf), wo man an der Kälbermarkierung und der Rentierscheidung teilnehmen kann. Auch gilt Jukkasjärvi heute als bedeutendstes Outdoor-Zentrum Nord-Schwedens: Auf dem Torne älv werden Wildwasser-Rubberboat-Fahrten unternommen (u. a. bis zur 500 km entfernten Ostsee), außerdem Kanutouren, es werden Kanukurse abgehalten, organisierte Wanderungen durchgeführt, und es gibt praktisch jedes Transportmittel vom Pferd bis zum Wasserflugzeug zu leihen.

Auf die E 10 zurückgekehrt, sind es noch rund 35 km bis **Svappavaara,** einem modernen Bergwerksort, der für Touristen nur als Verkehrsknotenpunkt von Bedeutung ist. Auf dem weiteren Weg nach Gällivare passieren wir eine Anzahl schöner Seen (teils mit Naturrastplätzen), und in Skaulo, auf halber Strecke, führt eine kaum von ausländischen Besuchern befahrene Nebenstrecke nach Killinge, einem am Kaitumälv gelegenen Feriendorf (mit Hüttenvermietung), das sich bei schwedischen Anglern und Wildmarkwanderern großer Beliebtheit erfreut.

Gällivare

3 (S. 250f.) Gällivare, schon um 1640 gegründeter Kirchort inmitten weiter Wald- und Moorlande und seit 1751 einer der größten Samenmärkte, wurde 1888 per Eisenbahn mit der Ostsee verbunden, und dieses Jahr markiert auch den Zeitpunkt, da der (damals 700 Einwohner zählende) Ort schlagartig in ein urbanes Zentrum verwandelt wurde, als das er sich noch heute, jetzt mit einer Bevölkerung von rund 18 000 Menschen, präsentiert. Eisenerz ist das Stichwort, denn der nahe gelegene **Malmberget** (»Erzberg«), um den herum sich die gleichnamige Schwesterstadt von Gällivare gebildet hat, gilt als eine der größten Erzlagerstätten der Welt. Noch heute wird dort geschürft, z. Zt. in 400 bis 820 m Tiefe.

Herausragende Sehenswürdigkeit ist denn auch das **Grubenmuseum** in Malmberget, von wo ein Bus ins Bergwerk einfährt. Vom ehemaligen **Förderturm** (Gruvspelet) aus, über eine Treppe zu erklimmen, genießt man eine schöne Aussicht über die ganze Doppelstadt und blickt auch hinunter auf Gropen, ein durch Stolleneinsturz entstandenes Loch, das ständig wächst und mittlerweile die umgebenden Wohnviertel bedroht. Sehenswert ist hier auch **Kakstan,** die alte Hüttensiedlung der Bergleute, die 1988 zum hundertjährigen Jubiläum der Eisenbahn originalgetreu wiederaufgebaut wurde und in der man auch trefflich wohnen kann.

In Gällivare selbst– aufgeräumt und kühl, aber nicht so steril wie Malmberget und Kiruna – kann man sich auf dem *Kulturstigen* ergehen, der an allen sehenswerten Plätzen vorbeiführt. Besuchenswert ist das am Vassaraälv (nahe dem schönen Campingplatz) gelegene **Heimatmuseum** (Hembygsgård) mit interessanten Ausstellungen zu Themen wie Samen, Forstwirtschaft und Erzabbau sowie einem ›Samenlager‹, wo verschiedene Kotas und Vorratsspeicher aufgebaut sind. Schön auch die über 100 Jahre alte Hauptkirche der Stadt. In ganz Schweden bekannt ist die 1764 fertiggestellte **»Ein-Öre-Kirche«** (Ettöreskyrkan, eigentlich Lappkyrkan), deren Name daher rührt, dass König Friedrich I. 1739 jedem Haushalt des Landes befahl, eine Öre für ihren Bau zu spenden.

Auf der Weiterfahrt nach Süden passieren wir kurz vor dem Ortsausgang das rechts der Straße gelegene ›nördlichste Schloss der Welt‹: **Fjällnäs,** ein bizarres Haus mit vielen Erkern und Türmchen. Es wurde 1888 vom damaligen Chef der Erzbahn errichtet und ist heute im Besitz der Staatskirche. Sehr lohnend ist eine Fahrt zum wenige Kilometer jenseits der Stadtgrenze ausgeschilderten **Dundret,** dem 823 m hohen Hausberg von Gällivare mit Hotel, Restaurant und Touristenhütten nahe dem Gipfel, von dem aus man ein Panorama bis zu den Gletscherbergen des Sarek-Nationalparks im Westen genießt, was insbesondere zur lichten Nachtzeit ein Erlebnis ist.

Von Gällivare nach Jokkmokkk

Nach insgesamt 53 km ab Gällivare, während derer man am Nordrand des Muddus-Nationalparks entlanggefahren

Richtig Reisen
Thema

Arm durch Reichtum? Bodenschätze in Lappland

In Europas höchstem Norden sind die wichtigsten Bergbaugebiete des Kontinents zu finden. Allein aus den Gruben von Kiruna, Malmberget (den beiden größten Erzbergwerken der Welt) und Svappavaara (einer der bedeutendsten Erztagebaustätten Europas) in Schwedisch-Lappland werden jährlich 30 bis 40 Mio. t Eisenerz gefördert, die über das norwegische Narvik den Weg in die Stahlküchen des Südens nehmen. Die Betreibergesellschaft LKAB ist nicht nur einer der wichtigsten schwedischen Steuerzahler, sondern auch größter Erzanbieter Europas. Der Boliden-Konzern betreibt bei Gällivare eine der ergiebigsten Kupfergruben Europas (neben 40 000 t Kupfer werden dort jährlich rund 27 t Silber und 2 t Gold gefördert) und südlich von Arjeplog des Kontinents größte Bleigrube. Mo i Rana produziert jährlich über 7 Mio. t Stahl, und im nahe gelegenen Mosjøen steht eines der größten Aluminiumwerke Skandinaviens.

Schon ist es so, dass sowohl im norwegischen wie auch schwedischen Landesteil rund 20 % aller Beschäftigten in der Industrie (inkl. Bergbau) tätig sind. Und der Anteil wird steigen, weil immer mehr energieintensive Industrien in den Norden verlegt werden, wo der Strom am billigsten ist und mittlerweile Hunderte von Lagerstätten bekannt sind, in denen etwa 80 verschiedene Erze und Mineralien schlummern, darunter Gold, Silber, Blei, Kupfer, Nickel, Wolfram, Zink, Quarz und Feldspat. Auch Uran lagert hier in großen Mengen, vielleicht den größten Europas. Noch wird von einer Förderung abgesehen, aber Konzessionen sind längst beantragt, und so ist es bloß eine Frage der Zeit, bis das empfindliche Ökosystem des Nordens durch noch mehr Abraumhalden, Sondermüll-Deponien, Straßen, Versorgungsleitungen und Bauwerke endgültig aus dem vielerorts schon recht massiv gestörten Gleichgewicht gebracht wird.

ist, wird **Porjus** 4 (S. 275) erreicht, 1903 aufgrund der Errichtung des Lulevatten-Kraftwerks gegründete Stadt (mit Hotel, Campingplatz, Hüttenvermietung) am Lule älv bzw. Lulevatten, der sich Hunderte von Kilometern nach Westen hinzieht und vom Sjöfallsleden (Route 17) erschlossen wird. Zum Kraftwerkbau war es gekommen, weil die Dampfloks nicht mehr stark genug waren, die in immer größerem Maße abgebauten Erzmengen von Gällivare und Kiruna abzutransportieren. Daher sollte die Strecke elektrifiziert werden, und die vier Wasserfälle bei Porjus gaben den Ausschlag für den Standort dieses ersten großen Kraftwerks in Lappland. Heute kann die alte Anlage besichtigt werden, angeschlossen ist ein im Bergarbeiter-Stil eingerichtetes Café. An der Straße von der R 45 dorthin lohnt das im Jahr 1988 aufgestellte »Kraft«-Monument des Bildhauers Carl Milles, im Volksmund als ›Gottes Hand‹ bekannt, einen kurzen Aufenthalt.

Hinter Porjus geht es nun ein paar Kilometer am trockenen Flussbett des Lule älv entlang. Roter Granit tritt an den Rändern zutage, und nur am jeweils ersten Sonntag im Juli, dem sogenannten »Fallens Dag«, werden die Schleusentore geöffnet, und man kann die entfesselten Wassermassen bestaunen, die hier früher stets über die bis zu 40 m hohen Steinstufen zu Tal donnerten. Ein Stückchen weiter liegt das neue, 1982 errichtete Kraftwerk am Weg, das größte Schwedens, das jährlich rund 2,2 Bio. kWh Strom produziert. Vorbei an den Abzweigungen zum Muddus-Nationalpark und nach Kvikkjokk (Route 17) sowie einem großen Rastplatz am Vaiktijaure geht es nach Jokkmokk.

»Kraft«-Monument bei Porjus

Muddus-Nationalpark

Von der R 45 zwischen Porjus und Jokkmokk ist der von einem außerordentlich gut ausgebauten Wegenetz erschlossene Muddus-Nationalpark schnell erreicht, der 1942 gegründet wurde und seit Dezember 1996 zusammen mit dem Sarek-, Stora-Sjöfallet- sowie Padjelanta-Nationalpark und anderen Schutzgebieten unter dem Namen Laponia als ›Naturerbe der Menschheit‹ auf der World Heritage List der UNESCO steht und so allerhöchsten Schutzstatus genießt. Das 500 km^2 große Gebiet wurde mit dem Naturschutzdiplom des Europarates ausgezeichnet und gilt als größtes Urwald-Refugium von Schwedisch-Lappland. Es liegt in einer mit Moränen bedeckten Senke östlich des Kaledonischen Gebirges, deren eine Hälfte mit verschiedenartigen Mooren (insbesondere Strangmooren), die andere mit eindrucksvollen Kieferwäldern bedeckt ist, durch die sich gewaltige Schluchten ziehen.

Braunbär, Luchs und Vielfraß, Elch und Auerhahn sind hier noch zu Hause, und im zentralen Schutzgebiet rings um den Muddusjaure sind über 115 Vogelarten heimisch. Hier brüten u. a. Kraniche und Singschwäne, aber auch Bruchwasserläufer und Prachttaucher sowie ein gutes Dutzend verschiedener Entenarten. Auf den Kiefernheiden nisten Habicht- und Raufußkauz, auch die Sperbereule, im Walddickicht leben Rot- und Singdrossel, Buch- und Bergfink, Fitis, Waldammer, Gartengrasmücke und viele andere mehr. Auch die Flora ist reich vertreten: Auf den Seen blühen

Seerose und Wasserhahnenfuß, in Bachnähe Alpenscharte und Korallenwurz, an den Moorrändern erfreut die Moltebeere, und an feuchten Hängen bilden Mädesüß und Erdglöckchen, Schattenblume und Goldrute bunte Felder, während unter den Kiefern Rentierflechte und Nordische Nierenflechte sowie zahlreiche Beerensorten für Abwechslung sorgen.

Informationen bei der Schutzbehörde in Jokkmokk sowie den Touristenbüros in Jokkmokk und Gällivare.

Jokkmokk

5 (S. 255ff.) Jokkmokk, selbsternannte ›Wildnisstadt‹ und reich an Grünanlagen, ist Zentrum einer 19 400 km^2 großen Gemeinde (was etwa der Fläche von Rheinland-Pfalz entspricht) und seit 1605 Standort des größten **Winter-Samenmarktes** von ganz Lappland. Viele Touristen reisen wegen dieses Ereignisses Anfang Februar sogar aus deutschen Landen an – doch Vorsicht: ein x-beliebiger Weihnachtsmarkt in Deutschland ist schon fast interessanter, denn von zwei, drei originellen Zeltständen abgesehen, wo Rentierwurst und Ähnliches verkauft wird, findet sich hier heutzutage nichts Typisches mehr, dafür aber »Rolex«-Imitationen aus Hongkong, »Lacoste«-Hemden aus Thailand, Berge von CDs, Webteppiche aus Stockholm nebst Würstchen- und Hamburger-Buden. Dies vorweg, denn viele Publikationen (auch neuesten Datums) gibt es, die diesem Markt den Rang einer unbedingten Sehenswürdigkeit verleihen. Auch der Sommer-Samenmarkt Ende August ist nicht gar so interessant. Die Gemeinde ist größter Wasserkraftlieferant des Landes, profitiert vom Holzeinschlag, ist also relativ reich und gehört aufgrund ihrer Wildmark-Umgebung und ihrer Sehenswürdigkeiten zu den am meisten von Touristen besuchten in Nord-Skandinavien.

Auch in anderer Hinsicht ist das beschauliche, rund 7000 Einwohner zählende Städtchen bedeutend, denn hier gründeten die schwedischen Samen 1950 ihre Reichsorganisation, und seitdem befindet sich hier eine samische Volkshochschule. Die Stellung Jokkmokks als eines der Zentren samischer Kultur spiegelt das **Ajtte-Fjäll- und Samen-Museum (1)** wider, die größte Ausstellung für samische Kultur in Schweden, die zu besuchen man nicht versäumen sollte. In acht großen, teilweise sehr atmosphärisch eingerichteten Räumen wird über Leben, Rentierzucht, Wohnen, Kunsthandwerk und

Auf dem Winter-Samenmarkt von Jokkmokk

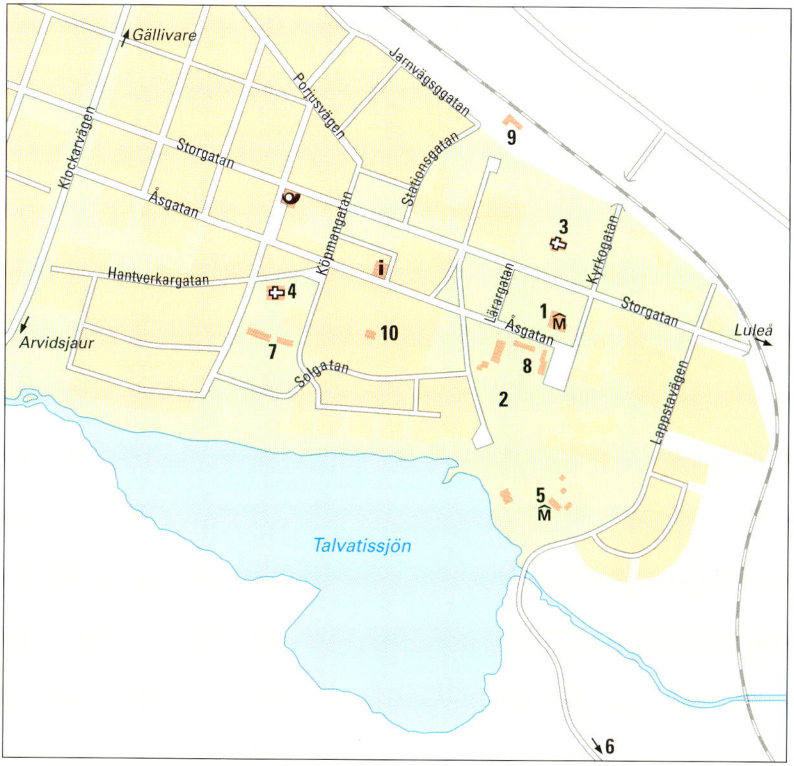

Jokkmokk: *1 Ajtte-Fjäll- und Samen-Museum 2 Fjällträdgård 3 Jokkmokk-Kirche 4 Alte Kirche 5 Heimatmuseum 6 Storknabben 7 Samen-Schule 8 Samen-Volkshochschule 9 Bahnhof/Busbahnhof 10 Jugendherberge*

Glauben der Samen ausführlich informiert, auch gibt es hier den Joik (s. S. 228) zu hören, interessante Diashows zu sehen, sehr hochwertiges Kunsthandwerk zu kaufen und (im Café) Samentypisches zu kosten. Exkursionen in Samendörfer werden ebenfalls vom ›Ajtte‹ organisiert, und wer samischen Künstlern, insbesondere Holzschnitzern und Silberschmieden, bei der Arbeit zuschauen will, kann hier Adressen erfahren. Ein Stückchen weiter südlich erstreckt sich **Jokkmokks Fjällträdgård (2),** in dem man alles Wesentliche insbesondere über die Flora der Fjellregionen erfahren kann.

Lohnend ist ansonsten ein Besuch der **›neuen‹ (3)** und der **›alten‹ (4) Kirche** (beides prächtige Holzbauten), des **Heimatmuseums (5;** Hembygsgård) sowie des von dort schnell zu erreichenden Aussichtsberges **Storknabben (6),** auf dem sich ein gemütliches (im Sommer bis nach Mitternacht geöffnetes) Café befindet. Die Zahl möglicher Ausflüge innerhalb der Gemeinde ist Legion – ein Plan des Touristenbüros listet über 100 Ziele auf.

Die Sprache der samischen Seele
Der Joik

Der Joik (auch: *juoigam* oder *vuolé*), die charakteristische Musik der Samen, kann so rein und mysteriös wie das Nordlicht sein, so dauernd wechselnd wie das fließende Wasser, so funkensprühend wie das prasselnde Feuer oder so tief aufwühlend wie das Heulen des Wolfes auf der *Vidda*. Er kann den Flug der Wildgänse, das Glitzern eines Sees, das Sich-Aufbäumen eines Bären oder die Konturen eines Gebirges lautmalen, ist er doch ursprünglich der spontane Ausdruck des Naturmenschen für ein Gefühl, das ihn bei einem Erlebnis oder Anblick befällt.

Der Joik ist von extremer Einfachheit, eigentlich nur ein sonderbares Trällern, reinste Improvisation, die keine Worte braucht, sie aber verwenden kann; nicht für Instrumente vorgesehen, pentatonisch, primitiv und kompliziert ist er zugleich. Er ist Entspannung und Unterhaltung, ist das, was Rentiere herbeilocken, Raubtiere vertreiben, den Schlaf bringen oder die Müdigkeit nehmen kann, ist Gemeinschaft, ist eine andere Welt, die man nicht beschreiben, sondern nur erfahren kann.

Und der Joik war gefährlich, diente er doch neben den Schamanentrommeln dem Erreichen der Trance und war daher eine wichtige Stütze der samischen Kultur. Entsprechend wurde er von den Missionaren verteufelt und schon 1609 von Christian IV., König von Dänemark und auch Norwegen, unter Androhung der Todesstrafe verboten.

Nur eines ist er nicht, der Joik, der trotz Verboten nie verstummte und heute eine Renaissance erlebt, jetzt auch Schneescooter lautmalt oder Funktelefone, weil er sich ändern kann wie die Zeiten, die Lebensweisen, das Leben: Er ist keine Kunst, denn dieser Begriff war den Samen, deren Sprache keine Abstrakta kannte, fremd. »Oder vielleicht sollte man sagen, dass den Samen alles Kunst war, das ganze Leben …«, um Nils-Aslak Valkeapää, einen der größten Joiker von *Sameätnam* zu Wort kommen zu lassen, bevor nun der Wolfsjoik für sich selbst spricht:

Voi, voi, voi,
la, la, la,
lu, lu, lu,
fam, fam, fam,
huo, huo, huo,
da hört es sich dann so an,
wenn er satt ist:
Huoo, huoo, huoo,
vuooaa, vuooaa, vuooaa.
Da hört es sich dann so an,
wenn er ein Ren frisst,
und wenn er fertig ist,
dann heult er so
uuooaa, uuooaa, uuooaa …

Von Jokkmokk nach Arvidsjaur

Nur 5 km trennen Jokkmokk vom Polarkreis, der hier, wie überall in Schweden nur durch ein Schild kenntlich gemacht, ohne Pomp und Zertifikate überquert wird. Dann schluckt uns wieder der Wald, und über die folgenden 155 km bis hinunter nach Arvidsjaur kann man nicht viele Worte verlieren. Zwei Abstecher bieten sich noch an, die beide einen Wasserfall zum Ziel haben. Der **Storforsen** (hinter Kåbdalis von der R 45 auf die R 374 abbiegen, ab Bredsel den Schildern folgen; ca. 30 km) ist die größte naturbelassene Stromschnelle Skandinaviens. Auf einer Strecke von 2 km überwindet der Pite älv einen Höhenunterschied von 60 m und hat im Sommer eine maximale Wasserführung von 870 m^3/s. Über ein System von Stegen und Brücken kommt man nahe an den tosenden Fluss heran, in dessen Nähe auch ein Waldarbeitermuseum und ein Naturum zum Besuch einladen. Hat man diesen Wasserfall gesehen, kann man sich den **Trollforsen** schenken (von der R 45 ca. 30 km südlich der Abzweigung der R 374 ausgeschildert), der von einer Hängebrücke aus zu betrachten ist. Die Uferzone hier bietet sich zum Campen an, ist aber sehr stark frequentiert. Über Moskosel geht es schließlich weiter nach **Arvidsjaur** 6 (S. 247), über das bereits das Wesentliche gesagt wurde (s. S. 201f.).

Drei Traumstraßen ins hohe Fjell

Die im Folgenden beschriebenen Routen zweigen von der E 10/R 45 ab, die von Kiruna nach Jokkmokk führt (Route 16), und haben das Kaledonische Gebirge zum Ziel. Sie sind mithin Sackgassen, erschließen aber einige der abwechslungsreichsten Landschaften Europas. Aus der borealen Nadelwaldzone Lapplands führen sie, vorbei an langgestreckten Seen, bis ins Herz der alpin anmutenden Hochgebirgswelt an der schwedisch-norwegischen Grenze, wo die höchsten Gipfel des Nordens aufragen und die Zahl der Gletscher in die Hunderte geht. Jede Strecke hat ihre ganz besonderen Reize, und zu keinem Zeitpunkt kommt Langeweile auf (auch während der Rückfahrten nicht). Auch von der Länge der Umwege (insgesamt über 700 km) sollte man sich nicht abhalten lassen, einmal allen drei Strecken zu folgen.

Der Kebnekaiseleden

Streckenlänge und -verlauf: 140 km (hin und zurück); von Kiruna nach Nikkaluokta (70 km).
Öffentliche Verkehrsmittel: Von Kiruna aus verkehren während der Saison täglich drei bis vier Busse auf dieser Strecke.

Der Kebnekaiseleden beginnt in **Kiruna** 1 (S. 261f.), führt dort am von Menschenhand auf halbe Höhe reduzierten Kirunavaara (dem Erzberg) vorbei und bald schon an den Kaalasjärvi heran.

Dieser bildet den östlichen Ausläufer eines Seensystems, das sich über mehr als 50 km bis nach Nikkaluokta erstreckt, schmal und von Tausenden bewaldeter, schilfgesäumter Eilande bedeckt. Heuwiesen und Wälder prägen die verästelten Uferlinien, viele Samendörfer liegen am Weg, und in der Ferne setzen die kahlen Höhen des von Felstrümmern übersäten Hochfjells mystische Akzente – v. a. zur lichten Nachtzeit des Hochsommers.

Mehrere idyllische Plätze bieten sich dem Camper für die Nacht an, aber keiner kann von Lage und Ausstattung her mit dem Naturrastplatz bei Ylipää konkurrieren, nur noch wenige Kilometer von Nikkaluokta entfernt. Hier findet sich eine komplett eingerichtete Küche nebst mehreren Mehrbett-Schlafzimmern, mit

Drei Traumstraßen ins Fjell

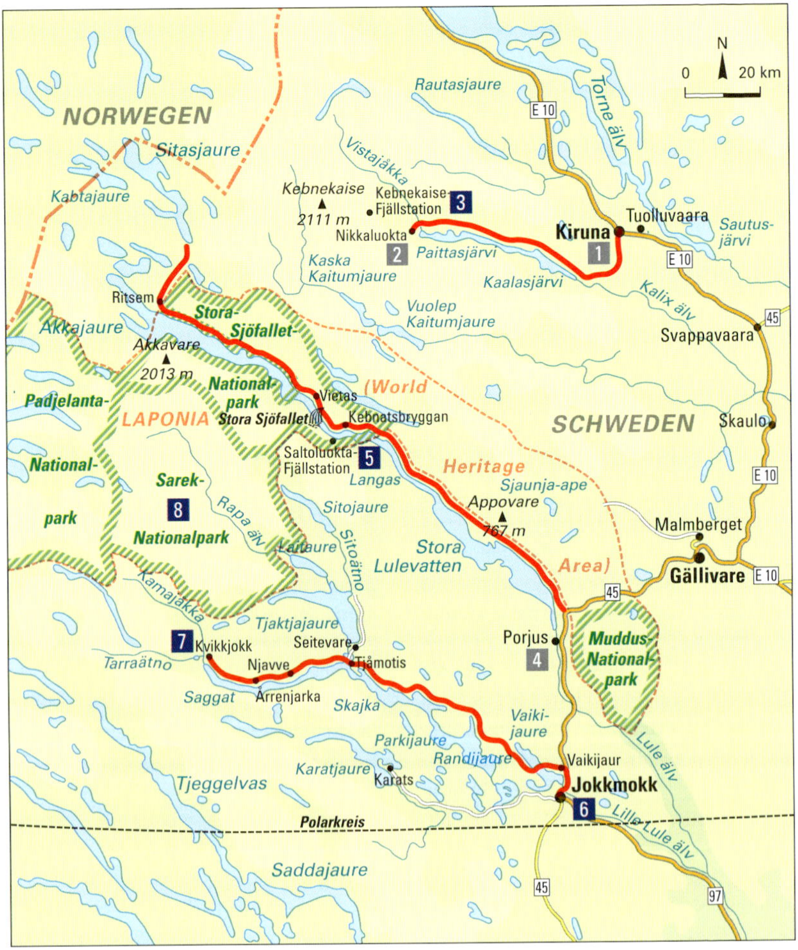

Wolldecken ausgestattet, jedem offenstehend, und unwillkürlich stellt man sich die Frage, in was solch unbewachtes Quartier in Mitteleuropa innerhalb weniger Tage verwandelt würde.

Wenige Fahrminuten trennen uns jetzt noch vom Westrand des Seensystems, hier Paittasjärvi geheißen. Von rechts, aus einem monumentalen Trogtal kommend, mündet der Vistasjåkka, der hier ein regelrechtes Delta gebildet hat. Über ein System von Brücken und Dämmen queren wir dieses schilfbestandene Feuchtgebiet, auf dessen anderer Seite **Nikkaluokta** 2 (S. 271f.) liegt. Große und auch gut gefüllte Parkplätze zeigen an, wie stark dieses Samendorf von (schwedischen) Touristen besucht wird. Auch Campen kann man hier, Hütten und Zimmer mieten und sich in der neuen Touristenstation samische Spezialitäten schmecken lassen. Die Architektur dieses Gebäudes stellt eine harmonische Komposition aus Beton, Holz und riesigen Glasfronten dar und ist, bei allem Modernismus, doch perfekt der umgebenden Landschaft angepasst. Ein ehemaliger Opferplatz der Samen liegt ganz in der Nähe, zahlreiche vorbildlich markierte Wanderwege nehmen hier ihren Anfang, es werden Boots- sowie Flugtouren angeboten, und wer eine gut gefüllte Reisekasse sein Eigen nennt, kann sich vom Helikopter auf den Gipfel des Kebnekaise tragen lassen.

Auch die **Kebnekaise-Fjällstation** 3 (S. 271f.) kann man fliegend erreichen, obwohl es wesentlich eindrucksvoller ist, dorthin in einer Kombination aus Bootsfahrt (10 km) und Wanderung (9 km) zu gelangen. Von der Station aus braucht es noch etwa einen Tag, den ›Gipfel der Gipfel‹, den 2111 m hohen Kebnekaise, zu besteigen. Täglich werden auch organisierte Touren auf diesen aus Gletschern aufragenden höchsten Berg Schwedens unternommen und Kletterkurse abgehalten.

Samenkota im Tal des Vistasjåkka

Der Sjöfallsleden

Streckenlänge und -verlauf: 350 km (hin und zurück); von Porjus über Kebnatsbryggan (82 km), Vietas (10 km) und Ritsem (58 km) zum Sitasjaure (25 km).
Öffentliche Verkehrsmittel: Auf der Strecke bis Ritsam verkehren zweimal täglich Busse ab Gällivare.

Der Sjöfallsleden, der sich als gut ausgebaute Asphaltstraße rund 175 km von der R 45 bei **Porjus** 4 (S. 275) den Stora Lulevatten entlang nach Westen zieht, taucht in Reiseprospekten als »Das Blaue Band Lapplands« oder als »Paradestraße« auf, und auch der Skeptiker wird nicht umhinkommen, diese Namen für gerechtfertigt zu halten. Die Straße, die ihre Entstehung dem Bau mehrerer Kraftwerke verdankt, erschließt eine ursprüngliche Landschaft, die mit sanfter Steigung aus der Nadelwaldregion in größere Höhen und schließlich ins Hochgebirge führt. Der Nadelwald am Ufer des Stora Lulevatten und seiner westlichen Verlängerung, des Langas, gilt als ein 7000 Jahre alter, nach Westen vorgeschobener Teil der eurasischen Taiga und zeigt anschaulich, wie sich der stufenweise Wandel vom Tiefland zum Hochgebirge vollzieht.

Zahlreiche schön gelegene Rastplätze bieten sich auf dem 92 km langen, bei Vietas endenden ersten Teilstück der Route zum Übernachten an, und wer es zeitlich einrichten kann, sollte dem auf halber Strecke nach rechts ausgeschilderten Pfad zum 767 m hohen **Appovare** folgen. Es geht steil hinauf (ca. 2,5 km), aber der Lohn für die geringen Mühen ist groß, denn von oben genießt man einen herrlichen Blick über die riesige blaue Weite des Stora Lulevatten im Süden sowie auf das Sjaunja-ape im Norden. Dies ist das größte Moorgebiet Europas, gleichzeitig Schwedens größtes Vogelschutzreservat, das sich von der Höhe aus als eine von Seen und Wassersträngen durchglitzerte Fläche aus Braun, Gelb, Ocker und Grün präsentiert.

Seit Dezember 1996 steht es zusammen mit dem Muddus-, Sarek-, Stora-Sjöfallet- sowie Padjelanta-Nationalpark und anderen Schutzgebieten unter dem Namen Laponia als ›Naturerbe der Menschheit‹ auf der World Heritage List der UNESCO und genießt allerhöchsten Schutzstatus.

Weiter geht es, immer am Ufer des gewundenen Langas vorbei, bis bei Kebnatsbryggan, wo stets zahlreiche Wasserflugzeuge auf Kundschaft warten, eine Straße nach links zu einem Bootsanleger abzweigt. Auf dem großen Parkplatz dort sollte man das Fahrzeug stehenlassen und mit einem der mehrmals täglich verkehrenden Fährschiffe zur gegenüberliegenden **Saltoluokta-Fjällstation** 5 (S. 279) übersetzen (ca. 10 Min.). Hier, wo der Kungsleden vorbeiführt, kann man trefflich wohnen), auch essen, Lebensmittel einkaufen sowie Informationen zu Wandertouren erhalten. Wer nur wenig Zeit hat, sollte sich zumindest einen Spaziergang zur Raseluokta-Sameviste am von Sandstrand gesäumten Pietsaure nicht entgehen lassen (ausgeschildert, ca. 2–3 Std. hin und zurück); schönere Samenkotas in idyllischerer Landschaft findet man nirgends mehr in Lappland. Bevor es dann retour nach Kebnatsbryggan geht, empfiehlt sich noch ein Besuch der Kirchenkota (kyrkkåta) rechts neben dem Bootssteg von Saltoluokta sowie der dortigen Sameviste Ahutjluokta, wo frischer und geräucherter Fisch nebst selbstgebackenem Brot verkauft werden.

Wenige Kilometer weiter wird **Vietas,** nahe dem ehemals so mächtigen, doch heute völlig entschärften Stora Sjöfall gelegenes Touristenzentrum (Camping, Hüttenvermietung, Restaurant), erreicht. Auf manchen alten Straßenkarten endet der Sjöfallsleden bei diesem Wasserfall, aber heute kann man noch rund 70 km weiter fahren bis zum nur wenige Kilometer von der norwegischen Grenze entfernten Sitasjaure. Dieser Abschnitt ist, auch wenn man es kaum glauben

Blick über den Akkajaure bei Ritsem auf das vergletscherte Akka-Massiv

Die acht Jahreszeiten der Bergsamen

Die Tradition der Bergsamen kennt nicht vier, sondern acht Jahreszeiten, die von der Wanderschaft der Rentiere bestimmt werden. Im **Frühlingswinter,** wenn sich der Schnee über dem Waldboden in eine harte Eisdecke wandelt, die die Rentiere bei ihrer stetigen Flechtensuche nicht mehr aufkratzen können, wandern sie zu ihren Kalbungsplätzen ins Gebirge. Die mit Schneescootern (früher mit Rentierschlitten) nachziehenden Samen brauchen sich dabei um ihre Herden kaum zu kümmern, denn die Tiere werden vom nie versagenden Instinkt dorthin gezogen, wo auch die Brunftweiden des Herbstes liegen. Gefahren wird üblicherweise nachts (um den glatten Harsch auszunützen), die Rast erfolgt tagsüber, und geschlafen wird auch heute noch zumeist in Zelten (wenn nicht in mitgeschleppten Wohncontainern), den Gabelstangen-Kotas. Deren Gestänge besteht aus in Bogenform gewachsenen Birken- oder Kiefernästen, die in ihrem höchsten Punkt durch eine ›Rauchstange‹ verbunden werden (an der später der Kochtopf aufgehängt wird und über der sich die Rauchöffnung befindet). Zeltplanen bilden die Hülle (früher aus Rentierhäuten erstellt), und in der Mitte des Zeltes wird der aus einem Ring flacher Steine erstellte Herd aufgebaut, um den herum auf Fellen und Decken geschlafen wird.

Erst bei Erreichen der Kalbungsplätze im **Frühling** (gegen Ende April) wird für längere Zeit ein festes Lager errichtet, denn hier verbleiben die Herden für mindestens einen Monat. Traditionell bestand es aus Birkenrinden- oder Torf-Kotas (von der Konstruktion her ganz ähnlich den Torfgammen der Seesamen, s. S. 53f.), doch heutzutage sind es Blockhütten und kleine Holzhäuser, die bevorzugt werden.

Die Geburt der Kälber (die schon im Alter von nur einer Stunde ihren Müttern überallhin folgen können) leitet gegen Ende Mai den **Frühlingssommer** ein, in dem die nächste größere Wanderung erfolgt. Bei den Sommerweiden im Gebirge angekommen, hält dann der **Sommer** seinen Einzug, und nach den Anstrengungen der zurückliegenden Monate können sich die Rentiere wieder ihrer Hauptbeschäftigung, dem Flechtenfressen, hingeben. Jede Herde hat ganz bestimmte Weideplätze, auf denen sie sich entweder gänzlich frei bewegen kann oder mehr oder weniger gehütet werden muss, was normalerweise von ein bis zwei Mann im Schichtwechsel besorgt wird. Zunehmend gehen aber die Bergsamen dazu über, riesige Sperrzäune zu errichten, um sich das arbeitsintensive Hüten zu ersparen. Auch so nämlich gibt es genug zu tun, denn ab Juli etwa beginnt das Zeichnen der Kälber, bei dem alle Tiere mit Eigentumsmarken am Ohr versehen werden, die sich aus bestimmten Schnitten zusammensetzen (und bei den Renhaltungsbehörden registriert sind). Auch das Melken nimmt Zeit in Anspruch – früher sogar die allermeiste. Ansonsten widmen sich Männer und Frauen verschiedenen handwerklichen Beschäftigungen, deren Produkte heute meist in die Souvenirläden des Landes gehen. Früher wurden in dieser Zeit die Kleider gearbeitet und ausgebessert, das Schuhwerk aus Leder gefertigt (in dem man barfuß, dennoch warm und immer trokken ging, weil mit Riedgras gefüllt), die Packkörbe geflochten, die Packsättel erstellt und vieles andere mehr, was heute nicht mehr nötig ist.

Der August leitet den **Herbstsommer** ein, und weil die Pflanzen auf den hoch gelegenen Weiden jetzt nicht mehr genügend Nährstoffe hergeben, ziehen sich die Rentiere in tiefere Lagen zurück. Dort werden sie gegen Ende des Monats zusammengetrieben (heute meist mit Helikoptern), denn nun fällt die wichtige Arbeit des Auslesens von Tieren fremder Besitzer, zu kastrierenden Kälbern und für die Schlachtung vorgesehenen Rentieren an. Zur Schlachtung stieß man dem Ren früher ein Messer ins Herz, später versetzte man ihm zunächst einen betäubenden Stich mit einem Krummmesser zwischen Schädel und Halswirbel, doch heute werden die Tiere einfach in mobile Schlachtanlagen getrieben, wo sie – ähnlich wie Rinder oder Schweine in den modernen Großschlachtereien – quasi automatisch vom Leben in den Tod befördert, sodann mittels Kühltransportern in die Fleischfabriken abgefahren werden.

Die Restherde wird nun, im **Herbst,** auf die mit den Kalbungsplätzen des Frühlings identischen Brunftweiden getrieben, wo die Tiere bis gegen Anfang November verbleiben, um sich zu paaren. Längst ist der erste Schnee gefallen, haben sich die Flüsse und Seen mit Eis überzogen, und mit den Gerätschaften, mit denen man im Frühlingswinter angereist war, geht es schließlich, im **Herbstwinter,** wenn auch hier die Weidemöglichkeiten immer schlechter werden, zu den Winterplätzen zurück. Diese liegen in aller Regel in der Waldzone oder an deren Rand, denn nur der Wald bietet Schutz und Nahrung für den langen **Winter.** Früher verbrachten die Samen diese Zeit in Zelten oder Kotas, heute meist in Holzhäusern, und zum Hüten der Tiere, bei dem der Renhund große Hilfe leistet, ist man von Skiern längst auf Schneescooter umgestiegen.

Rentierscheidung der Bergsamen bei Kuorpak

kann, noch wesentlich eindrucksvoller als der zuvor befahrene. Direkt links der Straße nämlich breitet sich nun über 50 km der Akkajaure aus, dessen gewaltige Wasserfläche mehr als ein halbes Dutzend Gletscherberge des Sarek-Zentralmassivs widerspiegelt. Wo in Europa kann man so ein Panorama sonst noch genießen …?

Bei der Fjällstation **Ritsem** dann, wo der Padjelantaleden beginnt, steht man der ›Königin von Lappland‹ gegenüber, wie die vergletscherte Akka oft genannt wird. Von hier aus können Bootsfahrten zu Vaisaluokta- und Änonjalme-Sameviste oder Rundflüge mit Helikoptern und Wasserflugzeugen unternommen werden (täglich auch Linienflüge nach Staloluokta, der am Padjelantaleden gelegenen größten Sameviste des Landes). Eine Schotterstraße schließlich führt steil hinauf (Aussicht!) zum 200 m höher und inmitten weiter ›Kältesteppe‹ gelegenen **Sitasjaure** (Hüttenvermietung), wo ebenfalls Bootstouren organisiert werden.

Stora-Sjöfallet-Nationalpark

1909 eingerichtet, wurde der Stora-Sjöfallet-Nationalpark bereits elf Jahre später von ursprünglich 1500 km^2 auf 1278 km^2 Größe reduziert, um den namengebenden Wasserfall, einst der imposanteste Schwedens, für die Stromerzeugung nutzbar zu machen. Zwei Drittel des Areals bestehen aus Hochfjell, wozu auch mehrere prächtige Bergmassive gehören, teilweise vergletschert und bis über 2000 m hoch. Von der Saltoluokta-Fjällstation aus führen zahlreiche Wanderwege in die Wildnis, u. a. der Kungsleden (s. S. 212 f.). Zu den herausragenden Sehenswürdigkeiten des Schutzgebiets zählen der Lulep Kierkau (ein einfach zu erklimmender Berg mit atemberaubendem Panorama) und das Akka-Massiv (in »Nils Holgerssons Reise« beschrieben), aber auch zahlreiche Samensiedlungen, idyllische Seenplatten, tiefe Schluchten sowie ein Kiefern-Urwald sind sehr sehenswert. Flora und Fauna ähneln der des Padjelanta-Nationalparks (s. S. 239). Alles in allem ist der Stora-Sjöfallet-Nationalpark derjenige in Lappland, dessen Highlights am einfachsten für jedermann zugänglich sind. Entsprechend groß ist auch der Andrang, was der Natur bislang aber wider Erwarten noch keinen nennenswerten Schaden zugefügt hat.

Informationen in der Saltoluokta-Fjällstation sowie in den Touristenbüros von Gällivare und Jokkmokk.

Der Linnéleden

Streckenlänge und -verlauf: 230 km (hin und zurück); von Jokkmokk über Tjåmotis (70 km) und Årrenjarka (30 km) nach Kvikkjokk (15 km).
Öffentliche Verkehrsmittel: Auf der Strecke Jokkmokk–Kvikkjokk verkehrt zweimal täglich ein Bus.

Die südlichste Sackgasse im ›Bund der schönen Drei‹ zweigt etwa 7 km nördlich von **Jokkmokk** 6 (S. 255ff.) von der R 45 ab. Unmittelbar nach Verlassen der Hauptstraße führt sie an das Ufer des wunderschönen, mit zahlreichen Inseln gespickten Vaikijaure heran, an dem sich Vaikijaur, eines der ältesten Samendörfer Lapplands, erstreckt (herrlich gelegener Campingplatz mit Hüttenvermietung). Boote und Fahrräder können hier ausgeliehen werden, und am Weg, der bald dem vom Vaikijaure abzweigenden Klubbudjaure folgt, liegt auch ein Reitzentrum, das Ausritte in die von Wiesen und Wassersträngen geprägte Waldlandschaft anbietet. Vorbei an Heuwiesen und alten Heuschobern, passieren wir auf den folgenden Kilometern eine Vielzahl ineinander übergehender Seen. 2 km vor dem Samenort Tjåmotis zweigt rechts eine nach Seitevare ausgeschilderte Straße ab, die an die Staumauer des Tjaktjajaure und weiter zum Sitoätno führt. Von dort aus kann man mit dem Boot nach Aktse übersetzen, von wo aus Wanderwege in den Sarek-Nationalpark führen. Unsere Route folgt aber weiter der Hauptstraße, und so wird bald das pittoreske Holzhausdörfchen **Tjåmotis** erreicht. Zahlreiche samische Vorratsspeicher schmücken den schon im 17. Jh. inmitten alter Kulturlandschaft gegründeten Ort, der überaus fotogen an der Mündung des Blackälv liegt.

Kirche in Kvikkjokk

Weiter geht es, vorbei am Einöddorf Njavve (wo der Saggat über Stromschnellen in den Tjåmotisjaure abläuft), über 30 panoramareiche Kilometer nach **Årrenjarka,** der im Saggat gelegenen und über einen Damm mit dem Festland verbundenen »Eichhörnchen-Insel«. Helle, hier und da sogar weiße Sandstrände sowie schwimmende Badeplattformen säumen die Ufer, oberhalb derer offene Schutzhütten und Feuerstellen errichtet wurden. Das ganze von Kiefern beschattete Areal ist ein riesiger Naturcampingplatz, auch Ferienhäuser werden vermietet, und die Infrastruktur mit Restaurant, Lebensmittelladen, Spielplatz, Bootsverleih, Sauna sowie ausgezeichneten sanitären Einrichtungen lässt keine Wünsche offen. Hier stimmt einfach alles, und weil auch zur Hochsaison nie ein Engegefühl aufkommt, könnte man dem *Semesterby* (Ferienort) den Beinamen ›schönstes Campingparadies in Schwedisch-Lappland‹ verleihen.

Kvikkjokk 7 (S. 262f.) ist von hier aus nur noch 15 km entfernt, und die angrenzenden Deltas der Flüsse Tarraätno und Kamajåkka am Saggat lockten schon zu Beginn unseres Jahrhunderts zahlreiche Naturliebhaber in das zwischen See und Gebirgsrand eingebettete Einöddorf. Die Straße hierhin wurde aber erst 1960 fertiggestellt, und bis dahin konnte die im 17. Jh. gegründete Samensiedlung nur nach einer zeitraubenden Bootsfahrt über den endlos langen Saggat erreicht werden. Diesen Weg nahm 1732 auch der schwedische Naturforscher und Biologe Carl von Linné, der sich aufgemacht hatte, »um die Natur dreier Länder zu studieren«, weshalb die heutige Straße auch den Beinamen »Linnéleden« erhielt. Ab den 50er Jahren hat sich Kvikkjokk zu einem Wanderzentrum entwickelt und gehört neben Abisko und Saltoluokta zu den am stärksten frequentierten und am besten ausgebauten Fjällstationen von Schwedisch-Lappland (Jugendherberge, Hüttenvermietung, Campingplätze). Den Ausflugsmöglichkeiten zu Fuß, per Boot, Wasserflugzeug und Helikopter sind keine Grenzen gesetzt (hier beginnt der Padjelantaleden, der Kungsleden führt vorbei), und im Ort selber, einst wichtiger Vorposten bei der Missionierung der Samen, lohnt ein Besuch der schlichten, ganz aus Holz erstellten Kirche, die zwar noch jung (1907 erbaut), aber deutlich von der mittelalterlichen Kirchenarchitektur Schwedens beeinflusst ist. Sehenswert ist auch das der Poststation angeschlossene Naturum mit Informationen über Geologie, Flora und Fauna des Sarek- und des Padjelanta-Nationalparks.

Sarek-Nationalpark

8 Mit dem Ziel der Erhaltung einer Hochgebirgslandschaft wurde der 1970 km² große Sarek-Nationalpark 1909 gegründet, der mit den angrenzenden Schutzgebieten Europas größte zusammenhängende Wildnis bildet (9400 km²). Es gibt keine touristischen Einrichtungen, keine Wanderwege; nur der Kungsleden (s. S. 212f.) durchquert den Südostzipfel des Parks zwischen der Saltoluokta-Fjällstation und Kvikkjokk. Der einfachste Zugang ist von Kvikkjokk bzw. von Aktse (Wanderhütte und Sameviste) aus möglich, wohin von der Straße Jokkmokk–Kvikkjokk eine Wanderung von rund 2 Std. Länge führt.

Der Sarek-Nationalpark gilt als die ursprünglichste Hochgebirgslandschaft Schwedens und soll – so steht es im Pflegeplan – eine Region bleiben, in der nichts unternommen wird, um eine Wanderung zu erleichtern. Für den, der eine vollkommen weglose Wildnis erleben will, stellt der Sarek mit seinen 200 Gipfeln von über 1800 m Höhe, seinen über 100 Gletschern, Hochfjellweiten, engen Schluchten, wild brausenden Flüssen und dem Delta des Rapaätna eine Klasse für sich dar. Auch eine gefährliche, denn es vergeht kaum ein Jahr, in dem dort nicht Wandertouristen zu Tode kommen – sei es, dass sie von Schnee- oder Steinlawinen verschüttet werden, abstürzen oder beim Queren eines Flusses abgetrieben werden. Es hat sich ein Mythos um den Sarek entwickelt, hier zu wandern hat mittlerweile eine Statusfunktion inne, und jedes Jahr wächst die Zahl derer, die sich von der konservierten Urwildnis anziehen lassen, ohne dass sie den damit verbundenen hohen Anforderungen an Erfahrung, Ausdauer und Ausrüstung genügen würden.

Informationen bei der Schutzbehörde in Jokkmokk sowie den Touristenbüros in Jokkmokk und Gällivare.

Padjelanta-Nationalpark

Der 1962 eingerichtete Padjelanta-Nationalpark, mit einer Fläche von 1980 km^2 der größte Schwedens, besteht im Wesentlichen aus einer weiten, baumlosen Hochebene mit großen Seen sowie einigen hoch ragenden Berggipfeln und wird durch seinen samischen Namen, den man am besten mit »Hochland« übersetzt, treffend charakterisiert. Er gilt als eine der interessantesten Florenregionen Lapplands: Über 500 Gefäßpflanzen sind hier beheimatet, darunter auch viele – etwa der Gold-Enzian, das Arktische Fingerkraut oder das Kriechende Sandkraut –, die nirgends sonst auf dem europäischen Festland zu finden sind. Auch die Vogelwelt wartet mit seltenen Gästen auf, und insbesondere das Sumpfland rings um die großen Seenplatten ist für seinen Artenreichtum bekannt. Aber der Besucher wird hier nicht nur mit Landschaft, Flora und Fauna konfrontiert werden, sondern auch mit den Samen, die die saftigen Sommerweiden des Padjelanta schon von alters her nutzen und deren Rechte durch die Abgrenzung des Nationalparks nicht beeinträchtigt wurden.

Padjelanta – das ist das ›Gelobte Land‹ für den Wandertouristen, denn der durch den Nationalpark führende, rund 150 km lange Padjelantaleden gilt als der bestausgebaute Fernwanderweg in Lappland und wurde so angelegt, dass er auch von untrainierten und unerfahrenen Wanderern problemlos und mit einem Minimum an Ausrüstung begangen werden kann; in bequemen Abständen von 12 bis 20 km sind (teils bewirtschaftete) Wanderhütten eingerichtet. Staloluokta, auf halber Strecke gelegen, ist sogar täglich ab Kvikkjokk und Ritsem per Flugzeug zu erreichen, wie auch die beiden Endpunkte der Route per Flugzeug verbunden sind.

Informationen in der Fjällstation von Kvikkjokk sowie bei den Touristenbüros in Jokkmokk und Gällivare.

Abbildungsnachweis

Hans Dieter Brandl/OKAPIA, Frankfurt/Main S. 36
Gerold Jung, Ottobrunn S. 38, 52, 61, 130/131, 136, 137, 152/153, 155
Robert Maier/OKAPIA, Frankfurt/Main S. 37
Tom McHugh/OKAPIA, Frankfurt/Main S. 32
Hubert Stadler, Fürstenfeldbruck Umschlagvorderseite, -rückseite, -innenklappe
Annette Ster, Kabelvåg (Norwegen) S. 11, 12, 16, 18/19, 20, 22, 24, 29, 42/43, 45, 46, 47, 56, 57, 68/69, 72, 74, 77, 81, 85, 86/87, 92, 94, 97, 100/101, 108, 110/111, 112, 114, 115, 117, 121, 123, 124, 126, 134, 138, 140, 142/143, 145, 160/161, 164/165, 166, 167, 169, 170/171, 177, 180, 180/181, 184/185, 188, 191, 193, 196/197, 198/199, 204, 204, 210/211, 213, 219, 222, 225, 226, 232, 233, 235, 237, 238/239
Werner Stuhler, Hergensweiler S. 201
Helge Sunde, Bergen (Norwegen) S. 149
Ullstein Bilderdienst, Berlin S. 64
Klas Winter, Meschede S. 34, 103, 104/105, 118/119, 216/217

Zitat S. 95 aus Henning Boëtius, Joiken, mit freundl. Genehmigung © Eichborn Verlag, Frankfurt/Main 1992
Zitat S. 151 aus Robert Crottet, Verzauberte Wälder, mit freundl. Genehmigung © Nymphenburger Verlag in der F. A. Herbig Verlagsbuchhandlung, München 1975

Karten und Pläne: Berndtson Production GmbH, Fürstenfeldbruck

- Information
- Unterkunft
- Restaurant
- Sehenswert
- Museen
- Einkaufen
- Nachtleben
- Feste
- Aktivitäten
- Verkehr

Tipps & Adressen

Inhalt

Reiseinformationen von A bis Z

Richtig Reisen Service

Tipps & Adressen von Ort zu Ort

Preiskategorien Hotels
günstig: bis 500 NOK, 500 SEK, 300 FIM
moderat: bis 1000 NOK, 700 SEK, 500 FIM
teuer: ab 1000 NOK, 700 SEK, 500 FIM
(Doppelzimmer ohne Frühstück)

Alphabet
Während im Schwedischen der Buchstabe å und im Norwegischen die Buchstaben å, æ und ø am Ende des Alphabets stehen, werden sie hier – dem deutschen Sprachgebrauch entsprechend – in das Alphabet eingereiht: æ wurde wie ä, ø wie ö und å wie a behandelt.

Telefonnummern
In Norwegen gibt es keine Ortsvorwahl, nur achtstellige Rufnummern.

Å (N)

siehe Lofoten

Abisko (S)

(mit Björkliden und Riksgränsen)
Lage: Vordere Umschlagkarte D4
Vorwahl 0980

Turiststation in Abisko (s. u.) sowie das Informationsamt in Kiruna (s. S. 261).

STF Abisko Turiststation,
Tel. 40200, Fax 40140
Günstig, große und gut ausgestattete Fjällstation mit Shop, Café, kleinem Zeltplatz und Hüttenvermietung.
Hotel Fjället
Björkliden, Tel. 64100, Fax 41080
Teuer, Mitte Febr. bis Mitte Sept., Komforthotel der Spitzenklasse in Top-Lage.
Wärdshuset Gammelgården
Björkliden, Tel. 64000, Fax 41080
Günstig (pro Person ab 140 SEK pro Tag), zum o. g. Hotel gehöriger Gasthof.
Riksgränsen Hotel
Riksgränsen, Tel. 40080, Fax 43125
Teuer, aber günstige Sommerpreise ab 390 SEK/Pers. im Doppelzimmer, Feb.–Mitte Aug., großes Komfort- und Aktivangebot.
Camp Abisko
Abisko Östra, Tel. 40148, Fax 40210
Günstig, die Alternative zur Turiststation: ab 125 SEK/Person, Doppelzimmer ab 330 SEK.
Björkliden Camping
Björkliden, Tel. 64100, Fax 41080
Günstig bis teuer, auch Zimmer und Hütten in verschiedenen Preisstufen, atemberaubende Aussicht auf den Torneträsk.

Seilbahn zum Njulla
15.6.–26.8. tgl. 9.30 bis 15 Uhr, im Hochsommer oft (je nach Wetterbedingungen) auch nachts von 22 bis 1 Uhr.

Naturum
15.6.–26.8. tgl. 10–18 Uhr.

Atelјé Sven Hörnell
Riksgräsen
15.6.–26.8. tgl. 10–16 Uhr.
Ausstellung des fast schon legendären Sven Hörnell, der seit Jahrzehnten mit seinem Wasserflugzeug unterwegs ist und atemberaubende Fjällaufnahmen gemacht hat, tgl. 15 Uhr große Diashow, gezeigt auf einer Riesenleinwand mit Hilfe von 21 Projektoren.

Abisko (u.a. Beginn des Kungsleden), Björkliden und Riksgränsen bieten ideale Bedingungen für **Wanderungen;** Informationen in den Unterkünften, insbesondere der STF-Station.
In Riksgränsen werden **MTB-** und **Kanu-** sowie **Klettertouren** angeboten (Hotel), auch **Rundflüge.**

Bus- und Zugverbindungen ab allen drei Orten in Richtung Kiruna sowie Narvik.
Bus-Informationen über Länstrafiken (Tel. 020/470047) sowie Kiruna Trafik AB (Tel. 0980/19560), **Zug-Informationen** über Tel. 0498/491455.

Alta (N)

Lage: Vordere Umschlagkarte F6

Turistinformasjon Alta
Bossekop
Tel. 78437770, Fax 78435260
1.6.–31.8.

Destinasjon Alta
Postboks 1327, 9505 Alta
Tel. 78437999, Fax 78435184
Für postalisch angefordertes Material sowie für Buchungen u.a. von Aktivitäten zuständig.

North Cape Hotel
Løkkeveien
Tel. 78435000, Fax 78435825
Moderat–teuer, bestes Hotel am Platz.

Alta Gjestestue
Bekkefaret 3
Tel. 78435566, Fax 78435080
Moderat, angenehmes Haus mit Restaurant und gemütlichen Zimmern.

Gargia Fjellstue
25km außerhalb Richtung Alta-Canyon (Gargia)
Tel. 78433351, Fax 78433336
Günstig, Zimmer und Hütten, teils sehr gemütlich, naturschöne, einsame Lage.

Alta Vandrerhjem
Midtbakkveien 52, Tel. 78434409
Günstig (Betten zu 120 NOK, Doppelzimmer zu 250 NOK), 20.6.–20.8., Jugendherberge in einem zweigeschossigen Holzbau, schlichte Ausstattung.

Alta River Camping
Øvre Alta
Tel. 78434353, Fax 78436902
Günstig, 19 Hütten, große Zeltwiese direkt am Fluss, der Platz ist insbesondere bei Lachsanglern sehr beliebt.

Alta Strand Camping
Øvre Alta
Tel. 78434022, Fax 78434240
Günstig–moderat, 40 Hütten in teilweise schöner Lage, großes Wiesenareal, beste Ausstattung.

Felsbilderfeld von Hjemmeluft, kurz vor Alta an der E6 ausgeschildert, 15.6.–15.8. tgl. 8–23 Uhr, Juni/Aug. bis 20 Uhr, Mai/Sept. 9–18 Uhr, sonst tgl. 11–16 Uhr.

Alta Friluftspark
Storelvdalen, Tel. 78433378
Elvebåt-Touren auf dem Alta-Fluss zum Alta-Canyon, Kanuausleihe, Vermietung von Wildmarkhütten.

Arctic Air, Alta Lufthavn
Tel. 78440580, Fax 78440581
Helikopterflüge im Bereich der gesamten Finnmark.

Gargia Fjellstue, s. o.
Ausritte, Pferdetrekks, Boots- und Angeltouren, geführte Wanderungen.

AKU Finnmark
Kongleveien 11
Tel. 78434840, Fax 78440480
Angeltouren und Wanderungen sowie insbesondere Seekajak-Touren, man spricht auch Deutsch.

Sleipner-Fjordtour, Jan Pedersen
Tel. 78436977
Fjordfahrten mit einem traditionellen Nordlandboot, 17.7.–31.8. tgl. um 11 und 17 Uhr.

Verkehrsverbindungen bestehen mit **Bus** (Information Tel. 78433671) und **Flugzeug** (SAS Tel. 81003300, Widerøe Tel. 81001200).

Ånderdalen-Nationalpark (N)

Lage: Vordere Umschlagkarte C5

Die Torfgamme am Südufer des Åndervatnet ist stets geöffnet und steht allen Wanderern zur Verfügung. Informationen über den Nationalpark bekommt man bei Senja Tours in Finnsnes an der Senja-Brücke (Tel. 77850730) sowie bei Troms Turlag (Wanderverein) in Tromsø (Tel. 77685175.

Arjeplog (S)

Lage: Vordere Umschlagkarte D2
Vorwahl 0961

Arjeplog och Lappland Turism
Box 4, Torget, 93090 Arjeplog
Tel. 14270, Fax 14279
www.turist.arjeplog.se
Auch für Buchung der Unterkünfte sowie Aktivitäten zuständig.

Silverhattan Hotel
Tel. 10770
Moderat, etwas außerhalb am Waldrand gelegen, äußerst komfortabel, dabei noch relativ günstig.

Kraja Fritidsanläggning
1,5 km außerhalb
Tel. 31500, Fax 31599
Günstig–moderat, riesiger Komplex mit 5-Sterne-Ausstattung wie beheiztem Schwimmbad, Sauna, Waschsalon, Kiosk, Restaurant mit samischen Spezialitäten, auch für Zelte und Caravans, über 50 Hütten verschiedener Größe.

Silvermuseet
14.6.–8.8. tgl. 9–18 Uhr, sonst Mo–Fr 10–12 und 13–16 Uhr, Sa 10–14 Uhr.

Doktorsgården
28.6.–1.8. tgl. 10–17 Uhr. Haus des Gründers des Silbermuseums.

Über Rentierscheidungen, Kälbermarkierungen, Übernachtungen in Samen-Koten, Wanderungen, Rafting- und Angel-, Kanu- und Bootstouren informiert das Touristenbüro.

Über **Busverbindungen** (tgl. außer Sa) informiert das Touristenbüro.

Arvidsjaur (S)

Lage: Vordere Umschlagkarte D1
Vorwahl 0960

Arvidsjaur Turism
Garvaregatan 4, 93332 Arvidsjaur, Tel. 17500, Fax 13687
www.arvidsjaurturism.se

Laponia Hotel
Storgatan 45
Tel. 10880, Fax 10489
Moderat–teuer, modernes Komforthotel mit allen denkbaren Annehmlichkeiten.

Gästeriet Lägenhetshotel
Skogsgatan 1, Tel. 47200, Fax 47215
Günstig, 1- und 2-Bett-Zimmer mit Dusche/WC/Kitchenette, die bei Belegung mit 2 Personen 460SEK inkl. Frühstück kosten, naturschöne, aber zentrale Lage zwischen Wald und See.

Vandrarhemmet Lappugglans Turistviste
Skolgatan 9, Tel. 12413
Günstig (100 SEK/Person), Jugendherberge in zentraler Lage, Hütten sowie 2-, 3- und 4-Bettzimmer.

Camp Gielas
Järnvägsgatan 11
Tel. 55600, Fax 10615
Günstig (Dutzende Hütten verschiedener Größen ab 300SEK/Tag), riesiges Wiesenareal am See, ausgezeichnete Ausstattung – u. a. Tennisplatz, Café, Sauna.

Lappstaden
Tel. 12525
22.6.–2.8. tgl. mehrere Führungen, im Juni sowie August tgl. mindestens eine Führung, sonst nach Absprache mit dem Touristenbüro.
Freilichtmuseum, bedeutendstes Zeugnis der Waldsamenkultur.

Im Sommer startet tgl. bis mehrmals tgl. eine nostalgische **Dampf-Eisenbahn** ab dem Bahnhof, unterwegs wird oft angehalten, zu buchen über das Touristenbüro.
Etwa 2 Stunden dauert die lange Fahrt mit der **längsten Seilbahn der Welt** (13,6km) südlich von Arvidsjaur von Norsjö nach Mensträsk, zwischen dem 26.6. und 15.8. startet die Tour tgl. um 13 Uhr: zu buchen über das Touristenbüro, das auch An- und Abfahrt mit dem Bus organisieren kann.
Das Touristenbüro informiert über **Wildwasser-Rafting** und **-Kajaking,** über **Kanu-** und **Angeltouren** sowie **Wanderungen.** Vom Bahnhof in Arvidsjaur aus kann man mit **Draisinen** auf den Schienenstrang gehen (Buchung über das Touristenbüro), und in Samenmuseum Lappstaden werden ein- bis mehrtägige Besuche von **Samen-Sommerlagern** und **Rentierscheidungen** angeboten.

Am letzten Wochenende im August oder am ersten Wochenende im September lädt **Storstämmingshelgen** ein, ein Kirchfest der Samen mit Lasso-Wettbewerben etc.
Jeden Sonntag um 19 Uhr kann man im Juli an einem **Gottesdienst in einer Samen-Kota** teilnehmen (Informationen über Touristenbüro).

Flugverbindung nach Stockholm (SAS: Tel. 020/727727), Information über **Zugverbindungen:** Inlandsbanan, Tel. 063/108672. Über **Busverbindungen** informiert das Touristenbüro.

Bardu/Setermoen (N)

Lage: Vordere Umschlagkarte D5

Bardu Turistinformasjon
9250 Bardu
Tel. 77 18 56 50, Fax 77 18 56 51

Freilichtmuseum Bardu Bygdetun
20.6.–20.8. tgl. 10–18 Uhr.

Huskyfarm Innset
Bjørn Klauer, Innset, 9250 Bardu
Tel./Fax 77 18 45 03
In unberührter Natur gelegene Anlage, in der man auch übernachten sowie Zelte und Fahrräder ausleihen, zu zahlreichen Wanderungen (u.a. auf dem Nordkalotteleden) aufbrechen kann, im Winter (auch Schneeschuhverleih) werden hier die wohl anspruchsvollsten (auch mehrwöchige) Hundeschlitten-Touren Lapplands organisiert (Bjørn Klauer spricht Deutsch). Auch Hundeschlittenkurse werden geboten.

Flugverbindungen ab Bardufoss (u.a. nach Oslo, Bodø, Tromsø, SAS: Tel. 8 10 03 00, Widerøe: Tel. 81 00 12 00); Information über **Busverbindungen** im Touristenbüro sowie Tel. 77 85 07 30.

Berlevåg (N)

Lage: Vordere Umschlagkarte G8

Berlevåg Turistinformasjon
c/o Berlevåg Camping
Havnegata 8, 9980 Berlevåg
Tel. 78 98 16 10, Fax 78 98 08 11

Berlevåg Camping og Apartment, Havnegata 8
Tel. 78 98 16 10, Fax 78 98 08 11
Günstig (einfache Zimmer ab 370 NOK), sehr gepflegte Anlage, angeschlossen ist ein einfaches Restaurant, es werden auch Fahrräder vermietet.

Berlevåg Havnemuseum, 15.6.–15.8. tgl. 10–15 Uhr, sonst Mo–Fr 12–15 Uhr
Lokalmuseum mit Sammlungen zu Fischerei, Seefahrt und Hafenausbau.

Das Touristenbüro informiert über **Wanderungen** (u.a. zum Tana Horn), vermittelt auch **Boote.**

Busverbindungen: Information über Tel. 78 95 69 50; **Flugverbindungen** in Richtung Tromsø sowie Kirkenes (Widerøe: Tel. 81 00 12 00) außerdem Anlegestelle der **Hurtigrute** (Tel. 82 07 90 09 und 75 54 17 41).

Enontekiö/Hetta (FIN)

Lage: Vordere Umschlagkarte F5
Vorwahl 016

Enontekiön kunta Matkailuinformaatio
99400 Enontekiö, Tel. 55 62 11
Mitte Juni bis Mitte Aug. auch Tel. 55 62 15), Fax 55 62 29
www.enontekio.fi
Auch für Kilpisjärvi und Kaaresuvanto zuständig.
Nationalparkamt: Metsähallitus Forest and Park Service
99400 Enontekiö, Tel. 53 30 56 und 53 30 70, Fax 53 30 58
Für die Nationalparks sowie generell die Fjellregionen zuständig.

Hetta Hotelli
Tel. 52 13 61, Fax 52 10 49
Günstig–moderat, schöne Seeuferlage, sehr hoher Standard, ausgestattet u. a. mit Hallenbad, Fitnesszentrum, Restaurant, Bar, mehreren Saunas.

Hetan Majatalo
Tel. 52 13 51, Fax 52 13 62
Günstig (110 FIM/Person im Doppelzimmer), gutes Gasthaus, sehr gemütliches Holzinterieur, großes Kaminzimmer.

Hetan Lomakylä
Veijo Sonkamuotka, Tel. 52 15 21
Günstig, 20. 3.–20. 9., Wiesenplatz über dem See, gute Ausstattung, auch Campinghütten, Sauna.

Jänkhän Valloitus
Leppäjärvi, Tel. 52 73 55, Fax 52 73 55
Günstig–moderat, 1. 5.–15. 9., an einem See gelegene Wildnis-Anlage mit großem Aktivitätsangebot, Campingplatz und Zimmern in langgestreckten Holzbauten.

Metsähallitus Forest and Park Service (s. o.)
Nahe beim Hetta-Hotel und den Skihängen gelegenes Natur-/Fjellzentrum, die Ausstellung informiert über Flora und Fauna der Fjellregionen, auch über die Samen, es werden Videos gezeigt, auch eine umfangreiche Bibliothek ist angeschlossen, man erhält Wanderkarten, kann Wildnishütten buchen.

Über Wanderungen (u. a. im Pallas-Ounastunturi-Nationalpark, Kanutouren, generell alle **Outdoor-Aktivitäten,** informiert das o. g. Nationalparkamt, wo man auch **Angel**-Infos erhält, Angelscheine kaufen kann.
Rentier-Ritte und **Rentier-Trekks** organisiert Esko Kultima (ca. 1 km außerhalb Zentrum Richtung Muonio), Tel. 52 11 68, Mobilphone 0 49/39 60 87.
Rundflüge: Polar Lento Oy (am Flughafen, 10 km außerhalb), Tel. 53 78 10
Bootstouren: u. a. Kauko Laakso (Aapontie im Zentrum, am Seeufer), Tel. 52 12 64
Kanuverleih und verschiedene **Outdoor-Aktivitäten:** Lapland Guiding, Rune Leskinen, Tel. 52 12 30.
Hetta Husky, Aittalahti, Tel. 52 12 81, Hundeschlittentouren (Winter) und Outdoor-Aktivitäten.
Für **Kanutouren** ist das Umland von Enontekiö wie geschaffen, eine Broschüre des Nationalparkamtes (s. o.) listet acht verschiedene Routen aller Schwierigkeitsgrade auf.

Flugverbindungen u. a. nach Rovaniemi und Helsinki (Finnair: Tel. 98 00-34 66 sowie 0 16/52 15 32); **Busverbindungen** in alle Richtungen (Informationen über das Touristenbüro).

Fauske (N)

Lage: Vordere Umschlagkarte C3

Salten Reiselivslag
P. B. 224, Busstorget
8201 Fauske
Tel. 75 64 33 03, Fax 75 64 32 38
Diese Infostelle ist u. a. auch für das Saltdal sowie die Hamarøy-Gemeinde zuständig.

Fauske Hotel
Tel. 75 64 38 33, Fax 75 64 57 37
Günstig im Sommer (600–800 NOK pro Doppelzimmer), sonst teuer, bestes Haus der Stadt, recht komfortable Zimmer, angeschlossen ist eine Bar sowie ein Restaurant.

Fauske Vandrerhjem
Zentrum (ausgeschildert)
Tel. 75 64 67 06, Fax 75 64 59 95

Günstig, (Betten: 115 NOK, Zimmer: 200 bis 250 NOK) 2. 1.–20. 12., die Jugendherberge ist nichts Besonderes, aber außerordentlich preiswert.

Fauske Camping
E 6 (rund 2 km südlich von Fauske)
Tel. 75 64 84 01, Fax 75 64 84 13
Günstig (Hütten: 180–500 NOK), direkt an der E 6 gelegener Übernachtungsplatz.

Zahlreiche Übernachtungsmöglichkeiten bietet auch das nahe Saltdal (s. S. 278).

Nordland Fylkesmuseum,
15. 6.–15. 8. tgl. 10–15 Uhr
Ausstellungen u. a. zur Fischereigeschichte.

Das Touristenbüro organisiert geführte **Wanderungen** und informiert außerdem über **Walsafaris** im nahen Tysfjord.

Zugverbindungen in Richtung Bodø und Oslo, Informationen über Tel. 8 15 00 88–1; Informationen über **Busverbindungen** nach Norden und Süden Tel. 81 54 44 44 sowie auf die Lofoten Tel. 76 06 40 40.

Gällivare (S)

Lage: Vordere Umschlagkarte E3
Vorwahl 0970

Gällivare Turistbyrå
Box 56, Storgatan 16
98221 Gällivare, Tel. 1 66 60, Fax 1 47 81
www.gellivare.se/turism

Nex Hotel
Lasarettsgatan 1
Tel. 5 50 20, Fax 1 54 75
Moderat, bestes Hotel am Platz, Top-Ausstattung.

Kåkstan i Malmberget
Malmberget, Tel. 1 83 96, Fax 1 83 61
Günstig (360 SEK pro Nacht für eine 4-Bett-Hütte), im Stil des 19. Jh. gebaute Holzhäuser auf naturschönem Gelände, zentrale Lage, gehobene Ausstattung.

Lapphärberget
200 m vom Bahnhof am Fluss
Tel. 1 25 34
Günstig (120 SEK/Person), einfache Unterkunft in einem zweigeschossigen Holzhaus.

Privatrum i Gällivare
Læstadiusvägen 18, Tel. 1 56 56
Günstig (ab 125 SEK/Person), gemütliche 2-, 3- und 4-Bett-Zimmer in ruhigem Wohngebiet.

STF Vandrarhem Gällivare
Barnhämsvägen 2, Andra sidan
Tel. 1 43 80, Fax 1 65 86
Günstig (Betten ab 120 SEK), 15. 5.–14. 9., einfache Jugendherberge.

Camping i Gällivare
Malmbergsvägen 2
Tel. 1 65 75, Fax 1 49 90
Günstig–moderat, 4. 6.–5. 9.,südlich von Gällivare an der Hauptstraße ausgeschildert, schöne Flussuferlage, viele Hütten.

Dundreds Fritidsby
Repisvare (südlich von Gällivare ausgeschildert), Tel. 1 40 80, Fax 1 40 84
Günstig–moderat, Ferienanlage am Südhang des Berges Repisvare, 24 Hütten, sehr hoher Standard.

Grubenmuseum Malmberget
Mo–Fr 10–17 Uhr
In der Saison ein- bis mehrmals tgl. auch Grubenfahrten, Abfahrzeiten über das Touristenbüro.

Heimatmuseum
Die Ausstellung ist tgl. 11–14.30 Uhr geöffnet, die Freiluftabteilung kann tgl. 11–16 Uhr besucht werden, das angeschlossene Café ist bis 22 Uhr geöffnet.

Sportfischereimuseum
beim Touristenbüro
Tgl. 9–20 Uhr vom 20.6.–18.8., Ausstellung über die Entwicklung der Sportfischerei.

Über **Wanderungen** und **Besuch von Samen-Siedlungen** informiert das Touristenbüro. Lappesuando AB, Tel. 0970/50170, Fax 0970/50350, ist größter Anbieter für **Kanutouren** (auch mehrtägig), **Rafting-** und **Angeltouren**.

Flugverbindungen in Richtung Luleå und Stockholm (SAS Tel. 020/727727); Information über **Zugverbindungen** Tel. 0498/491455, Inlandsbanan Tel. 063/108672; Information über **Busverbindungen** in alle Richtungen, auch Richtung Stora Sjöfallet und Ritsem über das Touristenbüro.

Gratangen (N)

Lage: Vordere Umschlagkarte D5

Die Gratangen Båtsamling (s. u.) fungiert auch als Infostelle.

Gratangen Hotel
Tel. 76920240, Fax 76920270
Günstig–moderat (Zimmer 495–645 NOK), modern-funktionell, angeschlossen ist ein Restaurant.
Bakkomo Gård
Tel. 76921120, Fax 76952860
Günstig, einfache Pension.

Voldvik Brygge
Kystriksvei R825
Tel. 76920719
Gemütliches Café/Restaurant in einem Kaihaus, Fischspezialitäten.

Gratangen Båtsamling
Gratangsbotn (ca. 4 km ab der E6), Tel. 76920370
15.6.–22.8. tgl. 10–16 Uhr, Bootsmuseum mit der größten Bootssammlung des Nordens und einer Ausstellung über Fischerei, eine Diashow lädt zu einer Seereise in die Vergangenheit ein, ansonsten werden Kreuzfahrten mit traditionellen Nordlandbooten sowie Angeltouren organisiert.

Busverbindungen in Richtung Narvik und Tromsø
Tel. 81544444.

Hamarøy (N)

Lage: Vordere Umschlagkarte C4

Zuständig ist das Touristenbüro in Fauske (s. S. 249), vom 15.6. bis 22.8. ist in Skutvik beim Fähranleger ein Kiosk geöffnet, der auch als Infostelle fungiert.

Innhavet: Hamarøy Hotel
an der E6
Tel. 75770305, Fax 75772030
Moderat, gepflegt, mit Restaurant.
Notvann Camping
E6, südlich des Ortes
Tel. 75772536
Günstig (zahlreiche Hütten von 250 bis 600 NOK), tolle Uferlage, schöne Stellplätze.
Ulsvåg: Ulsvåg Gjestgiveri
an der E6 (wo die Straße nach Skutvik abzweigt), Tel. 75771573
Günstig (Zimmer zu 245–390 NOK)
Skutvik: Skutvik Gjestegård
beim Anleger, Tel. 75771117
Günstig (Zimmer zu 390–480 NOK).
Ness Camping
Ness (vor Skutvik ausgeschildert)

Tel. 75771388
Günstig (Hütten 250–550 NOK), 15.5.–15.9., schöne Lage, ruhig.
Presteid: Hamarøy Fiskecamping
an der Straße Ulsvåg–Skutvik
Tel. 75770395
Günstig–moderat (große Auswahl an Hütten zwischen 200 und 800 NOK), sehr schön am Wiesenhang über dem Meer gelegen, stark von deutschen Anglern frequentiert.

Hamsun-Museum
Hamsund an der R81 (Ulsvåg–Skutvik), 20.6.–20.8. tgl. 10–16 Uhr
Kleine Ausstellung zur Jugend von Knut Hamsun, der in diesem Haus mehrere Jahre lang wohnte.

Busverbindungen nach Skutvik, Tel. 75643508 und 76064040; ab Skutvik **Fährverbindungen** nach Svolvær/Lofoten, Tel. 82079009 sowie 75541741: sowohl Autofähren als auch Schnellboote (letztere verkehren auch in Richtung Bodø).

Hammerfest (N)

Lage: Vordere Umschlagkarte F7
Stadtplan S. 127

Hammerfest Turist A/S
Sjøgata, Boks 460, 9601 Hammerfest, Tel. 78412185, Fax 78411900, 15.5.–15.8.
Turistradio: FM 107,6/FM 105,6.

Rica Hotel
Sørøygata 15,
Tel. 78411333, Fax 78411311
Moderat, bestes Hotel in der Stadt.
Hammerfest Turistcenter
Storsvingen
Tel. 78411126, Fax 78411926
Moderat, 1.5.–15.10., Zimmer der Mittelklasse, Hüttenverleih, Camping, Sauna, großes Aktivitätsangebot.
Hammerfest Vandrerhjem
Idrettsveien 52, Tel. 78413667
Günstig (Betten zu 120 NOK, Doppelzimmer zu 300 NOK), 23.6.–23.8., Jugendherberge in einem schlichten Stadthaus, einfache Ausstattung.
Hammerfest Turistcenter, s.o.
Moderat, Hütten, außerdem Stellplätze für Caravans und Zelte, großes Aktivitätsangebot, gehobene Ausstattung.
Storvannet NAF-Camping
Tel. 78411010
Günstig, 1.6.–31.8., im Zentrum ausgeschildert, stadtnah an einem See gelegen), schöne Lage, ruhig, gute Ausstattung.

Odds Mat & Vinhus
Strandgata 23
Neben dem Skansen-Restaurant im Rica-Hotel (s.o.) das vermutlich beste Lokal der Stadt (große Fisch-Auswahl.

Hammerfest-Kirche
im Sommer tgl. 10–16 Uhr.
St.-Michaelis-Kirche
im Sommer tgl. 10–16 Uhr.
Eisbärenclub
Tel. 78413100
15.6.–15.8. Mo–Fr 8–19 Uhr, Sa/So 10–17 Uhr, sonst tgl. 11.45–13 Uhr.
Zeigt das Fell des größten, bisher erlegten Eisbären.

Das Touristenbüro organisiert u.a. **Pferdetrekks, Hochsee-, Angel-** und **Wandertouren,** Besuch von **Vogelfelsen** und Fischerdörfern.
Katamaran-Fahrten
Nordkap Cruise, Postboks 308
Tel. 78407000, Fax 78407072
6.6.–13.8. tgl. zum Nordkap und zurück für 650 NOK.

Flugverbindungen: Informationen über SAS Tel. 8100300 und Widerøe Tel. 81001200; **Hurtigrute:** Informationen Tel. 78407000, **Busverbindungen:** Tel. 78407072.

Hamnøy (N)

siehe Lofoten

Haparanda (S)

Lage: Vordere Umschlagkarte F2
Vorwahl 0922

Tornio & Haparanda Turistbyrå Green Line
95400 Tornio, beim Grenzübergang
Tel. 016/432733, Fax 480048
www.haparanda.se und www.tornio.fi
Haparanda Sommarinfo
Haparanda Stadtshotell, Torget 7
Tel. 12010, Fax 12019, nur 1.6.–31.8.

Haparanda Stadshotell
Torget 7, Tel. 61490, Fax 10223
Günstig (im Sommer ab 195 SEK pro Person), bestes Haus der Stadt, entsprechend hoher Standard.
Älvagård
Vojakkala 287, Tel. 60133
Günstig (pro Person im Doppelzimmer 140 SEK), 8 km nördlich an der R 400 gelegenes Gasthaus.
Sverigefinska folghögskolan
Torget 3, Tel. 12905, Fax 14669
Günstig, 15.6.–20.8,Studentenwohnheim mit kleinen Wohneinheiten inkl. Kochgelegenheit.
Haparanda STF Vandrarhem
Strandgatan 26, Tel. 61171, Fax 61784
Günstig (opulentes Frühstück für 45 SEK, Bett ab 110 SEK), zentrumsnahe Jugendherberge mit hohem Komfortstandard.
Sundholmens Camping
Storgatan, Tel. 61801, Fax 12482
Günstig (Hütten ab 270 SEK), südlich des Stadtzentrums am Tornio-Fluss gelegener Wiesenplatz, außerordentlich gut ausgestattet.
Seskarö Camping
Seskarö, Tromsöviken
Tel. 2015, Fax 12482
Günstig (große Hütten für 6 Personen zu 490 SEK und kleine 2-Personen-Cabins zu 220 SEK), 25 km südlich auf der Seskarö-Insel gelegener Strandplatz mit Top-Ausstattung und großem Sportangebot.

Kukkulaforsen
15 km nördlich an der R 400
Die Stromschnelle ist sehenswert, aber mehr noch ist es das Fischereimuseum (25.6.–12.8. tgl. 10–19 Uhr), das in einem Hof aus dem 18. Jh. untergebracht ist, angeschlossen ist ein besuchenswertes Panoramarestaurant, in dem Fisch- und Wildgerichte serviert werden.

Busverbindungen: Informationen unter Tel. 10775.

Hemavan (S)

Lage: Vordere Umschlagkarte C2
Vorwahl 0954

Zuständig ist das Touristenbüro in Tärnaby (s. S. 281).

Högfjällshotellet
Tel. 30150, Fax 30308
Moderat–teuer, viergeschossiges Komforthotel in panoramareicher Lage und mit großem Aktivitätsangebot.
Hemavans Wärdshus
Tel. 30125, Fax 30304

Moderat, mitten im kleinen Ortskern gelegener Holzhaus-Komplex mit sehr gepflegten Zimmern und auch Hütten.
FBU-Gården STF Vandrarhem
Tel. 30003, Fax 30510
Günstig–moderat (Betten ab 115 SEK), Jugendherberge in riesigem Holzkomplex mit sehr hohem Komfortstandard, u.a. Sauna, Solarium, Hallenbad, Whirlpool, auch großes Angebot an Zimmern.
Hemavans Husvagnscamping
Tel. 10610, Fax 10022
Sehr gute Ausstattung, u.a. mit Küche, Sauna, Aufenthaltsraum, aber nicht für Zelte.
Hemavan Service
Box 134, S-92066 Hemavan
Tel. 30020, Fax 30388
Günstig–teuer, großes Angebot an Hütten und Ferienhäusern, auch abgelegenen Einöd- und Gebirgs-Hütten.

Rundflüge u.a. mit Lapplandsflyg (Tel. 30340), das Högfjällshotel sowie das Hemavans Wärdshus organisieren u.a. **Abseiling, Klettertouren, Survival-Trips** und andere Outdoor-Aktivitäten. Über **Wanderungen** informiert das Touristenbüro in Tärnaby.

Informationen über **Busverbindungen**: Tel. 0951/33370 (Bus nach Stockholm) sowie Tel. 020/706500 (alle anderen Verbindungen).

Henningsvær (N)

siehe Lofoten

Honningsvåg (N)

siehe Nordkap

Inari/Ivalo (FIN)

Lage: Vordere Umschlagkarte G5
Vorwahl 016

Ivalo-Info
c/o Ivalon porotuote
Ivalontie 12, 99800 Ivalo
Tel. 677822, Fax 677823
Im Sommer außerdem ein **Info-Kiosk** in Inari, zuständig ist außerdem das Touristenbüro in Saariselkä (s. S. 277).

Ivalo Hotel
Ivalontie 34, Ivalo
Tel. 688111, Fax 661905
Günstig–moderat (Sommerpreise: 450 FIM pro Doppelzimmer), Top-Hotel der Stadt mit allen Annehmlichkeiten, im Herbst (15.8.–30.9.) sind Frühstück und eine Bootsfahrt im Preis enthalten.
Hotel Inarin Kultahovi
Inari, Tel. 671221, Fax 671250
Günstig–moderat, traditionelles Urlaubshotel am Ivalojoki, behagliche Zimmer, guter Mittelklasse-Komfort.
Eräkeskus Inari (Wilderness Center)
Riutula (3 km außerhalb Richtung Norden gelegen)
Tel. 0205/647960, Fax 0205/647961
Günstig (Schlafsaal-Unterkunft 75 FIM, komfortable Hütten 370–450 FIM), wunderschön und einsam am See gelegene Jugendherberge, Restaurant.
Dutzende **Hüttenanlagen** und **Feriendörfer** in Inari und Ivalo liegen naturschön am See, bieten Campmöglichkeit und sind komfortabel ausgestattet (u.a. mit Restaurant, Sauna, Bootsverleih etc.):
Lomakylä Inari
Inari, Tel. 671108, Fax 671480
Günstig, 15.3.–25.9.
Ukonjärvi
Ivalo, Tel. 667501, Fax 667516
Günstig–teuer, 1.6.–30.9., urige Blockhäuser, schönes Camp-Terrain.

Uruniemi Camping
Inari, Tel. 67 13 31, Fax 67 12 00
Günstig, 1.3.–20.9., wunderschöne Seeuferlage.

Siida-saamelaismuseo
Inari, Tel. 66 52 12
1.6.–30.9. tgl. 9–20 Uhr, Samen-Freilichtmuseum.
Sovintovaara
Tgl. 9–1 Uhr, Forstmuseum und Café, grandiose Aussicht über den Inari.

Das Touristenbüro sowie die Unterkünfte informieren über **Wanderungen, Angel-, Boots-, Kanu-, MTB-Touren, Goldwasch-Safaris.**
Die Wasserflugzeuge von Air-Taxi (Inari, am Seeufer, Tel. 67 14 01) bieten **Rundflüge,** auf der **Inari Reindeer Farm** (Tel. 67 39 12) lernt man alles, was mit Rentieren und ihrer Haltung zu tun hat, kann auch an Rentier-Safaris teilnehmen.
Bootsfahrt nach Ukonselkä: Während der Saison (15.6.–25.8.) verkehren ab Seeufer in Inari Ausflugsschiffe zur Insel, über die genauen Abfahrtszeiten informieren die Touristenbüros.

Zahlreiche Souvenir-Shops bieten sich an, doch die hochwertigsten Handarbeitswaren bietet **Sapmelas Duodjarat** (Crafts Centre), Lehtonlantie 1, Inari, Tel. 67 12 54.

Am Freitag nach dem 21.6. wird in Inari das **Mittsommerfest** sehr ausgelassen gefeiert, mit Tanz am See, am Samstag gibt es in der Einödkirche von Pielpajärvi einen Mittsommergottesdienst.

Information über **Busverbindungen** im Touristenbüro; ebenso über **Flugverbindungen,** außerdem über Finnair: Tel. 98 00-34 66.

Jokkmokk (S)

Lage: Vordere Umschlagkarte E3
Stadtplan S. 227
Vorwahl 0971

Jokkmokks Turistbyrå
Stortorget 4, Box 124
96223 Jokkmokk
Tel. 121 40 und 172 57, Fax 172 89
www.jokkmokk.se/turism/
Fjällförvaltningen
Industrievägen 10
Tel. 127 80, Fax 126 28
Informationen über die Fjellregionen und Nationalparks in Nord-Schweden sowie die Laponia World Heritage Area.

Hotel Jokkmokk
Solgatan 45
Tel. 553 20, Fax 556 25
Teuer (Winter: rund 1300 SEK pro Doppelzimmer, Sommer: 750 SEK), zentral und doch mitten in der Natur, am Talvatis-See, gelegener Hotelkomplex, die Ausstattung entspricht der gehobenen Mittelklasse, u.a. sind Restaurant, Bar, Saunas sowie ein großes Hallenbad angeschlossen.
Hotel Gästis
Herrevägen 1, Tel. 100 12, Fax 100 44
Moderat (600 SEK für ein Doppelzimmer inkl. Frühstück), 3-Sterne-Hotel, zentrale Lage, gute Ausstattung.
STF Vandrarhem Åsgård
Åsgatan 20, Tel./Fax 559 77
Günstig (Betten in 2- bis 6-Bettzimmern zu 100 SEK), Jugendherberge in schmuckem zweigeschossigen Holzhaus, komfortabel und gepflegt.

Jokkmokks Turistcenter
Notuden (3 km südlich an der R97 Richtung Luleå), Tel. 12370, Fax 12476
Günstig–teuer (Dutzende Hütten für 2–8 Personen von 475 bis 1150 SEK), riesiger Wiesenkomplex mit Top-Ausstattung (u. a. großes Schwimmbad) am Lilla Luleälv.

Kuossinjarka Semesterby
12 km nordwestlich an der Straße nach Kvikkjokk, Tel. 31013, Fax 0971/31005
Günstig, 1.6.–20.8., herrliche Seeuferlage unter Bäumen, Camping, Bootsverleih, Kanus, außerdem viele Hütten.

Skabram Stugby
Skabram (4 km westlich an der R747 Richtung Karats)
Tel. 10752, Fax 10700
Günstig (große Cabins für bis zu 4 Personen 450 SEK), schön und ruhig gelegene Hüttenanlage.

Die mit Abstand besten Restaurants finden sich in den beiden oben genannten **Hotels,** insbesondere im Jokkmokk Hotel kommen tgl. Lappland-Spezialitäten wie Rentier, Elch, Lachs und Moltebeeren auf den Tisch.

Restaurant des Ajtte-Museums (s. u.)
tgl. wechselnde Gerichte, vorwiegend samische Küche, gut und günstig.

Ajtte Fjäll- och Samemuseum
Kyrkogatan 3, Tel. 17070
12.6.–22. 8. Mo–Fr 9–19 Uhr, Sa/So 11–18 Uhr, sonst Mo–Fr 9–16 Uhr, Sa/So 12–16 Uhr, Okt.–April Sa geschlossen, größte Ausstellung zur samischen Kultur in Schweden.

Jokkmokks Fjällträdgård
zwischen dem Ajtte Museum und Heimatmuseum, Tel. 10100
25.5.–25.6. und 16.8.–10.9. Mo–Fr 10–15 Uhr, 26.5.–15.8. Mo–Fr 10–19 Uhr und Sa/So 10–15 Uhr, Garten mit Flora und Fauna der Fjallregionen.

Hembygsgård
hinter dem Ajtte Museum, Tel. 10497
25.6.–8.8. tgl. 10–17 Uhr, Heimatmuseum.
Die beiden **Kirchen** sind geöffnet: 1.6.–27.6. und 9.8.–22.8. tgl. 8–16 Uhr, 28.6.–8.8. tgl. 8–18 Uhr, sonst auf Anfrage (Tel. 10011).

Jokkmokk ist eines der großen Outdoor-Zentren Skandinaviens und bietet entsprechend vielfältige Angebote:

Jokkmokkguiderna, Skabram, Tel./Fax 12220, z. B. ist auf Kanu-, Kajak- und Wandertouren spezialisiert.
Wild Trails, Tel./Fax 55610, organisiert Wanderungen jeder Länge und jeden Schwierigkeitsgrades.
Njavve Hest- och Naturguide, Njavve, am Weg nach Kvikkjokk, Tel. 10766, bietet Pferdetrekks (auch mehrere Tage) und Ausritte sowie Reitstunden an.
Samelands Tours, Hermelingatan 20, Tel. 10606, organisiert Besuche von Rentierscheidungen, Rentierfarmen, Samen-Sommersiedlungen.
Wildmarkstjänst, Tel./Fax 12696, bietet das größte Aktivitätsangebot mit Wanderungen, Boots-, Kanu-, Angel-, Kletter-, Kanu- und Goldwaschtouren.

Mehrere Läden in der Stadt bieten samisches Kunsthandwerk (insbesondere Silber- und Schnitzarbeiten), die hochwertigsten Produkte findet man u. a. bei **Jokkmokks Tenn,** Järnvägsgatan 19, Tel. 55420, Mo–Do tgl. 7–16/18 Uhr, Fr ab 8 Uhr, **Sámi Girjjit**, Klippgatan 11, Tel. 12111, Mo–Fr 9–17 Uhr, sowie im **Ajtte-Museum** (s. o.).
Steine und Mineralien, teils herrlich gefasst, erhält man in **Jokkmokks Stencenter** (nahe Talvatis-See, beim Heimatmuseum), hier kann man beim

Schleifen zuschauen und auf dem Mineralstig (Mineralweg) wandern.

Eine Aufstellung des Touristenbüros listet über 60 Veranstaltungen rund ums Jahr auf, die berühmteste ist **Jokkmokks Marknad,** der größte Samen-Wintermarkt Skandinaviens, am ersten Februar-Wochenende. Ende August lädt darüber hinaus der **Herbstmarkt** ein.

Information über **Busverbindungen:** Tel. 0929/12020, für Kvikkjokk: Tel. 0971/12750, **Zugverbindungen:** Inlandsbanan: Tel. 063/108672.

Kaaresuvanto (FIN)

Lage: Vordere Umschlagkarte E/F5
Vorwahl 016

Zuständig ist das Touristenbüro in Enontekiö (s. S. 248), auch auf der anderen Flussseite, im schwedischen Karesuando, steht ein Info-Kiosk zur Verfügung.

Hotelli Lappi
Tel. 522101, Fax 522104
Moderat, moderner zweigeschossiger Holzkomplex, rustikale Hütte, gehobener Standard, angeschlossen ist ein Restaurant.
Einen Campingplatz gibt es nicht (nur in Karesuando, s. u.), aber mehrere Hüttenvermietungen:
Rantamökit
Tel. 522079
Günstig–moderat, sehr schön gelegen mit acht komfortablen Hütten (angeschlossen u. a. eine Sauna), hier werden auch sogenannte Wilderness Cabins (einsam gelegene Waldhütten) vermietet.

Die Unterkünfte organisieren **Angeltouren,** geführte **Wanderungen, Outdoor-Aufenthalte** sowie **Schneescooter-Verleih** bietet Käsivarren Tunturipalvelu, Tel. 522088.

Information über **Busverbindungen** im Touristenbüro in Enontekiö (s. S. 248).

Kabelvåg (N)

siehe Lofoten

Karasjok (N)

Lage: Vordere Umschlagkarte F6

Karasjok Opplevelser
Postboks 192
Samelandssenteret, 9730 Karasjok
Tel. 78466900, Fax 78466735.

North Cape Hotel Karasjok
Tel. 78467400, Fax 78466802
Teuer (im Sommer moderat), bestes Haus der Stadt, teuer.
Annes Overnatting og Motel
Tel. 78466432
Günstig.
Den Samiske Folkehøgskole
Tel. 78467244
Günstig, 16.5.–20.8.,nette Zimmer in der Volkshochschule.
Karasjok Camping og Vandrerhjem
Kautokeinoveien, Tel. 78466135
Günstig–moderat, Jugendherberge und Campingplatz in schöner Lage am Hang über dem Fluss, komfortable Ausstattung, Betten zu 125 NOK, keine Doppelzimmer.

Museum für samische Kultur (Samiid Vuorka Davvirat)
5.6.–15.8. Mo–Sa 9–18 Uhr, So ab 10 Uhr, 17.8.–4.6. Mo–Fr 9–15 Uhr, Sa/So 10–16 Uhr.

Das Touristenbüro organisiert u.a. **Boots-, Angel-, Trekking- und Kanutouren, Goldwaschen, Ausflüge zu Samendörfern, Rentierscheidungen** etc.

Samelandssenteret
Kunsthandwerk, Silberschmiede, Messerschmiede, Steinschleiferei.
Samisches Künstlerzentrum
Mellomveien 1–3, Tel. 78466898
15.6.–15.8. Mo–Fr 10–15 Uhr, Sa/So 11–15 Uhr, wechselnde Ausstellung mit Werken samischer Künstler.
Knivsmed
Tel. 78467105
Handgeschmiedete Samenmesser.
Sølvsmia
Tel. 78467102
Handgearbeitete Silberartikel.

Oster-Festival, Renschlittenrennen, Lassowerfen, Joik-Konzerte etc.
Kararock, Rockfestival Ende Juli.

Informationen über **Busverbindungen:** Tel. 78468487.

Karigasniemi (FIN)

Lage: Vordere Umschlagkarte G6
Vorwahl 016

Zuständig ist das Informationsbüro in Utsjoki (s. S. 285).

Kalastajan Majatalo
Zentrum
Tel. 676188, Fax 676171
Günstig (60 FIM pro Bett), Jugendherberge in schöner Lage.
Upper Teno Cabins
Kuoppaniva, 12 km südlich
Tel. 676200
15.5.–30.9., wunderschön am Inari-Fluss gelegene Hüttenanlage, hauptsächlich Angler.
Fishermen's Inn
Zentrum, Tel. 676171
Günstig, Unterkunft der einfachen Art, Restaurant im Haus, hier werden auch Wildnishütten vermietet.

Über die Unterkünfte erhält man alle erforderlichen **Angel**-Informationen (auch Angelscheine), kann **Boote** ausleihen, sich über **Wanderungen** beraten lassen, im Winter werden **Schneemobil-Safaris** angeboten sowie **Eisangeln.**

Informationen über **Busverbindungen** bekommt man am o.g. Fishermen's Inn, wo auch die Bushaltestelle ist.

Kautokeino (N)

Lage: Vordere Umschlagkarte F5

Kautokeino Turistinformasjon (an der Durchgangsstraße)
9250 Kautokeino, Tel. 78486500
6.6.–26.8.

Norlandia Kautokeino Turisthotel
Tel. 78486205, Fax 78486701
Moderat, bestes Hotel der Stadt.
Alfreds Kro og Overnatting
Tel. 78456118

Günstig, außerordentlich billige Zimmer.

Kautokeino Camping og Motell
Tel. 78485400, Fax 78487800
Günstig–moderat, ausgezeichnete sanitäre Ausstattung, schöne Stadtrandlage, 25 Hütten in verschiedenen Komfortstufen.

Hættas Camping
Tel. 78456260
Günstig–moderat (Hütten in verschiedenen Komfortstufen ab 175 NOK pro Person), 1.3.–31.10., schönes Campingareal.

Masi Turistsenter
Tel. 78487254, Fax 78487609
Günstig, sehr empfehlenswerte Anlage, gemütliche, billige Hütten, großes Aktivitätsangebot.

Freilichtmuseum
(Guovdageainnu Gillisillju)
15.6.–15.8. Mo–Sa 9–19 Uhr, So ab 12 Uhr.

Cavzo Safari
Tel. 78487588, Fax 78487639
Bootstouren im Bereich von Masi sowie der gesamten Finnmarksvidda, außerdem Besuch von Rentierscheidungen, Kälbermarkierungen, Rentier-Essen und vieles mehr, im Winter stehen u.a. Rentierschlitten-Fahrten auf dem Programm.

Sami Travel A/S
Tel. 78485600, Fax 78485650
Organisator von Boots-, Wander-, Angel- und Jagdtouren, im Winter von Hunde- und Rentierschlitten-Safaris.

Nordkalottenweg: In Kautokeino beginnt der über 800 km lange Nordkalotten-Wanderweg, der bis nach Sulitjelma/Fauske in Nordland führt und durchgehend markiert ist, Information über das Touristenbüro.

Juhl's Silber Galerie
Tel. 78486189, Fax 78486966
Samisches Kunsthandwerk vom Allerfeinsten, außerdem eine der besten Silberschmieden Norwegens, hier kann man auch nach eigenen Vorlagen Schmuck anfertigen lassen, die Preise sind außerordentlich moderat.

Josef Per Buljo
Tel. 78486284
Herstellung von Samenmessern.

Kautokeino Sølvsmie
Tel. 78486311
Handgefertigter Silberschmuck nach alten samischen Motiven.

Reinkjøtt-Marked
Stornes, Tel. 78486485
Verkauf von frischem, geräuchertem und getrocknetem Rentierfleisch, außerdem Rentierfelle.

Samisk Husflidsutsalget
Tel. 78486308
Verkauf von samischem Kunsthandwerk sowie insbesondere von Gegenständen des täglichen Bedarfs wie Samenschuhe, Kleidung, Messer etc.

Osterfestival (in der Woche vor Ostern) mit Theatervorstellungen, Joik-Konzerten, Scooter-Rallies sowie Rentierschlittenrennen-Weltmeisterschaften (Sonderklasse für Touristen).

Informationen über **Busverbindungen**: Tel. 78433671.

Kilpisjärvi (FIN)

Lage: Vordere Umschlagkarte E5
Vorwahl 016

Zuständig ist das Touristenbüro in Enontekiö (s. S. 248), vom 15.3. bis 15.9. fungiert die Kilpisjärvi-Jugendherberge auch als Infostelle, ansonsten bieten alle Unterkünfte das, was man an Informationen benötigt.

Hotelli Kilpisjärvi
Tel. 537761, Fax 537767
Moderat–teuer, sehr gut ausgestattetes Mittelklassehotel mit Panorama-Restaurant, Bar, mehreren Saunen, schöner Lage am Seeufer.
Kilpisjörven Retkeilykeskus
Tel. 537771, Fax 537702
Günstig, 27.2.–20.9., Jugendherberge mit Schlafsälen, Doppelzimmern, Hütten, außerdem Campingplatz und Platz für Wohnmobile, angeschlossen sind ein Restaurant, drei Saunen.
Peeran Retkeilykeskus
mehrere km südlich an der Straße nach Enontekiö gelegen, Tel./Fax 532659
Günstig (Betten 95 FIN), 20.2.–31.10., Jugendherberge mit Schlafsälen, Doppel- sowie Familienzimmern, auch Hütten.
Saananmaja
Tel. 537756
Günstig–moderat, Doppelzimmer, Apartments (4 Personen) und Hütten für 2, 4 und 8 Personen, angeschlossen sind eine Sauna sowie ein Restaurant.

Die **Wanderung auf den Saana-**Berg ist ein ›Muss‹, hin und zurück dauert die rund 8 km lange Tour, die hinter der Jugendherberge beginnt, rund 3 Std., Informationen über den markierten Weg bekommt man in der Jugendherberge.

Rentier-Trekks (Sommer und Winter) von bis zu mehreren Tagen Dauer sowie Besuch von **Rentierscheidungen, Samen-Sommersiedlungen** organisiert Porotila Tornensis, Tel. 537806 und Mobilphone 049/295156.
Helikopter-Rundflüge bietet Helikopteripalvelu Oy Helijet, Tel. 537783.
Rundflüge mit dem Wasserflugzeug und **Angeltrips** bietet Polar Lento Oy, Tel. 537810.
Bootstouren zum Dreiländereck starten im Sommer tgl. um 10 Uhr (bei Bedarf auch mehrmals tgl.), zuständig ist Kilpisjärven Risteilyt, Tel. 537783.

Informationen über **Busverbindungen** erhält man bei den o.g. Unterkünfte, insbesondere der Kilpisjärvi-Jugendherberge.

Kirkenes (N)

Lage: Vordere Umschlagkarte H6

Grenseland AS
Postboks 8, 9900 Kirkenes
Tel. 78992544, Fax 78992525
Für ganz Ost-Varanger zuständig, außerdem zentrale Buchungsstelle für alle Aktivitäten.
Sovietreiser AS
Postboks 271, 9901 Kirkenes
Tel. 78991981, Fax 78991142
Zuständig für Informationen bzgl. Reisen ins russische Murmansk, auch Anbieter solcher Reisen, die vom 1.5. bis 31.8. tgl. angeboten werden und 990 NOK kosten, möglichst 2–3 Wochen vorher anmelden.

Rica Hotel
Tel. 78991491, Fax 78991356
Günstig, Top-Hotel der Stadt.

Barents Frokosthotel
Tel. 78993299, Fax 78993096
Günstig, Frühstückspension.
Kirkenes Vandrerhjem
Hesseng, Tel. 78998811
Günstig, Jugendherberge, 15.6.–22.8.
Kirkenes Camping
Maggadalen
Tel. 78998028, Fax 78995320
Günstig, 1.6.–5.9., netter Platz, auch Hütten.

Grenzlandmuseum (Sør-Varanger Museum)
Førstevannslia (ausgeschildert)
Tel. 78994880
15.6.–15.8. tgl. 10–18 Uhr, sonst tgl. 10–15.30 Uhr, Ausstellung zu Natur und Kultur der Regioon.
Savio-Museum
ausgeschildert, Mitte Juni bis Mitte Aug. tgl. 10–18 Uhr, sonst Mo–Fr 10–16 Uhr, Arbeiten des samischen Künstlers John Savio sowie Ausstellungen zur Gegenwartskunst.
Andersgrotte
Zwischen Mitte Juni und Mitte Aug. tgl. Führungen, zu buchen über das Touristenbüro (s.o.).

Barents Safari, Tel. 90190594, Buchung auch über das Touristenbüro, vom 1.6. bis 1.9. zwei bis drei Fahrten tgl. mit einem großen Elvebåt von Kirkenes über den Pasvikelven entlang der Grenze zu Russland bis Boris Gleb, 330 NOK.
Das Touristenbüro organisiert außerdem **Bootstouren, Angel-Safaris** und informiert über **Wanderungen.**

Informationen über **Flugverbindungen:** SAS Tel. 81003300, Widerø: Tel. 81001200; **Hurtigrute:** Tel. 82079009 und 75541741; **Busverbindungen:** Tel. 78999168 und 81544444.

Kiruna (S)

(mit Jukkasjärvi)
Lage: Vordere Umschlagkarte E4
Stadtplan S. 218
Vorwahl 0980

Kiruna och Lappland Turistbyrå
Box 113, Folkets Hus
Lars Janssongatan 17
Tel. 18880, Fax 18286
www.lappland.se
Buchungsstelle für Unterkünfte und Aktivitäten.

Scandic Hotel Ferrum
Lars Janssongatan 15
Tel. 398600, Fax 398611
Moderat–teuer (günstige Sommerpreise), bestes Hotel der Stadt, eines der komfortabelsten des Nordens, auch Mittelpunkt aller gesellschaftlichen Aktivitäten in Kiruna.
Kiruna Rumsservice
Hjalmar Lundbohmsvägen 53
Tel. 19560, Fax 13147
Günstig, Zimmer und Apartments für 2–5 Personen 300–700 SEK, Frühstück 45 SEK.
Yellow House
Hantverkargatan 25
Tel. 13750, Fax 13751
Günstig, viele verschiedene Zimmertypen und Apartments 130–200 SEK pro Person, Schlafsaal 120 SEK.
Mitt i Kiruna City STF Vandrarhem
Bergmästargatan 7
Tel. 17195, Fax 84142
Günstig (120 SEK/Pers. im 3–5-Bettzimmer, 140 SEK/Person im Doppelzimmer), sehr komfortable Jugendherberge, sehr populär.
Icehotel
Jukkasjärvi, Tel. 66800, Fax 66890
Teuer, Mitte Dezember wird in Jukkas-

järvi aus 30000t Schnee und 10000t Eis Jahr für Jahr das sogenannte Eishotel aufgebaut, das 1999 sage und schreibe 4000 m^2 groß war und 6500 Übernachtungen zählte – sehr komfortabel und viel wärmer, als man glaubt.

Radhusbyn Camping
Campingvägen 5 (ausgeschildert)
Tel. 63000, Fax 63040
Günstig (4-Bett-Hütten 500 SEK), großer Platz mit hohem Komfort-Standard.

Jukkas AB
Jukkasjärvi
Tel. 66800, Fax 66890
Günstig, schöner Wiesenufercamping-platz beim Heimatmuseum, sehr idyllisch, auch Hütten.

Kiruna Kirche
tgl. 12–15 Uhr, im Sommer auch 10–17 Uhr.

Hjalmar Lundbohmsgården
im Sommer tgl. 10–20 Uhr, sonst Mo–Fr 12–15 Uhr, Dokumentation zur Stadtentwicklung.

Erzbergwerk
Tel. 71016
Buchung direkt oder über das Touristenbüro: 14.6.–27.8. tgl. mehrere, 2,5-stündige Führungen zu 125 SEK.

Jukkasjärvi Kyrka
15.6.–20.8. tgl. 10–18 Uhr.

Jukkasjärvi Hembygsgård
15.6.–20.8. tgl. 10–18 Uhr, Heimatmuseum.

Icehotel
Jukkasvärvi (s. Unterkunft)
Wer zwischen Dezember und Februar unterwegs ist, darf auf keinen Fall einen Besuch des ganz aus Eis und Schnee erstellten Hotels versäumen.

Kiruna Guidentur
Vänorsgatan 8
Tel. 81110, Fax 82228
Geführte Touren nach Esrange (Raumfahrtzentrum), auch Stadtrundfahrten, Besuch von Samen-Dörfern, organisiert Bootstouren und Wanderungen, White Water Rafting-Trips in allen Schwierigkeitsstufen.
Auch das **Touristenbüro** ist für ähnlichen Service zuständig, informiert ausführlich über Wanderungen, Kanutouren, Rundflüge sowie über Ausritte und Trekks auf Island-Pferden (Tagesritt zu 800 SEK).

Tjärdalsfestival in Jukkasjärvi in der letzten Juli- oder ersten Augustwoche, Samenmarkt, Tanz- und Musikveranstaltungen.

Informationen über **Flugverbindungen:** SAS Tel. 020/727727 und 0980/284800; **Zugverbindungen:** 0498/491455 und 0980/15002; **Busverbindungen:** Tel. 020/470047.

Kvikkjokk (S)

Lage: Vordere Umschlagkarte D3
Vorwahl 0971

Zuständig sind Touristenbüro und Naturschutzamt in Jokkmokk (s. S. 255), Informationen außerdem über die Unterkünfte, insbesondere die Fjällstation sowie den Årrenjarka-Campingplatz.

Kvikkjokk Fjällstation Vandrarhem STF
Tel. 21022, Fax 21039
Günstig (Betten ab 100 SEK), 24.6.–12.9., Jugendherberge in großem Holzkomplex, gehobene Ausstattung, fast wie ein Mittelklasse-Hotel.

Årrenjarka Fjällby
Årrenjarka, Tel. 23018, Fax 23037
Günstig (auch zahlreiche Hütten mit 2–8

Betten 300–1150 SEK), herrliche Lage am See auf Wiese unter alten Bäumen, gehobene Ausstattung – einer der schönsten Plätze weit und breit.

Kvikkjokk Turistservice
Tel. 2 10 36
Günstig (100 SEK/Person), einfache Anlage mit bescheidener Ausstattung.

Husvagnsparkering Saggat
Tel. 2 10 11
15.6.–15.8.
Günstig, moderner und funktioneller Caravan-/Wohnmobil-Park, auch für Zelte zugelassen.

Hier dreht sich alles um **Wanderungen**, **Kanu-** und **Bootstouren,** in den Unterkünften erhält man alle Informationen, am Seeufer bieten sich mehrere Kanu-Vermieter an, auch die Jugendherberge hält Kanus bereit. Das **Reitzentrum in Njavve** (s. S. 256) ist schnell erreicht, mit **Norrlandsflyg** (Tel. 2 10 68) und **Lapplandsflyg** (Tel. 2 10 65) kann man nicht nur Rundflüge unternehmen, sondern auch nach Staloluokta und Ritsem (am Sjöfallsleden) fliegen.

Busverbindungen im Sommer, Informationen über die Fjällstation.

Lakselv (N)

(mit Stabbursdalen)
Lage: Vordere Umschlagkarte F6

Porsanger Arrangement
P. B. 18, 9700 Lakselv
Tel. 78 46 26 20, Fax 78 46 19 97
Für den **Stabbursdalen-Nationalpark** ist das Stabbursnes Naturhus og Museum zuständig: Tel. 78 46 47 65, Fax 78 46 47 32.

Lakselv Hotel
Tel. 78 46 10 66, Fax 78 46 12 99
Moderat–teuer, bestes Hotel der Stadt, mit Restaurant, Bar, Disko, Sauna.

Lakselv Gjestestue
Tel. 78 46 15 04, Fax 78 46 23 91
Günstige Zimmer.

Lakselv Vandrerhjem
Tel. 78 46 14 76
Günstig (Betten 125 NOK, Doppelzimmer 300 NOK), 1.6.–31.8., Jugendherberge.

Skoganvarre Turistsenter
Skoganvarre/Lakselv
Tel. 78 46 48 46, Fax 78 46 48 97
Günstig (Hütten ab 200 NOK), Campingplatz mit gehobener Ausstattung, großes Aktivitätsangebot.

Stabbursdalen Camp & Villmarkssenter
Stabbursdal, Indre Billefjord
Tel. 78 46 47 60, Fax 78 46 47 62
Günstig, 15.5.–20.9., eine der besten Adressen für Camping, Hüttenurlaub und Outdoor-Aktivitäten.

Naturhus og Museum
Stabbursnes, Tel. 78 46 47 65
15.6.–20.8. tgl. 9–20 Uhr, sonst Di/Do 12–15 Uhr.

Porsanger Arrangement
Organisator von Tauchexkursionen, Seekajak-, Kajak-, Kanu-, Wander-, Boots- und Angeltouren, Fotosafaris etc.
Outdoor-Aktivitäten jeder Art hat auch das **Stabbursdalen Villmarkssenter** (s. o.) im Programm, ebenso das **Stabbursnes Naturhus og Museum** (s. o.).

Informationen über **Flugverbindungen:** SAS Tel. 81 00 33 00, Widerøe Tel. 81 00 12 00; **Busverbindungen:** Tel. 78 46 36 00 und 81 53 33 33.

Lemmenjoki-Nationalpark (FIN)

Lage: Vordere Umschlagkarte G5
Vorwahl 016

Zuständig sind die Touristenbüros in **Ivalo/Inari** (s. S. 254) und in Saariselka (s. S. 277).
In Njurgalahti, dem Ausgangspunkt für einen Parkbesuch, lädt **Lemmenjoki Nature Hut & Info** ein (Tel. 67 34 11, 20.6.–31.8.), wo man alle für Kanu- und Wandertouren erforderlichen Infos bekommt.

In Njurgalahti stehen zwei einfache Natur-Campingplätze zur Verfügung, außerdem mehrere Hüttenvermietungen:
Lemmenjoki Cabins
Tel./Fax 67 34 35
Günstig–moderat, gut ausgestattete Hütten verschiedener Größe, auch Verleih von Kanus und Angelausrüstungen.
Heikki Paltto
Tel. 67 34 13
Günstig, Betten in einem Farmhaus sowie in mehreren Blockhütten, auch Bootstouren, Bootsverleih, Sauna.

Hier dreht sich alles um **Wanderungen** und **Kanutouren,** Kanus kann man in Njurgalahti ausleihen, wo von Juni bis Aug./Sept. auch tgl. bis mehrmals tgl. **Bootstouren** auf dem Lemmenjoki angeboten werden, Buchung über die Unterkünfte sowie über Lemmenjoki Travel Service, Tel. 67 34 30.

Informationen über **Busverbindungen** erhält man beim Lemmenjoki Travel Service (s. o.).

Lofoten (N)

Lage: Vordere Umschlagkarte B4

Austvågøy: Lofoten Reiselivslag, 8300 Svolvær, Torget
Tel. 76 07 30 00, Fax 76 07 30 01
Hauptzentrale, geöffnet 8–16 Uhr, während der Sommersaison 17–20 Uhr.
Flakstadøy: Ramberg, Supermarkt an der Durchgangsstraße
Tel. 76 09 34 50, 15.6.–16.8.
Moskenesøy: Moskenes
Tel. 76 09 15 99, 1.6.–16.8.
Røst: auf Tyvsøya (Hauptinsel, am Hafen), Tel. 76 09 64 11, 17.6.–18.8.
Værøy: im Fischerheim beim Fähranleger, Tel. 76 09 52 10, 17.6.–18.8.
Vestvågøy: Leknes, Rathausplatz
Tel. 76 06 05 94, 2.6.–30.8.
Stamsund, Ortszentrum
Tel. 76 09 97 92, 14.6.–16.8.

Austvågøy/Brenna
Night Sun Camping
an der E 10 direkt vor der Brücke nach Gimsøy ausgeschildert
Tel. 76 07 78 82, Fax 76 07 80 42
Günstig (schlichte Hütten für 200–380 NOK), 15.5.–15.9., kleiner, einfacher Campingplatz in einsamer Lage mit Blick aufs offene Nordmeer.

Austvågøy/Henningsvær
Henningsvær Rorbuer
Tel. 76 07 46 00, Fax 76 07 49 10
Günstig–moderat, urgemütlich, teils relativ authentisch eingerichtete Rorbuer, großes Komfortangebot, u. a. Sauna, Whirlpool, Solarium, Verleih von Angelutensilien, Organisation von Hochsee-Rafting-Touren.

Austvågøy/Kabelvåg
Lofoten Sommerhotel
Tel. 76 07 82 88, Fax 76 07 88 88

Günstig (380 NOK für 2 Personen), 20.6.–15.8., eine der preiswertesten Herbergen im Archipel.

Vågan Vandrerhjem
Tel. 76 07 81 03
Günstig (Betten 270 NOK, Doppelzimmer 420 NOK), 10.6.–10.8., sehr ansprechende Zimmer in der Lofoten-Volkshochschule (Jugendherberge), schöne Lage am Hafen.

Lofoten Turist- og Rorbu-senter
an der E 10 südlich von Kabelvåg ausgeschildert
Tel. 76 07 81 80, Fax 76 07 83 37
Günstig–moderat (Hütten, teilweise direkt am Meer im Rorbu-Stil, 450–850 NOK), 1.5.–30.9., vorbildlicher Campingplatz mit Sauna, kleinem Hallenbad, Restaurant, stets »fest in deutscher Hand«. 1999 fühlten sich allerdings viele Gäste durch die Asylbewerber gestört, die hier von der Kommune untergebracht worden waren – ob das auch in Zukunft so bleibt, ist ungewiss

Nyvågar Rorbu- og Aktivitetssenter
den Schildern Richtung Aquarium/Museum folgen
Tel. 76 06 97 00, Fax 76 06 97 01
Moderat, 30 Rorbuer, außerordentlich luxuriös und gemütlich, mit Top-Restaurant, Bar, Caféterrasse, Sauna und einem großen Aktiv-Angebot.

Sandvika Fjord og Sjøhuscamp,
(neben dem o.g. Platz)
Tel. 76 07 81 45, Fax 76 07 90 10,
Günstig–moderat, »die« Hochburg für deutsche Touristen, insbesondere Angler, im Archipel, sehr große Zeltwiese, kleiner Badestrand, vorbildliche Ausstattung, die Hütten haben Meerblick und kosten zwischen 270 und 600 NOK.

Austvågøy/Laukvik
Skippergården Camping
an der E 10 zwischen Svolvær und Fiskebøl ausgeschildert, noch 20 km
Tel./Fax 76 07 51 97
Günstig (Hütten 250–400 NOK), schöner Wiesencampingplatz an der Außenseite der Lofoten, ideal zur Beobachtung der Mitternachtssonne.

Austvågøy/Lyngvær
Lyngvær Bobil-Camp
Kleppstad/E 10
Tel. 76 07 77 78
Günstig (Hütten ab 200 NOK), 1.5.–1.9., herrlich am Gimsøystraum nahe mehrerer Sandstrände gelegener Campingplatz, sehr gute Ausstattung.

Austvågøy/Sandsletta
Sandsletta Camping
an der E 10 zwischen Fiskebøl und Svolvær ausgeschildert
Tel. 76 07 52 57
Günstig (Hütten ab 200 NOK), große Wiese am Fjordufer, Kiosk.

Austvågøy/Svolvær
Anker Brygge
Lamholmen
Tel. 76 06 64 80, Fax 76 06 64 70
Teuer, wunderschön auf einer Halbinsel inmitten des Hafens gelegenes »Speicherhaus«-Hotel mit vorzüglichem Restaurant und außerordentlich gemütlich eingerichteten 2-Zimmer-Apartments, die im Archipel nicht ihresgleichen finden.

Rica Hotel Svolvær
Lamholmen
Tel. 76 07 22 22, Fax 76 07 20 01
Moderat, 1.3.–1.10., modern-stilvoller Holzbau mit riesiger Glasfront zum Hafen, Top-Ausstattung – das geschmackvollste Hotel der Inselgruppe.

Hotel Havly
Tel. 76 07 03 44, Fax 76 07 07 95
Moderat, günstigstes Stadthotel, steril, funktionell.

Vestfjord Hotel
Tel. 76070870, Fax 76070854
Moderat–teuer, hoher Komfortstandard.
Hammarstad Camping
E10, zwischen Fiskebøl und Svolvær
Tel. 76075823
Günstig–moderat, Ende Mai bis Ende Sept., einfache Rorbuer, schöne Lage am Fjord, beliebt bei Anglern.

Flakstadøy
Meland Camping
Ramberg/E10
Tel. 76093500, Fax 76093140
Günstig (Hütten 500–700 NOK), im Ort, aber an einem mehrere Kilometer langen Sandstrand gelegener Campingplatz, vorbildliche sanitäre Anlagen.
Dahl Nusfjord
Nusfjord/Ramberg
Tel. 76093020, Fax 76093378
Günstig–moderat, in diesen traditionell eingerichteten Rorbuer wohnt man unbestreitbar am lofotentypischsten und urigsten.

Moskenesøy
Å Vandrerhjem
Å, Tel. 76091121
Günstig (Betten 125 NOK), Jugendherberge in schönem alten Holzbau, direkt im pittoresken Fischerdorf gelegen.
Fredvang Strandcamping
Fredvang, an der E10 ausgeschildert
Tel. 76094233
Günstig, Ende Mai–Mitte/Ende Sept., riesiges Wiesenareal vor langen Sandstränden, von der Lage her einer der schönsten Campingplätze des Nordens, keine Hüttenvermietung.
Eliassen Rorbuer
Hamnøy/Reine
Tel. 76092305, Fax 76092440
Günstig–moderat, traumhafte Lage, wie in allen Rorbu-Anlagen in Hamnøy und Reine.
Reine Rorbuer
Reine, Tel. 76092222, Fax 76092225
Günstig–teuer (300–1600 NOK), größte Auswahl an Rorbuer.

Røst
Røst Vandrerhjem/Fiskarheimen
Tel. 76096109
Günstig (Betten 115 NOK, Doppelzimmer 230 NOK), das hauseigene Motorboot der Jugendherberge unterhält einen täglichen Zubringerdienst zum Vogelberg.

Værøy
Værøy Vandrerhjem
Tel. 76095375
Günstig (Betten 80 NOK, Doppelzimmer 225 NOK), der Herbergsvater organisiert täglich Bootsausflüge zum Vogelberg und zum Sanden-Badeplatz.

Vestvågøy
Stamsund Hotel
Stamsund
Tel. 76089300, Fax 76089762
Moderat, komfortables Haus, angenehme Zimmer.
Stamsund Vandrerhjem
Justad Rorbuer, Stamsund
Tel. 76089334
Günstig (Betten 80 NOK, Doppelzimmer 190 und 240 NOK), 1.5.–15.10., 1.11.–30.4. nur nach Voranmeldung, gilt als eine der schönsten Jugendherbergen des Nordens, im Rorbu-Stil direkt am Meer errichtet.
Brustranda Sjøcamping
Strandslett, an der R815, rund 10 km nördlich Stamsund
Tel. 76087100, Fax 76087144
Günstig–moderat (Hütten 250–900 NOK), sehr schön in einer Bucht am Vestfjord gelegener Campingplatz, Hütten in verschiedenen Komfortstufen.

Unstad Camping
Unstad, an der E 10 südlich von Borge ausgeschildert
Tel. 76 08 54 57, Fax 76 08 55 18
Günstig (Hütten 350–700 NOK), 1.5.–1.9., Campingplatz in abgeschiedener Lage am Rande des Einöddorfes beim Strand am offenen Nordmeer, sehr idyllisch.

Ballstad Rorbuer
Ballstad, Tel. 76 08 81 95, Fax 76 08 88 88
Günstig, 1.6.–1.9.,einfache, aber urige Rorbuer, schönes Panorama.

Statles Rorbusenter
Mortsund
Tel. 76 08 75 55, Fax 76 08 71 11
Günstig–teuer, komfortable Rorbuer, teils mit offenem Kamin.

Austvagøy
Anker Brygge
Svolvær, Lamholmen/Hafen
Tel. 76 06 64 80
Top-Restaurant/Pub in einem umgebauten Speicherhaus aus dem 19. Jh., rustikal-elegant, herrlich auch zum Draußensitzen, außerordentlich geschmackvolle Gerichte der norwegischen sowie internationalen Küche – die beste Empfehlung im Archipel.

Den Siste Viking
Henningsvær, am Hafen (ausgeschildert)
Tel. 76 07 49 11
Der Kletterschule angeschlossenes Café/Pub am Hafen, die Lage ist traumhaft, die Gerichte sind günstig, und abends spielen oft Live-Bands auf.

Fiskekrogen
Henningsvær Feriebrygge, links der Hauptstraße am Hafen (ausgeschildert)
Tel. 76 07 46 52
Fischgerichte vom Allerfeinsten, schon der norwegische König war hier zu Gast.

Nyvågar Restaurant
Kabelvåg, den Schildern Richtung Aquarium/Museum folgen
Tel. 76 06 97 00
Wie die Rorbu-Anlage, so das Restaurant: überaus edel, herrliche Lage, Spezialitäten sind Fisch- und Wildgerichte, ebenfalls schon vom König gekostet.

Præstenbrygga
Kabelvåg/Marktplatz, Tel. 76 07 80 60
In einem alten Speicherhaus eingerichtetes Restaurant mit Kneipe und Café, günstigen Gerichten, sehr gemütlich, an den Wochenenden treten oft Jazz-, Blues- und Folk-Gruppen auf.

Moskenesøy
Krambua
Reine, Tel. 76 09 23 20
15.6.–15.8., sonst nur an Samstagabenden, umgebaute Rorbu-Hütte, über 200 Jahre alt und entsprechend urig und rustikal, auch zum Draußensitzen.

Kafé
Å, Tel. 76 09 11 21
Das in einem weißen Prachtbau aus dem 19. Jh. untergebrachte Lokal versteht sich auch als Galerie.

Austvågøy
Lofot Museum
Kabelvåg, an der E 10 ausgeschildert
Tel. 76 07 86 65
1.9.–7.5. Mo–Fr 9–15 Uhr, 10.5.–31.5. tgl. 9–15 Uhr, 1.6.–31.8. tgl. 9–21 Uhr.

Galleri Espolin
Kabelvåg, unterhalb Lofot Museum
Tel. 76 07 84 05
15.2.–31.5. und 15.8.–1.11. So–Fr 11–15 Uhr, 1.6.–14.6. tgl. 10–18 Uhr, Hochsaison tgl. 10–20 Uhr.

Lofot-Aquarium
Kabelvåg, unterhalb Lofot Museum
Tel. 76 07 86 65
Mai/Sept. tgl. 11–15 Uhr, Juni–Aug. tgl. 10–18 Uhr, 15.6.–15.8. tgl. bis 21 Uhr.

Semi-U-Boot ›Nemo‹
15.6.–15.8. regelmäßige Fahrten ab Aquarium, 150 NOK (30 Min.).

Kirche von Vågan
Kabelvåg, an der E 10
im Sommer tgl. 10–15 Uhr.
Galleri Lofotens Hus
Henningsvær, Tel. 76 07 15 73
25. 5.–9. 6. tgl. 10–18 Uhr, 10. 6.–10. 8. tgl. 9–21 Uhr, bis Ende Aug. tgl. 10–18 Uhr, Werke des Malers Harr, außerdem anspruchsvolle Dia-Show über die Lofoten.

Vestvågøy
Lofotr Wikingermuseum
Borge, Tel. 76 08 49 00
22. 5.–13. 9. tgl. 10–19 Uhr.

Flakstadøy
Schmiedemuseum
Sund, Tel. 76 09 37 90
18. 5.–1. 6. tgl. 10–15 Uhr, 2. 6.–16. 8. tgl. 10–18 Uhr, 17. 8.–13. 9. tgl. 10–15 Uhr.
Glashytta
Vikten, Tel. 76 09 44 42
Juni–Aug. Mo–Sa 10–18 Uhr, sonst Mo–Sa 10–17 Uhr, einzige Glasbläserei nördlich des Polarkreises, ausgefallen gute Stücke, künstlerisch sehr hochstehend.

Moskenesøy
Puppenmuseum
Hamnøy, Tel. 76 09 21 43
Juni–Aug. tgl. 10–20 Uhr, einziges Puppenmuseum Norwegens, mit über 1000 Puppen.
Norwegisches Fischereisiedlungsmuseum
Å, Tel. 76 09 14 88
20. 6.–20. 8. tgl. 10–18 Uhr, sonst Mo–Fr 10–15.30 Uhr.
Stockfischmuseum
Å, Tel. 76 09 12 11
20. 6.–20. 8. tgl. 11–17 Uhr, 2.–19. 6. Mo–Fr 11–16 Uhr.

Bootsverleih und **Angeltouren** über alle Campingplätze und Rorbu-Anlagen. **Fahrradverleih** über die Touristenbüros, die, in Zusammenarbeit mit dem Lofoten-Wanderverein, auch **Wanderungen** organisieren. Mitte Juni–Mitte Aug. tgl. **Bootsfahrten** ab Svolvær in den Trollfjord (3 Stunden, 250–350 NOK).
Für den **Seekajak**-Sport wird man im Norden keine abwechslungsreicheren Reviere finden als die Lofoten. Jedes Jahr Anfang August treffen sich hier Kajak-Enthusiasten aus ganz Europa zu der ›Arctic Kajak Rally‹, die sieben Tage dauert und während derer, Jahr für Jahr auf verschiedenen Routen, die Vesterålen und Lofoten teilweise umrundet werden. Zwischen 350 und 550 km werden paddelnd zurückgelegt, auch Hochsee-Abschnitte sind zu bewältigen, aber da die ›Rally‹ von Seenotkreuzern begleitet wird, besteht kein Risiko. Jeder, der Lust und ein Kajak hat, kann teilnehmen. Übernachtet wird in Rorbu-Hütten oder Zelten, Informationen über das Fremdenverkehrsamt in Svolvær und über die Nord Norsk Klatreskole (s. u.) in Henningsvær, wo auch Kajaks ausgeliehen werden.
Janns Adventure, Austvågøy/Kabelvåg, Tel. 76 07 89 10, Fax 76 07 19 55, Jann spricht u. a. fließend Deutsch und organisiert Wanderungen, Bergsteigen, Tauchen, Biken, Angeln, bietet Schwertwal-Safaris und Kajakkurse ebenso wie geführte Sightseeing-, Kulturtouren und vieles andere mehr.
Nord Norsk Klætreskole ›Den siste Viking‹, Austvågøy/Henningsvær, Tel. 76 07 49 11, Verleih von Ausrüstungen (keine Kletterseile), Kletterkurse (Abschluss mit Zertifikat), Alpin-Kurse auf den Lofoten und in den Lyngen-Alpen, Organisation von Besteigungen verschiedener Berge in Nordland (insbe-

sondere des Stetind am Tysfjord, der als der höchste frei stehende Monolith der Welt gilt). Außerdem Vermietung von Zimmern und Rorbu-Hütten, ein gemütliches Café/Restaurant ist angeschlossen.

Walbeobachtung und Tauchen: Informationen, Verleih und Ausrüstungen und auch Schulung (PADI-Zertifikate) über Kræmmervika Dykkesenter, 8373 Ballstad/Vestvågøy, Tel. 76064152 und 76064150, Unterrichtssprachen sind Norwegisch, Englisch und Deutsch.

Vogelfelsen: Værøy Cruise veranstaltet in der Saison tgl. außer samstags Bootstouren von Reine via Å zu den Vogelfelsen, zu buchen über das Touristenbüro oder unter Tel. 76095299.

Während der Sommersaison (15.6.–15.8.) gibt es auf den Lofoten ein außerordentlich dichtes Veranstaltungsprogramm (u.a. Kaitanz in Henningsvær, Trockenfisch-Festival in Kabelvåg), und auch im März, zzt. der Lofotfischerei, werden zahlreiche Veranstaltungen geboten, Informationen über das Touristenamt in Svolvær.

Fährverbindungen bestehen von Moskenes nach Bodø (tgl. bis mehrmals tgl.), von Svolvær nach Skutvik auf Hamarøy (Anschluss an die E6, drei- bis achtmal tgl.), von Svolvær nach Digermulen (mehrmals tgl.). Über diese Verbindungen informiert OVDS, Tel. 82079009 und 75541741. Außerdem Fährverbindungen von Fiskebøl nach Melbu/Vesterålen (E10 Richtung Narvik, sechs- bis 15mal tgl.), Information über Nordtrafikk, Tel. 76111111. Außerdem **Katamaran-Verbindungen** (nur Passagiere und Fahrräder) von Reine und Å nach Værøy und Røst (zweimal tgl. während der Saison, Information über die Touristenbüros). Des Weiteren von Stamsund nach Bodø (einmal tgl.) sowie von Svolvær nach Bodø (einmal tgl. via Skutvik) und von Svlovær nach Narvik (einmal tgl., via Lødingen/E6), über die Verbindungen informiert OVDS (s.o.).

Flugverbindungen bestehen ab Svolvær, Leknes, Værøy sowie Røst nach Bodø, Widerøe: Tel. 81001200.

Für **Busverbindungen** im gesamten Archipel sowie zu den Vesterålen und nach Narvik ist zuständig Lofoten Trafikklag, Tel. 76064040, auf der Strecke nach Narvik und Fauske verkehrt NOR-WAY Bussekspress, Tel. 81544444.

Masi (N)

siehe Kautokeino

Mo i Rana (N)

Lage: Vordere Umschlagkarte B2

Polarsirkelen Reiseliv
Postboks 225, 8601 Mo i Rana
Tel. 75139200, Fax 75139209

Fammy Hotel
Ole Tobia Olsengata 4
Tel. 75151999, Fax 75151990
Günstig (Zimmer 545 NOK), von allen Hotels mit Abstand am preiswertesten, dabei recht ordentlich.

Rana Gjestgiveri
Hans Wølnersgata 10, Tel./Fax 75152211
Günstig, gut geführte Pension, angenehme Zimmer.

Mo i Rana Vandrerhjem
Lundheim, Tel. 75150963
Günstig, Jugendherberge, 8.5.–31.8., auch Zimmer, 200–350 NOK.

Das Touristenbüro informiert über **Wanderungen im Saltfjell-Svartisen-Nationalpark** und organisiert Besteigungen des **Okstindbreen** (höchster Berg Nord-Norwegens) sowie **Gletschertouren.**
Frikult Sentret, Tel. 75 16 70 67, Fax 75 15 57 70, bietet im Sommer tgl. Bergwanderungen, Kletter- und Kanu-/Kajak-Kurse, Rafting-Touren und Floßfahrten.

Informationen über **Flugverbindungen:** SAS Tel. 81 00 33 00, Widerøe Tel. 81 00 12 00; **Zugverbindungen:** Tel. 81 50 08 88-1; **Busverbindungen:** Tel. 81 54 44 44.

Muonio (FIN)

Lage: Vordere Umschlagkarte F4
Vorwahl 016

Muonio matkailuneuvonta
PB 25, 99301 Muonio (ausgeschildert), Tel. 53 43 12, Fax 53 27 74
www.muonio.fi

Hotel Jerismaja
Jerisjärvi (ca. 4 km außerhalb)
Tel. 55 85 11, Fax 53 85 08
Günstig und klein.
Lomamaja Pekonen
Lahenrannantie 10
Tel. 53 22 37, Fax 53 22 36
Günstig (Betten 75 FIM, Unterkunft in Cottages 150 FIM/Person), 1. 4.–30. 9., angenehme und gut geführte Jugendherberge.

Über **Wanderungen, Angeltouren** und Besuch von **Rentierfarmen** informiert das Touristenbüro.
Auch Kanutouren bieten sich an, doch Renner jeder Saison sind die **Rafting-Touren** von 6 km Länge, die für jedermann machbar sind: Harrinivan Lomakeskus, Tel. 53 24 91, der Spaß kostet 110 FIM/Person.

Informationen über **Busverbindungen** im Touristenbüro.

Narvik (N)

Lage: Vordere Umschlagkarte D5
Stadtplan S. 147

Kongensgata 66 (E 6)
Tel. 76 94 33 09, Fax 76 94 74 05

Grand Royal Hotel
Kongensgata 64
Tel. 76 94 15 00, Fax 76 94 55 31
Moderat–teuer, bestes Hotel der Stadt, hässlich von außen, aber ansprechende Komfortzimmer.
Breidablikk Gjestgiveri
Tore Hundsgata 41
Tel. 76 94 14 18, Fax 76 94 57 86
Billigste Zimmer in der Stadt, ab 400 NOK.
Narvik Vandrerhjem
Havnegata 3
Tel. 76 94 25 98
Günstig (Betten 150 NOK, Doppelzimmer 410 NOK), 1. 4.–31. 10., direkt an der E 6 gelegene Jugendherberge in einem etwas heruntergekommenen Steinhaus, mäßige Ausstattung.
Narvik Camping
Tel. 76 94 58 10
Günstig (empfehlenswerte Hütten 425–550 NOK), an der E 6 nördlich der Stadt gelegen, daher recht laut, einfache, oft unzureichende sanitäre Einrichtungen, kaum Stellplätze für Zelte.

Astrupkjelleren
Kinobakken 1, Tel. 76904 02
Rustikal-gemütliches Keller-Restaurant mit historischen Stadtfotos, guten und günstigen Tagesgerichten, abends »der« Treff in der Stadt.

Kriegsgedenkmuseum
7.6.–22.8. tgl. 10–22 Uhr, 1.3.–6.6. und 23.8.–30.9. tgl. 10–16 Uhr.
Erzverladeanlage
Tgl. gegen 13 Uhr 90-minütige Führungen, zu buchen über das Touristenbüro.
Ofot Museum
Mo–Fr 10.30–15.30 Uhr, im Sommer auch an den Wochenenden.

Zahlreiche **Wandermöglichkeiten,** außerdem **Fjord-** und **Angeltouren,** Fahrten mit der **Erzbahn** aufs Bjørnfjell und anderes mehr, das Touristenbüro (s. o.) organisiert und informiert.

Winterfestwoche im März, bei der man der Männer und Frauen gedenkt, die die Erzbahn gebaut haben, zahlreiche Veranstaltungen, eine Art Karneval.

Informationen über **Flugverbindungen:** SAS Tel. 81003300, Widerøe Tel. 81001200; **Zugverbindungen:** Tel. 76923121 und 76947989; **Busverbindungen:** Richtung Lofoten/Vesterålen Tel. 76064040, alle sonstigen Destinationen Tel. 81544444.

Neiden (N)

Lage: Vordere Umschlagkarte H6

Zuständig ist das Büro in Kirkenes (s. S. 260).

Neidenfoss Camping
an der E6 ausgeschildert
Tel. 78996203
Günstig–moderat (Hütten 250–890 NOK), großer Platz, beliebt bei Lachsanglern, viele Hütten.
Neiden Fjellstue
an der E6 ausgeschildert
Tel. 78996141, Fax 78996188
Günstig (Hütten 360–460 NOK), auch Camping, vor allem aber Hütten.

Angelscheine für den Neidenelv (Lachs) bekommt man auf dem Neidenfoss Camping (s. o.). **Hochseeangelfahrten** bietet die Neiden Fjellstue (s. o.).

Informationen über **Busverbindungen** s. Kiruna, S. 261f.

Nikkaluokta (S)

(mit Kebnekaise)
Lage: Vordere Umschlagkarte D4
Vorwahl 0980

Informationsbüro in Kiruna (s. S. 261, organisiert auch Transport nach Nikkaluokta und zum Kebnekaise) sowie Nikkaluokta Turist AB (s. u.) und die Kebnekaise Fjällstation (s. u.).

Nikkaluokta Turist AB
Tel. 55015, Fax 55045
Günstig (Hütten 130–150 SEK/Person), Caravanplatz, angeschlossen ist ein Restaurant.
STF Kebnekaise Fjällstation
Kebnekaise, Tel. 55000, Fax 55048
Günstig (230–320 SEK/Person), Mitte März bis Mitte Sept., großer Komplex, sehr gehobene Ausstattung mit allen Annehmlichkeiten eines Hotels.

In **Nikkaluokta** dreht sich alles um **Wanderungen,** in der Station erhält man alle Informationen, kann auch den Boots-, Helikopter- oder (im Winter) Schneescooter-Transport zur Kebnekaise Fjällstation buchen. Auch **Kebnekaise** ist ein Paradies für **Wanderungen,** Infos in der Fjällstation, wo auch organisierte Wanderungen und Besteigungen des Kebnekaise angeboten werden.

Informationen über **Busverbindungen**: Nikkaluokta Turist AB.

Nordkap (N)

Lage: Vordere Umschlagkarte F8

Nordkap Reiseliv
9751 Honningsvåg, Boks 34
Tel. 78 47 52 99, Fax 78 47 35 43

Rica Hotel
Nordkappgata 4, Honningsvåg
Tel. 78 47 23 33, Fax 78 47 33 79
Moderat–teuer, bestes Hotel der Stadt.

SIFI Sommerhotel
Honningsvåg
Tel. 78 47 28 17, Fax 78 47 35 11
Moderat, 20. 5.–20. 8., angenehmes Hotel mit großem Komfortangebot und zivilen Preisen.

Nordkapp Turistsenter
Skarsvåg, Tel. 78 47 52 67, Fax 78 47 52 10
Moderat, 15. 5.–15. 9., angenehme Zimmer, für Nordkap-Verhältnisse günstig.

Nordkap Camping og Vandrerhjem
Honningsvåg, außerhalb Richtung Kap
Tel. 78 47 33 77, Fax 78 47 11 77
Günstig (Betten 150 NOK), 15. 5.–30. 9., Jugendherberge mit einfacher Ausstattung, keine Doppelzimmer. Campingplatz auf sehr schönem Wiesenterrain, Hütten ab 400 NOK.

Kirkeporten Camping
Skarsvåg
Tel. 78 47 52 33, Fax 78 47 52 47
Günstig–moderat (Hütten 360–900 NOK), 20. 5.–31. 8., nördlichster Campingplatz der Welt, schön und ruhig nahe dem Kap gelegen.

Nordkaphalle/Nordkapfelsen
Juni–Aug. tgl. 9 bis 2 Uhr, sonst nach Vereinbarung (über das Touristenbüro in Honningsvåg), der Eintritt (auch zum Felsen!) beläuft sich auf 175 NOK/ Person, Kinder zahlen 50 NOK, Studenten 100 NOK, Familienkarte 350 NOK.

Nordkapmuseum
Honningsvåg
15. 6.–15. 8. Mo–Sa 11–20 Uhr, So ab 13 Uhr, sonst Mo–Fr 12.30–16 Uhr.

Gjesvær Turistsenter
Gjesvær
Tel. 78 47 57 73, Fax 78 47 57 07
Organisiert Wanderungen auf Magerøya sowie Angel- und Bootstouren, Fotosafaris, Besuch von Vogelfelsen.

Nordkapp Safari
Honningsvåg
Tel. 78 47 27 94, Fax 78 47 37 45
1. 6.–15. 9., Angel- und Fototouren sowie insbesondere Deep Sea Rafting-Touren für alle, die das Kap auch vom Meer her sehen wollen.

Nordkap-Festival (Mitte Juni) mit ›Nordkap-Marsch‹ von Honningsvåg zum Kap, der mit einer Länge von 70 km zu den anstrengendsten Volksläufen der Welt zählt.

Informationen über **Flugverbindungen** ab Honningsvåg: SAS Tel. 81 00 33 00, Widerøe Tel. 81 00 12 00; **Busverbindungen:** Tel. 78 47 58 50; **Hurtigrute:** Tel. 82 07 90 09 und 75 54 17 41.

Nusfjord (N)

siehe Lofoten

Øvre-Dividal-Nationalpark (N)

Lage: Vordere Umschlagkarte D/E5

Informationen über den Nationalpark bei **Troms Turlag,** Tel. 77685175 in Tromsø, und **Turistinformasjon Andselv,** Tel. 77834225.

Øvre-Pasvik-Nationalpark (N)

Lage: Vordere Umschlagkarte H6

Zuständig für das Pasvikdal und den Nationalpark ist das Touristenbüro in Kirkenes (s. S. 260). Vor Ort bekommt man alle erforderlichen Informationen im **Øvre Pasvik Café og Camping** (s. u.).

Øvre Pasvik Café og Camping
Vaggetem, Tel./Fax 78995530
Günstig (Hütten 350 NOK), angenehmer Wildnisplatz mit sehr guten Ferienhütten, außerdem werden sieben Wildnishütten vermietet.

Im **Øvre Pasvik Café** bekommt man gut hausgemachte Speisen, das **Pasvik Taiga** in Skogfoss/Pasvik hat sich einen Namen als Gourmet-Restaurant gemacht (traditionelle Küche, viel Wild.

Øvre Pasvik Café (s. o.) vermietet **Ruderboote** und **Kanus,** informiert über **Wanderungen** und bietet zahlreiche andere Naturaktivitäten. **Bärensafaris** und andere Aktivitäten hat das **Pasvikdalen Villmarksenter,** Tel. 78995001, Fax 78995325, im Angebot.

Pajala (S)

Lage: Vordere Umschlagkarte F3
Vorwahl 0978

Pajala Turism
Malmen, 98432 Pajala
Tel. 10015, Fax 71441

Hotel Smedjan
Fridhemsvägen 1
Tel. 10815, Fax 71775
Moderat (15.6.–15.8. günstig, 595 SEK/Doppelzimmer), bestes Haus der Stadt, gehobener Mittelklassekomfort, ausgestattet u. a. mit Restaurant.

Strands pensionat
Læstadiusvägen 3, Tel. 10289
Günstig (Doppelzimmer 400 SEK), einfach und schlicht.

Pajala Camping
Tannavallen, Tel. 71880
Günstig (Hütten 285 SEK für 2 Personen, ab 375 SEK für 4 Personen), 15.5.–30.9., großer Wiesenplatz, gute Ausstattung, u. a. Fahrrad-, Boots- und Kanu-Verleih.

Pajala Museum
Tel. 51036
22.6.–2.8. Mo–Fr 12–17 Uhr, Sa/So 13–17 Uhr, Ausstellung zum Thema Eisenerz.

Læstadius Pörte
Tel. 71384
22.6.–15.8. Mo–Fr 10–18 Uhr, Sa/So 12–18 Uhr, Haus des Priesters Lars Levi Læstadius.

Pajala Kyrka
Öffnungszeiten wie Læstadius Pörte.

Über **Wanderungen, Kanusafaris, Rentierscheidungen, Wildmarkaufenthalte, Angeltouren** und viele andere Aktivitäten informiert das Touristenbüro.

Informationen über **Busverbindungen** im Touristenbüro.

Pallas-Ounastunturi-Nationalpark (FIN)

Lage: Vordere Umschlagkarte F4/5
Vorwahl 016

Informationen über das Schutzgebiet im Touristenbüro von **Muonio** (s. S. 270) und im Touristenbüro von **Enontekiö** (s. S. 248). Außerdem am südlichen Parkeingang im Pallastunturi Natur Centre, Tel. 532451, Fax 532929, bei Muonio. Ebenso in Enontekiö im **Nature Centre,** Tel. 5330 56, Fax 533058. Beide Zentren verstehen sich als naturkundliche Ausstellungen, auch Dias und Videos werden gezeigt, es steht je eine Bibliothek zur Verfügung, hier erhält man auch Wanderkarten, Wanderinfos, kann ›Reservier-Hütten‹ im Schutzbereich buchen.

Im Nationalpark stehen zahlreiche, stets offene **Wanderhütten** zur Verfügung, außerdem sogenannte **Reservierhütten** (Buchung s. o.).
Hotel Pallastunturi
Tel. 532441, Fax 532741
Teuer, am südlichen Parkeingang neben dem Natur-Zentrum komfortable Einrichtung.

Hier dreht sich alles um **Wanderungen,** der von Süd nach Nord führende Hetta-Pallas-Trekk ist rund 55 km lang (3–4 Tage), auch kürzere Touren bieten sich an.

Busverbindungen von Muonio zum Pallastunturi Nature Centre, Informationen über das Touristenbüro.

Pello (FIN)

Lage: Vordere Umschlagkarte F3
Vorwahl 016

Tornionlaakson markkinointi
Kunnantie 4, 95700 Pello
Tel. 518267, Fax 513373

Pellonhovi
Kunnantie 2
Tel. 513911, Fax 513166
Günstig–moderat (450 FIN/Doppelzimmer im Sommer), gepflegtes Mittelklasse-Haus in Flussuferlage, mit Restaurant, Pool, Bar etc. ausgestattet.
Motelli Jätkänkolo
Pellontie, Tel. 513131, Fax 512855
Günstig (ab 130 FIN/Person), schlichtes Motel, gut und billig.
Camping Pello
Pellontie 31, Tel. 512494, Fax 513895
Günstig, 1.5.–31.8., gepflegter Wiesenplatz, gute Ausstattung, auch zahlreiche Hütten.

Angeln, Bootstouren und **Wanderungen** – das Touristenbüro informiert ausführlich.

Informationen über **Busverbindungen** im Touristenbüro.

Polarkreis/Napapiiri (FIN)

Lage: Vordere Umschlagkarte G3 (bei Rovaniemi)
Vorwahl 016

Santa Claus Village
Napapiiri, 96930 Rovaniemi
Tel./Fax 3562096
www.santaclausoffice.fi
Hier bekommt man auch das Polarkreis-Zertifikat.

Zahlreiche Cafés und Restaurants, mit allerdings vollkommen überzogenen Preisen.

Von **Santa Claus Village** aus verkehrt eine **Mini-Eisenbahn zum Polarkreis** (vorbei an einem Rentierpark), wo der **SantaPark** einlädt, Tel. 3330000, 10.6.–13.8. tgl. 11–18 Uhr, sonst Sa/So 12–18 Uhr.

Die Geschäfte des Weihnachtsmann-Werkstattdorfes gelten als die am besten bestückten für Lappland-Handarbeit von ganz Nord-Skandinavien, was sich aber auch in den Preisen widerspiegelt.

Busverbindungen nur von/nach Rovaniemi (s. S. 277).

Polarkreiszentrum/Saltfjell (N)

Lage: Vordere Umschlagkarte C3

Das Zentrum, Tel. 75166066, ist vom 1.5. bis 15.9. geöffnet: 1.5.–30.5. und 1.9.–15.9. tgl. 10–18 Uhr, 1.6.–20.6. und 1.8.–31.8. tgl. 9–20 Uhr, 21.6.–31.7. tgl. 8–22 Uhr.

Porjus (S)

Lage: Vordere Umschlagkarte E3
Vorwahl 0973

Zuständig ist das Touristenbüro in Jokkmokk (s. S. 255).

Hotel Rallarrosen
Strömgatan 28
Tel. 10255, Fax 10497
Moderat, außerordentlich gepflegtes Hotel mit Sauna, Restaurant, Pool, im Sommer, wenn Doppelzimmer 585 SEK kosten, sehr gutes Preis-Leistungs-Verhältnis.
Solberga Camping
2 km nördlich, Tel. 10456
Günstig, angenehmer kleiner Platz, auch Sauna und Café sowie mehrere Hütten.

Porjus Kraft Byggarland
15.6.–15.8. tgl. 9–16 Uhr, Kraftwerksmuseum.

Storlule Turism, Ålloluokta, Tel. 23012, Besuch von Rentierscheidungen, Samen-Sommersiedlungen, außerdem Angel- und Bootstouren.

Informationen über **Busverbindungen:** Tel. 020/470047.

Ramberg (N)

siehe Lofoten

Reine (N)

siehe Lofoten

Reisadalen (N)

Lage: Vordere Umschlagkarte E6

Nord-Troms Reiseliv
Postboks 3, 9080 Storslett
Tel. 77765800, Fax 77767660
Für den gesamten Großraum Nord-Troms zuständig.
Turistinformasjon Storslett
Tel. 77765676, 15.6.–15.8.

Nordlandia Storslett Hotel
Storslett, Kreuzung E6/R865
Tel. 77765200, Fax 7765290
Günstig (Zimmer 650–750 NOK), bestes Hotel der Region, mit Restaurant und Bar.
Reisa Hotel
Tel. 77765833, Fax 77765711
Gleiche Kategorie wie Nordlandia Storslett Hotel.
Fosselv Camping
Tel. 77764929
Günstig (Hütten 220–600 NOK), 26.5.–1.10., einfacher Campingplatz.
Elvebåtsenteret
Tel. 77767630, Fax 77764130
Günstig–moderat (Hütten 200, 225 und 1600 NOK), Campingplatz im Reisadalen, gleich dort, wo auch die Flusstouren starten.

Das Touristenbüro organisiert **Fjordtouren** (u.a. auch zur Lyngen-Halbinsel) und **Wanderungen, Outdoor-Aufenthalte** in Wildniscamps und natürlich **Bootstouren** auf dem Reisaelv, verkauft Angelscheine, Lachsfan-Saison 15.7.–15.9.
Hauptanbieter für **Flusstouren** ist Elvebåtsenteret (s.o.), wo auch Lachsangel-Kurse und Kanutrips auf dem Programm stehen. Bootstouren werden auch am Ende der R865 am Reisaelv angeboten, aber die Preise sind mit etwa 1000 NOK (2 Stunden) ziemlich happig (Handeln möglich).

Busverbindungen nur entlang der E6, Tel. 81544444.

Rovaniemi (FIN)

Lage: Vordere Umschlagkarte G3
Vorwahl 016

Lapland Travel Marketing
Koskikatu 1, 96101 Rovaniemi
Tel. 346270 und 3323455
Fax 3424650 und 3424650
www.rovaniemi.fi
www.laplandfinland.com
Hier bekommt man Informationen nicht nur zur Stadt und dem Umland, sondern zu gesamt Finnisch-Lappland.

City Rikala
Pekankatu 9
Tel. 3300111, Fax 311304
Günstig–moderat (im Sommer ab 430 FIM pro Doppelzimmer), viergeschossiger Bau im Herzen der Stadt, gehobene Mittelklasse.
Sky Hotel Rovaniemi
Ounasvaarantie
Tel. 335331, Fax 318789
Günstig–moderat (Sommerpreise ab 480 FIM), 3 km vom Zentrum auf einem Aussichtsberg in naturschöner Lage, Top-Ausstattung.
Aakenus Hotelli
Koskikatu 47
Tel. 3422051, Fax 3422021
Günstig, zweigeschossiges Familienhotel, zentrale Lage, gemütliche Zimmer.
Pension Matka Borealis
Asemieskatu 1, Tel./Fax 3420130
Günstig, 15 Zimmer und 2 Apartments in ruhiger Lage nahe dem Bahnhof.
Retkeilymaja Tervashonka

Hallituskatu 167, Tel./Fax 34 46 44
Günstig (Betten ab 90 FIM), Jugendherberge im Zentrum, gute Ausstattung.

Camping Ounasvaara
Ounasvaaran Hiihtokeskus
Tel. 36 90 56, Fax 36 90 61
Günstig, relativ kleiner Platz 3 km nördlich vom Zentrum, auch Hütten.

Camping Ounaskoski
Jäämerentie 1, Tel./Fax 34 53 04
Günstig, 1. 6.–31. 8., schöne Lage am Flussufer gegenüber der Stadt, gehobene Ausstattung, aber keine Hütten.

Valkoinen Peura
im traditionsreichen Rantasipi Hotel Pohjanhovi, Tel. 337 11
Der Name bedeutet übersetzt ›Weißes Rentier‹, und Ren und Elch, mitunter auch Bär, ansonsten Lachs, generell lappländische Spezialitäten, kommen in diesem guten und auch recht teuren Restaurant, das unter den Dutzenden im Zentrum herausragt, auf den Teller.

Lappland-Haus
Hallituskatu 7, Tel. 3 22 27 45

Arktikum
Pohjoisranta 4, Tel. 31 78 40
1. 5.–15. 6. und 16. 8.–31. 8. tgl. 10–18 Uhr, 16. 6.–15. 8. tgl. 10–20 Uhr, sonst Di–So 10–18 Uhr.

Umfassendes Angebot, das Touristenbüro informiert ausführlich.

Arctic Lifestyle, Tel. 0 40/5 22 01 37, Fax 0 16/36 40 87, bietet u. a. Bergsteigen, Parasailing und Rafting-Touren.

Arctic Safari, Koskikatu 6, Tel. 31 53 00, Fax 31 99 46, hat Jeep-Safaris, Rafting-, Angel- und Bootstouren im Programm.

Lapin Safarit Oy, Koskikatu 1, Tel. 3 31 12 00, Fax 3 31 12 22, bietet auch Winter-Abenteuer wie Rentier-, Schneescooter- und Hundeschlitten-Touren, ansonsten Rafting-Fahrten, MTB-Touren, Bootsexkursionen, Angelsafaris, Outdoor-Aufenthalte und vieles mehr.

Vom Werkstattdorf des Weihnachtsmannes (siehe Polarkreis) abgesehen, verkaufen in der Stadt zahlreiche Geschäfte Kunsthandwerk. Das Touristenbüro gibt eine spezielle Liste heraus, in der die empfehlenswertesten aufgeführt sind.

Mitte Juni lädt das Jutajaiset-Festival ein, ein internationales Folklore-Festival. **Anfang Juli** locken die sogenannten Sommermarkttage (traditioneller Markt), ebenfalls im **Juli** wird das weithin bekannte Roots'n River Bluesfestival veranstaltet.

Informationen über **Flugverbindungen:** Finnair Tel. 98 00-34 66 und 3 63 67 00; **Zugverbindungen:** Tel. 3 34 62 79; **Busverbindungen:** Tel. 02 00/40 60.

Saariselkä (FIN)

Lage: Vordere Umschlagkarte G5
Vorwahl 016

Pohjois-Lapin Matkailu Oy
Honkapolku 3, 99830 Saariselkä
Tel. 66 84 00 und 66 84 02, Fax 66 84 03
9–21 Uhr, auch zentrale Buchungsstelle für Unterkünfte und Aktivitäten.

Riekonkieppi
Raitopolku 2
Tel. 6 79 44 55, Fax 6 79 44 56
Günstig–moderat (ab 315 FIM), großer viergeschossiger Hotelkomplex, extrem breit gefächertes Sportangebot.

Tunturikeskus Kilopää
Tel. 667101, Fax 667121
Günstig–teuer, ›der‹ Treff für Wanderer, zum Komplex gehören ein Hotel, mehrere Hütten und ein Shelter für Wanderer.

Hotelli Teerenpesä
Saariseläntie 5
Tel. 668001, Fax 668002
Günstig (Betten ab 100 FIM), hauptsächlich junge Leute.

Das Angebot ist enorm, das Touristenbüro und alle Unterkünfte informieren ausführlich über **Wanderungen, Kanu-, MTB-** und **Angeltouren, Goldwasch-Safaris,** Besuch von **Rentierscheidungen** etc. Wer an geführten Touren interessiert ist oder Wanderausrüstung ausleihen möchte, wende sich u. a. an **Wilderness Safaris,** Tel. 668345, Fax 668346, oder **Lapland's Nature Experiences**, Kakslauttanen, Tel./Fax 626326.

Verkehrsverbindungen siehe Inari/Ivalo (S. 254f.).

Saltdal (N)

(mit Junkerdal und Rognan)
Lage: Vordere Umschlagkarte C3

Salten Reiselivslag
P.B. 224, Busstorget
8201 Fauske
Tel. 75643303, Fax 75643238

Norlandia Rognan Hotel
Rognan, E6
Tel. 75690011, Fax 75691372
Moderat, günstige Sommerpreise, bestes Hotel der Stadt, höchster Komfortstandard.

Fredheim Folkehøyskole
Rognan, Fredheimveien 17
Tel. 75690355, Fax 75690229
Günstig (Zimmer ab 360 NOK), 1.6.–1.9.

Graddis Vandrerhjem
Røkland/Junkerdal, R77 Richtung schwedische Grenze
Tel. 75694341
Günstig (Betten 110 NOK, Doppelzimmer 300 NOK), 20.6.–20.8., Jugendherberge in einem ehemaligen Gehöft in einsamer Wald- und Wiesenlage, wunderschöne kleine Campwiese.

Rognan Camp og Turistsenter
Rognan, E6
Tel. 75690088
Günstig–moderat (Hütten 170–700 NOK), Campingplatz in schöner Lage direkt am Fjord.

Polar Camping
Røkland, E6, Tel. 75694103
Günstig (Hütten 250–480 NOK), 1.5.–1.9., direkt an der E6 auf einer großen Wiese gelegener Übernachtungsplatz.

Saltdal Turistcenter
Røkland, E6
Tel. 75694100, Fax 75694118
Moderat, urgemütliches Restaurant, luxuriöse Blockhütten, zum Campen nicht geeignet.

Junkerdal Turistsenter
Tel. 75694346
Günstig (Hütten ab 350 NOK), große Wiese, gute Ausstattung, auch Restaurant, Shop.

Saltdal Bygdetun
Mo–Fr 8–15 Uhr, Sa 12–16 Uhr, So 13–18 Uhr, Freilichtmuseum.

Informationen über **Busverbindungen:** Tel. 81544444.

Saltoluokta (S)

Lage: Vordere Umschlagkarte D3
Vorwahl 0973

Saltoluokta Fjällstation STF
Saltoluokta
Tel. 4 10 10, Fax 4 10 13
Günstig, 2.6.–19.9., wunderschön auf einem Fjellhügel über dem See gelegener Jugendherbergskomplex mit Restaurant, Lebensmittelladen, Kiosk, Café, Hütten, Schlafsälen, 2- und 4-Bett-Zimmern, Kanuverleih und Wanderinfos.

Neben Kvikkjokk und Abisko ist diese Fjällstation diejenige, die in Lappland am stärksten von Wanderern frequentiert wird, auch Kanutouren bieten sich an, zudem werden Boots- sowie Klettertouren organisiert.

Informationen über **Busverbindungen** in der Jugendherberge.

Setermoen (N)

siehe Bardu

Skaidi (N)

Lage: Vordere Umschlagkarte F7

Zuständig ist das Büro in Hammerfest (s. S. 252), in Skaidi selbst findet sich vom 15.6. bis 15.8. nur ein **Info-Kiosk**, Tel. 78 41 62 80.

Skaidi Kro og Motell
Tel. 78 41 61 23, Fax 78 41 61 59
Günstig–moderat, wo man zu Preisen zwischen 450 und 700 NOK unterkommt.

Das Touristenbüro informiert über **Wanderungen** und Besuche von **Samen-Sommerlagern.**

Informationen über **Busverbindungen:** Tel. 78 40 70 00.

Skibotn (N)

Lage: Vordere Umschlagkarte E6

Nord-Troms Reiseliv
Postboks 3, 9080 Storslett
Tel. 77 76 58 00, Fax 77 76 76 60
Für den gesamten Großraum Nord-Troms zuständig.
Turistinformasjon Skibotn
Tel. 77 71 54 77, 15.6.–15.8.

Skibotn Turisthotell
Tel. 77 71 53 00, Fax 77 71 55 06
Moderat, Komforthaus, u.a. mit Restaurant und Bar.
Skibotn Pensjonat
Tel. 77 71 55 35
1.5.–1.11., mit Preisen von 200 bis 350 NOK unschlagbar günstig.
Helligskogen Vandrerhjem
Tel./Fax 77 71 54 60
Günstig (Betten 100 NOK, Doppelzimmer pro Person 125 NOK), 20.6.–20.8., Jugendherberge im oberen Skibotndal Richtung finnische Grenze abseits der Straße in naturschöner Fjell-Umgebung gelegen.
Skibotn Camping
Tel. 77 71 52 77
Günstig–moderat, 15.6.–20.8., nahe dem Meer und der E6 in Skibotn gelegener Übernachtungsplatz mit Hüttenvermietung.
Brennfjell Camping
Tel./Fax 77 71 52 58
Günstig (Hütten 200–350 NOK), Juni–Aug., 10 km talaufwärts Richtung

finnische Grenze wildromantisch am Fluss gelegen.

Über **Wanderungen** und **Angeltouren** (insbesondere Lachs) informiert das Touristenbüro.

Informationen über **Busverbindungen:** Tel. 81 55 55 55 und die Touristenbüros.

Skoganvarre (N)

siehe Lakselv

Sodankylä (FIN)

Lage: Vordere Umschlagkarte G4
Vorwahl 016

Sodankylän matkailuneuvonta
Jäämrentie 3, 99600 Sodankylä
Tel. 61 81 68, Fax 61 34 78

Sodankylä Hotelli
Unarintie 15
Tel. 61 71 21, Fax 61 71 77
Günstig–moderat (im Sommer 400 FIM pro Doppelzimmer), von außen eine recht hässliche Betonschachtel, doch der Komfortstandard ist hoch, die Ausstattung – u. a. mit Hallenbad, Restaurant, Sauna – top.
Camping Sodankylä Nilimella
Kelukoskentie 5
Tel. 61 21 81, Fax 61 15 03
Günstig, 1.6.–13.8., angenehmer Wiesencampingplatz, relativ groß, zahlreiche Hütten.

Sodankylä Kirche
Juni–Aug. 9–20 Uhr, Mai und Sept. 10–16 Uhr.

Informationen über **Busverbindungen** im Touristenbüro.

Stabbursdal (N)

siehe Lakselv

Stamsund (N)

siehe Lofoten

Storuman (S)

Lage: Vordere Umschlagkarte D1
Vorwahl 0951

Länsturismen Västerbotten
Box 113, 92322 Storuman
Tel. 1 41 10, Fax 1 41 09.

Hantverkshuset
Resecentrum (ausgeschildert)
20. 6.–15. 8. tgl. 10–17 Uhr, Künstler und Handwerker aus der Gegend zeigen ihre Arbeiten.
Heimatmuseum
ausgeschildert, 20. 6.–15. 8. Mo–Fr 10–15 Uhr, Sa/So ab 11 Uhr.
Stensele-Kirche
Stensele
20. 6.–15. 8. tgl. 10–16 Uhr.

Das Touristenbüro informiert über **Wanderungen, Boots-** und **Angeltouren.**

Informationen über **Busverbindungen:** Tel. 0 20/47 00 47; **Zugverbindungen:** Tel. 0 63/10 86 72).

Svolvær (N)

siehe Lofoten

Tärnaby (S)

Lage: Vordere Umschlagkarte C2
Vorwahl 0954

Tärnafjällens Turistbyrå
V. Strandvägen 1, 92064 Tärnaby
Tel. 120450, Fax 14530
www.tarnaby.se

Tärnaby Fjällhotell
Tel. 10420, Fax 10637
Moderat, Komfort-Hotel mit großem Aktivitätsangebot in panoramareicher Hanglage über dem Ort, Zimmer und Apartments vom Feinsten.

Fjällvidens Hus
Tel. 10425, Fax 10680
Günstig–moderat, direkt an der Talstation der Seilbahn gelegenes Mittelklasse-Hotel mit Restaurant und Pub, Zimmer und Hütten.

Samegården
Tärnafors, Tel./Fax 10440
5km außerhalb von Tärnaby ausgeschildert und dem Samenmuseum angeschlossen, einfaches Holzhaus, Basiskomfort, aber mit Preisen von 75SEK pro Person unschlagbar günstig.

Tärnaby Camping
Tel. 10009, Fax 10558
Günstig–moderat, großer Campingplatz der Spitzenkategorie mit großem Komfort-Angebot, auch Hütten in verschiedenen Größen.

Tärna Fjällby
Blå Vägen, Tel. 10480, Fax 10344
Günstig–moderat, Caravan- und Wohnmobilcamp, außerdem große Auswahl an Hütten und eine Jugendherberge, in der man 125 SEK pro Person bezahlt.

Alpinarium
2.7.–8.8. tgl. 10–17 Uhr.

Sessellift zum Laxfjäll, während der Sommersaison vom 2.7. bis 8.8. geöffnet. Vom 5.7. bis 9.9. lädt in Tärnaby ein täglich wechselndes Fjell-Aktivitäts-Programm ein, angeboten werden u.a. **Gletschertouren, Höhlenexkursionen, Wanderungen, Boots-** und **Angeltouren** und andere Aktivitäten. Organisator ist Tärna Fjällturer, Tel. 30595. Das Touristenbüro informiert umfassend, auch über Wanderungen.

Informationen über **Busverbindungen** nach Stockholm: Tel. 0951/33370, sonstige Verbindungen Tel. 020/706500.

Tana bru (N)

(mit Skipagurra)
Lage: Vordere Umschlagkarte G7

Turistinformasjon Tana
Miljøbygget
Postboks 41, 9845 Tana
Tel. 78925398, Fax 78925369
10.6.–29.8. tgl. geöffnet, sonst Mo–Fr.

Tana Turisthotell
Tel. 78928198, Fax 78928005
Moderat, moderne Anlage, mittlerer Komfortstandard, Restaurant und Bar, auch ein Campingplatz mit Hüttenvermietung (250 und 400NOK) ist angeschlossen.

Polmakmoen Gjestegård
Polmak, Tel./Fax 78928990
Günstig–moderat, schönes Wohnen am Fluss, wo auch die Bootstouren veranstaltet werden.

Tana Familiecamping
Tel. 78928198
Günstig–moderat, 15.6.–15.9., angenehmer Platz, viele Hütten.

Deanu Musea
10.6.–29.9. tgl. 11–17 Uhr, Thema des Museums ist die Lachsfischerei, es werden auch Führungen in der Polmak-Kirche aus dem 19. Jh. veranstaltet.

Flussboot-Touren auf dem Polmakelva organisiert der Polmakmoen Gjestegård (s. o.), das Touristenbüro bietet auch Bootstouren auf dem Tanaelva an, **Ausritte** und **Angeltrips** (Lachs) organisiert das Levajok Ride- og Leirsenter, Tel. 78928714.

Informationen über **Busverbindungen:** Tel. 78407000.

Tornio (FIN)

Lage: Vordere Umschlagkarte G2
Stadtplan S. 71
Vorwahl 016

Tornio & Haparanda Turistbyrå Green Line
95400 Tornio, E 4, direkt an der Zollstation
Tel. 432733, Fax 480048
www.tornio.fi

Kaupungin Hotelli
Itäranta 4
Tel. 43311, Fax 482920
Günstig im Sommer (410 FIM pro Doppelzimmer inkl. Frühstück), direkt im Zentrum gelegenes Top-Hotel der Stadt mit allen Annehmlichkeiten.

Hostel Tornio
Kivirannantie 13–15
Tel. 482144, Fax 482575
Günstig (Betten 70 FIM, Doppelzimmer 150 FIM, Frühstück 25 FIM), 17.5.–13.8., 2 km nördlich vom Zentrum gelegene Jugendherberge, gute Ausstattung.

Camping Tornio
Matkailijabtie,
Tel. 445945, Fax 445030
Günstig (Hütten für 2, 4 und 6 Personen ab 220 FIM), 2,5 km außerhalb Richtung Kemi am Meer gelegen, mit Fahrrad- und Bootsverleih.

Isonära Camping
Alavojakkala, Tel. 448455
Günstig (Hütten 120–220 FIM), 10.6.–15.9., 8 km nördlich an der V 21 bei Dravaisensaari gelegen, einfach, aber billigst.

Kaupungin Hotelli
Itäranta 4, Tel. 43311
Im besten Hotel der Stadt (s. o.) finden sich gleich zwei Restaurants, die auf Wild-, Ren- und Lachsgerichte spezialisiert sind, teuer, aber ausgezeichnetes Preis-Leistungs-Verhältnis.

Tornio-Kirche (Tornion Kirkko)
Vapaudenkatu, 24.5.–31.8. Mo–Fr 9–17 Uhr, 14.6.–18.8. auch So 12–18 Uhr.

Orthodoxe Kirche (Ortodoxinen Kirkko)
Länsiranta (nahe Touristenbüro), geöffnet wie Tornio-Kirche.

Alatornio-Kreuzkirche
Parasniementie
20.6.–31.8. Mo–Fr 9–15 Uhr.

Wasserturm
Nahe Tornio-Kirche, im Sommer tgl. 9–22 Uhr.

Keminmaa
Vanha Kirkko (ca. 15 km nordöstlich von Tornio), Mo–Sa 9–17 Uhr, So ab 12 Uhr.

Heimatmuseum (Tornionjokilaakson maakuntamasueo)
unterhalb der Alatornio-Kreuzkirche

20. 6.–31. 8. Di–Fr 12–16 Uhr, Sa/So bis 17 Uhr.
Kunstmuseum (Aine)
Torikatu 2, Tel. 43 24 38
Di–Do 11–18 Uhr, Fr–So 11–15 Uhr.
Tervola
Freilichtmuseum, ca. 50 km nördlich von Tornio, 15. 6.–15. 8., tgl. 10–17 Uhr.

Bootsausflüge in die Schärenwelt und auf dem Tornio-Fluss, des Weiteren **Lachsangeln,** bietet neben anderen Veranstaltern
Hopeakylki, Pirankatu 8, Tel. 48 06 66, Fax 48 06 55.

Rund ums Jahr, Schwerpunkt Sommer, laden mehr als drei Dutzend Veranstaltungen ein, herausragend sind u. a. der **Tornio Sommermarkt** (Anfang Juni), das **Mittsommerfest** (Wochenende nach dem 21. 6.), das **Jazz- und Blues-Festival** (Anfang Juli), das **Lachs-Festival** (Mitte Juli) und das **Arctic Canoe Race** in der letzten Juli-Woche.

Informationen über **Busverbindungen:** Tel. 48 04 26 und 02 00-40 69.

Tromsø (N)

Lage: Vordere Umschlagkarte D6
Stadtplan S. 154

Destinasjon Tromsø
Storgata 3, 9001 Tromsø
Tel. 77 61 00 00, Fax 77 61 00 10.
Informationskiosk außerdem an der Europastraße in Hungeren/Tromsdalen, 20. 6.–31. 7.

Grand Nordic Hotel
Storgata 4
Tel. 77 68 55 00, Fax 7 68 25 00
Teuer (Zimmer mehr als 1200 NOK), außerordentlich komfortables Hotel.
Kongsbakken Gjestehus
Skolegata 24
Tel. 77 68 22 08, Fax 77 68 80 44
Günstig–moderat (Zimmer 540 NOK, Mehrpersonenzimmer 200 NOK/Person), eine der empfehlenswertesten Pensionen in der Innenstadt.
Skipperhuset Pensjonat
Storgata 112, Tel. 77 68 16 60
Günstig, Fischerheim, auch für Touristen, relativ hoher Komfortstandard.
Tromsø Vandrerhjem
Elverhøy, Gitta Jønsonsvei 4
1 km vom Zentrum entfernt
Tel. 77 68 53 19
Günstig (Betten 115 NOK, Doppelzimmer 230 NOK), 20. 6.–18. 8., Jugendherberge in dreigeschossigem Betonkasten, gehobene Ausstattung.
Tromsdalen Camping
Tromsdalen, ca. 3 km vom Zentrum entfernt, Tel. 77 63 80 37
Günstig–moderat (Hütten 300–800 NOK), der Campingplatz ist von Ende Juni bis Mitte August oft überfüllt, dann auch ziemlich unsauber.
Skittenelv Camping
Skittenelv, 25 km nördlich
Tel. 77 69 00 26, Fax 77 69 00 50
Günstig, nächstgelegener Ausweichplatz.

Brankos
Storgata 57, Tel. 77 68 26 73
Jugoslawische Küche, sehr lecker, sehr gemütlich, großer Weinkeller.
Midnattsol Seafood and Mongolian Grill
Stortorget 2, Tel. 77 68 96 66
Meeresfrüchte, Fisch und eben mongolische Spezialitäten.

Pizzahuset
Skippergata 44, Tel. 77 68 41 0
Außerordentlich leckere, üppig belegte und günstige Pizzen im Haus und im angenehmen Biergarten.

Eismeerkathedrale
Tromsdalen
Mai tgl. 16–18 Uhr, 1.6.–15.8. Mo–Sa 10–20 Uhr, So ab 13 Uhr, 6.8.–15.9. tgl. 16–18 Uhr.
Seilbahn zum Storsteinen
Tromsdalen
1.4.–30.9. tgl. 10–17 Uhr, 20.5.–20.8. tgl. bis 1 Uhr.
Tromsø Museum
Lars Thøringsveg 10
1.6.–31.8. tgl. 9–20 Uhr, sonst Mo–Fr 8.30–15.30 Uhr, Sa 12–15 und So 11–16 Uhr.
Nordlichtplanetarium
Breivika
21.5.–20.8. Mo–Fr 11–12, 3.30–15, 16.30–18 Uhr, Sa/So 11–12, 13.30–15, 16.30–18 Uhr.
Polarmuseum
Søndre Tollbugata 11
15.5.–14.6. tgl. 11–18 Uhr, 15.6.–31.8. tgl. 11–20 Uhr, sonst 11–15 Uhr.
Domkirche
Storgata
3.6.–31.8. Di–So 12–16 Uhr.

Paletten
Storgata 51, Tel. 77 68 05 10
Tromsøs multikultureller Treffpunkt, billiges Essen, viel Musik.
øl-Hallen
Mack-Brauerei, Storgata 4
Tel. 77 62 45 80
Probier-Halle für Mack-Bier, gebraut in der nördlichsten Brauerei der Welt.
Blå Rock Café
Strandgata 14
Tel. 77 61 00 20
Gilt als das nördlichste Rock-Café der Welt, Pizza, Bier, Rock, Superstimmung und Wochenend-Rocknächte, die erst am frühen Morgen enden.

Tromsø Arrangement (s. o.) organisiert u. a. Wander-, Boots- und Angeltouren, informiert ausführlich über alle Aktivitäten in und um Tromsø.

Informationen über **Flugverbindungen:** SAS Tel. 81 00 33 00 und 77 63 46 90, Widerøe Tel. 81 00 12 00, Brathens Tel. 77 66 00 00; **Busverbindungen:** Tel. 81 54 44 44; **Hurtigrute:** Tel. 77 64 82 00.

Urho-Kekkonen-Nationalpark (FIN)

Lage: Vordere Umschlagkarte G/H5
Vorwahl 016

Urho Kekkonen National Park and Koilliska Visitor Centre, Tankavaara
Tel. 62 52 51, Fax 62 61 13
1.6.–31.8. tgl. 10–17 Uhr, alles Wesentliche über Flora und Fauna des Nationalparks sowie über Wanderungen.
Pohjois-Lapin Matkailu Oy
Honkapolku 3, 99830 Saariselkä
Tel. 66 84 00, Fax 66 84 05
Haupt-Touristenbüro der Region, zahlreiche Broschüren und Kartenmaterial zum Schutzgebiet.
Urho-Kekkonen Savukoski Visitor Centre, Savukoski
Tel. 84 14 01, Fax 84 11 25.

Im Schutzgebiet laden Hunderte Kilometer an **Wanderwegen** ein, zahlreiche Übernachtungshütten sind zu finden. Wer an geführten Touren bzw. am **Angeln** und an **Boots-/Kanutouren** interessiert ist, oder wer Wanderausrüstung ausleihen möchte, wende sich in Saariselkä u. a. an **Wilderness Safaris**, Tel. 668345, Fax 668346, oder **Lapland's Nature Experiences**, Kakslauttanen, Tel./Fax 626326.

Utsjoki (FIN)

Lage: Vordere Umschlagkarte G6
Vorwahl 016

Utsjoen kunnan matkailuneuvonta
PL 41, 99981 Utsjoki
Tel. 686234 (1.6.–30.9.) bzw. 686111 (1.10.–31.5.), Fax 677339

Hotel Pohjan Tuli
Tel. 677771, Fax 677168
Moderat, 6 km außerhalb in schöner Flusslage gelegenes Komforthotel mit Restaurant, großem Sportangebot, Whirlpool und gleich drei Saunen.
Utsjoki Caravan Park
Syrjälä, Tel. 677213
Günstig, 27.5.–30.9., naturschöner kleiner Platz, auch 13 Vier-Bett-Hütten.
Teno Highland Cottages
Tanssijoki, Tel./Fax 678901
Günstig–moderat, wunderschöne Naturlage, große Auswahl an unterschiedlichen Hütten, man kann auch seinen Caravan oder das Zelt aufstellen.
Lohiotto Holiday Cabins
Tel./Fax 677485
Moderat, 2 km südlich von Utsjoki direkt am Flussufer gelegene Anlage mit sehr komfortablen Hütten, die u. a. alle mit Sauna und offenem Kamin ausgestattet sind.

Kirchdorf-Freilichtmuseum
E75 vor Utsjoki
1.6.–30.9. tgl. 10–18 Uhr.

Allradsafaris, Angeltouren, Wanderungen, im Winter **Ski-Trekks** und **Schneemobil-Exkursionen** bietet Poronpurijat Tours, Bietju, Utsjoki, Tel. 677215.
Über die o. g. Unterkünfte kann man **Boote** ausleihen, dort werden, wie auch im Touristenbüro, **Bootstouren** und **Wanderungen** organisiert.

Informationen über **Busverbindungen** im Touristenbüro.

Varangerbotn (N)

Lage: Vordere Umschlagkarte G7

Turistinformasjon Nesseby
Varanger-Museum
9820 Varangerbotn, Tel. 78958255
14.6.–22.8. tgl., sonst Mo–Fr.

Varanger Museum
14.6.–22.8. Mo–Fr 10–18 Uhr, Sa/So 12–18 Uhr.

Informationen über **Busverbindungen:** Tel. 78956950 und 78951677.

Vardø (N)

Lage: Vordere Umschlagkarte H7

Zuständig ist das Touristenbüro in Kirkenes (s. S. 260). Vom 20.6. bis 20.8. außerdem **Vardø Turistkontor,** Postboks 45, 9951 Vardø
Tel. 78988270.
Touristenradio: Im Sommer informiert ein Sender auf FM 104,3 über die Highlights der Region.

Vardø Hotel
Kaigata 8
Tel. 78987761, Fax 78988397
Moderat, bestes Hotel der Stadt, auffallend hoher Standard.
Gjestegården Bed & Breakfast
Zentrum, Tel. 78987529
Günstig–moderat, einfache Pension, opulentes Frühstück.

Festung Vardøhus
10.6.–31.8. tgl. 8–22 Uhr.
Museum Vardøhus
15.6.–15.8. Mo–Fr 9–18 Uhr, Sa/So ab 10.30 Uhr.

Informationen über **Flugverbindungen:** Tel. 81001200; **Busverbindungen:** Tel. 78956950; **Hurtigrute:** Tel. 78999168.

Vesterålen (N)

(Andenes, Melbu, Sortland und Stokmarknes)
Lage: Vordere Umschlagkarte B/C5

Vesterålen Reiseliv
Postboks 243, Kjøpmannsgata 2
8401 Sortland
Tel. 76121555, Fax 76123666
Für die gesamten Vesterålen zuständig.
Andøy Reiseliv
Postboks 58, 8480 Andenes
Tel. 76115600, Fax 76115610
Melbu Turistinformasjon
Hafenkai, Melbu, Kiosk beim Anleger
20.6.–20.8.
Hadsel Turistinformasjon
Markedsbrygga, Stokmarknes
Tel. 76152955
20.6.–20.8.

Andenes
Norlandia Andrikken Hotel
Storgata 53
Tel. 76141222, Fax 76141933
Moderat, bestes Haus der Insel, hoher Komfortstandard, auch Restaurant, Bar und Disco.
Sjøgata Gjestehus
Tel. 76141637, Fax 76141453
Günstig, 20.5.–15.9., schlicht, aber billigst.
Andenes Vandrerhjem
Tel. 76141222, Fax 76141933
Günstig (Betten 125 NOK, Zimmer von 190 bis 450 NOK), Juni–Aug.
Andenes Camping
Tel. 76141412 (1.6.–1.9.), 76141222 (sonstige Zeiten), Fax 76141933
Günstig, schöne Lage direkt am Meer, für Wohnmobile, Caravans und Zelte.
Andenes Rorbucamping Grønnbua
Tel. 76141499, Fax 76142133
Moderat (Apartments für 850 NOK), Speicherhaus am Hafen, gemütliche 2-Zimmer-Apartments, kein Camping.

Melbu
Melbu Best Western
Tel. 76159000, Fax 76159250
Günstig–moderat (ab 350 NOK), direkt am Hafen gelegenes Mittelklassehotel.
Melbu Vandrerhjem
am Hafen
Tel. 76157106, Fax 76158382
Günstig (Doppelzimmer 250 und 360 NOK, Betten 125 NOK), gepflegte und saubere Jugendherberge.

Sortland
Sortland Nordic Hotel
Sortland, E 10
Tel. 76121833, Fax 76122202
Moderat, bestes Haus der Stadt.
Sortland Camping og Motel
ausgeschildert an der E 10
Tel. 76121377, Fax 76122578

Günstig, ruhig gelegener Wiesenplatz, viele Hütten, auch Zimmer.

Stokmarknes
Stokmarknes Turistsenteret
E 6, Tel. 76 15 29 99, Fax 76 15 29 95
Moderat, großzügige Anlage, Zimmer, Rorbuer und Hütten.
Stokmarknes Camping
Tel. 76 15 20 22
Günstig (Hütten 275 NOK), 1.6.–15.9., einfacher Platz.

Andenes
Walmuseum, Ortsmitte
15.6.–15.8. tgl. 8–20 Uhr, 25.5.–14.6. und 16.8.–19.5. tgl. 8–16 Uhr.
Polarmuseum
Ortsmitte, 10.6.–31.8. tgl. 10–18 Uhr.

Melbu
Norwegisches Fischindustriemuseum, an der E 10 ausgeschildert
20.6.–15.8. Mo–Fr 10–17 Uhr, Sa/So ab 11 Uhr, sonst nur Mo–Fr 10–14 Uhr.

Stokmarknes
Hurtigruten-Museum
E 10/Ortsmitte
15.6.–20.8. tgl. 10–18 Uhr, zum Museum gehört auch das alte Hurtigruten-Schiff ›Finnmark‹, das 1999 komplett restauriert wurde.

Møysaltur, Stokmarknes
Tel. 76 15 62 44, geführte Wanderungen auf den Møysalen, den mit 1262 m höchsten Berg der Vesterålen.
Natursentrum Sortland, Sortland
Tel. 76 12 40 08, Bergwandern, Kletter-, Kanu- und Kajak-Touren, Angeln, verschiedene Outdoor-Aktivitäten.
Whale Tours/Andøy Reiseliv
Andenes, Tel. 76 11 56 00, Fax 76 11 561 10
Tgl. 10.30 Uhr zwischen dem 25.5. und 15.9. **Walsafari**, bei großer Nachfrage auch tgl. 8.30, 15.30 und 17.30 Uhr.
Seehundsafari, c/o Whale Tours (s.o.), 25.6.–25.8. tgl. um 12 Uhr zur größten Seehundkolonie Norwegens.
Vogelfelsen Bleiksøya, c/o Whale Tours (s.o.), 1.6.–20.8. tgl. um 15.30 Uhr, 2 Std. Dauer, zu sehen sind Möwen, Papageitaucher, Tordalke und Trottellummen.
Tauchen im **Andøy Dykkesenter,** Andenes, Tel. 76 14 63 78, auch Verleih von Ausrüstungen, geführte Tauchgänge.
Reiten im **Andøy Ridesenter,** Andenes/Risøhamn, Tel. 76 14 72 97, auch Reitstunden.

Fährverbindungen bestehen von **Melbu nach Fiskebøl** auf den Lofoten (6- bis 15-mal tgl.) mit Nordtraffik (Tel. 76 11 11 11) und von **Andenes nach Gryllefjord/Insel Senja** südlich von Tromsø (30.5.–31.8., ab Andenes tgl. um 8, 12 und 17.30 Uhr, ab Gryllefjord tgl. um 10, 15 und 19.30 Uhr) – letztere Strecke ist als ›Whale Route‹ bekannt, Informationen erhält man über das Touristenbüro in Andenes (s.o.).
Flugverbindungen bestehen u.a. von Sortland, Stokmarknes und Andenes aus, Widerøe Tel. 81 00 12 00. **Busverbindungen:** Information für Busse Richtung Lofoten und Narvik über Tel. 76 06 40 40, Richtung Narvik außerdem über 76 11 11 11 und 81 54 44 44.
Mit den Schiffen der **Hurtigrute** ab Stokmarknes und Sortland
Tel. 82 00 79 00 9 und 75 54 17 41.

Vuotso (FIN)

(mit Tankavaara)
Lage: Vordere Umschlagkarte G5
Vorwahl 016

Zuständig ist das Informationsbüro in Saariselkä (s. S. 277), vor Ort bekommt man Informationen über die Unterkünfte sowie – in Sachen Wanderungen und Outdoor-Aktivitäten – im **Urho Kekkonen National Park and Koilliska Visitor Centre,** Tankavaara, Tel. 62 52 51, Fax 62 61 13.

Tankavaaran Kultakylä
Tankavaara
Tel. 62 61 58, Fax 62 62 61
Günstig (200–320 FIN für 2 Personen), rustikal-gemütliche Bleibe, Doppelzimmer sowie schlichte Hütten, angeschlossen ist ein außerordentlich uriges Restaurant.

Sompio Camping
Vuotso, Tel. 62 61 46
Günstig, 28.6.–30.8., schöne Uferlage, Wiese, auch Hütten.

Das o.g. **Infozentrum** des Urho-Kekkonen-Nationalparks in Tankavaara ist unbedingt einen Besuch wert, 1.6.–31.8. tgl. 10 bis 17 Uhr.

Tankavaara Goldmuseum
Tankavaara, Tel. 62 61 58, Fax 6 26 26
1.6.–31.8. tgl. 10–18 Uhr, im Hochsommer auch bis 21 Uhr, in der ersten August-Woche werden hier die Goldwäscher-Weltmeisterschaften ausgetragen.

Im Sommer werden auf dem Lokan-Stausee tgl. **Bootstouren** angeboten. Ausflüge zu Samendörfern bietet u.a. **Vuotso Reindeer Village**, Tel. 62 61 81, Fax 62 61 28. Die Rentierfarm **Joiku Kotsamo,** Taivallampi, Tel. 62 62 17, organisiert u.a. Touren zu Rentierscheidungen, bietet Kanutouren und Wanderungen an. Auf der **Purnumukka-**Rentierfarm, Purnumukka, Tel. 62 63 00, kann man alles lernen, was mit Rentierhaltung zu tun hat (z. B. Lassowerfen), auch Rentier-Safaris.

Informationen über **Busverbindungen** im Goldmuseum (s.o.).

Richtig Reisen *Service*

Reiseinformationen von A bis Z

Ein Nachschlagewerk – von A wie Anreise über N wie Notfälle bis Z wie Zeitungen – mit vielen nützlichen Hinweisen, Tipps und Antworten auf Fragen, die sich vor oder während der Reise stellen. Ein Ratgeber für die verschiedensten Reisesituationen.

Anreise

Reisedokumente

Für die Einreise nach Schweden, Norwegen und Finnland benötigen Bürger der Bundesrepublik Deutschland, der Schweiz und Österreichs einen gültigen Personalausweis bzw. eine Identitätskarte oder einen Reisepass. Für Kinder bis 16 Jahren genügt ein Kinderausweis, ab 10 Jahren mit Bild.

Kraftfahrzeuge müssen beim Grenzübertritt das Nationalitätskennzeichen tragen, die Internationale Versicherungskarte (Grüne Karte) ist nicht erforderlich, wird aber empfohlen. Der nationale Führerschein ist ausreichend (auch um ein Auto vor Ort zu mieten).

Mit dem eigenen Fahrzeug

Mittlerweile geht es auch ohne Fähren, doch eine Schiffsreise ist ein schöner Auftakt für die Nord-Skandinavien-Tour. Wer vom 15. Juni bis 15. August reist, ist gut beraten, eine Reservierung vorzunehmen. Welche der rund zwei Dutzend Verbindungen bevorzugt wird (s. Karte), hängt von der Routenwahl, aber auch vom Geldbeutel ab.

Die längste und teuerste Verbindung ist die mit dem Finnjet nach Helsinki, von wo man aber auch nur rund 850 km bis Erreichen des Polarkreises (Nordskandinavien-›Grenze‹) zurücklegen muss. Die Vogelfluglinie (Puttgarden/Fehmarn – Rødbyhavn/DK und Helsingør/DK – Helsingborg/S) ist die kürzeste und schnellste Verbindung, von Helsingborg beträgt die Distanz bis zum Polarkreis rund 1400 km. Wer durch Norwegen anreisen will, wird die von Hirtshals/DK oder Frederikshavn/DK nach Oslo bzw. Larvik bzw. Moss bzw. Kristiansand verkehrende Fähre bevorzugen und hat von dort aus ca. 1000 km bis zum Polarkreis vor sich. Aber die Strecke ist sehr kurvenreich, und man wird wesentlich länger benötigen als bei einer Fahrt durch Schweden.

Ein Preisvergleich lohnt, man sollte sich im Reisebüro, bei auf den Norden spezialisierten Agenturen (s. u.) bzw. den Fährlinien direkt (s. u.) beraten lassen und dort auch das Ticket erstehen, weil es in vielen Fällen billiger ist als am Fährhafen.

Fährrouten

Deutschland–Schweden: Kiel–Göteborg (Stena Line), Rostock–Trelleborg (TT-Line und Scandlines HansaFerry), Travemünde–Trelleborg (TT-Line), Sassnitz-Trelleborg (Scandlines HansaFerry):
Deutschland–Schweden via DK: Puttgarden–Rødby/DK und Helsingør/DK–Helsingborg, Puttgarden–Rødby/DK und Dragør/DK–Limhamn, Rostock–Gedser/DK und Helsingør/DK–

Helsingborg, Rostock–Gedser/DK und Dragør–Limhamn (alle Scandlines Vogelfluglinie)
Dänemark–Schweden: Frederikshavn–Göteborg (Stena Line), Grenå–Varberg (Stena Line), Helsingør–Helsingborg (Scandlines)
Polen–Schweden: Gdansk–Nynäshamn (Polferries), Gdynia–Karlskrona (Stena Line), Swinoujscie–Malmö (Polferries)
Deutschland–Norwegen: Kiel–Oslo (Color Line)
Dänemark–Norwegen: Frederikshavn–Oslo (Stena Line), Frederikshavn–Larvik/Moss, Hirtshals–Kristiansand, Hirtshals–Oslo, Hirtshals–Larvik/Moss (alle Color Line),
Deutschland–Finnland: Rostock–Helsinki (Silja Line), Lübeck–Helsinki (Finnlines und Viking Line), Travemünde–Helsinki (Finnlines und Viking Lines).
Schweden–Finnland: Stockholm–Mariehamn–Helsinki (Silja Line und Viking Line), Stockholm–Turku (Silja Line und Viking Line), Umeå–Vasa (Silja Line).

Fährgesellschaften

Color Line, Norwegenkai, 24143 Kiel, Tel. 0431/730000, Fax 0431/7300400, www.color-line.de
Polferries, c/o Reisebüro Darpol, Kaiser-Friedrich-Str. 19, 10585 Berlin, Tel. 030/3420074, Fax 030/3422472
Finnlines, Große Altefähre 24–26, 23552 Lübeck, Tel. 0451/1507443, Fax 0451/1507444
Scandlines, Hochhaus am Fährhafen, 18119 Rostock, Tel. 0180/5343441, Fax 0180/5343442, www.dfo.de
Silja Line, Zeißstr. 6, 23560 Lübeck, Tel. 0451/58990
Stena Line, Schwedenkai 1, 24103 Kiel, Tel. 0180/5333600, Fax 0180/5333605, www.stenaline.de
TT-Line, Mattentwiete 8, 20457 Hamburg, Tel. 040/36014 42–46, Fax 040/3601257, www.ttline.de
Viking Line, Skandinavienkai, 23570 Lübeck-Travemünde, Tel. 04502/86800, Fax 04502/868070

Reisebüros

Zahlreiche Reisebüros haben sich auf Skandinavien spezialisiert:
Reisebüro Norden, Große Bäckerstr., 3. 20095 Hamburg, Tel. 040/3600150, Fax 040/366483, www.reisebuero-norden.de
Reisebüro Norden, Immermannstr. 54, 40210 Düsseldorf, Tel. 0211/176840, Fax 0211/365532
Skandinavisches Reisebüro, Kurfürstendamm 106, 10719 Berlin, Tel. 030/8846040, Fax 030/88460450
Skandinavisches Reisebüro, Calwer Str. 17, 70173 Stuttgart, Tel. 0711/228783, Fax 0711/2264079

Mit dem Bus

Oslo, Stockholm, Helsinki und weitere Zielorte in Skandinavien werden u. a. vom Europabus angefahren, in den man in den meisten größeren deutschen Städten zusteigen kann. Auch Destinationen in Nord-Skandinavien stehen auf dem Programm bzw. sind mit Busanschluss schnell zu erreichen.

Informationen in spezialisierten Reisebüros (s. o.), bei den jeweiligen Fremdenverkehrsämtern (s. S. 294) sowie den Gesellschaften selbst:
Deutsche Touring, Adenauerallee 87, 20097 Hamburg, Tel. 040/2804538, Fax 040/2804838
Bayern Express & Kühn Berlin, Mannheimer Str. 33, 10713 Berlin, Tel. 030/860960, Fax 030/86096299
Eurolines, Am Römerhof 17, 60486 Frankfurt, Tel. 069/7903281, Fax 069/7074904

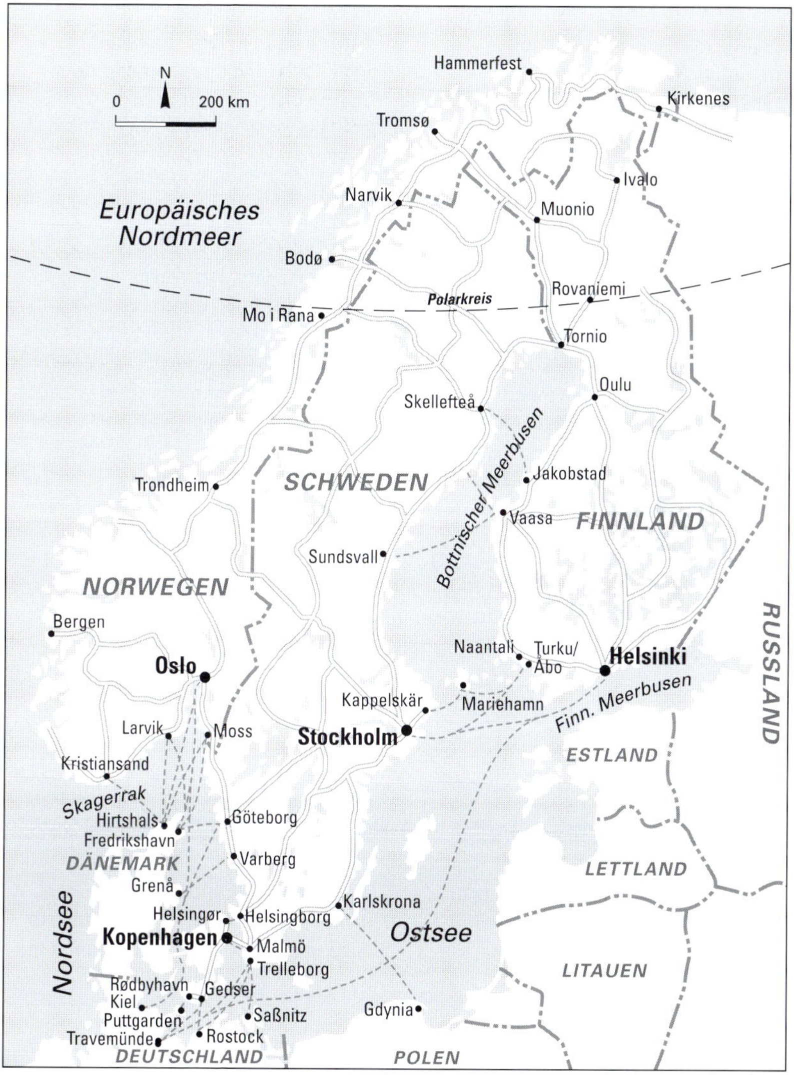

Fährverbindungen in Skandinavien

■ Mit der Bahn

Die Bahnanreise nach Finnland erfolgt über Kopenhagen (umsteigen) und Stockholm (umsteigen auf Fähre) nach Helsinki oder Turku. Von dort aus kann man per Schiene bis Rovaniemi am Polarkreis sowie nach Kolari gelangen.

Nach Schweden fährt man normalerweise über Hamburg und Kopenhagen nach Helsingborg (bzw. via Berlin und Sassnitz nach Trelleborg) und von dort weiter nach Stockholm oder Malmö mit Anschluss nach Kiruna und Narvik. Von Hamburg bis Oslo ist der Zug mindestens 15 Std. unterwegs (inkl. Fährzeiten), die nördlichste von dort aus erreichbare Destination ist Bodø.

Berücksichtigt man Benzin- und Fährkosten, die Abnutzung am Wagen, den Fahrstress und den ›Verlust‹ von mindestens einer Woche, kann die Bahnfahrt in den hohen Norden durchaus eine attraktive Alternative zum Autofahren darstellen. Man sitzt in außerordentlich bequemen Panoramawagen (es gibt natürlich auch Liege- und Schlafwagen sowie – in Norwegen – spezielle Abteile für Familien mit Kindern), genießt die Landschaft wesentlich intensiver als vom Lenkrad aus und ›verliert‹ bis Bodø, Narvik, Kiruna oder Kolari sowie Rovaniemi nur etwa 20–24 Stunden ab Oslo, Stockholm oder Helsinki, macht eine Fahrzeit von insgesamt rund 36–40 Std. ab Hamburg oder Berlin.

Auch die Preise sind akzeptabel, vorausgesetzt, man nimmt einen Spezialtarif wahr. Es bieten sich insbesondere an die Interrail-Karte und der **Scan Rail Pass:** Er berechtigt zu kostenlosen Fahrten in Dänemark, Schweden, Finnland und Norwegen und ist in drei Variationen für die 1. und 2. Klasse erhältlich: Für 536 DM fährt man 3 Wochen lang in der 2. Klasse, für 352 DM an 5 von 15 Tagen eines Monats und für 474 DM an 10 Tagen innerhalb eines Monats. Kinder zwischen 4 und 12 Jahren erhalten 50 % Ermäßigung (jüngere fahren umsonst), Jugendliche zwischen 12 und 25 Jahren bekommen rund 25 % Rabatt.

Aber es gibt auch andere Rabattsysteme, die zeitlich nicht begrenzt sind. Es empfiehlt sich, die oben genannten Reisebüros (s. S.290) zu kontaktieren, die gleichzeitig Vertreter der skandinavischen Staatsbahnen sind.

Die Beförderung eines **Fahrrads** im Zug ist problemlos in Skandinavien. In Norwegen kostet der Transport ungeachtet der Entfernung allerdings zusätzliche 80 NOK, Expresszüge nehmen keine Räder mit. In Schweden (Bahntransport ist nur über die Strecke Berlin–Sassnitz–Trelleborg möglich) müssen Fahrräder immer als Gepäck aufgegeben werden (um 35 DM), doch kann der Transport im Sommer 2–3 Tage dauern, weshalb zu erwägen ist, das Fahrrad als Expressgut aufzugeben, was etwa 100 DM kostet.

■ Mit dem Flugzeug

Drehpunkt für Nordschweden ist Stockholm, für Nordfinnland Helsinki und für Norwegen Oslo oder Bergen. Diese Destinationen kann man u. a. von Berlin, Hamburg, Frankfurt, Düsseldorf, München, Zürich und Wien aus direkt erreichen. Am gleichen Tag hat man in aller Regel Anschluss nach Nord-Skandinavien (etwa u. a. nach Rovaniemi oder Inari, Kiruna oder Gällivare, Mo i Rana, Bodø, Narvik, Tromsø oder Alta).

Die Tarife ›Flieg & Spar‹ und viele andere helfen Geld zu sparen, aber zwischen 800 und 1400 DM hin und zurück ab Deutschland muss man mindestens einplanen (der Regulärtarif liegt weit über 2000 DM).

Interessant in diesem Zusammenhang ist auch der **Visit Scandinavia Airpass,** der zusammen mit dem internationalen SAS- oder Lufthansa-Ticket gekauft werden muss und günstige Inland-Flugpreise in Schweden sowie Norwegen bietet.

Informationen und Reservierungen über folgende SAS-Servicerufnummern:
in Deutschland: Tel. 0 18 03/23 40 23
in Österreich: Tel. 0 71 34/56 78 90
in der Schweiz: Tel. 01/8 16 40 80
www.sas.se

Anfang Juni bis Ende August bietet die Charterfluggesellschaft AERO

LLOYD einmal wöchentlich Nonstop-Flüge von Düsseldorf, Frankfurt, München und Berlin nach Bergen, außerdem von Frankfurt nach Östersund und Kiruna in Nord-Schweden, der Preis für das Hin- und Rückflugticket ist mit rund 450 DM unschlagbar günstig! Reservierungen in Reisebüros und über
AERO LLOYD, Tel. 0 16 71/62 53 00,
Fax 62 52 19.

Bleibt als dritte Möglichkeit die norwegische Fluggesellschaft Widerøe, die tgl. außer Sa die Strecke Berlin–Oslo bedient. Preise ab etwa 500 DM, Information und Buchung über Reisebüros sowie über **Widerøe,** Postboks 131, N-1324 Lysaker, Tel. 00 47/81 00 12 00, Fax 67 11 61 95.

Finnair schließlich bietet ab Deutschland, der Schweiz und Österreich günstige Durchgangstarife via Helsinki nach Nord-Finnland, Informationen unter den folgenden Service-Rufnummern:
in Deutschland: Tel. 0 18 03/34 66 24,
Fax 0 69/24 28 79 60
in der Schweiz: Tel. 01/2 27 15 15,
Fax 01/2 27 15 16
in Österreich: Tel. 02 22/5 87 55 48,
Fax 02 22/5 87 91 27
www.finnair.com

Mitfahren

Die Mitfahrerzentralen vermitteln Mitreisegelegenheiten und verlangen von Mitfahrern um 170 DM für die einfache Strecke bis zum Polarkreis. Eine Reihe von Mitfahrzentralen haben sich unter dem Namen **Citynetz** zusammengeschlossen und sind erreichbar unter: Tel. (Vorwahl der jeweiligen Stadt)/1 94 44.

Pauschalarrangements

Bei den großen Gesellschaften der Reisebranche sucht man Nord-Skandinavien oftmals vergeblich im Prospekt, aber viele kleine Spezialreisebüros gibt es, die den hohen Norden im Programm haben – und zwar für einen Sommer- ebenso wie für einen Winterurlaub. Sie alle aufzulisten hieße, jeglichen Rahmen zu sprengen, wir verweisen auf die jährlich neu erscheinenden Kataloge der Fremdenverkehrsämter von Schweden, Finnland und Norwegen (s. S. 294), in denen Hunderte in Frage kommende Reiseveranstalter aufgelistet sind.

Ärztliche Versorgung

Wer ärztliche Hilfe benötigt, wende sich an eine Ärztestation (in Norwegen *legevakt* geheißen, in Schweden *läkarstation,* in Finnland *terveyskeskus)* oder an das örtliche Krankenhaus (in Norwegen *sjukehus/sjukestua,* in Schweden die Ambulanz des Krankenhauses *akutmottagningen/sjukhus/lasarett,* in Finnland *sairaala),* bzw. an einen Zahnarzt (in Norwegen *tannlege,* in Schweden *tandläkare,* in Finnland *hammaslääkäri).* Die meisten Ärzte sprechen Deutsch, in jedem Fall aber Englisch, Hausbesuche sind nur bei schweren Krankheiten und Unfällen üblich. Alles in allem ist die ärztliche Versorgung in Nord-Skandinavien ausgezeichnet. Und zwar obwohl – oder vielleicht gerade weil – es kaum niedergelassene Ärzte gibt.

In allen drei Ländern sind für eine normale Arztkonsultation umgerechnet etwa 30–70 DM zu entrichten. Diese Beträge sind bar zu bezahlen, zur Deckung der Kosten ist der Abschluss einer Auslandskrankenversicherung zu empfehlen.

Apotheken

Medizin ist in allen drei Ländern nur in Apotheken erhältlich – vieles nur auf Rezept eines Arztes.

Auskunft

■ Norwegen

Norwegisches Fremdenverkehrsamt
Postfach 76 08 20
22058 Hamburg
Tel. 0 18 00/5 00 15 48
Fax 0 40/22 71 08 15
www.norwegeninfo.com
www.tourist.no
www.aktiv-urlaub.com
www. skandinavien.de

Norges Informasjonssenter
Brynjulf Bulls plass 1
N-0250 Oslo
Tel. (00 47)/22 83 00 50
Fax (00 47)/22 83 81 50
www.oslopro.no

Nordland og Nord-Norge Reiseliv
P.O. Box 434
N-8001 Bodø
Tel. (00 47)/75 54 52 00,
Fax (00 47)/75 54 52 10
www.nordlandreiseliv.no

■ Schweden

Schweden-Werbung für Reisen und Touristik GmbH
Lilienstr. 19
20095 Hamburg
Tel. 0 40/32 55 13 50 (Katalogbestellung) und 0 40/32 55 13 55 (Schweden-Info)
Fax 0 40/32 55 13 33
www.schweden-urlaub.de
www.visit-sweden.com

Norbotten/Lappland Turistbyrå
Stationsgaten 69
S-97234 Luleå
Tel. (00 46)/9 20/9 40 70
Fax (00 46)/9 20/1 40 84
www.norrbotten.se/turism

■ Finnland

Finnische Zentrale für Tourismus
Lessingstraße 5
60325 Frankfurt
Tel. 0 69/7 19 19 80
Fax 0 69/7 24 17 25
www.mek.fi/de

Apollostr. 5
CH-8032 Zürich
Tel. 01/3 89 19 89
Fax 01/3 89 19 80

Eteläesplanadi 4
FIN-00130 Helsinki
Tel. (0 03 58)/9/41 76 93 00 und 41 67 92 11
Fax (0 03 58)/9/41 76 93 01

Lapland Travel Marketing
Koskikatu 1
Box 8156
FIN-96101 Rovaniemi
Tel. (0 03 58)/16/3 32 34 55 und 34 62 70
Fax (0 03 58)/16/3 32 34 66 und 3 42 46 50
www.laplandfinland.com

Behinderte

Auch für Behinderte ist Nord-Skandinavien ein Traumland. Nahezu alle öffentlichen Einrichtungen und Hotels, aber auch Eingänge, Gehsteige, Lifts etc. sind auf die Belange von Rollstuhlfahrern zugeschnitten, und um auch die Anreise problemlos zu ermöglichen, lief 1981 z. B. ein vollkommen mit Rücksicht auf Behinderte gestaltetes Fährschiff vom Stapel (›Prinsesse Ragnhild‹, bedient die Strecke Kiel–Oslo). Obendrein gibt es in allen Landesteilen zahlreiche Hotels, die speziell auf die Belange von Behinderten zugeschnitten sind. Im über die Fremdenverkehrsämter zu beziehenden ›Reiseführer für Behinderte‹ sind sie alle aufgelistet und besonders beschrieben.

Weitere Informationen sowie Hotel- und Mietwagen-Buchungen, Bus- und Schiffstouren über:

Euro Booking, Rådhusgata 17
N-0158 Oslo, Tel. (00 47)/22 00 77 30
Fax (00 47)/22 00 77 29,

De Handikappades Riksförbund
Katrinebergsvägen 6
S-11743 Stockholm
Tel. (00 46)/8/18 91 00
Fax (00 46)/8/6 45 65 41
www.dhr.se

Diebstahl

Wo kann man das sonst noch finden in Europa: Häuser, die nicht abgeschlossen sind, Autos, die mitsamt Zündschlüssel abgestellt werden, ungesicherte Kanus, Boote ...? – Kurz und gut: Diebstahl ist (fast) kein Thema in Nord-Skandinavien, doch tut man natürlich gut daran, die üblichen Sicherheitsvorkehrungen zu treffen. Lediglich der Fahrrad-Klau geht mitunter um, Mountain Bikes sind besonders gefährdet.

Insbesondere im Süden der drei Länder mehren sich aber seit einigen Jahren Einbrüche in Fahrzeuge, besonders gefährdet sind die großen Rastplätze an den Hauptverkehrsadern, wo nachts oft regelrechte Gangs auf Autoknack gehen, sich dabei mitunter nicht einmal davon stören lassen, dass die Besitzer in den Fahrzeugen schlafen (sie schneiden meist die Gummidichtung der Scheiben durch, nehmen die Scheiben heraus und halten sich schadlos).

Diplomatische Vertretungen

In Deutschland

Die Botschaften der nordischen Länder haben in Berlin ein gemeinsames Domizil bezogen:
Rauchstraße 1, 10787 Berlin
www.nordischebotschaften.org

Königlich Norwegische Botschaft
Tel. 030/50 50 50, Fax 50 50 55
Königlich Schwedische Botschaft
Tel. 030/50 50 60, Fax 50 50 67 89
Botschaft der Republik Finnland
Tel. 030/50 50 30, Fax 50 50 33 33

In der Schweiz

Königlich Norwegische Botschaft
Dufourstr. 29, CH-3005 Bern
Tel. 0 31/44 46 76, Fax 0 31/43 53 81

Königlich Schwedische Botschaft
Bundesgasse 26, CH-3001 Bern
Tel. 0 31/3 28 70 00, Fax 0 31/3 28 70 01

Botschaft der Republik Finnland
Weltpoststr. 4, CH-3000 Bern 15
Tel. 0 31/3 51 30 31, Fax 0 31/3 51 30 01

In Österreich

Königlich Norwegische Botschaft
Bayerngasse 3, A-1037 Wien
Tel. 01/7 15 66 92, Fax 01/7 12 65 52

Königlich Schwedische Botschaft
Obere Donaustr. 49–51, A-1025 Wien
Tel. 01/2 17 53, Fax 01/21 75 33 70

Botschaft der Republik Finnland
Gonzagagasse 16, A-1010 Wien
Tel. 02 22/53 15 90, Fax 02 22/5 35 57 03

Botschaften der Bundesrepublik Deutschland
Oscarsgate 45, N-0258 Oslo
Tel. 22552010, Fax 22447672

Skarpögatan 9, S-11527 Stockholm
Tel. 08/6701500, Fax 08/6615294

Krogiuksentie 4, FIN-00340 Helsinki
Tel. 09/4582355

Botschaften der Schweiz
Bydøy Allé 78, N-0268 Oslo
Tel. 22430590, Fax 22446350

Birger Jarlsgatan 64, S-10041 Stockholm
Tel. 08/6767900, Fax 08/211504

Uudenmaankatu 16 A, FIN-00120 Helsinki
Tel. 09/649422, Fax 09/649040

Botschaften von Österreich
Thomas Heftyesgata 19–21
N-0244 Oslo
Tel. 22552348, Fax 22554361

Kommendörsgatan 35
S-11458 Stockholm
Tel. 08/6651770, Fax 08/6626928

Keskuskatu 1, FIN-00100 Helsinki
Tel. 09/171322

Einkaufen

Die ›guten alten Zeiten‹, während derer man im hohen Norden lediglich Rentierfleisch, Kartoffeln und Fisch erstehen konnte, sind nun wirklich vorbei, und vor diesem Hintergrund ist es vollkommen unnötig, von zu Hause wahre Lebensmittel-Berge mitzuschleppen. Einen anderen Grund aber gibt es, der dieses für Skandinavien-Fahrer übliche Tun zumindest für Norwegen zu rechtfertigen scheint, die Preise! Die nämlich sind in dem Nicht-EU-Land hoch, für manche Artikel auch astronomisch hoch. So kann z. B. Blumenkohl schon mal 10 DM oder ein einzelner Pfirsich 2 DM kosten.

Man sollte möglichst nur in den größeren Ortschaften/Städten einkaufen (wo es nicht selten bis zu 50 % billiger ist als im Abseits), und dort nur in großen Supermärkten (die kleinen, insbesondere die den Tankstellen/Campingplätzen angeschlossenen sind extrem teuer) und schließlich nie, ohne zuvor einen Preisvergleich in anderen Supermärkten am Ort durchgeführt zu haben (es gibt fast stets zwei, drei Stück, meist schön nebeneinander gelegen). Es ist nämlich nicht die Ausnahme, sondern die Regel, dass die Preise für absolut identische Waren von Laden zu Laden überaus unterschiedlich sein können, man z. B. im einen Geschäft 15 DM für 1 kg Tomaten bezahlt, nebenan 10 DM, gegenüber aber nur 6 DM.

Einreisebestimmungen

Einfuhr von Waren

... nach Norwegen: Norwegen ist bekanntlich kein Mitglied der EU, entsprechend sind mehrere Sondervorschriften zu beachten. Unter den beim Zoll üblichen Vorbehalten (›zum Eigengebrauch‹) darf man als Reisender mit festem Wohnsitz in Europa einführen:

Alkohol: Ab 18 Jahren dürfen 2 l Wein (bis 22 %) und 2 l Bier eingeführt werden, ab 20 Jahren statt 2 l Wein auch 1 l Wein und 1 l Spirituosen (bis 60 %), zusätzlich zu den zollfreien Waren noch 4 l Spirituosen und 10 l Bier gegen Verzollung.

Tabakwaren darf man ab 18 Jahren einführen, und zwar 200 Zigaretten oder 250 g Tabak plus Zigarettenpapier oder 50 Zigarren.

Außer dem persönlichen Reisegepäck dürfen Waren bis 1200 NOK eingeführt werden, darunter Fleischwaren, aber nur bis zu 3 kg und nur als Konserven, die Altersfreigrenze für Lebensmittel liegt bei 12 Jahren.

Verboten ist die Einfuhr von Eiern, Kartoffeln, Pflanzen sowie Waffen, Munition, Narkotika, Giften und Medikamenten.

... nach Schweden und Finnland: Seit dem 1. Januar 1995 sind Schweden und Finnland Mitglieder der EU. Zollfrei dürfen seither von Reisenden aus einem **EU-Land** eingeführt werden:

Alkohol: Ab 20 Jahren dürfen 1 Liter Spirituosen (über 22 %) oder 3 l Starkwein (über 15 %) sowie 5 l Wein und 15 l Bier (über 3,5 %) eingeführt werden.

Tabakwaren darf man ab 18 Jahren einführen, und zwar 300 Zigaretten oder 150 Zigarillos oder 75 Zigarren oder 400 g Tabak.

Von Reisenden aus einem **Nicht-EU-Land** dürfen eingeführt werden: 1 Liter Spirituosen oder 2 l Starkwein sowie 2 l Wein und 15 l Bier. Außerdem 200 Zigaretten oder 100 Zigarillos oder 250 g Tabak.

Verboten ist die Einfuhr von Waffen (auch Springmessern u. ä.), Munition, Narkotika und Giften.

Einfuhr von Tieren

Nach Norwegen: Bei der Einreise muss eine von einem Tierarzt unterschriebene Bescheinigung vorgelegt werden, die aus einer Gesundheits- und einer Impfbescheinigung besteht und bestätigt, dass alle Bedingungen erfüllt sind. Das Formular bekommt man beim Tierarzt oder von der Norwegischen Tiergesundheitsverwaltung:

Statens dyrehelsetilsyn
Sentralforvaltningen, Postboks 8147 Dep., N-0033 Oslo,
Tel. (00 47)/22 24 19 40 (Mo bis Fr 9–14 Uhr), Fax (00 47)/22 24 19 45.

Nach Schweden: Seit einigen Jahren dürfen auch Hunde und Katzen einreisen, aber das Prozedere ist ähnlich kompliziert wie in Norwegen, die entsprechenden Informationen sowie Formulare bekommt man beim Schwedischen Landwirtschaftsamt:
Statens Jordbruksverk
S-55182 Jönköping
Tel. (00 46)36/15 50 00
Fax (00 46)/36/11 51 14, www.sjv.se

Nach Finnland: Gegen Tollwut geimpfte Hunde und Katzen dürfen mit nach Finnland reisen, so eine Impfbescheinigung vorgelegt wird, die mindestens 30 Tage und höchstens ein Jahr alt ist und aus der Name und Adresse des ausstellenden Arztes hervorgeht.

Entfernungen

Entfernungen werden in Nord-Skandinavien oft (aber nie auf Verkehrsschildern) in ›Meilen‹ angegeben, wobei 1 Meile gleich 10 km ist. Das lässt auf große Distanzen schließen, und in der Tat kann man auf manchen Strecken stundenlang dahinfahren, ohne eine nennenswerte menschliche Ansiedlung zu passieren. Touristen tun sich oft schwer mit solchen Weiten, entsprechend häufig sieht man ihre Fahrzeuge mit leergefahrenen Tanks am Straßenrand stehen.

Essen und Trinken

Vom berühmten schwedischen, norwegischen und auch finnischen Büffet abgesehen – das man in Nord-Skandinavien aber kaum irgendwo finden kann –, bieten die nordischen Küchen nicht gerade kulinarische Feinheiten. Man will satt werden, und entsprechend wird – wo und worüber man sich auch immer zu Tisch setzt – die Portion stets eine große sein. In Norwegen aber auch immer eine teure, denn in dem in dieser Hinsicht mit Abstand teuersten Land ist in einem spartanisch eingerichteten Selbstbedienungs-Restaurant unter 20 DM kein einfaches Gericht zu bekommen. In Schweden und Finnland kann man in solchen Lokalitäten hingegen zu einem Preis ab etwa 10 DM (wofür man in Norwegen gerade mal einen Hamburger bekommt) schon ein warmes Hauptgericht erhalten. ›Richtige‹ Restaurants – also solche, die nicht wie Kantinen eingerichtet sind –, kann man auch mal vereinzelt finden, aber dort zu speisen ist in allen drei Landesteilen eine teure Angelegenheit.

So verstehen sich die meisten Nord-Skandinavien-Reisenden aus nicht-skandinavischen Ländern auch in aller Regel als Selbstverpfleger. Für den Fall, dass Sie aber doch mal ›auswärts essen‹ gehen wollen, sind nachfolgend einige typische Gerichte aufgelistet, die man auf vielen Speisekarten findet:

■ In Nord-Norwegen

Betasuppe: Gemüsesuppe mit Fleischeinlage
Blodpudding: Blutpudding
Fenalår: gepökelte und geräucherte Hammelkeule
Fiskepudding: Fischpudding
Fiskebøller: aus Fischmehl und durchgedrehter Fischmasse bestehende Klößchen
Fårikål: Weißkohl mit (fettem) Hammelfleisch
Gammelost: (stinkender) alter Käse aus Sauermilch
Lefse: weicher, süßer Fladen aus Kartoffelmehl
Lompe: Kuchen aus gekochten und gemahlenen Kartoffeln
Lungemos: Lungenhaschee
Lutefisk: gewässerter und aufgequollener Stockfisch
Mølje: Kochfisch mit Lebersauce
Rakørret: gesalzene, gezuckerte und monatelang angegorene Forelle
Røkelaks: Räucherlachs (ein wirklich mal leckeres und auch relativ günstiges Gericht)
Rømmegrøt: Grütze aus saurer Sahne und Gries
Spekemat: gepökeltes Dörrfleisch
Torsketunger: Dorschzungen (meist in saurer Sahne serviert)

■ In Nord-Schweden

Ärtsoppa: Erbsensuppe
Biff à la Lindström: Hacksteak mit Kapernsauce
Dillkött: Kalbfleisch in Dillsauce
Fläskrulad: Schweinsroulade
Gravad lax: Gebeizter Lachs
Gravad strömming: Gebeizter Strömling (kleiner Hering)
Grönsakssoppa: Gemüsesuppe
Grystek: Schmorbraten
Janssons frestelse: Eintopf aus Kartoffeln und Anchovisfilet, eine Art Nationalgericht
Kalops: Schwedisches Gulasch
Kokt torsk: Gekochter Kabeljau
Köttbullar: Hackfleischbällchen
Köttsoppa: Gemüse-/Fleischsuppe
Kåldolmar: Kohlrouladen
Pannbif med lök: Hacksteak mit Zwiebeln
Pytt i panna: Bauernfrühstück (sehr fett!)

Renklämma: Geräuchertes Renfleisch in Fladenbrot
Renstek: Rensteak
Revbensspjäll: Schweinerippchen
Sillgratäng med potatis: Heringsauflauf mit Kartoffeln
Sill i kapprock: Hering, in Folie gebacken
Stekt salt sill med lök och gräddsky: Gebratener Salzhering mit Zwiebeln und Sahnefond

■ In Nord-Finnland

Blinis: Pfannkuchen aus Buchweizenmehl, genossen mit Rogen der Aalquappe, Butter, Zwiebel und saurer Sahne, auf russischen Einfluss zurückgehendes Gericht
Borschtsch: Suppe aus Fleisch, rote Beete, diversen Gemüsen und saurer Sahne, ebenfalls eine russische Spezialität
Hirvipaisti: Elchbraten
Janssonin kiusaus: Eintopf aus Kartoffeln und Anchovisfilet (s. unter Schweden)
Kaalikääryleet: Kohlrouladen
Kalakeitto: Fischsuppe, mit Milch oder Sahne
Kalakukko: Fischbrot (Roggenbrot, mit Fisch und Speck gefüllt)
Kana punaviinikastikkeessa: Hühnchen in Rotweinsauce
Karjalan paisti: Karelischer Rinder-/Schweine- und Lammbraten
Karjalan piirakat munavoilla: Karelische Piroggen mit Eibutter
Kesäkeitto: ›Sommersuppe‹, mit Milch und Gemüse
Lanttulaatikko: Steckrübenauflauf
Lasimestarin silli: süßsauer marinierter Hering
Lihapullat: Hackfleischbällchen
Lindströmin pihvi: Frikadelle mit Rote Beete
Lohipiirakka: Lachspastete
Maksalaatikko: Leberauflauf mit Rosinen
Pekonia munalla: Bacon mit Ei
Perunalaatikko: Kartoffelauflauf mit Fleisch
Porkkanalaatikko: Karottenauflauf

Feiertage

In **Norwegen:** 1. Januar, Gründonnerstag, Karfreitag und Ostern (auch der Montag), der 1. Mai (Tag der Arbeit) sowie der 17. Mai (Nationalfeiertag), Christi Himmelfahrt, Pfingsten (auch der Montag), 23. Juni (Mitsommertag), erster und zweiter Weihnachtstag.

In **Schweden:** 1. Januar, 6. Januar (Heilige Drei Könige, Postämter und Banken sind auch am 5. Januar geschlossen), Karfreitag, Ostersonntag und Ostermontag, 1. Mai, Christi Himmelfahrt, Pfingsten, Mittsommer (am vorletzten Freitag/Samstag im Juni, Hauptfeiertag ist immer der Freitag), Allerheiligen, erster und zweiter Weihnachtstag.

In **Finnland:** 1. Januar, Karfreitag und Ostersonntag, 1. Mai, Christi Himmelfahrt, Mittsommer (Freitag/Samstag am letzten Juni-Wochenende), 6. Dezember (Unabhängigkeitstag), erster und zweiter Weihnachtstag.

FKK

Im norwegischen sowie finnischen Teil von Nord-Skandinavien fällt man als Frau oft schon mit oben ohne unangenehm auf, und ganz ohne tummeln sich hier beiderlei Geschlechter nur in der Sauna, wohingegen in Schweden auch das vollkommen hüllenlose Baden durchaus üblich ist.

Fotografie

Fotografen sollten alles, was benötigt wird, von zu Hause mitbringen. Bei der Menge der Filme ist Sparsamkeit unangebracht, denn der hohe Norden ist ein einziges großartiges Motiv, und wer vor Ort nachkaufen muss, hat tief in die Tasche zu greifen, am tiefsten wieder einmal in Norwegen: Papierfilme sind dort bis zu 50% teurer als bei uns (Kodak auch doppelt so teuer), Diafilme gar kosten zwei- bis dreimal so viel.

Papierfilme gibt's auch in den Supermärkten zu kaufen, Diafilme meist nur in Fotoläden.

Geld

Währungen

In Norwegen zahlt man mit Norwegischen Kronen (NOK) und Øre, das kleinste Geldstück ist 50 Øre, 1 NOK entspricht etwa 0,22 DM.

Die Schweden rechnen mit Schwedischen Kronen (SEK) und Öre, das kleinste Geldstück ist 50 Öre, 1 SEK entspricht etwa ebenfalls 0,22 DM.

Die Finnen haben Markka (FIM) und Penni (bzw. demnächst den EURO), 1 FIM entspricht etwa 0,33 DM.

Zahlungsmittel

Es ist günstiger, erst in Skandinavien zu tauschen, und zwar möglichst große Summen, da – unabhängig von der Summe – sehr hohe Wechselgebühren berechnet werden. Banken finden sich in jeder Stadt, in Norwegen sind sie Mo–Fr 8.15–15.30 Uhr geöffnet, in Schweden 9.30–15 Uhr und in Finnland 09.15–16.15 Uhr.

Bargeld (Deutsche Mark, Schweizer Franken und österreichische Schillinge) zu tauschen ist problemlos (und in Schweden sowie Norwegen auch an den Postämtern möglich).

Eurocheques werden in Norwegen und Schweden auch von Banken nicht mehr akzeptiert. In Finnland (Höchstbetrag 1300 FIM) können sie noch bei Banken gegen Bargeld getauscht werden.

Reiseschecks sind sicherer als Bargeld, da verlorene (oder gestohlene) Schecks von der Bank zurückerstattet werden (was allerdings mit einigen Umtrieben verbunden ist: Polizeirapport, Wartezeiten). Die Bank stellt beim Verkauf generell 1% des Scheckbetrages als Gebühr in Rechnung, aber dafür erzielen die Schecks in aller Regel auch einen entsprechend höheren Wechselkurs. Nicht vergessen: Schecknummern notieren und – wie die Kaufbescheinigung – separat aufbewahren.

Mit **Kreditkarten** hingegen (hauptsächlich VISA und Eurocard, seltener American Express) kann man in den meisten Geschäften zahlen, auch an Tankstellen, aber Bargeld erhält man darauf nur an bestimmten Banken sowie Automaten.

Vom **Postsparbuch** kann man nur in Finnland Geld abheben, aber das geht nicht an allen Postämtern, man sollte sich bereits zu Hause entsprechende Infohefte besorgen (an jedem Postamt).

Geldautomaten finden sich mittlerweile in fast jedem Ort in Nord-Skandinavien, die meisten akzeptieren die gängigen Kreditkarten (meist Visa und Eurocard, seltener American Express) sowie zusehends auch die EC-Karten. Tragen letztere den Zusatz »Maestro« oder »Cirrus« oder »edc« und hat man außerdem eine PIN-Nummer (Geheimnummer), ist man damit auch im hohen Norden so flüssig wie zu Hause – vorausgesetzt, das Konto ist gedeckt und die Karte ist für Verwendung im Ausland kodiert.

Budget

Geld kann man reichlich loswerden in Nord-Skandinavien. Umso mehr, je mehr man in Norwegen reist (in Finnland und Schweden entspricht das Preisniveau in etwa dem deutschen) und dort darauf angewiesen ist, ein Zimmer oder eine Hütte zu mieten. Das billigste Bett schlägt mit mindestens 100 NOK zu Buche, im Durchschnitt aber eher mit 150 NOK, Hütten bekommt man (in der spartanischen Version) nicht unter 250 NOK (für 2 Personen), und soll es was Besseres sein, legt man auch 600 NOK pro Nacht (aber für 4 Personen) auf den Tisch. Dienstleistungen müssen teuer bezahlt werden.

Die meisten Grundnahrungsmittel sind 50–100 % teurer als in heimischen Regionen, ein einfaches Gericht im Selbstbedienungs-Restaurant ist kaum unter 80 NOK zu bekommen. Und wer partout seine Leber schädigen will, sollte ein spezielles Spirituosen-Budget aufstellen: Die Flasche Wein gibt es ab rund 70 NOK, 0,2 l Bier ab 10 NOK in der Leichtversion (2,5 %), und ›harte Sachen‹ verschlingen ab 280 NOK die Flasche.

Was ist billig? Billiger als in Deutschland ist eigentlich gar nichts, und auch Fisch, früher stets günstiger, kam 1999 auf knapp 105 NOK das Kilo (Dorsch)!

Kostenlos ist natürlich ›wild‹ campen, das in allen drei Landesteilen erlaubt ist (siehe ›Jedermannsrecht‹), und wer so reist, den kann ein Nord-Skandinavien-Urlaub durchaus billiger zu stehen kommen als die Reise in ein vermeintliches Billigland.

Gesundheitsvorsorge

Seit dem 1. Juli 1994 gilt auch in Norwegen das zudem von Schweden und Finnland akzeptierte E 111-Formular der deutschen Krankenkassen. Dennoch wird der Abschluss einer privaten Krankenzusatzversicherung weiterhin empfohlen, da die deutschen Kassen kaum je mehr als etwa 50 % der anfallenden Arztkosten (die der Patient zunächst selber tragen muss) übernehmen.

Die Mitnahme einer umfangreichen Reiseapotheke ist unnötig, da die Apotheken in den anstehenden drei Ländern gut bestückt sind, aber nur mit Pharmapräparaten (für die meisten Präparate besteht Rezeptpflicht), homöopathische Medikamente sowie Gesundheitstees sind nahezu unbekannt.

Jedermannsrecht

›Freiheit in der Verantwortung‹ – so könnte man das Motto des über Jahrhunderte gewachsenen ›Jedermannsrechts‹ umschreiben, das in Skandinavien, egal in welchem der drei Staaten, den Aufenthalt und die Fortbewegung in der freien Natur regelt. Dieses Recht, von dem sich großzügige Einzelrechte ableiten lassen, konnte wohl nur in den äußerst dünn besiedelten Ländern des Nordens entstehen, ist aber auch mit Pflichten verbunden, denn natürlich bedeutet es im Zeitalter des Tourismus auch für die Natur eine gewisse Belastung. Für einen Teil dieser Belastung sind freilich die Skandinavier selbst verantwortlich, denn sie bilden die Majorität unter den Nord-Skandinavien-Touristen. Andererseits aber sind es die ausländischen Besucher einfach nicht gewohnt, sich so frei in der Natur bewegen zu können, und in der Folge benehmen sie sich mitunter im Sinne des Wortes wie die ›Axt im Walde‹ – was nicht nur Probleme und Konflikte entstehen lässt, sondern auch dazu führen kann, dass Restriktionen unvermeidlich werden. Was ist nun erlaubt, was ist verboten? Die folgenden Regeln sollen Anhaltspunkte geben.

Betreten und Befahren von fremdem Grund und Boden

– Grund und Boden anderer darf – auch wenn er umzäunt ist – zu Fuß, auf Skiern oder mit dem Fahrrad durchquert werden, wenn dabei kein Schaden entsteht. Zauntore und Gatter sind zu schließen bzw. offenzulassen – je nachdem, wie man sie vorgefunden hat, natürlich darf man Einzäunungen von Privatgrundstücken nicht übersteigen.
– Man darf sich nicht ohne Erlaubnis auf einem Hausgrundstück aufhalten oder es durchqueren, wobei unter Hausgrundstück – das nicht eingezäunt sein muss – der engere Bereich um ein Wohnhaus zu verstehen ist: die sogenannte Hausfriedenszone.
– Das Fahren von Motorfahrzeugen im Gelände und auf Privatwegen oder auf Straßen, auf welchen allgemeines Fahrverbot herrscht, ist verboten.

Aufenthalt auf fremdem Grund und Boden

– Es ist erlaubt, überall einige Nächte zu zelten, sofern sich der Standort nicht auf landwirtschaftlicher Nutzfläche oder in der Nähe eines Wohnhauses befindet. Dies gilt nicht für Gruppen. Sie müssen in jedem Fall die Erlaubnis des Eigentümers einholen, was sich aber auch für Einzelnzeltende gehört – insbesondere dann, wenn man mehr als eine Nacht zu bleiben gedenkt.
– Wo an einer Wanderroute spezielle Übernachtungsstellen gekennzeichnet sind, darf auch nur dort gezeltet werden.
– Wohnwagen und Wohnmobile dürfen – da im Gelände sowie auf Privatwegen Fahrverbot herrscht – nur im Anschluss an Fahrstraßen aufgestellt werden.

Baden und Bootfahren

Man darf alle Gewässer mit einem Boot befahren und überall baden, einige Nächte mit einem Boot anlegen und an Land gehen, sofern das Ufer nicht zu einem Hausgrundstück gehört oder behördliches Zutrittsverbot besteht.

Pflanzen in Wald und Fjell

– Wild wachsende Beeren, Pilze und Kräuter sowie Trockenreisig und totes Holz dürfen gesammelt werden, Blumen, die nicht unter Naturschutz stehen, dürfen gepflückt werden.
– Das Mitnehmen von lebenden Bäumen und Sträuchern, Reisig, Zweigen und Ästen, Baumrinde, Laub, Eicheln oder Harz von lebenden Bäumen ist verboten. Auch das Fällen lebender Bäume oder das Abbrechen von Zweigen steht unter Strafe.

Lagerfeuer

– In Schweden ist das Entzünden von Feuern grundsätzlich gestattet, wenn nicht gerade Waldbrandgefahr besteht. Ebenso in Finnland, wobei dort ein eventueller Landeigner zuvor um Erlaubnis gebeten werden muss. Sind an einer Wanderroute spezielle Feuerstellen angelegt, so darf man nur dort Feuer machen. In norwegischen Wäldern hingegen ist das Feuermachen zwischen dem 15. April und dem 15. September generell verboten.
– Feuerstellen sind so anzulegen, dass hinterher keine Spuren davon zurückbleiben, was man z. B. durch das Ausstechen von Grassoden erreicht, die man später wieder einsetzt.
– Auf Felsplatten darf niemals Feuer entfacht werden, weil die Hitze den Stein platzen lässt.

– Jegliches Feuer ist sorgfältig zu löschen. Wenn sich ein Feuer ausbreitet, haftet derjenige, der es entzündet hat.

Angeln und Fischen

– Das Recht zum Gemeingebrauch berechtigt nicht zur Jagd und zum Angeln an Binnengewässern, wohl aber an den Meeresküsten.
– Das Plündern von Vogelnestern und das Mitnehmen von Vogeleiern ist ebenso verboten wie das Zerstören von Bauen, Nisthöhlen und Nestern.

Tiere/Rentierzucht

– Kein Tier, auch kein Rentier, darf beunruhigt oder erschreckt werden. Vor und während der Kälbermarkierung (Juli/August) wird von Lappland-Wanderern eine hohe Sensibilität erwartet. Aber auch zur Zeit des Kalbens (Frühling) sowie der Herdenscheidung (Herbst) ist größtmögliche Rücksichtnahme angebracht.

Abfallbeseitigung

– In Wald und Flur dürfen keinerlei Abfälle (auch keine Essensreste) zurückgelassen oder vergraben werden. Auch das Abstellen von Abfalltüten neben (vollen) Abfallbehältern ist verboten.
– Exkremente sind zu vergraben, Chemie-WCs dürfen nur in die dafür vorgesehenen Tanks entleert werden – Zuwiderhandlungen sind strafbar.

Karten

Es gibt nur eine empfehlenswerte Karte, die auf einem Blatt ganz Nord-Skandinavien abbildet: die ›Nordkalotten-Karte‹ (1:650000), herausgegeben vom Nordis-Verlag (s. u.). Als außerordentlich zuverlässig (und sogar die Haupt-Wanderrouten verzeichnend) haben sich die im Maßstab 1:400000 erstellten Straßenkarten von Kümmerly + Frey erwiesen, die den Norden Europas in mehreren Blättern vorbildlich darstellen.

All diese Straßenkarten sowie auch topographische Wanderkarten und spezielle Fahrrad-Karten sind in gut sortierten Buchläden erhältlich. Oder direkt (auch telefonisch) über

Nordis
Buch- und Landkartenhandel
Postfach 100343, D-40767 Monheim
Tel. 02173/953712, Fax 02173/54278
www.nordis.com/i-shopping.htm

Kleidung

Maritimes Küstenklima hin, Hitzewellen über dem Zentralland her: Nord-Skandinavien liegt auf gleicher geografischer Breite wie etwa Mittel-Grönland, Nord-Sibirien oder -Alaska, und so kann es durchaus mal vorkommen, dass im Juli Schneestürme über das Land wehen, die Quecksilbersäule nahe an die 0-Grad-Marke heranreicht. Warme Pullover und Ähnliches dürfen also auf keiner Reise fehlen, wie auch Regenzeug und Winddichtes zur Standardausrüstung gehören sollten. Aber ruhig auch Badesachen, denn bei Wassertemperaturen, die an der Küste durchaus mal über 18 Grad Celsius erreichen können, ist es gar nicht abwegig, einen Sprung ins ›Eismeer‹ zu wagen, und in den Seen gar kann man nach längeren Hitzeperioden auch bis über 22 °C messen. Gesellschaftskleidung ist nie und nirgends erforderlich, man würde damit nur aus jeglichem Rahmen fallen.

Kinder

»Es hat wenig Sinn, Kinder mitzunehmen, die jünger als etwa 12 Jahre sind«, schrieb ein ausgewiesener Landeskenner in einem Buch über Skandinavien. – Woran man sehen kann, dass auch viel Unsinn geschrieben wird, denn unsere eigenen Erfahrungen weisen in eine ganz andere Richtung. Schon im Alter von 1½ Jahren genossen es unsere Kinder zumindest sichtlich, Wasser aus jedem Bach trinken zu können, mit zum Fischfang rauszurudern, ins Hochgebirge (in der Trage sitzend) zu wandern, auf fahrzeugfreien Straßen Fahrrad zu fahren oder auch mal im Schwimmring hängend baden zu gehen. Andere Kinder fanden sie reichlich, die Nordländer sind äußerst kinderfreundlich, in jedem Restaurant gibt's Wickelräume und Kinderstühle, und Spielplätze lassen sich häufiger finden als in heimischen Breiten.

Lesetipps

Zum Einstimmen

Andersch, Alfred: Wanderungen im Norden, Diogenes Verlag, Zürich 1984, ein literarisches Meisterwerk des bekannten Philosophen und vielfach ausgewiesenen Skandinavien-Kenners.
Crottet, Robert: Verzauberte Wälder, Nymphenburger Verlagshandlung, München, 1976, Geschichten und Legenden aus Nord-Skandinavien in dichterischer Sprache.
Petri-Sutermeister, Bolette: Zwischen Mitternachtssonne und Nordlicht, Rex Verlag, Luzern/Stuttgart 1989, elf unterhaltsame Erzählungen aus dem hohen Norden, in denen sich Geschichtliches mit Gegenwärtigem, Volkstümliches mit Herkömmlichem vermischt, nur noch in Bibliotheken bzw. im Antiquariat erhältlich.
Thoma, Michael: Abenteuer Lappland, Schillinger Verlag, Freiburg 1986, teils Bildband, teils ›Abenteuer‹-Beschreibung, schöne Aufmachung.

Natur

Linné, Carl von: Lappländische Reise, Insel Verlag, Frankfurt 1964, Tagebuchaufzeichnungen des berühmten (und Goethe inspirierenden) Naturforschers, der im 18. Jh. Lappland bereiste und als Erfinder der botanischen Fachsprache gilt.
Marsden, Walter: Lappland, Die Wildnisse der Welt, Time-Life-Bücher, Amsterdam 1976, ein mit vielen ausgezeichneten Fotos ausgestattetes (großformatiges) Buch.
Lang, A./Halling, S./Singer, D.: Reiseführer Natur, Nördliches Skandinavien mit Finnland, BLV-Verlag, München 1997, wohl der kenntnisreichste Naturführer über den hohen Norden, mit allen bedeutenden Natursehenswürdigkeiten sowie mit über 200 Fotos und zahlreichen Karten.
Pareys Bestimmungsbücher (Pareys Vogelbuch, Pareys Buch der Bäume, Pareys Blumenbuch, Pareys Pilzbuch, Pareys Buch der Säugetiere): Verlag Paul Parey, Hamburg & Berlin, die fundiertesten Bestimmungsbücher in deutscher Sprache.

Mitternachtssonne/Polarnacht

Bekanntlich geht in den Regionen nördlich des Polarkreises sommers die Sonne innerhalb eines bestimmten Zeitraumes nicht unter bzw. winters gar nicht erst auf. Diese Periode währt umso länger, je nördlicher man kommt. Ein paar Beispiele zur Mittsommerzeit (die Polarnachtzeiten errechnen sich, indem man den 22. Dezember anstatt 22. Juni als Grundlage nimmt):

Nord-Finnland: Kuusamo 12. Juni–1. Juli, Rovaniemi 6. Juni–7. Juli, Utsjoki 17. Mai–27. Juli.

Nord-Schweden: Kvikkjokk 3. Juni–7. Juli, Porjus 9. Juni–4. Juli, Riksgränsen und Karesuando 26. Mai–18. Juli.

Nord-Norwegen: Bodø 3. Juni–7. Juli, Tromsø 20. Mai–22. Juli, Hammerfest 15. Mai–26. Juli, Nordkap 13. Mai–29. Juli.

Mücken & Co.

»Die Mücken kommen und gehen mit den Touristen« – sagen die Samen und haben Recht, denn vor Mittsommer streifen nur wenige Wildnisfreunde durch das Land, wie auch das Gros wieder abgefahren ist, wenn Anfang/Mitte August die Mückensaison beendet ist. Ganz genau lässt sich aber das Erscheinen und Verschwinden der Plagegeister nicht prognostizieren, denn das hängt von Länge und Schneehöhe des Winters ab, von der Feuchtigkeit des Frühjahrs, der Hitze des Sommers und variiert entsprechend von Jahr zu Jahr wie auch von Landstrich zu Landstrich. Ein Trost mag sein, dass die im skandinavischen Raum beheimatete Stechmücke der Gattung Aedes keine Malaria überträgt, wie etwa die tropische Anopheles. Aber das ist ein schwacher Trost, ballen sich doch die (weiblichen) Kleinlebewesen zu schwarzen Flecken auf allen unbedeckten Körperteilen, um die Blutquelle anzuzapfen, die sie vor und nach der Besamung brauchen, um die Fortpflanzung zu sichern.

Aber Fluch ist nicht gleich Fluch! Die Stechmücke kennen wir. Doch wer kennt die ›schwarze Fliege‹ mit Namen Kriebelmücke? Sie ist so klein, dass man sie meist nicht sieht, oder wenn, dann oft erst zu spät, also nachdem sie ihr juckendes Blutgerinnungs-Sekret injiziert hat. Übel sind auch die Bremsen, die einem in manchen Regionen gleich dutzendweise auflauern und deren Stiche unangenehm schmerzhaft sind, weil sie vor allem bei Tieren mit widerstandsfähiger Haut Blut saugen und deshalb mit kräftigen Mundteilen ausgerüstet sind. Nicht zu vergessen die gewöhnliche Fliege, die mitunter ungewöhnlich zahlreich auftritt und dabei weniger durch Beißen malträtiert als mehr durch ihren Drang, auch in Nase, Mund und Ohren einzudringen.

Zum Glück ist es uns im Gegensatz zur Kreatur gegeben, einen gewissen Schutz ergreifen zu können (s. u.). Und bedenken wir auch, dass an den Küsten Nord-Skandinaviens die Plage selbst zu den schlimmsten Zeiten erträglich ist und man sich auch im Hochgebirge, so es von Fels geprägt wird, unbeschwert bewegen kann.

Den besten Schutz bietet die Kleidung, die möglichst nicht zu eng anliegen sollte. Nicht bedeckte Stellen kann man mit Chemie einreiben, etwa mit ›Autan‹, ›Bonomol‹, ›US 622‹ oder – am besten, weil am wirksamsten – mit dem schwedischen Produkt ›Djungelolja‹.

Für Kinder und alle mit empfindlicher Haut empfiehlt sich ›Wilmas Nordic Summer‹ (als Paste oder Tinktur), ein Holzteer-Naturprodukt, das zwar nichts für sensible Nasen ist, aber eben auch keine schädlichen Nebenwirkungen hat und ebenso wirksam sein kann wie die stärkste Chemie. Erhältlich ist es aber nur in Schweden und in heimischen ›Globetrotter‹-Ausrüstungsläden.

Viel Vitamin B 1 soll auch helfen, aber die Mengen, die man zur Vorbeugung schlucken müsste, sind von gesundheitsschädigender Höhe.

Draußen hilft ein Feuer, auf das man grüne Äste und Gras legt, die Plagegeister zu vertreiben, in geschlossenen Räumen kann man (schrecklich stinkende) Räucherspiralen benutzen, Autos, Wohnmobile, Caravans macht man am besten mückensicher. Etwa indem man Moskitonetze (alternativ: feinmaschige Gardinenstoffe) vor die Fenster spannt, die Lufteinlassschlitze mit Fliegengitter versieht, generell alle Öffnungen verstopft.

Wer gestochen wurde, kann dem Juckreiz mit Soventol-Salbe beikommen, obwohl gewöhnlicher Salmiakgeist die gleichen Dienste versieht.

Nationalparks

In Nord-Skandinavien gibt es insgesamt 20 Nationalparks, die – mit zwei Ausnahmen – im Routenteil detailliert vorgestellt werden (vgl. Umschlaginnenklappe hinten). Mit der Einrichtung der Schutzgebiete werden in den drei betreffenden Staaten unterschiedliche Zielsetzungen verfolgt (s. S. 42f.), nach denen sich auch die jeweilige Informationspolitik richtet.

Nationalparks in Nord-Schweden

In Schweden, Europas Pionierland in Sachen Nationalparks, hat sich, trotz vieler Eingriffe seitens staatlicher Seite in die Schutzgebiete, der Kerngedanke, der zur Schaffung der Parks führte, bis heute vielleicht am klarsten erhalten. Erklärtes Ziel des staatlichen Amtes für Naturschutz ist es, dass »viele Menschen die Möglichkeit erhalten sollen, die Stille und Unberührtheit der Natur zu genießen« (wie in einer amtlichen Broschüre zu lesen), und entsprechend vorbildlich sind die Refugien mit Wanderwegen und Hütten ausgestattet.

Parks: Pieljekaise (s. S. 199), Abisko (s. S. 215), Vadvetjåkka (s. S. 215f.), Muddus (s. S. 225f.), Stora Sjöfallet (s. S. 236), Sarek (s. S. 238), Padjelanta (s. S. 239). Die vier letztgenannten wurden im Dezember 1996 als ›Naturerbe der Menschheit‹ auf die World Heritage List der UNESCO gesetzt.

Sehr ausführliche **Informationen** über:
Naturvårdsverket
Blekholmsterrassen 36
S-10648 Stockholm
Tel. 00 46/8/6 98 10 00, Fax 698 16 62
www.environ.se
zur World Heritage Area bei:
National Heritage Board
Box 5405, S-11484 Stockholm
Tel. 00 46/8/5 19 18 00, www.rashm.se
außerdem bei **Fjällförvaltningen**
(Industrievägen 10, S-96231 Jokkmokk
Tel. 00 46/8 71/1 27 80, Fax 1 26 28
und in den Touristenbüros.

Nationalparks in Nord-Finnland

Von den 25 finnischen Nationalparks *(Kansallispuisto)* liegen fünf im nördlichen Landesteil, darunter die beiden größten. Alle diese Nationalparks haben den Zweck, als Sehenswürdigkeiten, Lehr- und Forschungsobjekte sowie als Erholungsgebiete zu dienen. Sie werden in aller Regel von gut markierten Wanderwegen durchzogen, an denen in bequemen Abständen einfache Übernachtungs- und Schutzhütten errichtet wurden. Neben diesen jedem zugänglichen Schutzgebieten gibt es noch eine Vielzahl von sogenannten Totalreservaten, in denen freies Umherwandern verboten ist bzw. der Wanderer die angelegten Pfade nicht verlassen darf.

Parks: Oulanka, Pyhätunturi, Urho-Kekkonen (s. S. 78f.), Lemmenjoki (s. S. 82f.), Pallas-Ounastunturi (s. S. 192).

Informationen über alle Schutzgebiete beim zentralen Nationalparkamt:

Metsähallitus Vantaa
Box 94, Vernissakatu 4
FIN-01301 Vantaa
Tel. 00358/9/857841, Fax 8578 4350
und beim Nationalparkamt für Nord-Finnland: **Mätsähallitus Ivalo**
Box 36, Ivalontie 10, FIN-99801 Ivalo
Tel. 00358/16/687700, Fax 662648
sowie in den Touristenbüros.

Nationalparks in Nord-Norwegen

Norwegen besitzt zzt. 21 Nationalparks, die eine Fläche von sage und schreibe 17800 km² umfassen, wobei 9500 km² auf Spitzbergen entfallen und 5300 km² auf den nördlichen Landesteil, wo insgesamt acht Schutzgebiete eingerichtet wurden. Aber so überaus reich Norwegen an ursprünglicher Natur auch ist, so schwer tut es sich damit zu akzeptieren, dass Nationalparks für die Menschen eingerichtet und nicht Selbstzweck sind, denn es ist außerordentlich schwierig, detaillierte Informationen über die Nationalparks zu bekommen. Auch sind sie größtenteils nicht ausgeschildert, werden zwar von Wegen, aber nur von wenig markierten durchzogen, die Zahl der Wanderhütten hält sich in vergleichsweise äußerst geringen Grenzen, und das erhältliche Kartenmaterial ist oft hoffnungslos veraltet.

Parks: Øvre Anarjåkka (s. S. 88), Øvre Pasvik (s. S. 102), Stabbursdalen (s. S. 113), Reisadalen (s. S. 139), Øvre Dividalen (s. S. 142f.), Ånderdalen (s. S. 143), Rago (s. S. 178), Saltfjell-Svartisen (s. S. 183).

Informationen sind von offizieller Seite nur spärlich zu erhalten über
Direktoratet for Naturforvaltning
N-7005 Trondheim
Tel. 0047/73580500, Fax 73580501
www.naturforvaltning.no
Detaillierteres über den Norwegischen Wanderverein DNT (s. S.321).

Allgemeine Schutzbestimmungen

Um die Nationalparks und Naturreservate in unberührtem Zustand zu erhalten, wurden besondere Bestimmungen erlassen, die den Rang von Gesetzen haben und manche Regelungen des Jedermannsrechts (s. S. 301ff.) außer Kraft setzen. Die einzelnen Verordnungen können zwar von Land zu Land leicht variieren, aber insgesamt sind die folgenden Sondervorschriften von Bedeutung, die in Paragraph 2 und 3 der schwedischen Schutzbestimmungen festgeschrieben sind (Sonderregelungen für einzelne Parks sind getrennt erlassen und werden durch besondere Beschilderung mitgeteilt):

Untersagt ist es,in Nationalparks

- die natürliche Beschaffenheit der Erdoberfläche oder fester, natürlich entstandener Gegebenheiten zu zerstören oder zu beschädigen und Mineralien zu entnehmen
- lebende oder abgestorbene Bäume und Büsche zu fällen oder zu beschädigen und andere Pflanzen oder Teile von Pflanzen zu entnehmen
- ohne besondere Genehmigung Fischfang zu betreiben
- wild lebende Tiere zu jagen, zu fangen und vorsätzlich zu töten oder getötete oder gefangene Tiere von einem Ort zu einem anderen zu bringen und Eier, Nester und Rogen zu beschädigen oder zu entnehmen
- Hunde mitzuführen
- mit Luftfahrzeugen zu landen

Gestattet ist es,in Nationalparks

- bei vorübergehendem Bedarf trockene Zweige zum Feuermachen und zur Errichtung von Schutzvorrichtungen zu verwenden,
- für unmittelbaren Verzehr Beeren zu pflücken
- in der Zeit vom 1. Januar bis 30. April Zughunde mitzuführen.

Notruf

Norwegen: Feuerwehr 110, Polizei 112, Ambulanz 113
Schweden: Polizei, Feuerwehr, Ambulanz: 112, die alte Nummer 90 000 gilt jedoch noch parallel.
Finnland: Polizei, Feuerwehr, Ambulanz: 112

Nummernbedienung

In Schweden, Norwegen und teils auch in Finnland ist es üblich, beim Eintreten in ein Postamt, eine Bank, diverse Behörden und die meisten Geschäfte ohne Selbstbedienung einen Nummernzettel aus einem Automaten zu ziehen und dann so lange zu warten, bis die gezogene Nummer auf einer Anzeigetafel erscheint. Wer glaubt, dieses System umgehen zu können, indem er sich einfach an einem Schalter an- und sodann dumm stellt, muss Lehrgeld zahlen, er wird nämlich, wenn er ›an der Reihe ist‹, zurückgeschickt, um eine Nummer zu ziehen.

Öffnungszeiten

Norwegen

Geschäfte: 9–16/17 Uhr, Do bis 19/20 Uhr, Sa bis 13 Uhr, den Tankstellen sind meist kleine Supermärkte angeschlossen.
Banken: Mo–Mi und Fr 8.15–15.30, Do bis 17 Uhr.
Alkoholläden: Mo–Mi 10–16 Uhr, Do bis 17 Uhr, Fr von 10–16 Uhr, Sa von 9–13 Uhr.
Post: Mo–Fr 8/8.30–16/17 Uhr, Sa 8–13 Uhr.

Schweden

Geschäfte: 9.30–18 Uhr, Sa bis 13 Uhr, oft bis 16 Uhr, manche Supermärkte haben auch an Sonntagen von 10 bis 13 Uhr geöffnet, den meisten Tankstellen sind Supermärkte angeschlossen.
Banken: Mo–Fr 9.30–15 Uhr, am Tag vor Feiertagen bis 13 Uhr.
Alkoholläden: Mo–Fr 10–18 Uhr.
Post: Mo–Fr 9–18 Uhr, Sa bis 12 Uhr.

Finnland

Geschäfte: Mo–Fr 9–18 Uhr, Mo und Fr oft bis 20 Uhr, Sa bis 15 Uhr.
Banken: Mo–Fr 9.30–16 Uhr.
Alkoholläden: Mo–Do 10–17 Uhr, Fr bis 18 Uhr, Sa 9–14 Uhr.
Post: Mo–Fr 9–18 Uhr.

Post

Für Briefe (bis 20 g) und Postkarten bezahlt man 6 NOK Portokosten in Norwegen, 7 SEK in Schweden und 3,2 FIM in Finnland bei A-Post (Luftpost, Beförderungszeit nach Mitteleuropa ca. 2–4 Tage) bzw. 4 NOK oder 6 SEK bei B-Post (Landweg, Beförderungszeit ca. 5–7 Tage).

Radio

Deutsche UKW-Sendungen kann man nicht empfangen; um auf Langewelle etwas hören zu können, benötigt man eine lange Antenne (ca. 2 m). Was bleibt, ist die Kurzwelle, auf der folgende Sender ausstrahlen:
Deutsche Welle: 6074 kHz, 49,0 m und 31,0 m, wer wissen will, was wann läuft, kann ein kostenloses Programmheft abrufen: Deutsche Welle, Raderberggürtel 50, D-50968 Köln, Tel. 02 21/38 90.
Deutschlandfunk: 6090 kHz, 49,0 m

Radio Bremen: 6190 kHz, 48,5 m
Südwestfunk: 6030 kHz, 49,8 m
Radio Schweden sendet tgl. 20.30–21.30 Uhr Nachrichten, Wetterberichte und Urlaubstipps in deutscher und englischer Sprache auf MW 1179 kHz (254 m).

Rauchen

Nach den Vereinigten Staaten haben jetzt auch Norwegen, Schweden und Finnland drastische Maßnahmen ergriffen, um die Rechte der Nichtraucher in der Öffentlichkeit zu sichern. In Cafés, Restaurants etc. wurden separate Räume für Nichtraucher eingerichtet, in öffentlichen Transportmitteln sowie öffentlichen Gebäuden (Rathaus, Post etc.) ist Rauchen verboten.

Reisen in Nord-Skandinavien

Mit dem eigenen Fahrzeug

Straßenzustand
Über den Zustand der Straßen im hohen Norden kursieren fantastische Gerüchte. Tatsache ist, dass alle Hauptstraßen und auch die meisten Nebenstraßen asphaltiert und in durchweg gutem Zustand sind. Selbst die nicht asphaltierten Pisten sind – weil mit einem asphaltähnlichen Ölkiesbelag bedeckt – gut und auch zügig zu befahren.

Verkehrsbestimmungen
In Norwegen setzt die Topographie der Geschwindigkeit eine Grenze, die oft unterhalb der gesetzlich erlaubten liegt: 50 km/h innerhalb geschlossener Ortschaften, 80 km/h außerhalb bzw. 70 km/h für (gebremste) Gespanne, wer nur 1–5 km (!) zu schnell fährt und erwischt wird, darf z. B. 400 NOK tief in die Tasche greifen, bei einer Überschreitung von 6 bis 10 km/h sind 700 NOK fällig, und wer mehr als 21–25 km/h zu schnell fährt, zahlt schon 2000 NOK. Jenseits dieser Marke ist der Führerschein fällig, und vielen Ausländern geht er hier Jahr für Jahr verloren, denn zwischen Juni und August sind Hunderte von mobilen Radarkontrollen Tag und Nacht im Einsatz.

In Schweden und Finnland könnte man das Gaspedal zumeist durchtreten und auch durchgetreten lassen. Gegen das Rasen spricht, dass die Straßen auch von Elchen und Rentieren frequentiert werden – und natürlich die Geschwindigkeitsbegrenzungen, die innerhalb geschlossener Ortschaften bei 50 km/h liegen und außerhalb bei 70–110 km/h, in Wohngebieten sind meist nur 30 km/h erlaubt, Überschreitungen können durchaus auch mit Führerscheinentzug geahndet werden.

Natürlich besteht Anschnallpflicht, und wer ›gurtlos‹ erwischt wird, muss mit drastischen Strafen rechnen. Wer mit mehr als 0,2 Promille (Schweden) bzw. mehr als 0,5 Promille (Norwegen und Finnland) am Steuer sitzt, kann in Norwegen ins Gefängnis wandern, wird aber definitiv seinen Führerschein auf ein Jahr abgeben müssen. In Schweden geht es oberhalb einer nicht exakt definierten Grenze hinter ›Schwedische Gardinen‹, und in Finnland wird man ab 1,5 Promille für mindestens ein halbes Jahr ›aus dem Verkehr gezogen‹.

Mit umgerechnet etwa 100 DM Strafe wird in allen drei Ländern bestraft, wer missachtet, dass grundsätzlich mit Abblendlicht gefahren werden muss.

Tanken
Bleifreies Benzin gibt es an jeder Tankstelle. Das Tankstellennetz aber ist – je nach Landschaft – dünn bis äußerst

dünn –, und nach Mitternacht sind in Nord-Norwegen und -Finnland generell nur noch Geld- oder Kreditkarten-Automaten in Betrieb (meist nicht für Diesel), in Schweden hingegen wird oft schon gegen 22 Uhr ›Zapfenstreich geblasen‹.

Die Mitnahme eines Reservekanisters ist somit stets und überall zu empfehlen. Ebenso das Horten von (nicht geknickten) Geldnoten für die Automaten. Mit Kreditkarten (meist VISA, seltener Eurocard) ist das Bezahlen problemlos und auch an Automaten möglich.

Die Treibstoffpreise sind völlig instabil, und nur so viel sei gesagt: sie sind in aller Regel höher als in Deutschland, am höchsten in Norwgen (wo auch der Diesel mit rund 2 DM/l unverhältnismäßig teuer ist), am niedrigsten in Finnland.

Probleme

Wer einen Elch oder ein Ren ›anrempelt‹, hat ein Problem, nämlich ein zumeist völlig verformtes Fahrzeug, und ist verpflichtet, den Wildschaden sofort der nächsten Polizeidienststelle zu melden. Es empfiehlt sich der Abschluss einer Teilkasko-Versicherung, die Wildschäden einschließt, am besten auch Glasbruch, denn die von den Wintertemperaturen und Spikes oft aufgerauten Straßen können wahre Windschutzscheiben-›Killer‹ sein. Seitenspiegel, Kotflügel und anderes mehr verliert, wer missachtet, dass in Nord-Skandinavien – insbesondere im norwegischen Küstenbereich – die Straßen (vereinzelt auch die E 6!) so schmal sind, dass nicht überall zwei größere Fahrzeuge (etwa Wohnmobile) nebeneinander passen.

Überhaupt sollten Wohnmobilisten stets auf der Hut sein, denn vereinzelt tauchen Bodenwellen und Schlaglöcher auf, die einrichtungszerstörend sind bzw. einem überladenen Campingwagen schnell mal die Achse und die Federn brechen können!

Autopannen, die nicht selbst behoben werden können, plündern leicht die Reisekasse, denn unter umgerechnet rund 100 DM/Std. ist kein Mechaniker bereit, den Finger zu krümmen. Nottelefone existieren so gut wie nicht, aber bei der extrem hohen Handy-Dichte in Nord-Skandinavien (und anzuhalten ist bei einem Pannenfall Ehrensache im Norden) ist eine Pannenhilfe trotzdem meist schnell alarmiert.

Autodiebstahl übrigens ist kein Thema in Nord-Skandinavien.

Im Winter

Zwischen dem 1. 11. und 30. 4. darf man in Norwegen, Schweden und Finnland mit Spikes fahren (im Norden ab September), und wer keine hat, muss zumindest auf Winterprofil umrüsten und unbedingt zusätzlich mit Schneeketten ausgerüstet sein, denn die Straßen werden zwar geräumt, aber Split wird nicht immer gestreut und Salz schon gar nicht. – Mitunter könnte man Schlittschuhfahren auf Skandinaviens Straßen, und selbst mit Spikes passiert es hier auch versiertesten Fahrern immer wieder mal, dass sie sich im Graben wiederfinden.

Spikes-Verleihstellen gibt es an verschiedenen Fährhäfen in Dänemark sowie in Norwegen, Schweden und Finnland, Informationen darüber geben die Geschäftsstellen des ADAC etc. sowie auch die jeweiligen Fremdenverkehrsämter.

Mietwagen

Auch Wohnwagen und Wohnmobile stehen in Schweden, Finnland und Norwegen zum Verleih (Adressen über die Fremdenverkehrsämter), aber die Preise belaufen sich auf rund 1500–2000 DM pro Woche.

Normale PKWs (ab ca. 100 DM/Tag) sind in fast jeder größeren Stadt erhältlich und können bereits von zu Hause aus gebucht werden (z. B. über Avis, Inter-Rent etc.), es ist üblich, eine Kaution zu hinterlegen (oder Kreditkarte vorzeigen). Viele Vermieter geben ihre Fahrzeuge nur an Personen über 25 Jahren ab. Der nationale Führerschein ist ausreichend.

Mit öffentlichen Verkehrsmitteln

Wer sie nutzen will, sollte die Fremdenverkehrsämter kontaktieren und entsprechende Broschüren anfordern, denn es würde den Rahmen dieses Buches bei weitem sprengen, alle Transportmöglichkeiten und Routen aufzuzeigen. In den jeweiligen Routenkapiteln finden sich aber unter dem Stichwort ›Öffentliche Verkehrsmittel‹ zumindest Angaben darüber, ob die jeweilige Strecke so machbar ist.

Eisenbahn

In Sachen Komfort sind die skandinavischen Eisenbahnen führend in Europa. Die Preise sind moderat bis billig, obendrein werden zahlreiche Spartarife angeboten, und zu bedauern ist eigentlich nur, dass die Schienenstränge der drei Länder zwar bis, aber nicht durch Nord-Skandinavien führen. – In Nord-Norwegen ist die Fahrt in Bodø zu Ende, in Nord-Finnland in Rovaniemi, und nur in Nord-Schweden kann man ›auf festem Gleis‹ nahezu alle größeren Orte von touristischer Bedeutung erreichen: mit der ›Erzbahn‹ nämlich, die Luleå (angebunden am Malmö, Göteborg und Stockholm) via Kiruna und Abisko mit Narvik in Norwegen verbindet, sowie mit der sogenannten Inlandsbahn, die von Mora (Bahnanschluss u. a. mit Malmö, Göteborg, Stockholm) in Mittelschweden via Östersund, Dorotea, Wilhelmina, Storuman, Sorsele, Arvidsjaur und Jokkmokk bis Gällivare nördlich des Polarkreises führt.

Wer voraussichtlich viel Bahn fahren und auch mit der Bahn anreisen will, wird mit dem **Scan Rail Pass** (s. S. 292) am günstigsten reisen. In Norwegen ist das **Rabattsystem** Minipris interessant (zu buchen auf allen Bahnhöfen, gilt an speziellen Wochentagen und gewährt rund 50 % Ermäßigung, wobei der maximale Preis 570 NOK beträgt und Kinder bis 12 Jahren in Begleitung Erwachsener gar kostenlos fahren). In Schweden gibt es ein ähnliches System (ebenfalls an allen Bahnhöfen zu buchen), mit dem z. B. die Strecke Malmö–Kiruna umgerechnet etwa 65 DM kostet. In Finnland bietet sich der Finnrail-Pass an, mit dem man 3 Tage (2. Klasse 600 FIM), 5 Tage (810 FIM) oder 10 Tage (1090 FIM) alle Züge der Finnischen Eisenbahn beliebig oft benutzen kann, den Pass gibt es auch für die 1. Klasse, und er ist an jedem Bahnhof Finnlands zu bekommen.
Informationen und Platzreservierungen:
in Norwegen Tel. 81 50 08 88, www.nsb.no
in Schweden Tel. 020/75 75 75, www.sj.se
in Finnland Tel. 09/7 07 57 06, www.vr.fi

Flugverkehr

Nord-Norwegen verfügt über ein sehr dichtes **Flugnetz.** Rund zwei Dutzend Destinationen werden angeflogen (von SAS, Widerøe und Braathens), die Preise sind niedrig, und häufig hat man gute Chancen, auch als Standby-Passagier zu dann extrem günstigen Tarifen transportiert zu werden. In Nord-Schweden sind eigentlich nur die von

SAS angeflogenen Städte Kiruna und Gällivare von Interesse, aber hier haben sich viele kleine Taxiflug-Gesellschaften etabliert, mit denen jedes Ziel – außerhalb der Nationalparks – zu moderaten Preisen erreicht werden kann. So auch in Finnland, wo das offizielle Finnair-Flugnetz sehr dünn ist (nur Enontekiö, Ivalo, Kittilä und Rovaniemi werden angeflogen).

Mit dem **Visit Scandinavia Air Pass** von SAS (s. S. 292) kann man Norwegen und Schweden zu äußerst günstigen Preisen bereisen. Braathens bietet entsprechend den **Visit Norway Pass** an, der einen Monat lang zwischen 13 Städten gültig ist. Die Preise richten sich danach, ob man innerhalb Norwegens eine Kurz- oder eine Langstrecke fliegt. Als Langstrecke gilt jeder Flug, der über Trondheim hinausgeht, südlich oder nördlich von Trondheim gibt es nur Kurzstrecken. Eine Kurzstrecke kostet 85 U$, eine lange 170 U$. Informationen und Buchungen über **Braathens,** Postboks 55, N-1330 Fornebu, Tel. 67 59 70 00, Fax 67 58 62 61, www.bratthens.no.

Auch **Widerøe** (Postboks 131, N-1324 Lysaker, Tel. 81 00 12 00, Fax 67 11 61 95, www.wideroe.no), der größte Anbieter für Inlandsflüge in Nord-Norwegen, hat spezielle Sommerangebote: etwa den **Sommerpass** (Einzelflüge ab 105 DM) und das **Norwegen Entdecker Ticket,** mit dem man 14 Tage lang auf allen Strecken fliegen kann. Für ganz Norwegen kostet es 3000 NOK (Verlängerungswoche 900 NOK); gilt es nur bis zur Höhe von Tromsø, sind 2600 NOK zu bezahlen.

Bus

Busfahren erfreut sich im Norden großer Beliebtheit, die Netze sind dicht und effektiv, am dichtesten in Norwegen, in Schweden und Finnland werden in der Saison (Mitte Juni bis Anfang/Mitte September) sogar Linien eingerichtet, mit denen man die Ausgangs- und Zielpunkte der beliebtesten Fernwanderwege erreichen kann. Der gebotene Komfort ist hoch, die Preise sind adäquat (Informationen über die Fremdenverkehrsämter).

Fähren

Laut Statistik gibt es norwegenweit 156 verschiedene ›Wasserstraßen‹, auf denen 236 Schiffe Dienst tun, die pro Jahr über 50 Mio. Passagiere und rund 20 Mio. Fahrzeuge befördern und Norwegen zum Fährenland Nummer eins auf der Welt machen. Ohne Fähren würde rein gar nichts laufen im ›Land der tausend Fjorde‹. Neben den üblichen, relativ preisgünstigen Autofähren werden auf zahlreichen Strecken (etwa: Narvik–Lofoten und Bodø–Lofoten) außerdem auch Schnellboote (nur Personen-/Fahrrad-Transport) eingesetzt.

Nicht zu vergessen die Schiffe der **Hurtigrute,** die auf ihrem täglichen Weg von Bergen nach Kirkenes und retour über zwei Dutzend Häfen in Norwegisch-Lappland anlaufen. So man mit einem Decks-/Sitzplatz zufrieden ist, kommt eine Passage gar nicht mal teuer zu stehen (vergleichbar mit Busfahren), auch eine vorherige Buchung/Reservierung ist unnötig (was sonst schon mehrere Monate vor Reiseantritt erforderlich ist). Die Tickets bekommt man direkt an Bord, auch Fahrräder werden kostengünstig transportiert. Wer auf eine Kabine und volle Verpflegung nicht verzichten mag, muss in der Nebensaison für die Gesamtstrecke Bergen–Kirkenes–Bergen inkl. der Mahlzeiten in einer Mittelklasse-Kabine 9500 NOK bezahlen bzw. 13 500 NOK in der Hochsaison. Bucht man lediglich ein Kabinenarrangement, kommt man freilich wesentlich günstiger weg, denn so opulent und geschmackvoll die Mahlzeiten sind, so teuer sind sie auch. Als Alternative für preisbewusste Reisende empfiehlt sich die Cafeteria. Über die zahlreichen Rabatte informieren die Buchungsstellen **OVDS** (Postboks 375, N-8451 Stokmarknes, Tel. 76967600, Fax 76118201) und **Norwegische Schifffahrtsagentur – NSA** (Kleine Johannisstr. 10, D-20457 Hamburg, Tel. 040/37 69 30, Fax 040/36 41 77).

Reisezeit

Die ersten Urlauber aus südlichen Landen treffen bereits Mitte Mai in Nord-Skandinavien ein, wenn im Großteil des Landes der Winter gerade erst zu Ende geht, entlang der nordnorwegischen Küste dank des maritimen Klimas aber der **Frühling** bereits Einzug gehalten hat, während die Berge noch ihr weißes Winterkleid tragen und die Wasserfälle mit ungezähmter Kraft die Felswände herabstürzen. Zwischen Mo i Rana im Süden und Tromsø im Norden werden jetzt, wo es ja nachts schon nicht mehr dunkel wird, die meisten Sonnenstunden im Jahr verzeichnet, und die Niederschlagswahrscheinlichkeit ist am geringsten. Zwar betragen die durchschnittlichen Temperaturen nur rund 6 °C, aber das heißt nicht, dass man mittags nicht auch 20 °C und mehr in der Sonne genießen kann.

Der Juni leitet mit Temperaturen von durchschnittlich 10 °C den **Sommer** an der Küste ein, der im Zentralland etwa Mitte des Monats beginnt, wenn ganz Skandinavien Ferien hat und auch die großen Wohnmobil-›Konvois‹ aus Mittel- und Südeuropa eintreffen. Der Saison verbleiben nun rund zwei Monate,

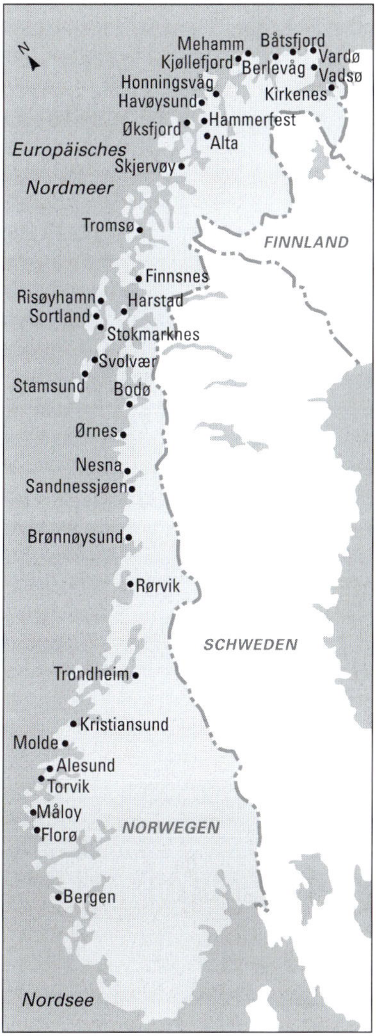

Hutigrute

die Durchschnittstemperaturen liegen zwischen 13 und 15 °C, wobei es tagsüber und insbesondere in Schwedisch- sowie Finnisch-Lappland aber durchaus auch 30 °C warm werden kann. Die Tage umfassen auch die Nächte, die artenreiche Flora erblüht zu voller Pracht, aber auch der ›Lapplandfluch‹ –

Mücken & Co (s. S. 305f.) fliegt millionenfach über Wald und Flur. Zwar driften während dieser Monate häufig Regen bescherende Zyklone an die Nordwestküste Norwegens (etwa Lofoten und Vesterålen), aber die Wolken stauen sich nicht an, und schüttet es gerade noch wie ›aus Eimern‹, erfreut schon bald darauf wieder eitel Sonnenschein (obwohl es freilich auch Sommer gibt, die an der Küste und im Hinterland vollkommen verregnet sind).

Im August werden die Tage kürzer. Nachts wehen die Schleier des Polarlichts über den Himmel, Kälte und Feuchtigkeit kriechen die Berge hinunter. Sie schlagen sich als Nebel nieder und sorgen gegen Ende des Monats dafür, dass Birken und Eschen, aber auch Heidekraut und viele andere Pflanzen ihre farbenfrohen **Herbst**-Kleider überstreifen. In den Höhenlagen können die Seen und Tümpel frühmorgens bereits mit einer dünnen Eisschicht bedeckt sein, doch die tagsüber noch sehr kraftvolle Sonne lässt die Vorboten des Winters schnell wieder verschwinden.

Vielstimmiges Schreien liegt bald in der glasklaren Luft, wenn Millionen von Zugvögeln am Himmel auftauchen, und überall sieht man die kleinen Tiere Nahrungsvorräte sammeln. Über Hochland und Gebirge breitet sich ab Ende September eine geschlossene Schneedecke wie ein gewaltiges Tischtuch aus, während in den unteren Lagen noch immer die Farben bersten. Eine ungeheure Melancholie liegt über dem still werdenden Land. Der Himmel hängt tief, plötzlich peitscht ein Sturm über die Tundra und treibt Blätter wie Schneeflocken vor sich her. Die Natur ist ausgepumpt, es regnet, es hagelt, es schneit, dann schneit es tagelang. – Dem **Spätherbst,** alle Touristen sind schon längst wieder zu Hause, verbleiben oft nur wenige Tage, und wer jetzt noch fahrend unterwegs ist, der benötigt Spikes oder/und Schneeketten.

Im Binnenland geht der Spätherbst Mitte Oktober in den **Winter** über, an der Küste kann er sich bis in den November hinein halten. Dann aber spätestens ist das ganze Land tief verschneit, und den Tagen verbleiben nur noch wenige Stunden. Im Dezember schließlich wird die Polarnacht lapplandweit zum Alltag und können die Temperaturen bis in den Februar oder auch März hinein Tiefstwerte von –30 °C und mehr erreichen. In der Finnmark etwa wurden schon mal –50 °C gemessen, doch entlang der Nordmeerküste sorgt der Golfstrom stets für angenehme Werte, die kaum je unter –10 °C fallen (ja, die Quecksilbersäule kann jetzt durchaus auch mal auf 5–10 °C ansteigen). Anfang Februar, wenn in Jokkmokk/Schweden der große Samenmarkt stattfindet und auf den Lofoten die berühmte Lofot-Fischerei beginnt, setzt die **Winter-Urlaubssaison** ein. Dann sind die Feriendörfer und Campingplätze der Skigebiete (insbesondere Tärnaby und Riksgränsen in Schweden) bis auf den letzten Platz ausgebucht. Im März währt der Tag schon wieder rund 12 Stunden, im April ist es auch nachts kaum noch dunkel, und diese beiden Monate erfreuen sich bei Winterwanderern allergrößter Beliebtheit.

Spirituosen

Zweifellos gibt es einen Zusammenhang zwischen Klima und Trinkgewohnheiten, und in Skandinavien ist das Klima hart, und je nördlicher man kommt, desto härter wird es – sprich: desto mehr wird getrunken. Oder besser: wurde getrunken, denn Ende des letzten Jahrhunderts entstanden Absolutistenbewegungen, die mit Erfolg gegen den ›Teufel Alkohol‹ zu Felde zogen. Heute wird der Stoff, der das Walhalla der Wikinger erst zum Paradies machte, zu hohen Preisen und über ein sehr weitmaschiges Ladennetz verkauft. Und zwar sowohl in Norwegen (preislich der Spitzenreiter) als auch in den EU-Ländern Schweden und Finnland.

Dieser Balanceakt zur Drosselung des Verbrauchs funktioniert insgesamt einigermaßen gut, und wer während eines Nord-Skandinavien-Urlaubs seine Leber nicht in Ruhe lassen möchte, der wird seine Nerven strapazieren (auf der Suche nach den spärlich verteilten Läden) und – insbesondere in Norwegen – seine Reisekasse belasten: Wein etwa gibt es dort nicht unter umgerechnet 17 DM, harte Sachen schlagen mit mindestens 80 DM zu Buche, auch für ein Döschen Bier muss man gut und gerne 5 DM auf den Tisch der (staatlichen) Alkoholläden legen. Nur Leichtbier und natürlich alkoholfreies Bier ist auch in Supermärkten erhältlich (etwa doppelt so teuer wie bei uns und von ausgezeichneter Würze).

Wenn's trotzdem das ›echte‹ sein soll: In Finnland heißen die Alkoholshops treffend ›ALKO‹, in Schweden ›Systembolaget‹ (allgemein ›Systemet‹) und in Norwegen ›Vinmonopolet A/S‹ (im Volksmund ›Polet‹). Es gibt sie in allen Ortschaften, die Stadtrechte haben – und das sind nicht viele!

Sport

Nord-Skandinavien ist ein einziges Paradies für Naturfreunde, Sportbegeisterte und Abenteuerlustige! – Wanderpfade aller Schwierigkeitsgrade führen über ›Alpenpässe‹, durch Tundraweiten und Taigadickichte, zu Gletschern, Bergseen, Vogelfelsen und entlang menschenleerer Traumstrände. Die Gebirgswelt bietet dem alpinen Kletterer Herausforderungen ohnegleichen, auch wer reitend in die Wildnis vordringen will, findet hier alles zum Besten. Die Palette der Wassersportarten reicht von Rafting-Fahrten, Kanutouren durch ursprüngliche Wildnisgebiete, Kajaktrips auf Wildwassern und entlang atemberaubender Steilküsten bis hin zu Bootsfahrten durch die tiefsten Canyons Europas. In den Flüssen wie im Meer wimmelt es von Fischen, zudem kann man zu Wal-Beobachtungen hinausfahren, einige der größten Vogel-Kolonien der Welt besuchen, Jeepsafaris, Rentiertrekks, Hundeschlitten- und Schneescootertouren unternehmen, natürlich Biken, Skifahren, Gold schürfen, Tauchen, Golfen und, und, und.

Die Möglichkeiten sind wahrhaftig grenzenlos, und wirft man einen Blick auf die Angebote der unzählbaren Outdoor-Veranstalter, kann man ohne Übertreibung sagen, dass es in Sachen Outdoor-Aktivitäten keine Region in Europa gibt, die mit Nord-Skandinavien auch nur entfernt konkurrieren kann! Entsprechend viele Reisende gibt es, die eigens deswegen in den Norden fahren.

Wegen des breiten Spektrums möglicher Aktivitäten kann hier nur eine Auswahl gegeben werden. Detaillierte Angaben finden sich im Reiseteil, gute Infoquellen sind die jeweiligen Touristenbüros und die Jugendherbergen, die größtenteils selber Outdoor-Aktivitäten anbieten.

■ Angeln

Nord-Skandinavien gilt als eine der wasserreichsten Landschaften der Erde, kein Wunder also, dass es auch ein

Paradies für Angler und Fischer ist. Gleichgültig, ob es sich nun um Süß- oder Salzwasserfisch handelt – die Beute wird reichlich sein, auch für Anfänger. Am norwegischen Eismeer gilt das geflügelte Wort, »dass wer nicht je Minute mindestens einen Fisch am Haken hat, ein Stümper sein muss« ...

Wer nur auf **Salzwasserfische** aus ist, darf wo und wie oft er will sein Glück versuchen, ohne einen Angelschein zu erwerben. Angeln kann man mit Rute oder Handschnur vom Boot oder mit Wurfangeln von Land aus. Will man Dorsch mit Blinkern angeln (das einzig Vernünftige), empfehlen sich möglichst schwere Blinker, sie müssen bis zum Grund einsinken, dann zieht man ruckartig an, lässt wieder ab, hat Glück oder auch nicht. Für alle anderen Fische können Regenwürmer, Muscheln, Krabben oder Heringsstücke als Köder verwendet werden. Vom Boot aus benutzt man am besten Schleppangel oder Blinker. Wer eine Hütte am Meer mietet, hat meist gleich ein Ruderboot dabei (Motor gegen Aufpreis), aber in nahezu jedem Dorf und auf jedem Campingplatz werden ebenfalls Boote vermietet: die Stunde kostet ca. 80 NOK (Ruderboot) bzw. 100–120 NOK (mit kleinem Außenborder).

Mit **Süßwasserfischen** kann man seine liebe Last haben. In Schweden ist es noch am einfachsten, dort reicht es, in einem Informationsamt oder Sportgeschäft eine Angelkarte *(fiskekort)* zu erwerben (ab ca. 50 SEK pro Tag). In Norwegen muss man erst einmal eine Grundgebühr *(fiskeravgift)* von 180 NOK an die staatliche Fischereikasse entrichten, um in den Genuss einer staatlichen Angellizenz zu kommen (bei jedem Postamt), sodann gilt es, sich für ein bestimmtes Gebiet eine Angelkarte *(fiskekort)* zu besorgen, deren Preis – je nach Revier – variiert. Das gleiche Prozedere ist auch in Finnland vorgeschrieben, wo man die staatliche Lizenz ebenfalls in jedem Postamt kaufen kann.

An dieser Stelle auf die einzelnen Reviere, die vorkommenden Fische und die Fangmethoden einzugehen, würde jeden Rahmen sprengen. Vielmehr verweisen wir auf die Fremdenverkehrsämter, die entsprechende Broschüren und Angelbücher vertreiben.

■ Fischsafaris/Walbeobachtung

Die Zahl der Boote, die an der Nordmeerküste täglich zum **Hochseeangeln** aufs Meer tuckern, dürfte dreistellig sein, und kein Fischerdorf, in dem nicht mindestens ein halbes Dutzend Skipper darauf warten, mit Touristen hinauszufahren und ihnen beim Fang ein bisschen unter die Arme zu greifen, eine 4-stündige Tour inkl. Angelausrüstung kostet zwischen 200 und 250 NOK.

Auch **Pottwal-Safaris** werden organisiert, und zwar von den Vesterålen aus (s. S. 287): Es wird eine »Trefferquote« von 90 % garantiert, denn die Skipper (die früher als Walfänger arbeiteten) kennen den genauen Verlauf der Walzugstraße auf dem offenen Nordmeer, über die alljährlich ein fester Stamm von gut 100 Pottwalen zieht. Bis zu 60 t sind die Monster schwer, die nicht selten nur wenige Meter neben dem wartenden Boot aus dem Wasser tauchen. Der Preis für diese 6-stündige Hochseetour ist zwar ziemlich hoch, aber adäquat.

Für **Schwertwal-Safaris** bietet sich der Tysfjord südlich von Narvik und nördlich von Fauske an. Im Rahmen der 5 Stunden dauernden Bootsfahrten können oft Hunderte ›Killerwale‹ beobachtet werden, Informationen über Salten Reiselivslag (s. S. 249).

Kajak

Auch für diesen Sport ist Nord-Skandinavien eines der besten und abwechslungsreichsten Reviere Europas, denn vom offenen Nordmeer mal abgesehen – das zu befahren den Cracks vorbehalten ist! – finden sich Tausende tief eingeschnittener und von Wellen oft unangetasteter Fjorde. Bei Flaute kann man auch mit einem Kanadier hinausfahren (möglichst mit Spritzdecke), aber allzu weit sollte man mit solchem Gefährt nicht paddeln, denn bei eventuell auffrischendem Wind wird man zum Spielball desselben. Noch ungeeigneter sind aufblasbare Kanus, die sich über jeder kleinen Welle durchbiegen und dem Wind eine noch größere Angriffsfläche bieten als die Kanadier. Ideal ist ein Seekajak, doch einen Verleih gibt es – abgesehen von den Lofoten (s. S. 268), einem der besten Seekajak-Reviere Europas – bislang so gut wie nicht an Norwegens Küsten, so dass man gut daran tut, sein eigenes Boot mitzubringen.

Passionierte Wildwasserfahrer finden im hohen Norden – und zwar in Norwegen ebenso wie in Finnland und Schweden – ebenfalls ihr Eldorado und sollten sich für Norwegen an **Norges Kajakkforbund** wenden (Hauger Skolevei 1, N-1351 Rud, Tel. 67 15 48 23), für Schweden an den **Svenska Kanotförbundet** (s. unter Kanu), für Finnland an das Fremdenverkehrsamt.

Kanufahren

Nord-Skandinavien – Kanuland! Mit seinen Zigtausenden Seen und Flüssen ist Nord-Skandinavien auch für diese Sportart wohl eine der abwechslungsreichsten und beliebtesten Regionen Europas, und wer kein eigenes Kanu mitbringt, der kann sich in Hunderten Kanustationen eines leihen (Informationen über die Fremdenverkehrsämter) – mit allem Drumherum und für (nicht nur skandinavische Verhältnisse) relativ wenig Geld.

Die Beschreibung der populärsten Kanugewässer, deren Zahl insbesondere in Nord-Schweden sowie Nord-Finnland wahrhaftig Legion ist, würde jeden Rahmen sprengen. Detaillierte Hinweise werden im Reiseteil gegeben. Die Broschüre ›Naturerlebnis Finnland‹ (Fremdenverkehrsamt) verzeichnet die spektakulärsten Kanureviere und nennt die größten Verleihstationen. Für Norwegen rufe man beim Fremdenverkehrsamt die Broschüre ›Aktiv Urlaub‹ ab. In Schweden bieten der Kanuverbund (Svenska Kanotförbundet, Idrottens Hus, S-12387 Farsta, Tel. 08/6 05 60 00, Fax 08/6 05 65 65) und der über das Fremdenverkehrsamt erhältliche Prospekt ›Kanufahren und Wasserwandern‹ eine Vielzahl an Tipps und Anregungen.

Bleiben die zahlreichen Bücher auch in deutscher Sprache, die dem Thema gewidmet sind (über den Buchhandel, insbesondere aber über den Nordis-Buchvertrieb, s. S. 303), wie auch die Handbücher des Deutschen Kanuverbandes (in guten Sportgeschäften), die ihren Autoren alle Ehre machen.

Mountainbiking

Gerade in der empfindlichen lappländischen Natur sind Mountainbike-Touren sehr problematisch. Daher sollte man sich auf solche beschränken, deren Streckenverlauf durch auch von geländegängigen Motorfahrzeugen frequentierte Pisten vorgegeben ist. Wer sie verlässt, fügt Flora und Fauna irreparable Schäden zu und hilft mit, die (leider häufig zu Recht bestehenden) Ressentiments der Naturschützer zu verstärken, Restriktionen den Weg zu bereiten.

Insbesondere in Norwegen lässt sich so manche Wanderung wirklich gut mit dem MTB bewältigen. Immer vorausgesetzt, dass man über wahrhaft ›bärige‹ Kondition verfügt und sein Rad perfekt beherrscht. Wer diese Bedingungen erfüllt, außerdem das richtige (für überwiegend steinige Pisten geeignete) Reifenmaterial aufgezogen hat, der kann stellenweise zu Höhenfahrten starten, die durchaus alpinen Charakter haben. Als beste Zeit für MTB-Touren in Nord-Skandinavien gelten die Wochen zwischen Mitte/Ende Juli und Mitte/Ende September, wenn die Wege meist schnee- und auch morastfrei, die Moore ziemlich ausgetrocknet sind.

Wer mit Familie auf Biketour gehen will, der braucht – sind die Kinder noch nicht alt genug – ein MTB-Tandem von Burley, denn nur an Rädern dieser Firma kann man spezielle Kinder-Tretlager anbringen, mit dem Erfolg, dass schon Kinder ab etwa 3–4 Jahren als Stoker Platz nehmen können. Und fürs Gepäck sowie für die ganz Kleinen, die nicht selbst radeln können, empfiehlt sich ein Anhänger (ebenfalls nur von Burley auf dem Markt), der nur 7 kg wiegt, auf kleinstes Maß zusammengeklappt werden kann. Ausgestattet ist das Teil mit Leichtlaufrädern, Sonnen-, Regen- und Moskitoverdeck.

Informationen erhält man über folgende Vereinigungen bzw. Adressen: **Sykkelturisme i Norge SND,** Postboks 448, N-0104 Oslo, Tel. 22 00 25 00, Fax 22 42 96 11, www.bike-norway-com. **Svenska Cykelsällskapet,** Box 6006, 164 06 Kista, Tel. 08/7 51 62 04, Fax 08/7 51 19 35.

Zu Finnland findet man viele Informationen in der Broschüre ›Naturerlebnis Finnland‹, die über das Fremdenverkehrsamt zu beziehen ist.

Tauchen

Die Nordmeerküste, Schwerpunkt Lofoten, mit ihrem unvergleichlich klaren, sauberen Wasser, der guten Sicht und einer vielfältigen Unterwasserflora und -fauna bietet ungeahnte Möglichkeiten für versierte Sporttaucher. Die Tauchsaison beginnt im Archipel Mitte Mai, wenn jedes Jahr aufs Neue der schwedische Tauchclub aus Piteå anreist und die etwa 30 Mitglieder bei Wind und Wetter, Tag und (heller) Nacht in ständigem Wechsel zu den Schären und Holmen im Vestfjord hinausfahren. Ende Juni reisen die ersten deutschen Tauchgruppen an, und bis Mitte/Ende August gehören die in Trockenanzüge eingemummten Sportler zum täglichen Bild auf dem Sandvika-Campingplatz der Insel Austvågøy, ›dem‹ Treff für Sporttaucher im Norden. Auch eine Verleihstation sowie Tauchschule ist im Archipel zu finden, weitere Tauchbasen laden küstenweit in Nord-Norwegen ein, ausführliche Informationen kann man beim Dachverband der norwegischen Taucher abrufen: **Norges Dykkerforbund,** Hauger Skolevei, N-1251 Rud, Tel. 67 56 88 00.

Vogelbeobachtung

Zu den bekanntesten Vogelrevieren des Nordens zählen 20 Vogelfelsen in Nord-Norwegen, die einige der größten Seevogelkolonien der Welt beherbergen und teilweise sogar leicht erreichbar sind. Neben den Hebriden besitzen die Lofoten die größten Papageitaucher- und Dreizehenmöwen-Kolonien der Welt. Die beiden Inseln Værøy und Vedøya (Røst) sind von vielen Millionen Brutvögeln besiedelt (s. S. 35ff.). Weitere Informationen bieten die Fremdenverkehrsämter in Svolvær, auf Værøy und Røst, die auch geführte Wanderungen und Bootsfahrten zu den Vogelklippen anbieten. Aber auch im Binnenland findet der Vogelinteressent zahlreiche lohnende Refugien vor allem in den Nationalparks, die im Reiseteil ausführlich auch unter diesem Blickwinkel vorgestellt werden.

Wandern/Trekken

Der allergrößte Teil Nord-Skandinaviens ist vollkommen ursprüngliches Land. Wer es wandernd betritt, der findet Geröllwüsten und Canyons, aber auch liebliche Täler, tiefblaue Seen und sprühende Wasserfälle, schier undurchdringliche Urwälder wie auch gewaltige Felsmonolithen und bizarre Klippenküsten, Hochebenen im unwirklichen Licht von Walt-Disney-Farben, und schließlich, ganz oben, schneebedeckte Weiten.

Wandermöglichkeiten gibt es auf jedem Niveau. Aber der Urlauber findet auch insbesondere in Schwedisch- und Finnisch-Lappland eine Infrastruktur vor, die in ganz Europa ihresgleichen sucht: Ein dichtes Netz von Hütten und markierten Wanderwegen erschließt die Fjell- und Waldweiten, man kann wählen zwischen mehrstündigen Ausflügen und mehrwöchigen Touren. Die dichteste Sammlung an Wanderwegen in allen Längen und Schwierigkeitsgraden findet sich in den Nationalparks (s. S. 306f.), die im Reiseteil alle detailliert vorgestellt werden.

Vorabinformationen bieten die Aktivurlaub-Infopakete der Fremdenverkehrsämter: Für Finnland bestelle man den Prospekt ›Lappland Wanderwege‹, für Nord-Schweden die Broschüre ›Wandern, Nationalpark‹, für Nord-Norwegen schließlich das Heft ›Aktiv-Urlaub‹.

Tipps für die Bergwildnis

Von der richtigen Einschätzung der eigenen Leistungsfähigkeit hängt alles ab. Dabei ist nicht das Alter, sondern die Kondition entscheidend, und so sollte, wer sich nicht sicher fühlt, den leichten Touren den Vorzug geben. Warnen möchten wir vor zu großer Risikobereitschaft, denn sie ist der Ursprung der meisten Unfälle in den Bergen. Viele Regionen sind hier so einsam und damit so fern aller Einrichtungen der Zivilisation, dass bei Notfällen kaum oder zumindest nicht mit rascher Hilfe zu rechnen ist. Auch wer falsches Schuhwerk trägt, unzureichend bekleidet ist, ohne Orientierungsmittel aufbricht oder im Umgang mit ihnen keine Erfahrung hat, oder wer gegen das ›eherne‹ Gesetz der wandernden Zunft verstößt – niemals alleine wandern! –, der riskiert ›Kopf und Kragen‹. Deshalb ein paar Hinweise, die auch der erfahrene Wanderer nicht auf die leichte Schulter nehmen sollte:

- Bei Bergtouren niemals alleine wandern!
- Nicht von der Wanderroute abweichen!
- Auf Wegmarkierungen achten!
- Sollte man sich verirren oder verläuft der Weg anders, als es die Karte eigentlich anzeigt – nicht auf eigene Faust weitergehen, sondern umkehren bis zum letzten Orientierungspunkt und von neuem beginnen!
- Wetterbericht beachten, nach starken Regen- oder Schneefällen sollte man auf Bergtouren verzichten!
- In höheren Bergregionen kann das Wetter sehr launisch sein: bei plötzlichem Nebel die Wanderung sofort unterbrechen und so lange an derselben Stelle verweilen, bis die Sicht wieder gut ist!
- Auf Schneebrücken achten, sie möglichst gar nicht erst betreten (Einsturzgefahr)!
- Reichlich Proviant, gut 1 kg pro Person (ca. 3000 kcal), sollte man einplanen!

Wanderzeiten

Für eine Region dieser Größe, Topographie und geografischen Lage lassen sich die optimalen Wanderzeiten nur vage ableiten, so die Frage nach der Wanderregion noch nicht gestellt ist. Ergrünt z. B. direkt an der Eismeerküste bei Alta dank Golfstrom das Gras schon Anfang Mai, ist der südlicher gelegene Inari-See in Finnland noch zugefroren. Und selbst in den Höhenlagen über Alta kann die Schneedecke noch meterdick sein, während bei Abisko das Schmelzwasser rauscht, in der schwedischen Taiga bei Muddus aber die Schmelze schon beendet ist ... Aber eine Faustregel sei hier erlaubt: Die Wochen zwischen Anfang Juli und Ende September gelten generell als beste Wanderzeit (s. auch S. 313f.).

Der **Frühling** bedeutet in Nord-Skandinavien nichts anderes als das Ende des Winters und wird hier nicht von allen Lebewesen geliebt. Für den Menschen – zumindest den wandernden, auch kanuwandernden – bedeutet er Stillstand. Das Eis, im Winter eine Straße, zerbricht, das Wasser lässt sich weder mit Boot noch Kanu befahren, und das Land ist mit Schneematsch bedeckt, der sich an Schiern, Schneeschuhen und Schuhen festsetzt, bis man die Füße nicht mehr heben kann.

Mit zunehmender Schneeschmelze im **Frühsommer**, wenn es schon Tag und Nacht hell ist, scheint es, als wolle sich die ganze Welt verflüssigen: Die Gewässer schwillen an, selbst kleine Bäche können schnell zum unüberwindlichen Hindernis werden, und die Pfade füllen sich mit Schlamm und Lehm. Dafür erwacht die arktische Flora aus ihrem langen Winterschlaf, während sich die Stech- und Kriebelmücken, die Fliegen und Bremsen (s. S. 305f.) noch weitestgehend zurückhalten.

Der **Sommer** schenkt (meist) angenehme Temperaturen und trockene Pfade, die Flora ist jetzt voll erblüht, Beeren und Pilze gibt es in Hülle und Fülle, und das 24 Stunden währende ›Tageslicht‹ gewährt die Freiheiten, die der Nordland-Reisende so sehr liebt. – Entsprechend viele in- und ausländische Wanderer sind unterwegs, und in den Einödhütten an den populären Routen herrscht z. T. drangvolle Enge. Zur ›Rose die Dorne‹: Der ›Lappland-Fluch‹ fliegt millionenfach über Wald und Flur.

Wenn die Sonne wieder unter den Horizont versinkt, ändert sich das Kima rasch, und schon ist die Nachtluft von schneidender Kälte. Plötzlich kann man frühmorgens beobachten, wie sich an den Moosrändern der Tundramoore schmale Eisschichten bilden, und auf den Hauptstraßen fahren Wohnmobil-Konvois Richtung Süden. – Der **Herbst** hat sein Debüt gegeben, mit den Touristen verschwinden auch die Mücken, und die ›Zuckerfabriken‹ in den Blättern der Bäume und Sträucher stellen ihre ›Produktion‹ ein: Das Hochfjell wandelt sich in ein flammendes Feuermeer, und ein, zwei Wochen später färben sich überall in Nord-Skandinavien Birken, Eschen und Espen gelb und gold, schließlich rot. Es ist, als wären die Blätter selbst leuchtende Substanzen, und auch, wenn die Sonne einmal nicht scheint – die Schönwetterlage ist oft sehr stabil –, präsentiert sich das Land als eine einzige Farb-Orgie; unwirklich schön, atemberaubend, nicht in Worte zu fassen. Das alles findet im **Spätherbst** sein Ende, und wer dann noch wandernd unterwegs ist, der braucht eine gute Ausrüstung und viel Erfahrung im Umgang mit Karte und Kompass, denn es kann schon tagelang regnen, hageln, schneien und stürmen.

Karten
Die finnischen Wanderkarten (›Ulkoilukartta‹; 1:50000 oder 1:100000) sind in der Regel auf dem neuesten Stand und von hervorragender Qualität. Auch die schwedischen ›Fjällkartan‹ lassen trotz ihres Maßstabs von 1:100000 an Genauigkeit keinerlei Wünsche offen. In Norwegen (in der Regel 1:50000) hingegen ist das Kartenmaterial oft veraltet, viele Routen sind nicht verzeichnet, auch die Art der Darstellung kann nicht immer als vorbildlich bezeichnet werden.

Zumindest für Schweden und Finnland kann man darauf verzichten, sich die Karten schon zu Hause in einer Buchhandlung zu besorgen, denn in den Ländern selber sind oft aktuellere Auflagen im Umlauf, außerdem sind sie günstiger. Wer hingegen viel in Norwegen wandern möchte, insbesondere auch abseits der in diesem Buch beschriebenen Routen, der tut gut daran, sich an den Kartenvertrieb Nordis (s. S. 303) oder den norwegischen Wanderverein DNT (s. u.) zu wenden. Dort erhält man Kartenübersichten, nach Regionen getrennt, dort kann man auch die Karten bestellen, die meist (aber auch nicht immer) auf dem neuesten Stand sind.

Wandervereine
In allen drei Ländern werden die Mitgliedschaften in einem Wanderverein untereinander anerkannt, und so braucht, wer die damit verbundenen Vorteile nutzen will, nur in einem Mitglied werden; Mitgliedschaft im DAV wird hingegen nicht anerkannt. Der jeweilige Jahresbeitrag beläuft sich auf rund 70 DM pro Person. Der Hauptvorteil einer Mitgliedschaft ist die damit verbundene Preisermäßigung von 25% auf Hüttenübernachtungen in Schweden und Norwegen; außerdem wird man ständig über den neuesten Stand der ›Wanderdinge‹ im jeweiligen Land unterrichtet.
Informationen und Anmeldung unter
Den Norske Turistforening (DNT)
Storgata 3, Postboks 7 Sentrum
N-0101 Oslo
Tel. 22822822, Fax 22822801.
DNT-Vertretung in Deutschland
c/o Reisebüro Nach Norden
Helga Rahe, Drostestr. 3
D-48157 Münster
Tel. 0251/324608, Fax 326846
Hier kann man auch Mitglied werden (zahlbar dann in DM), erhält alle Informationen auf Deutsch und kann, gegen eine geringe Gebühr, auch Plankarten für Wanderungen abrufen.
STF – Svenska Turistföreningen
Box 25, S-10120 Stockholm
Tel. 08/4632100, Fax 08/6781938
Suomen Matkailulitto
Atomitie 5c, FIN-00370 Helsinki
Tel. 09/6226280, Fax 09/654358

Hütten
Wer in Nord-Skandinavien zu wandern beabsichtigt, der sollte sich schon vor Beginn der eigentlichen Planung überlegen, ob er Halbtags-, Tages- oder Mehrtageswanderungen unternehmen will. Kommt Letzteres in Betracht, muss man sich entscheiden, ob es Zelt- oder Hüttenwanderungen werden sollen oder eine Kombination von beidem. Die Entscheidung ist letztlich eine des persönlichen Geschmacks, des Komfortbedarfs, des Ausrüstungs- und Trainingsstandes sowie auch des Portemonnaies.
Schweden: Im schwedischen Teil von Nord-Skandinavien finden sich entlang der populärsten markierten Wanderrouten zahlreiche Hütten *(stuga, stugor, stugorna)*, die in bequemen Tagesmärschen voneinander entfernt sind,

sodass genügend Spielraum für Pausen bleibt. Sie unterstehen dem STF (s. o.), sind rund ums Jahr geöffnet, stehen jedem offen und werden in der Saison (etwa Anfang Juni bis Anfang September) von einem Hüttenwart (›Stugvärd‹) beaufsichtigt. Bei ihm zahlt man auch den Übernachtungspreis, der sich pro Person und Nacht auf umgerechnet etwa 30 DM beläuft. Das ist nicht billig, aber dafür wird auch allerhand geboten. Die Betten sind mit Matratzen und Decken ausgestattet, in den Küchen stehen gefüllte Gasflaschen bereit, Brennholz für den Herd ist vorhanden, und selbst an Geschirr, Töpfen, Tassen, Besteck etc. herrscht kein Mangel; meist ist den Hütten auch ein spezieller Raum zum Trocknen der Kleidung angeschlossen. Wer hier von Hütte zu Hütte wandert, der braucht nur seine persönliche Ausrüstung mitzunehmen und natürlich Lebensmittel. In der Saison kommt es zwar immer wieder vor, dass alle Betten belegt sind, aber auch darauf ist man vorbereitet: dann erhält man eine Decke und kann auf Matratzen auf dem Boden schlafen.

Noch ein Hinweis: Ist die Hütte nicht beaufsichtigt, zahlt man für die Übernachtung in der nächsten Hütte oder überweist das Geld später per Post-Bareinzahlung; Formulare finden sich in jeder Hütte, und das Zahlen – vor dem sich insbesondere Nicht-Schweden gerne drücken – ist Ehrensache!

Neben den Hütten gibt's noch die großen, hotelähnlich ausgebauten Gebirgsstationen *(Fjällstation),* die sich meist an den Start- und Endpunkten der populärsten Fernwanderwege befinden (z. B. Kungsleden und Padjelantaleden). Sie bieten ein hohes Maß an Komfort (heiße Duschen, auch Doppelzimmer, Mahlzeiten, Postverbindung, Telefon, Lebensmittelladen etc.) und kosten zwischen 30 und 80 DM pro Nacht und Person – je nachdem, ob man im Mehrbett- oder im Doppelzimmer schläft.

Wären noch die Windschutzhütten zu erwähnen *(rastskydd* oder *vindskydd),* die sich ebenfalls an vielen Wanderwegen finden, in denen man aber – außer im Notfall – nicht übernachten sollte. Sie sind meist mit Ofen und Holzpritschen ausgestattet, nicht immer mit Brennholz.

Finnland: Die finnischen Hütten *(autiotupa)* gehören dem Staat, stehen jedem offen und entsprechen am ehesten dem, was man sich unter Einöd- oder Wildmark-Hütten vorstellt. Meist handelt es sich um urige kleine Blockhütten mit Ofen (Brennholz vorhanden) und Holzpritschen und sonst nichts – die Benutzung ist kostenlos. Die ganze Sache hat nur einen Haken: Zwischen Juni und September, wenn halb Finnland – oft in großen Gruppen – wandernd unterwegs ist, herrscht fast immer drangvolle Enge. Ein reges Kommen und Gehen lässt kaum an Schlaf denken. Wer nach des Tages Wandermühe seine Ruhe will, dem empfehlen wir dringend die Mitnahme des eigenen Zeltes!

Die *varaustupa* genannten Hütten bieten mehr Komfort (vergleichbar den schwedischen *stugor),* sind auch für mehrtägige Aufenthalte gedacht und stets verschlossen. Den Schlüssel erhält man gegen ein geringes Entgeld am Ausgangspunkt der Wanderung (Ferienzentrum, Campingplatz etc.), aber große Hoffnung sollte man sich nicht darauf machen, denn Wildnis-Urlaub erfreut sich in Finnland zu allen Jahreszeiten größter Beliebtheit – sprich: die Schlüssel sind fast immer in Umlauf.

Vereinzelt findet man am Rande von Wanderrouten noch *kämppä* – einfache

Waldarbeiter-Hütten, von denen ein Teil auch dem Wanderer offenstehen. *Laavu* ist das finnische Wort für Windschutz, und *laavu* finden sich an den populären Strecken ebenfalls in großer Anzahl.
Norwegen: Windschutz-Hütten gibt es in Nord-Norwegen nahezu gar keine, und auch die Übernachtungs-Hütten (im Gegensatz zu Süd-Norwegen) sind äußerst rar gesät. Die wenigen, die es gibt, entsprechen von der Ausstattung her den schwedischen, stehen ebenfalls jedem offen, sind aber häufig (wenn auch nicht immer) verschlossen. Ein klares System gibt es nicht, und in jedem Fall tut man gut daran, sich zuvor zu informieren, ob ein Schlüssel benötigt wird oder nicht. Kontaktadressen sind die lokalen Touristenbüros sowie der DNT (s. o.).

Ausrüstung

Stellt man die modischen Aspekte zurück, so bleibt die Forderung, dass die **Kleidung** möglichst weit und bequem sein soll. Unabhängig vom vielleicht herrlich warmen Wetter sollte man stets auch etwas Warmes dabei haben, unbedingt auch einen Regenschutz.

Die Frage nach dem **Schuhwerk** ist vielleicht die schwierigste. Die Skandinavier schwören auf Gummistiefel, Mitteleuropäer präferieren oft Trekkingschuhe. Ideal wäre, beides zu haben. Wer sparen will (oder muss), sollte Trekkingschuhe auswählen: Ihr Einsatzbereich ist umfassend, und lieber nassen Fußes durchs Moor stapfen als in Gummistiefeln durchs Hochgebirge, was schlicht lebensgefährlich ist. Die zusätzliche Mitnahme von Turn- oder Joggingschuhen ist zu erwägen, denn einerseits können sie den noch nicht wandergewohnten Füßen zwischendurch ein wenig Erholung bieten und andererseits haben sie sich bei Flussdurchquerungen (die man niemals barfuß vornehmen sollte: Verletzungsgefahr!) bestens bewährt.

An **Kleinutensilien** seien Karte und Kompass genannt, eventuell ein Signalgerät (Leuchtpistole), Höhenmesser und Feldstecher. Natürlich Ersatzschnürsenkel, Toilettenpapier, Taschenmesser, Sonnenbrille, Plastiktüten für den Picknickmüll, nicht zu vergessen eine ›Erste-Hilfe-Ausrüstung‹ sowie Anti-Mückenmittel, von dem manches Mal das Gelingen der Wanderung abhängig sein kann. Wasser-Entkeimungsmittel sind in Nord-Skandinavien völlig überflüssig, und damit das Wasser in Seen und Flüssen möglichst wenig belastet wird, sollte – wer Seife etc. mitnimmt – alkalifreie Produkte bevorzugen.

Das Sommerwandern mit **Skistöcken** ist in Skandinavien zwar nicht in Mode, aber die (in ihrer Länge möglichst variierbaren) Skistöcke entlasten die Knie beim Abstieg ganz ungemein, helfen beim Aufstieg Kraft sparen und bieten auch bei Flussquerungen eine wichtige Hilfe.

Um all dies und den Wanderproviant zu tragen, benötigt man einen **Rucksack,** der möglichst bequem sein und eine ausreichende Größe haben sollte. Ein sogenannter Day-Pack, ein Tagesrucksack, reicht hier völlig aus.

Mehrtageswanderungen: Zu den Punkten Kleidung, Schuhe, Kleinutensilien und Skistöcke gilt im Großen und Ganzen das gleiche wie oben beschrieben. Kleidung zum Wechseln ist sinnvoll, aber will man das Gewicht niedrig halten, reicht es aus, nur Hose oder Short und ein T-Shirt plus Pullover zusätzlich mitzunehmen.

Die Frage nach dem **Schlafsack** ist in erster Linie davon abhängig, ob die

Tour als Zelt- oder Hüttenwanderung gedacht ist. Die Mitnahme eines **Kochers** ist in Finnland auch bei Hüttenwanderungen zu erwägen (s. o.), sonst nur bei Zeltwanderungen. Führen sie durch waldreiches Gebiet, kann man aufs Lagerfeuer ausweichen. Gaskartuschen- und Esbit-Kocher hängen im Vergleich mit Spiritus-, Petroleum- oder benzingetriebenen Sturmkochern hintenan. Wir würden stets den Spiritus-Kocher bevorzugen, und zwar nicht, weil er effektiver arbeitet, sondern weil der (nicht explosive) Brennstoff nahezu überall (auch in Fjällstationen) zu beziehen ist.

Bleibt der **Rucksack,** dessen Inhalt mindestens 60 l betragen sollte, will man alles Erforderliche für eine Mehrtagestour hineinpacken. Er muss so bequem wie irgend möglich sein, über breite und gut gepolsterte Schulterriemen ebenso verfügen wie über einen Hüftgurt, sollte möglichst viele Außentaschen für Kleinutensilien haben, eventuell unterteilbar sein, um langes Suchen zu vermeiden. Wasserdichte Außenmaterialien sind teuer, eine Regenschutzplane aus Plastik tut's genauso gut, wie auch jeder selbst entscheiden muss, ob es ein Rucksack mit außen- oder innenliegendem Tragegestell sein soll. Nur gut verarbeitet und vernäht muss er sein.

Tax-free-System

Ob Sie nun Keramik, Schmuck oder Textildrucke erstehen wollen, Strickwaren oder Strickgarn, Holzarbeiten, Silber-, Bronze-, Emaille-, Glas- oder Zinnwaren, Porzellan ... – kaufen Sie im Nicht-EU-Land Norwegen möglichst nur in denjenigen Geschäften, an denen der Tax-free-Aufkleber angebracht ist. Bei Waren im Wert ab 308 NOK kann man sich dort nämlich einen ›Tax-free-Scheck‹ ausstellen lassen, mit denen an Flughäfen, Fähren und größeren Grenzübergängen die Mehrwertsteuer von 16,67 % des Endpreises abzüglich einer Gebühr in bar zurückvergütet wird. Dabei muss man seinen Wohnsitz außerhalb Skandinaviens haben, Pass oder Personalausweis vorlegen, und die Ware darf vor der Ausreise nicht in Gebrauch genommen werden, muss spätestens vier Wochen nach Kauf außer Landes sein.

Telefonieren

Auslandsgespräche im Selbstwählverkehr sind von allen Telefonzellen aus möglich, in denen in aller Regel auch eine mehrsprachige Bedienungsanleitung angebracht ist. Heutzutage finden sich auch mehr und mehr Kartentelefone, und die Gebühren, die 1999 teils drastisch fielen, halten sich nun in etwa mit denen in Deutschland die Waage (1 Min. in die BRD ca. 0,40 DM).

Von Schweden aus wählt man 009 49 für Deutschland vor, 009 41 für die Schweiz, 009 43 für Österreich, wartet den Signalton ab und wählt dann die Ortskennzahl ohne 0, gefolgt von der Teilnehmernummer.

Von Norwegen aus wählt man für Auslandsgespräche erst einmal die 00, gefolgt von 49 für Deutschland, 41 für die Schweiz, 43 für Österreich, dann die Ortskennzahl ohne die 0, schließlich die Teilnehmernummer.

Von Finnland aus kann man – ebenfalls ohne einen Signalton abzuwarten – direkt durchwählen, muss sich aber zuvor entscheiden, welches Netz man benutzen will: Bei Tele wählt man 990, bei Finnet 999, bei Taiwo 994, sodann die Landeskennzahl (BRD 49, Schweiz 41, Österreich 43), die Ortskennzahl ohne 0 und die Rufnummer.

Will man Nord-Skandinavien anrufen, muss die 00, die mit dem Ausland verbindet, vorgewählt werden, dann die Landesziffer (47 für Norwegen, 46 für Schweden, 358 für Finnland), danach die Ortskennzahl (nicht für Norwegen, wo es keine Ortsvorwahlen mehr gibt), schließlich die Teilnehmernummer.

Trinkgeld

Trinkgelder sind in Skandinavien zwar nicht üblich, weil neben der Mehrwertsteuer auch die Bedienung bereits im Endbetrag enthalten ist, aber kleine Aufrundungen werden überall gerne entgegengenommen. Insbesondere im Restaurant hat es sich eingebürgert, die Summe aufzurunden, und Taxifahrer erwarten rund 10 %, da ein Extraeinkommen in dieser Höhe vom Finanzamt automatisch angesetzt wird.

Unterkunft

Das Spektrum der Übernachtungsmöglichkeiten reicht vom (überall erlaubten) kostenlosen Zelten in der freien Natur (siehe ›Jedermannsrecht‹) über das erstaunlich günstige Nächtigen auf unzähligen Campingplätzen, das Logieren in Jugendherbergen und Wandererheimen, in Privatzimmern, Gasthöfen und Pensionen, Ferienhäusern und -Hütten bis hin zum Hotel. Ein jeder findet hier sein individuelles Plätzchen, ganz nach Bedürfnis und Geldbeutel, und wer sich über alle Unterkunftsmöglichkeiten und die zahlreichen Spezialtarife ausführlich informieren will, sollte die Fremdenverkehrsämter kontaktieren und die Infopakete ›Hotelangebote‹, ›Camping und Campinghütten‹, ›Herbergen und Gästehäuser‹ sowie ›Ferienhäuser und Feriendörfer‹ abrufen.

■ Hotels

Die Bezeichnung Hotel ist in Norwegen, Schweden und Finnland ein gesetzlich geschütztes Gütezeichen, das an Betriebsführung und Ausstattung hohe Anforderungen stellt, weshalb der Standard der Unterkunftsbetriebe entsprechend hoch ist. Aber auch die Preise, die außerhalb der Saison, wenn nur Geschäftsleute unterwegs sind, so sein können, dass einem die Haare zu Berge stehen. 150 DM oder auch 200 DM bzw. – in Norwegen – 300 DM oder auch 400 DM für ein Doppelzimmer sind dann durchaus normal, und gäbe es keine Rabatte während der Sommermonate (ca. 30–50 %), wären die Hotels in dieser Zeit wohl vollkommen verwaist sein.

Auch Rabattsysteme gibt es: In **Norwegen** reist man am flexibelsten mit dem Rabattsystem **Fjord Pass** (75 NOK für zwei Erwachsene und deren Kinder unter 15 Jahren; gültig vom 1.5. bis 30.9.), der in landesweit rund 240 Hotels, Pensionen und Gasthöfen akzeptiert wird und den Übernachtungspreis um 120 bis 250 NOK/Tag – je nach Kategorie der Unterkunft – reduziert.

In **Finnland** gibt es entsprechend den **Finncheque,** der vom 14.5. bis 31.9. gültig ist, 200 FIM kostet und in etwa vergleichbare Vorteile bietet.

In **Schweden** gibt es kein solches System, sehr wohl aber, wie in Norwegen und Finnland, Hotelpässe bzw. -Cheques verschiedener Hotelketten, die Fremdenverkehrsämter der drei Länder informieren ausführlich.

Ferienhäuser

Fast jeder zweite Skandinavier nennt ein Ferienhaus sein Eigen, und wer keines hat, der mietet sich eins für die Ferien: Hüttenferien sind die traditionelle Art des Urlaubmachens im Norden. Wer als ausländischer Tourist von dieser gleichermaßen romantischen und praktischen, recht komfortablen und relativ billigen Alternative Gebrauch machen will, sollte sich rechtzeitig an ein Vermittlungsbüro wenden. Ferienhäuser gibt es überall im Land, sie bestehen üblicherweise aus Küche, mehreren Schlafzimmern, WC und Wohnzimmer (meist mit Kamin), die Preise liegen zwischen etwa 400 und 2000 DM pro Woche – je nach Ausstattung, Lage, Mietdauer und Zeitraum; eine durchschnittliche Hütte für 4–6 Personen ist in der Hochsaison durchaus schon für 600–700 DM pro Woche zu haben.

Buchen kann man Ferienhäuser entweder durch ein Reisebüro in Deutschland oder – meist wesentlich günstiger – direkt bei den Vermittlungsbüros, deren Kataloge man über die Fremdenverkehrsämter anfordern kann.

Camping/Campinghütten

Mehrere Hundert klassifizierte Campingplätze laden nordskandinavienweit zu Camping und Caravaning ein, den meisten Anlagen sind auch mehrere Holzhütten mit je 2–4 Betten angeschlossen, die zwar einfach eingerichtet sind (Bettzeug ist in der Regel selber mitzubringen), aber eben auch Reisenden ohne spezielle Ausrüstung die Benutzung der Campingplätze ermöglichen. Und zwar für relativ wenig Geld, nämlich durchschnittlich um 50–70 DM pro Hütte (für 2 Personen). Auch die Campgebühren halten sich in erstaunlichen Grenzen, denn rund 18–35 DM (Schweden und Norwegen) bzw. 10–30 DM (Finnland) für ein Wohnmobil inkl. 4 Personen auf einem Mittelklasse-Platz sind wesentlich weniger, als z. B. in vermeintlichen Billigländern Südeuropas pro Nacht im Sommer verlangt wird.

Je nach Ausstattung des Campingplatzes trägt er ein, zwei oder drei Sternchen: Ein Stern steht für Basiskomfort (WCs und Waschgelegenheiten müssen vorhanden sein), zwei Sterne garantieren das Vorhandensein von Wasch- und Duschräumen sowie solche zum Wäschewaschen und Bügeln, und drei Sterne schließlich bedingen zusätzlich auch warmes Wasser in Duschen und Waschbecken, Aufenthaltsraum, Kochgelegenheit, Telefon, Lebensmittelverkauf, ständige Aufsicht. Informationsbroschüren über die Fremdenverkehrsämter.

Rorbuferie

Ferien in einem *rorbu* (wörtlich: ›Wohnstätte für die Ruderer‹), einer einst für die Lofot-Fischer eingerichteten Hütte, erfreuen sich allergrößter Beliebtheit im Lofoten- und Vesterålen-Archipel sowie an vielen anderen Küstenstrichen Nord-Norwegens. Rot gestrichen sind diese Unterkünfte fast alle, grundsätzlich auch aus Holz erstellt, alle stehen am Meer, aber längst nicht mehr unbedingt auf Pfählen darin, wie traditionell üblich. Von der Ausstattung her können sie denkbar einfach bis überaus komfortabel sein, und entsprechend variieren die Preise von ca. 400 NOK (2–4 Personen) bis 1500 NOK/Nacht (8 Personen); ein Ruderboot ist meist inklusive.

Ein komplettes Rorbu-Verzeichnis kann man beim Norwegischen Fremdenverkehrsamt abrufen. Für den Sommer ist rechtzeitiges Reservieren dringend zu empfehlen.

Jugendherbergen

Die rund zwei Dutzend Familien- und Jugendherbergen in Nord-Norwegen *(vandrerhjem)*, die ca. 20 in Nord-Finnland *(retheilymajat)* sowie die knapp 30 in Nord-Schweden *(vandrarhem)* stehen jedem offen (unabhängig von Mitgliedschaft oder Alter) und stellen mit Preisen zwischen ca. 20 DM (Mehrbettzimmer) und 40–60 DM (Doppelzimmer mit Bad/WC) recht günstige Unterkünfte dar. Die modern eingerichteten Häuser sind stets in landschaftlich schönster Lage zu finden, bieten oft ein großes Aktivitätsangebot und zumeist auch günstige Mahlzeiten. Mitunter entspricht das Komfortangebot dem eines Mittelklassehotels, und die Atmosphäre ist international, aber niemals steif.

Mitglieder von Jugendherbergsverbänden erhalten Preisermäßigungen, Kinder unter drei Jahren übernachten kostenlos, und Kinder zwischen 4 und 15 Jahren erhalten 50 % Rabatt.

Weitere Informationen bei

Norske Vandrerhjem
Dronnigensgate 26, N-0154 Oslo
Tel. 22 42 14 10, Fax 23 13 93 50

STF Svenska Turistföreningen
Box 25, S-10120 Stockholm
Tel. 08/4 63 21 00, Fax 08/6 78 19 58
www.stfturist.se

Suomen Retheilymajjärjestö
Yrjönkatu 38, FIN-00100 Helsinki
Tel. 09/6 94 03 77, Fax 09/6 93 13 49
www.iyhf. org.

Zeit

Norwegen und Schweden haben – wie Mitteleuropa auch – die MEZ und auch die Sommerzeit (28. 3.–21. 9.). Finnland ist 1 Std. weiter (OEZ = MEZ + 1 Std.) und schaltet ebenfalls auf Sommerzeit.

Zeitungen

Deutschsprachige Zeitungen und Zeitschriften sind in Nord-Finnland kaum zu erhalten, in Norwegen und Schweden hingegen in den größeren Städten an den Kiosken (etwa in Kiruna, Jokkmokk, Gällivare; Svolvær, Mo i Rana, Bodø, Narvik, Alta, Hammerfest, Nordkap).

Sprachführer

Englisch versteht in Skandinavien fast jeder, auch mit Deutsch kommt man mancherorts durch. Norwegisch und Schwedisch gehören zu den germanische Sprachen, und das Erlernen einfacher Redewendungen bereitet relativ wenig Mühe. Schwieriger ist es mit dem Finnischen, das dem Samischen, Estnischen und Ungarischen verwandt ist und zu den am schwersten erlernbaren Sprachen der Welt gehört. Weshalb man wohl ein Sprachgenie sein muss, um über die einfachsten Vokabeln hinauszugelangen.

Aussprache

Norwegisch

Am Ende des Alphabets stehen
å / Å = o /O (wie in »Nord«)
æ / Æ = ä /Ä
ø / Ø = ö / Ö
Die **Vokale** werden wie im Deutschen ausgesprochen, o oft auch wie »u« und u wie »ü«.
Für die **Konsonanten** gelten folgende Regeln:
d ist stumm vor s und nach n sowie l und als Endkonsonant nach r und l
g wird vor i und y wie »j« gesprochen
gj wird wie »ja« gesprochen
h vor j und v ist stumm
k vor i und y wird wie »ch« gesprochen
kj ebenfalls wie »ch«, nach Vokalen hingegen wie »i«, sonst wie »j«
s ist stimmlos
sk wird vor i und j wie »sch« gesprochen
sj oder skj wird stets »sch« gesprochen
tj ist gleich »tsch«
v wie »w«

Schwedisch

Die **Vokale** werden im Großen und Ganzen wie im Deutschen ausgesprochen, o oft auch wie »u«, u wie »ü«; y gilt ebenfalls als Vokal und ist als »ü« mit einem Hauch von »i« auszusprechen. Der Buchstabe å, als »o« auszusprechen, steht am Ende des Alphabets.
Konsonanten werden wie folgt gesprochen:
c wie »ß«, wenn es vor e, i, y, ä oder ö steht, sonst wie »k«
dj, gj, hj und lj werden stets wie »j« ausgesprochen
lg ist wie »j« auszusprechen
k vor a, o, u und å wird wie »k« ausgesprochen, vor e, i, y, ä und ö hingegen wie ein scharfes »sch«
r wird mit der Zungenspitze gerollt
rg ist wie »g« auszusprechen
s ist stimmlos
sj, stj und skj werden »sch« gesprochen
sk vor e, i, y, ä und ö wird ebenfalls »sch« gesprochen
tj (auch kj) wird wie »tsch« gesprochen

Finnisch

Die Aussprache ist völlig problemlos, alles wird genauso gesprochen, wie es geschrieben wird. Zu achten ist aber unbedingt darauf, die zahlreichen Doppelvokale und -konsonanten auch doppelt auszusprechen, da es sonst zu Verwechslungen kommen kann: *tuli* heißt »Feuer«, *tuuli* ist der »Wind«, *tulli* hingegen steht für »Zoll«.

Deutsch	Norwegisch	Schwedisch	Finnisch
Zahlen			
1	en	en/ett	yksi
2	to	två	kaksi
3	tre	tre	kolme
4	fire	fyra	neljä
5	fem	fem	viisi
6	seks	sex	kuusi
7	svy	sju	seitsemän
8	åtte	åtta	kahdeksan
9	ni	nio	yhdeksän
10	ti	tio	kymmenen
11	elleve	elva	yksitoista
12	tolv	tolv	kaksitoista
13	tretten	tretton	kolmetoista
20	tjue	tjugo	kaksikymmentä
21	tjueen	tjugoen	kaksikymmentäyksi
30	tretti	trettio	kolmekymmentä
40	førti	fyrtio	neljäkymmentä
50	femti	femtio	viisikymmentä
60	seksti	sextio	kuusikymmentä
70	sytti	sjuttio	seitsemänkym-mentä
80	åtti	åttio	kahdeksankym-mentä
90	nitti	nittio	yhdeksänkymmentä
100	hundre	ett hundra	sata
200	to hundre	två hundra	kaksisataa
1000	tusen	(ett) tusen	tuhat
2000	to tusen	två tusen	kaksituhatta
Ordnungszahlen			
1.	første	första	ensimmäinen
2.	andre	andra	toinen
3.	tredje	tredje	kolmas
4.	fjerde	fjärde	neljäs
5.	femte	femte	viides
6.	sjette	sjätte	kuudes
7.	sjuende	sjunde	seitsemäs
8.	åttende	åttonde	kahdeksas
9.	niende	nionde	yhdeksäs
10.	tiende	tionde	kymmenes
Zeitbegriffe			
Montag	mandag	måndag	maanantai
Dienstag	tirsdag	tisdag	tiistai

Mittwoch	onsdag	onsdag	keskiviikko
Donnerstag	torsdag	torsdag	torstai
Freitag	fredag	fredag	perjantai
Samstag	lørdag	lördag	lauantai
Sonntag	søndag	söndag	sunnuntai
Januar	januar	januari	tammikuu
Februar	februar	februari	helmikuu
März	mars	mars	maaliskuu
April	april	april	huhtikuu
Mai	mai	maj	toukokuu
Juni	juni	juni	keskäkuu
Juli	juli	juli	heinäkuu
August	august	augusti	elokuu
September	september	september	syyskuu
Oktober	oktober	oktober	lokakuu
November	november	november	marraskuu
Dezember	desember	december	joulukuu
Frühling	vår	vår	kevät
Sommer	sommer	sommer	kesä
Herbst	høst	höst	syksy
Winter	vinter	vinter	talvi
Minute	minutt	minut	minuutti
Stunde	time	timme	tunti
Tag	dag	dag	päivä
Woche	uke	vecka	viikko
Monat	måned	månad	kuukausi
Jahr	år	år	vuosi

Allgemeines

ja/nein	ja/nei	ja/nej	kyllä/ei
Entschuldigung	unnskyld	ursäkta/förlåt	anteeksi
Bitte!	vær så snill!	varsågod!	olkaa hyvä
Danke!	takk!	tack!	kiitos
Vielen Dank!	mange takk!	tack så mycket!	paljon kiitoksia
Sprechen Sie Deutsch?	taler De tysk?	talar ni tyska?	puhutteko saksaa?
Ich verstehe nicht	jeg forstår ikke	Jag förstår inte	En ymnärrä
Wie heißen Sie?	hva heter du?	vad heter du?	Mikä Sinun nimesi on?
Mein Name ist …	jeg heter …	mitt namn är …	Nimeni on …
Hallo!	hei!	hej!	hei
Guten Tag	god dag	goddag	hyvää päivää
Guten Abend	god aften	god afton	hyvää iltaa

Gute Nacht	god nat	god natt	hyvää yötä
Auf Wiedersehen	farvel/adjø/ på gjensyn	adjö/hejdå	näkemiin
Apotheke	apotek	apotek	apteekki
Arzt	lege	läkare	lääkäri
Bank	bank	bank	pankki
Campingplatz	camping	campingplats	leirintäalue
Geschäft	forretning	affär	kauppa/liike
Hotel	hotel	hotell	hotelli
Hütte	hytta	stuga	mökki
Jugendherberge	vandrerhjem	vandrarhem	retkeilymaja
Krankenhaus	sykehus	sjukhus	sairaala
Polizeistation	politistasjon	polisstation	poliisiasema
Postamt	postkontor	postkontor	postitoimisto
Reisebüro	reisebyrå	resebyrå	matkatoimisto
Restaurant	restaurant	restaurang	ravintola
Telefon	telefon	telefon	puhelin
Zimmer	rom/værelse	rum	huone

Rund ums Fahrzeug

Wie komme ich nach ...?	Hvordan kommer jet til ...?	Hur kommer jag till ...?	Kuinka pääsen ...?
Wie weit ist das?	Hvor langt er det?	Hur långt är det?	Kuinka pitkä matka on?
Wo ist die nächste Tankstelle?	Hvor er nærmeste bensinstasjon?	Var ligger närmaste bensinstation?	Missä on lähin bensiiniasema?
Darf ich hier parken?	Kan jeg parkere her?	Får jag parkera här?	Saako täällä pysäköidä
Können Sie mir das auf der Karte zeigen?	Vil de vise meg på kartet?	Kan du visa det på kartan?	Voitekko näyttää minulle sen kartasta?
Ich habe eine Panne	Bilen har en motorskade	Jag har fått motorstopp	Moottori on rikke
Es ist ein Unfall passiert	Det er sjedd et uhell	Det har hänt en olycka	On sattunut onnettomuus
Ich habe eine Reifenpanne	Bilen har punktert	Jag har fått punktering	Rengas on puhki
Der Motor springt nicht an	Motoren vilen ikke starte	Motorn startar inte	Moottori ei käynnisty
Abschleppdienst	redningstjeneste	bärgningstjänst	hinauspalvelu
Achse	aksel	axel	akseli
Anlasser	selvstarter	självstart	starttomoottori
Auspuff	eksosrør	avgasrör	pakoputki
Auto	bil	bil	auto

Autovermietung	bilutleied	biluthyrning	autovuokraamo
Batterie	batteri	batteri	akku
Benzin (Normal/ Super/Diesel)	bensin (vanlig/ super/diesel)	bensin (regular/ premium/diesel)	bensiini (tavallinen/ super/diesel)
Blinker	blinklys	blinker	vilkkuvalo
Bremse	bremse	broms	jarrut
Ersatzteil	reservedel	reservdel	varaosa
Frostschutzmittel	frostvæske	frostskyddsvätska	pakkassuoja
Führerschein	førerfort	körkort	ajokortti
Getriebe	gir	växellåda	vaihdelaatikko
Handbremse	håndbremse	handbroms	käsijarru
Keilriemen	vifterem	fläktrem	kiilaremmi
Kühler	kjøler	kylare	jäähdyttäja
Moped	moped	moped	mopedi
Motor	motor	motor	moottori
Motorrad	motorsykkel	motorcykel	moottoripyörä
Öl	olje	olja	ölji
Reifen	dekk	däck	rengas
Scheinwerfer	frontlys	strålkastare	valonheittäjä
Sicherung	sikring	säkring	sulake
Straße	gate	väg	tie
Unfall	uhell	olycka	kolari
Ventil	ventil	ventil	venttiili
Vergaser	forgasser	förgasare	kaasuttaja
Verteiler	fordeler	fördelare	jakaja
Werkstatt	bilverksted	bilverkstad	korjaamo
Windschutzscheibe	frontglass	vindruta	tuulilasi
Zündkerze	tennplugg	tändstift	sytytystulppa
Zündschlüssel	tenningsnøkkel	startnyckel	sytytysavain
Zündung	tenning	tänding	sytytys
Zylinder	sylinder	cylinder	sylinteri

Verkehrszeichen

Achtung	Se opp	Varning/Annan fara	Varokaa
Baustelle	Veiarbeid	Vägarbeten/ Gatuarbete	Katutyö
Durchfahrt verboten	Innkjørsel forbudt	Ej genomfart	Läpiajo keilletty
Fahrbahnrand nicht befahrbar	Svake kanter	Svag vägkant	Heikko tienreuna
Geschwindigkeits- begrenzung	Hastighets- begrensning	Hastighets- begränsning	Nopeusrajoitus
Gesperrt	Sperret	Spärrat	Suljetto
Halt	Stopp	Stopp	Seis
Halteverbot	Stopp forbudt	Stopp förbjuden/	Pysähtyminen

		Förbud att stanna	kiellety
Langsam fahren	Kjør sakte	Kör sakta	Aja hitaasti
Parkplatz	Parkeringsplats	Parkeringsplats	Pysaköintipaikka
Parkverbot	Parkering forbudt	Parkering förbjuden	Pysaköinti kielletty
Privatweg	Privat vei	Enskild väg	Yksityistie
Sackgasse	Blindvei	Återvändsgata	Umpikuja
Schlechte Fahrbahn	Dårlig veidekke	Dålig kärbana	Huonkuntoinen ajorata
Straßenglätte	Glatt veibane	Hal vägbana	Paane
Umleitung	Omkjøring	Omledning	Kiertotie

Wetter

Wie wird das Wetter heute?	Hvordan blit været i dag?	Vad blir det för väder idag?	Millainen ilma mahtaa olla tanään?
Es gibt schönes/ schlechtes Wetter	Det blir pent/ dærligt vær	Det blir vackert/ dåligt väder	Tulee kaunis/ huono ilma
Es ist kalt/warm	Det er koldt/varmt	Det är kallt/värmt	On kylmä/lämmin
Die Sonne scheint	Sola skinner	Solen skiner	Aurinko paistaa
Es ist windig	Det blåser	Det är blåsigt	On tuulista
bewölkt	skyet	molnigt	pilvinen
Eis	is	is	jää
Frost	frost	frost	pakkanen
Gewitter	uvær	åskväder	ukkonen
Hagel	hagl	hagel	racsade
Nebel	tåke	dimma	sumu
Regen	regn	regn	sade
Schnee	snø	snö	lumi
Sonne	sol	sol	aurinko
Sturm	storm	storm	myrsky
Wetterbericht	værmelding	väderleksrapport	säätiedotus
Wind	vind	vind	tuuli

Öffentliche Verkehrsmittel

Abfahrt	avgang	avgång	lähtö
Abflug	flyavgang	avgång	lähtö
Abteil	kupé	kupé	osasto
Ankunft	ankomst	ankomst	tulo
Anschluss	korespondanse	anslutning	yhteys
Aufenthalt	opphold	uppehåll	pysähdysaika
Ausgang	utgang	utgång	uloskäytävä
Autofähre	bilferje	bilfärja	autolautta
Bahnhof	stasjon	station	rautatieasema
besetzt	opptat	upptaget	varattu

Eingang	inngang	ingång	sisäänkäynti
Eisenbahn	jernbane	järnväg	rautatie
Fähre	ferje	färja	lautta
Fahrkarte	billett	biljett	matkalippu
Fahrkartenschalter	billettluke	biljettlucka	lipunmyynti
Fahrplan	ruteplan	tidtabell	aikataulu
Fahrpreis	billettpris	biljettpris	matkan hinta
Flug	flyging	flyg	lento
Flughafen	flyplass	flygplats	lentoasema
Flugzeug	fly	flygplan	lentokone
frei	ledig	ledig	vapaa
Gepäck	bagasje	bagage	matkatavara
Gepäckaufbewahrung	oppbevaring	bagageinlämning/ resgodsinlämning	tavarasäilytys
Hafen	havn	hamn	satama
Kabine	lugar	hytt	hytti
Liegewagen	liggevogn	liggvagn	lepovaunu
Nichtraucher	røkning forbudt	icke rökare	tukakoimattomille
Notausgang	nødutgang	nödutgång	varauloskäytävä
Platzkarte	plassbillett	platsbiljett	paikkalippu
Raucher	røykere	rökare	tupakoitsijoille
Rückfahrkarte	tur-retur-billett	returbiljett	edestakainenlippu
Schiff	skip	båt	laiva
Schnellzug	ekspresstog	expresståg	pikajuna
Überlandbus	rutebil	direktbuss	linja-auto
Waschraum	vaskerom	tvättrum	pesuhuone
Zug	tog	tåg	juna
Ist das der Zug/ Bus nach …?	Er det tog/ rutebil nar …?	Går det här tåget/ bussen till …?	Onko tämä … lähtevä juna/ Linja-auto?
Wann fährt der nächste Zug/ Bus nach …?	Når går neste tag/rutebil til …?	När går nästa ? tag/bussen till …	Milloin lähtee senraava juna/ linja-auto …?
Wann fahren wir ab?	Når går toget?	När avgår tåget?	Milloin lähdemme?
Wie lange haben wir Aufenthalt?	Hvor lenge blir vi stående?	Hur långt uppehåll gör vi?	Kuinka kauan pysähdymme?
Einmal zweite Klasse nach …	En enkeltbillett annen klasse til …	En enkel andra klass till …	Yksi toisen luokan lippu …
Wann kommen wir in … an?	Når er vi i …?	När är vi i …?	Milloin saavumme …?

Speisekarte/Einkaufen

Frühstück	frokost	frukost	aamiainen

Mittagessen	middag	lunch	lounas
Abendessen	kveldsmat	middag	päivällinen
Gabel	gaffel	gaffel	haarukka
Glas	glass	glas	lasi
Kellner/in!	Kelner/Frøken!	kypare/fröken!	tarjoilija/neiti!
Löffel	skje	sked	lusikka
Messer	kniv	kniv	veitsi
Rechnung	regning	nota	lasku
Restaurant	restaurant	restaurang	ravintola
Schnellimbiss	snackbar/ gatekjøkken	snabbrestaurang/ snackbar	baari/grilli/ kahvila
Speisekarte	spisekart	matsedel	ruokalista
Tasse	kopp	kopp	kuppi
Teller	tallerken	tallrik	lautanen
trinken	drikke	dricka	juoda
Fleisch	kjøtt	kött	liha
Kalbfleisch	kalvekjøtt	kalvkött	vasikanliha
Lamm-/Hammel- fleisch	lammekjøtt/ fårekjøtt	lammkött/fårkött	lampaanliha
Rindfleisch	oksekjøtt	oxkött	naudanliha
Schinken	skinke	skinka	kinku
Schweinefleisch	svinekjøtt	fläsk	sianliha
Fisch	fisk	fisk	kala
Dorsch	torsk	torsk	turska
Forelle	ørret	forell	taimen
Garnelen	reker	räkor	katkarapu
Hering	silt	sill	silli
Hummer	hummer	hummer	hummeri
Lachs	laks	lax	lohi
Scholle	flyndre	rödspätta	kampela
Apfel	eple	äpple	omena
Birne	pøre	päron	päärynä
Blaubeere	blåbær	blåbär	mustikka
Moltebeere	multer	hjortron	lakkoja
Preiselbeere	tyttebær	lingon	puolukat
Bier	øl	öl	olut
Buttermilch	kulturmelk	kärnmjölk	kirnupiimä
Kaffee	kaffe	kaffe	kahvi
Limonade	brus	läsk	liminaadi
Milch	melk	mjölk	maito
Mineralwasser	mineralvann	mineralvatten	kivennäisvesi
Prost!	skål!	skål!	kippis!

Saft	saft	saft	mehua
Tee	te	te	teetä
Wasser	vann	vatten	vesi
Brot	brød	bröd	leipä
Butter	smør	smör	voi
Ei	egg	ägg	kananmuna
Käse	ost	ost	justo

Register

Während im Norwegischen und Schwedischen die Buchstaben æ, ø und å am Ende des Alphabets stehen, werden sie hier – dem deutschen Sprachgebrauch entsprechend – in das Alphabet eingereiht. Å wird behandelt wie a, æ wie ä und ø wie ö. Hinter den Ortsnamen findet sich in Klammern jeweils ein Hinweis auf das Land (N=Norwegen, S=Schweden und FIN=Finnland).

Personen

Orte

Titelbild: Im Lemmenjoki-Nationalpark (Finnland)
Umschlaginnenklappe: Rapadalen im Sarek-Nationalpark (Schweden)
Umschlagrückseite: Wasserwanderer bei Inari (Finnland)

Über die Autoren: Michael Möbius, Jahrgang 1955, hat zusammen mit der Fotografin Annette Ster, Jahrgang 1964, zahlreiche Publikationen über den südwesteuropäischen und skandinavischen Raum veröffentlicht. Seit 1991 leben beide auf den Lofoten. Bei DuMont erschienen von ihnen das Reise-Taschenbuch »Südnorwegen« sowie die Richtig Reisen-Bände »Gran Canaria« und »Norwegen«.

Bitte schreiben Sie uns, wenn sich etwas geändert hat!
Alle in diesem Buch enthaltenen Angaben wurden von den Autoren nach bestem Wissen erstellt und von ihnen und dem Verlag mit größtmöglicher Sorgfalt überprüft. Gleichwohl sind – wie wir im Sinne des Produkthaftungsrechts betonen müssen – inhaltliche Fehler nicht vollständig auszuschließen. Daher erfolgen die Angaben ohne jegliche Verpflichtung oder Garantie des Verlages oder der Autoren. Beide übernehmen keinerlei Verantwortung und Haftung für etwaige inhaltliche Unstimmigkeiten. Wir bitten daher um Verständnis und werden Korrekturhinweise gerne aufgreifen:

DuMont Buchverlag, Postfach 10 10 45, 50450 Köln
E-Mail: reise@dumontverlag.de

Die deutsche Bibliothek – CIP-Einheitsaufnahme

Möbius, Michael:
Nord-Skandinavien / Michael Möbius und Annette Ster. – Köln : DuMont, 2000
(Richtig Reisen)
ISBN 3-7701-5213-1

Satz und Druck: Rasch, Bramsche
Buchbinderische Verarbeitung: Bramscher Buchbinder Betriebe

Printed in Germany ISBN 3-7701-5213-1